제2언어 습득의 이해

Understanding Second Language Acquisition

로드 엘리스 지음
이종복 · 박현우 옮김

KM 경문사

Understanding Second Language Acquisition
by Rod Eills

역자 서문

이 책을 번역하게 된 것은 박사과정 수업에서 역자들이 이 책을 중심으로 제2언어습득이론을 살펴볼 기회가 있었기 때문이었다. 역자는 이미 저자의 유명 저서인 *The Study of Second Language Acquisition*을 통해서 제2언어습득론 분야에 대한 저자의 놀라운 열정과 일목요연하게 정리된 방대한 자료에 대하여 깊은 감명을 받은 바 있으며, 이 책을 통해서 그가 제시하는 제2언어습득이론에 대한 검토가 독자들에게 가져다주는 종합적 이해와 응용언어학 분야에 있어서의 최신의 비평들과 중요성을 대하여 다시 한번 깨닫게 되었다.

이 책은 제2언어습득에 관한 다양한 이론들을 체계적으로 정리하여 소개함은 물론 이러한 이론들에 관하여 저자 자신의 비판적 반응들을 포함하고 있다. 하지만 그는 이러한 비평을 통해서 자신의 이론을 강하게 주장하기 위한 입장을 취하기보다는 제2언어습득 이론에 대한 다양한 이론과 비평적 견해들을 조심스럽게 검토하고 있다.

이 책은 총 10개의 장으로 구성되어 있으며 구체적인 구성은 다음과 같다.

1장 제2언어 습득의 주요 쟁점들
2장 모국어의 역할
3장 중간언어와 '자연' 발달경로
4장 중간언어의 변이
5장 개별인 학습자 차이와 제2언어 습득
6장 입력, 상호작용, 그리고 제2언어 습득
7장 학습자 전략들
8장 보편가설과 제2언어 습득
9장 제2언어 습득에서 정규 교육의 역할
10장 제2언어 습득의 이론들

이 책은 외국어교육을 전공하는 학부 학생들에게 보다 깊이 있는 학습을 위하여 숙독할 것을 권장하며, 응용언어학을 공부하는 대학원생들이나 일반 연구자들에게 종합적 이해와 다양한 견해를 제공해주는 좋은 지침서가 될 것이다.

부디 이 책을 통하여 독자들이 제2언어습득과 학습에 관한 보다 깊은 이해와 성찰이 있길 바란다. 이 책을 번역하는 동안 원고정리를 위해 애써준 제자들, 특히 전주비전대학의 김인철 교수, 엄태송 박사, 김이은 선생, 여숙림 선생, 최지은 선생에게 감사하며, 번역과 출판을 위해 힘써주신 경문사 박문규 사장님과 편집진 여러분에게 깊은 감사를 드립니다. 특히 원고의 전 과정을 여러 차례 검토하고 교정에 힘써주신 공역자 박현우 박사께 깊은 감사를 드린다.

2014년 2월

대표 역자 이종복

서론

이 책의 목적은 제2언어 습득에 대하여 알려진 것에 대한 완전한 설명을 제공하는 것이다(SLA). 이 책은 가능한 한 제시하기보다는 기술할 것이다; 즉, 그것은 일반 통념으로서의 어떤 단 하나의 접근법이나 또는 제2언어 습득 이론을 의식적으로 보여주지는 않을 것이다. 사실, 이것은, 제2언어 습득의 연구가 여전히 초창기에 있고 여전히 대답보다 더 많은 질문이 있으므로, 지금으로서는 가능하지 않다. 물론, 전적으로 기술을 설명으로부터 분리한다는 것은 불가능하며, 그래서 제2언어(L2) 학습자가 무엇을 하는지 그리고 그들이 왜 그것을 하는지에 대한 내 자신의 견해는, 오직 내가 기록하기 위하여 선택했던 연구와 이론들에서 만으로, 내가 제공하는 설명에 필연적으로 색깔을 입힐 것이다.

이 책을 두 종류의 독자들을 위하여 썼다. 즉, 제2언어 습득 연구에서 현재의 기술적 수준에 대한 개관을 원하는 제2언어 습득에서 초기진행과정에 애쓰고 있는 학생들과, 그리고 학습자들이 제2언어를 어떻게 배우는지에 대해 이해를 증진시키고자 원하는 교사들을 위하여 썼다.

제2언어 습득에서 초기 진행과정에 애쓰고 있는 학생들을 위하여 이 책은 제2언어 습득의 주요 측면에 대한 논평을 제공한다. 이것들은 1장에서 개략적으로 나타나 있다. 각각의 이어지는 장들은 특별한 쟁점을 다룬다. 그다음에 10장은 제2언어 습득의 다른 이론들의 조사에 함께 종합하려고 시도한다. 각 장의 끝에 더 읽을거리에 대한 제안들이 있다. 이것들은 출판된 제2언어 습득 연구의 급속히 발달하는 영역으로 학생들을 안내할 것이다.

그러나, 많은 독자들이 제2 또는 외국어 교사가 될 것이라고 예상되며, 그래서 이 책을, 교실 안과 밖에서, 그들에게 제2언아 습득에서 무슨 일이 발생하는지에 대한 분명한 아이디어를 주기 위하여 썼다.

교사들은 전통적으로 교실 학습자들이 무엇을 배울지 그리고 그들이 어떤 순서로 그것을 배울지를 둘 다 결정한다. 예를 들면, 언어 교과서는 학습자에게 내용의 조직화를 강요한다. 언어의 특징들이 나타내는 순서가 학습자가 그것들을 습득 가능한 순서와 일치할 것이라고 추정한다. 또한, 그들의 교수의 개요를 만들어 주는 교사는 학습 자료에 대한 신중한 선택과 배열이 학습을 촉진시킬 것이라는 믿음으로 그렇게 한다. 그러나 만일 우리가 교사의 개요가 정말로 일을 시작하는 학습자 자신의 방법과 일치하지 않는다면, 우리는 교수 내용이 언어 학습에 직접적으로 기여하는지 확신할 수 없다.

교사들은 교수의 내용과 구조에 관해 결정하는 것보다 더 많은 일을 한다. 그들은 또한 제2언어가 가르쳐지는 방법에 대해 결정한다. 그들은 교수방법론을 제공한다. 그들은 반복 연습을 하든지 아니면 하지 않든지, 얼마나 많은 반복 연습을 하는지, 수정을 하든지 또는 하지 않든지, 언제 그리고 어떻게 수정을 하는지 등을 결정한다. 교사들이 언어 학습의 진해진행과정을 관리하려고 하는 것은 그들의 선택된 교수 방법론에 의한 것이다. 그러나 다시, 교사가 따라하도록 선택하는 교수 방법론적인 원칙들은 학습자가 언어를 배우는 방법과 일치할 것이라는 보장은 없다. 예를 들면, 교사는 문법적인 수정에 집중하기를 결정할 수 있지만, 반면에 학습자는, 그의 발화가 얼마나 문법적인지에 개의치 않고, 그의 의미를 전달하려고 애쓰는 데에 집중할 수도 있다. 교사는 언어 항목마다의 숙달을 서서히 주입시키는데 집중할 수도 있는 반면에, 점차 한 번에 그리고 동시에 전영역의 항목들을 다루는 능력을 얻는다면, 학습자는 전체적으로 학습 문제를 다룰 수도 있다. 만일 학습이 일어난다면, 그것은 교사의 교수 방법론이 예상했던 방법으로 되지 않을 수도 있다. 그에게 유용하게 만들어진 언어 데이터를 활용하는 방법을 발견하기 위하여, 학습자가 사용하는 전략을 고려해보는 것이 필요하다. 이와 같은 방법으로 우리는 학습자들이 왜 그들이 하는 방법으로 학습하는지를 설명하려고 노력할 수 있다.

모든 교사들은 언어 학습의 이론을 가지고 있다. 즉, 그들은 언어 학습자들이 행동하는 방법에 대하여 일련의 원칙에 따라서 행동한다. 그러나 이 이론은 분명하지 않을 수도 있다. 많은 경우에 언어 학습에 대한 교사의 견해가 감추어지고 그가 하는 것에 잠재될 수도 있다. 예를 들면, 그는 한 수업의 완전한 초보자에게 현재 진행 시제를 가르치는 것을 시작하려고 결정한다. 그렇게 하는데 있어서, 그는 문법이 초기 단계에서 발음이나 어휘 같은 언어의 다른 측면에 우선권을 두어야만 한다고 의식적으로 결정할 수도 있으며, 왜냐하면 그는 이것이 학습자의 우선순위와 일치한다고 믿기 때문이다. 또는 그가 의식적인 조사를 하지 않고 이것을 단순히 추정할 수도 있다. 현재 진행 시제를 가지고 시작하는 그와 같은 결정은 추가적인 암시를 가지고 있다. 한 가지는 학습이, 명사 또는 발화의 어떤 다른 부분보다는 오히려, 동사를 가지고 시작할 수 있고, 시작해야만 한다는 것이다. 또 다른 한 가지는 모든 동사 시제 중에서 현재 진행이 학습자가 처음에 배워야 할 필요가 있을 것이라는 점이다. 교사는 이러한 암시들을 인식할 수도 있고 또는 그렇지 않을 수도 있다. 그는 그가 결코 분명하지 못한 직관을 가질 수도 있다. 언어 교수는 언어 학습의 이론과 관계없이 발생할 수도 있지만, 이것은 일련의 감추어진 믿음으로서만 존재할 수도 있다.

이 책은 교사들에게 그들의 언어 학습의 이론을 언어-학습자 언어와 그것을 만들어내는 진행과정에 대한 조사를 통하여 분명하게 해주는데 도움을 주려고 한다. 그것은 교사들이 언어 학습에 대하여 일련의 분명한 생각을 가지고 더 나아질 것이라는 확신에 근거해 있다. 이 확신은 그럴만한 타당한 이유를 필요로 한다.

그 원칙들이 그것들을 수정하거나 또는 대체하는데 대한 한 가지 견해로 검토될 수 있다는 것은 바로 원칙들이 분명해질 때뿐이다. 암시적인 믿음에 따라서 다루어지는 교사들은 무비판적일 뿐만 아니라 변화에 저항할 수도 있다. 그렇지 않으면, 그들은, 언어 학습에서 최근의 유행을 맹목적으로 따름으로서, 무원칙적인 방법으로 바꾸거나 변화할 수도 있다. 그들이 가르치는 원칙에 의해 분명해진 교사들은 그러한 원칙들을 비판적으로 검토할 수 있다.

이 책은 교사들이, 학습자가 실제로 하는 것을 무시할 수도 있는 암시적 이론 보다는, 분명하고 그러므로 수정에 개방된 언어 학습의 이론을 가지고 더 잘 다루도록 하는 믿음에 근거하고 있다. 언어 학습의 복잡한 진행과정에 대한 더 커다란 의식이 더 효과적인 교수를 보증하지는 않을 것이다 — 거의 틀림없이 지식에 대한 우리의 상태가 확고한 교육적 적용을 보증하는데 불충분하다. 그러나 그것은 비판적인 사고, 구 원칙에 대한 도전을 자극할 것이며, 아마도 몇 가지 새로운 것들을 제시할 것이다. 제2언어 학습에 대한 의식적인 이해가 교수를 수정하고 개선하기 위한 기반이다.

독자가 제2언어 습득의 학생이든지 또는 어어 학습의 진행과정에 대하여 좀 더 많이 알기를 열망하는 교사이든지 간에, 그가 제2언어 습득에 대한 그 자심만의 이론을 발달시킬 필요가 있다. 이 책은 이 이론에 기반 한 필수적인 배경 지식을 제공하려고 한다. 10장에서 나는 제2언어 습득에 대하여 알려진 것에 대해 설명을 하기 위하여 하나의 체계와 일련의 가설들을 전개 시킨다.

이 책은 많은 사람들의 지지와 안내 없이는 쓰일 수 없었다. 특별히 나는 Henry Widdowson과 Keith John의 도움에 감사를 표하고 싶다. 그들의 도움은 이 책의 원고를 만들고 수정하는데 중요했다. 말할 필요도 없이, 이 책에 있는 몇 몇의 실수들은 나 자신의 책임이다.

이 책에서 '학습자' 그리고 '교사'에 관하여 사용된 대명사들은 '그는', '그의', 그리고 '그를'이다. 그것들은 문체의 편의상 선택되었고 무표 형태로 의미되었다. 이러한 편의를 수락할 수 없는 독자들에게, 깊은 사과를 드린다.

차례

1장

제2언어 습득의 주요 쟁점들

도입

제2언어 학습은 많은 연관된 요인들을 포함하는 복잡한 진행과정이다. 이번 장은 이러한 진행과정의 연구에서 유발되었던 주요한 쟁점들을 다룰 것이다. 먼저 '제2언어 학습'이 의미하는 바를 고려해 보는 것으로 시작하고, 제2언어 연구자들이 몰두하는 요점들을 간략하게 논의해 볼 것이다. 마지막으로, 이 책의 나머지 장에서 이러한 요점들에 대한 논의의 체계를 세울 것이다.

제2언어 습득이란 무엇인가?

제2언어 습득을 논의하기 위해서, 그 용어가 의미하는 바를 명확하게 규명하는 것이 중요하다. 제2언어가 어떻게 학습되는지에 대해 연구자가 취하는 태도를 독자가 명확히 알기 위해 몇 가지의 질문을 다룰 필요가 있다. 아래에 제시된 것은 연구자들이 제2언어 습득을 연구하기 위해 만든 주요한 핵심이다. 이는 이 책의 다음 부분에서 소개될 다양한 관점을 함축하고 있다.

획일적인 현상으로서의 제2언어 습득

제2언어 습득은 획일적이고 예측 가능한 현상이 아니다. 학습자가 제2언어를 학습하는데 한 가지 방법만 정해진 것은 아니다. 제2언어 습득은 학습자에게 존재하는 무수한 요소들과 학습 환경의 상호작용 결과이다. 그러므로 이러한 두 요소들의 상호작용으로 인해 초래된 복잡성과 변이를 인지하면서 시작하는 것이 중요하다. 다른 환경에서 서로 다른 학습자들은 제2언어를 각자 다른 방식으로 학습한다. 언어 학습의 변이와 개별성이 강조되어야 함에도 불구하고, 적어도 모든 학습자들에게는 아니더라도 대부분의 학습들에게 해당되는, 상대적으로 고정적이고 일반화할 수 있는 요인들이 있다고 가정하였다. '제2언어 습득'이라는 용어는 이러한 일반적인 양상을 언급하는데 사용된다. 이 책은 습득의 진행과정에서 불변하는 것과 상대적으로 변화하는 것을 둘 다 조사해 볼 것이다.

제2언어 습득 대 모국어 습득

제2언어 습득은 모국어 습득과 대조된다. 이는 학습자들이 그들의 **모국어**를 습득한 뒤에 어떻게 또 다른 언어를 학습하는지에 주목한다. 언어 학습자의 언어연구는 모국어(L1) 습득 연구와 연관되어 시작된다. 제2언어 습득 연구는 모국어 습득 연구의 방법론과 모국어 연구에서 다루어지는 많은 요소들을 따르는 경향이 있다. 제2언어 습득의 연구와 모국어 습득 연구의 쟁점이 비슷한 진행과정이거나 서로 다른 진행과정의 범위를 갖는다는 것은 놀라운 일이 아니다.

제2언어 습득 대 외국어 습득

제2언어 습득을 **외국어** 습득과 구분 지으려는 의도는 아니다. 제2언어 습득은 배우지 않은(또는 자연적) 습득과 배운(또는 교실수업) 습득을 포괄하는 일반적인 개념으로 사용되었다. 하지만 이러한 서로 다른 상황에서의 언어학습이 같은지 또는 다른지에 대한 의문점이 제기된다.

통사론과 형태론의 중요성

제2언어 습득은 언어 학습자가 완수해야 할 모든 양상들을 언급한다. 하지만 지금까지는 언어 학습자가 '부정문'이나 '의문문'과 같은 문법적 하위체계를 얼마나 잘 습득하였는지, 복수형 어미 '-s'나 부정관사/정관사와 같은 문법적 형태론을 얼마나 알고 있는지에 초점을 두었다. 언어연구는 그 외의 다른 요소들을 무시하는 경향을 갖고 있었다. 제2언어의 음운론에 대해서는 조금 알려져 있으나 어휘에 관해서는 거의 알려진 바가 없다. 제2언어 연구자들은 최근에서야 학습자들이 의사소통하는 능력에 초점을 두기 시작했으며, 학습자들이 그들의 의견과 의도를 전달하는데 어떻게 그들의 언어 지식을 사용하는지(즉, 화용적 지식)를 연구하기 시작하였다. 그러므로 이 책에서는 제2언어의 통사론과 형태론에 대해 알려진 것을 광범위하게 정의할 것이다. 그리고 이것이 어떠한 제한을 갖는다는 것을 인지해야 한다. 많은 연구자들이 제2언어 습득의 다른 양상들(특히 담화에 참여하는 능력을 어떻게 습득하는지)을 아는 것이 중요할 뿐만 아니라, 문법지식의 습득을 발견하기 위해 이러한 다른 양상들을 연구할 필요가 있다는 것을 수용하고 있다.

언어능력 대 언어수행

언어연구에서 **언어능력**과 **언어수행**은 종종 구분되어 왔다. Chomsky(1965)에 따르면, 언어능력은 화자와 청자의 내재화된 문법을 구성하고 있는 언어적 규칙의 정신적 개념이다. 언어수행은 언어의 이해와 생성을 포함하고 있다. 모국어와 제2언어 습득 연구는 언어능력이 어떻게 발달되는지에 관심을 둔다. 하지만 학습자가 내재화하고 있는 규칙은 직접적으로 확인할 수 없기 때문에, 주로 발화에서 학습자가 어떻게 수행을 하는지를 조사하는 것이 필수적이다. 학습자가 생성하는 발화는 내재화된 규칙체계를 비추어 주는 창의 역할을 한다. 그러므로 어떤 의미에서 제2언어 습득 연구는 언어수행에 관한 연구이다; 그것은 실제의 발화들을 살펴보는 것이다. 하지만 이것들은 학습자의 머릿속에서 진행되는 것에 대한 증거로서 다루어진다. 제2언어 연구의 주요한 문제 중의 한 가지는 언어수행으로부터 어떠한 언어능력이 추론되는가 하는지를 들 수 있다.

습득 대 학습

때때로 제2언어 **습득**이 제2언어 **학습**과 서로 다른 진행과정이라는 가정 아래, 이 두 가지가 서로 상반된다고 여겨진다. '습득'은 제2언어에 노출됨으로 인해 언어를 주워 담는 것이라고 여겨지는 반면, '학습'은 제2언어를 의식적으로 배우는 것을 의미한다. 하지만 나는 이것이 진정한 구분인지 아닌지에 대하여 가능성을 열어 두고 싶다. 그러므로 나는 의식적이고 무의식적인 진행과정이 포함되는 것을 무시한 채, '습득'과 '학습'을 교환하며 사용할 것이다. 내가 만일 이 용어들을 좀더 구체적인 의미로 사용하고자 한다면, 단어를 이탤릭체로 표기하거나 명확한 참조를 달 것이다.

요약하자면, '제2언어 습득'이라는 용어는 모국어 이외에 자연스러운 상황이나 학습상황에서 습득하는 무의식적이거나 의식적인 진행과정을 뜻한다. 이는 여태까지의 형태통사론으로 정의되었던 음운론, 어휘, 문법, 화용적 지식의 발달을 포괄한다. 이러한 진행과정은 변화할 수 있는 특징과 불변의 특징을 모두 나타낸다. 제2언어 습득의 연구는 학습자의 언어능력을 설명하는 동시에 학습자가 제2언어를 사용할 때에 어떻게 수행하는지를 경험적으로 설명한다.

다음에 오는 본 장의 항목들은 제2언어 습득 연구에 있어서 많은 주요 쟁점들을 논의할 것이다.

모국어의 역할

전후 시대에서 시작하여 1960년대로 오면서 제2언어 습득자가 직면하는 장애의 대부분이 그들의 모국어의 영향일 것이라는 가설이 지배적이었다. 모국어와 제2언어가 다른 곳에서 모국어는 제2언어 학습을 방해하게 되고, 모국어와 제2언어가 유사한 곳에서는 모국어가 제2언어 학습에 도움을 준다고 가정하였다. 이를 **언어 전이**라고 명명하였다. 모국어와 제2언어 사이의 유사성이 긍정적인 기능을 수행하는 반면, 둘 사이의 차이점이 부정적인 기능을 수행하는 것이다. 교사들은 부정적 전이에 의해 만들어지는 장애의 영역들에 관하여 그들의 교수에 중점을 두게 되었다. 그들은 이러한 장애를 극복하기 위하여 대대적인 실습에 전념할 것을 권고받았다.

장애의 영역을 확인하기 위해서, '대조분석가설'이라고 불리는 한 가지 방법이 개발되었다. 이 가설은 학습자의 모국어와 제2언어 사이의 언어적 차이점을 확립하여 특정 제2언어 학습자가 직면하는 장애를 예상할 수 있다는 믿음 아래 제시되었다. 그리하여 두 언어에 대한 설명이 포함되고 언어 간의 비교가 수행되었다. 모국어와는 다른 제2언어의 특징들이 그러한 문제 영역을 구성한다고 여겨졌고, 교수요목에서 집중적인 관심을 받게 되었다.

대조분석가설이 경험적 조사를 수행하지 않았던 것은 1960년대 후반까지였다. 학습자의 오류가 모국어의 영향에 기인할 수 있었는가? Dulay와 Burt(1973; 1974a) 등의 연구자들은 제2언어 습득 진행과정에서 부정적 전이에 대하여 커다란 의심을 품게 되었다. 문법적 오류의 상당 비율이(비록 비율이 논란이 될 수 있을지라도) 모국어 간섭현상에 의해 설명될 수 없었던 부분이었다. 그러한 연구의 결과로, 모국어의 역할이 줄어들고 대조분석가설의 인기가 또한 줄어들었다.

하지만, 초기의 경험적 연구에 의해 해결되지 않은 채로 남겨진 많은 문제들이 있었다. 특히 전이 외에 모국어의 영향에 대한 가능성을 고려하지 않았다. 전이 가설은 언어학습이 연습과 강화를 통해서만 발달될 수 있는 연속된 습관이라는 특정한 관점에만 초점을 두었다. 언어학습에 대한 이러한 관점에 이의를 제기하기 위하여, 모국어의 '오래된' 습관이 '새로운' 언어 학습에 끼어들지 않는다는 것을 설명할 필요가 있었다. 그런 이유로, 제2언어의 오류가 모국어의 간섭현상의 결과가 아님을 보여주려는 시도가 있었다. 하지만 모국어는 완전히 다른 방법으로 언어학습에 도움을 줄 것이다. 예를 들면, 학습자는 모국어의 규칙을 제2언어에 **전이**시키지 않을 것이나, 모국어에 없는 규칙을 사용하는 것을 **회피하게** 될 수 있다. 또는 언어 전이가 특정한 상황 아래에서만 일어나기 위하여 모국어와 제2언어 사이의 차이점이 유발하는 장애로 인한 언어적 제약이 있을 수 있다. 또는 학습자들이 그들의 언어수행을 향상시키기 위하여 의식적으로 모국어를 **차용하여** 사용할 수도 있다. 만일 모국어의 역할에 대해 좀 더 인지적인 견해를 받아들인다면, 훨씬 더 활발한 논점이 될 수 있을 것이다.

2장에서는 대조분석가설과 학습자 오류의 연구 결과에 나타난 거부반응에 대하여 살펴볼 것이다. 2장과 8장에서 제2언어 습득에서의 모국어의 긍정적인 영향에 대한 최근의 연구를 소개한다.

발달의 '자연스런' 경로

대조분석가설의 한 가지 가정은 모국어에 따라 다른 종류의 장애를 가진 부정적 전이의 결과로 서로 다른 모국어를 가진 학습자들이 다른 방법으로 제2언어를 학습한다는 것이다. 대조분석가설에 대항하는 것으로 제2언어 학습자들이 제2언어를 습득할 때에 보편적인 경로를 따를 수 있다는 가능성에 대한 고려를 하게 되었다. 이러한 가능성은 어린아이들이 모국어의 부정문이나 의문문(Klima와 Bellugi 1966)을 비롯하여 다양한 문법적 형태소(R. Browm 1973)를 습득할 때에 상당히 예상 가능한 경로를 거쳐 학습한다는 것을 보여주는 연구에 의해 장려되었다. 만일 이것이, 제2언어 습득에서 학습자의 오류가 보여주듯이, 모국어 습득에서 그러한 것처럼 부정적 전이가 학습자 오류의 주요한 요인이 아니라면, 제2언어 습득이 '자연스런' 발달경로를 따른다는 것은 타당하지 못한 가설이다. 즉, 모든 학습자는, 그들의 모국어와 상관없이, 제2언어의 문법규칙을 고정된 순서로 배운다.

그렇다면, 주요한 쟁점은, 만일 언어발달에 '자연스런' 경로가 있다면 그것이 무엇으로 구성되어 있느냐 하는 것이다. 연관된 쟁점으로 모국어 습득 발달경로와 제2언어의 학습 발달경로가 일치하는가라는 것이다. 이것이 '제2언어=모국어 가설'이다. 이는 제2언어의 학습과 모국어 학습이 학습자가 갖고 있는 학습전략의 결과로써 매우 유사하다고 이야기한다. 모든 언어 학습자들이 직면하는 '암호 풀기'는 인간 언어 능력의 특징이 갖고 있는 일반적 구조의 적용을 통해서 가능하게 된다.

'제2언어=모국어 가설'은 두 가지 방법으로 연구되었다. 한 가지는 학습자 오류 분석을 통해서이다. 언어학습자 언어의 표본을 모아서 연구하여 학습자들이 발화하는 오류의 서로 다른 유형을 발견한다. 그 오류는 대조분석가설에 의하여 예상될 수 있는 오류인지, 모국어 발달경로에서 발생하는 발달적 오류와 유사한지에 따라 구분된다. 대다수의 발달적 유형의 오류들은 모국어 습득 진행과정과 제2언어 습득 진행과정이 유사하다는 증거를 보여준다. 오류분석은 '제2언어=모국어 가설'을 확인하는 또 다른 방법이다. 만일 오류가 거의 없는 구조를 배운 뒤에 오류가 많이 포함된 구조를 배운다면, 이는 오류 빈도에 근거하여 발달 순서대로 작용한다고 볼 수 있다. 예를 들면, 대명사 오류보다 복수형 어미 오류의 비율이 더 높다면, 대명사보다 복수형 어미의 습득이 더 늦어질 것이다. 장애의 순서와 습득의 순서를 동일시함으로써, 발달 진행과정은 확립되고 '제2언어=모국어 가설'을 확인할 수 있게 된다.

'제2언어=모국어 가설'을 확인하는 두 번째 방법은 제2언어 학습자들을 종적 연구를 하는 방법이다. 모국어 습득에 대한 많은 종적 연구들이 이미 실시되었으므로, 비교의 기반이 마련되었다. 1970년대는 제2언어 습득에 대한 종적 연구의 수가 상당히 증가하였고, 대부분은 UCLA의 Evelyn Hatch의 지도하에 이루어졌다.(Hatch 1978a 참조)

오류분석과 종적 연구는 서로 다른 제2언어 학습자들이 제2언어를 배우는데 유사점이 있음을 보여준다. 이러한 것들이 결과적으로 '자연스런' 발달 연속이 된다는 강력한 주장들이 있었다. 이러한 진행과정은 모국어 습득과 유사한 것으로 보고되었지만, 모국어 습득과 똑같은 것은 아니다. 3장에서는 '자연스런' 경로와 '제2언어=모국어 가설'을 검증한다.

언어학습자 언어에서의 맥락적 변이

학습자 언어는 오류를 포함하고 있다. 즉, 학습자들의 발화는 성인 문법 규칙에 따르면 제대로 형성된 문장이 아니다. 오류는 제2언어 습득에 중요한 정보를 제공한다. 왜냐하면 학습자들이 목표 언어의 규칙을 단순히 암기해서 그들의 발화에서 그대로 재생하는 것이 아니라는 것을 오류가 결과적으로 보여주기 때문이다. 학습자들이 입력 데이터를 통하여 그들 스스로의 규칙을 구성하며 적어도 이러한 규칙은 목표 언어의 규칙과 같지 않다.

하지만 학습자 언어에서 오류의 존재는 오류가 체계적으로 제시될 수 있는지에 관심을 두고 있다. 즉, 오류의 발생이 어떠한 규칙을 갖고 있느냐 하는 것이다. 제2언어 습득 연구의 가장 큰 장애는 학습자의 오류가 간단히 체계적이지 않다는 것이다. 학습자가 모든 언어사용 맥락에서 동일한 오류를 생성하는 경우는 거의 없다. 학습자들은 어떤 특정한 상황에서 범한 오류를 또 다른 상황에서는 범하지 않는다. 하지만, 그러한 다양한 오류를 받아들이는 것이 그들이 어떤 면에서 규칙적이라는 개념을 거부하는 것은 아니다. 학습자들이 서로 다른 상황에서 다른 방법으로 학습한다는 것을 수용한다면, 특정한 상황에서 학습자들이 어떻게 행동할지를 예상할 수 있고 그들의 행동의 체계성이 **변이 규칙**의 측면에서 설명될 수 있다. 이것이 '만일 ~라면' 규칙이다. 그들은 만일 x라는 상황이 적용되면, y라는 언어 형태가 사용된다고 진술한다. 예를 들면, wh-의문문에서 주어와 동사의 도치가 발생하지만 다른 상황에서는 그렇지 않다. 학습자의 발화수행은 전체적으로 우연인 것처럼 보일지 모르지만, 가까이 들여다보면 주어와 동사의 도치가 어떤 곳에서는 일어나고 어떤 곳에서는 일어나지 않는지를 구분할 수 있다. 다양한 규칙은 'what' 'who' 의문문에서는 일어나지만, 'when' 'where' 의문문에서는 일어나지 않는다는 것을 보여준다. 비록 '만일 ~라면' 규칙이 일정한 규칙에 비해 더 복잡함에도 불구하고, 학습자 언어의 규칙성을 이해하는 것은 필수적이다.

맥락적인 변이는 두 가지로 분류된다. 학습자 언어는 '상황적 맥락'에 따라 다양하다. 즉, 학습자들은 제2언어를 서로 다른 상황에서 다르게 사용한다. 예를 들면, 즉각적으로 의사소통을 해야 하는 압박이 있는 상황에서 그들이 갖고 있는 지식을 극대화할 시간이 없고, 그들이 자신의 발화를 주의 깊게 확인할 수 있는 상황이라면 범하지 않았을 더 많은 오류를 발생시킬 것이다. 학습자 언어는 또한 '언어적 맥락'에 따라서도 다양하다. 즉 학습자가 특정한 문장에서 오류를 범하는 것이다. 예를 들면, 영어의 현재시제에서 3인칭 단수에 관한 오류가 단문에서는 잘 발생하지 않는 반면(He *buys* her a bunch of flowers.), 복문에서는 자주 발생하는 경향이 있다(he visits her everyday and *buy* her a bunch of flowers.). 맥락적인 변이의 충분한 설명이 두 가지 모든 유형에 필요하다.

'자연스런' 발달 진행과정의 개념과 맥락적인 변이의 개념은 조화될 필요가 있다. 학습자들의 제2언어 사용이 다양하다면, 일반적인 발달 단계에 대해서는 어떤 것이 가능할 것인가? 만일 학습자 언어가 선천적으로 다양하다면 어떻게 획일적인 진행과정이 존재할 수 있는가? 이는 제2언어 습득 연구의 가장 중요한 논점이다. 이는 4장에서 다룰 것이다.

개별인 학습자 차이

언어학습자 언어에서의 변이는 상황적 요소만의 결과가 아니다. 그것은 제2언어를 학습하는 학습자의 변이와 제2언어 지식을 사용하는 방법의 차이 때문이기도 하다. 두 명의 다른 학습자가 완전히 똑같은 방법으로 제2언어를 배운다는 것은 정확히 틀렸다고 할 수 있다.

발달 과정에 영향을 주는 학습자 요인은 잠재적으로 무한하며 신뢰할 수 있는 방법으로도 구분하기가 어렵다. 제2언어 습득 연구는 개별인의 학습자의 차이점에 기여하는 다섯 가지 일반적인 요인들을 폭넓게 연구하였다. 이는 연령, 적성, 인지유형, 동기 그리고 성격이다.

상당히 흥미롭게 제기되는 질문은 성인 학습자들이 어린아이들과 같은 방식으로 제2언어를 습득하느냐 하는 것이다. 이러한 쟁점에 대한 일반적인 접근은 성인과 어린아이들의 제2언어 습득이 같지 않다는 것이다. 성인 학습자는 좋은 기억 능력을 가지고 있고, 언어의 형식적 측면에 훨씬 더 쉽게 집중할 수 있다. 하지만 이러한 차이점은 연령에 따라 변하지 않는 언어 능력의 생성과 학습자들이 통과하는 진행과정의 차이점으로 이끄는 것은 아니다. 제2언어 습득에서 성인과 어린아이를 비교하는 것은 두 가지 부분으로 다루어져야 한다. 첫 번째는 학습하는 진행과정이 다른지 아닌지를 보여주어야 한다. 성인 학습자에게 '자연스런' 진행과정이 있으며 아동들에게는 그렇지 않은가? 두 번째로, 성인과 아동이 학습하는 **진도**가 연구될 필요가 있는지이다. 성인에 비해 아동들이 더욱 성공적이라는 견해는 경험적 연구에 의해 입증될 수 없을 것이다. 그러므로 학습 경로와 학습 진도에 관해서 차이점이 존재한다는 것은 가능하다. 또한 학습 진행과정의 차이점은 없지만 학습 진도에서의 차이점이 있다(하지만 아동 학습자들이 더욱 성공적인 학습자일 필요는 없다)는 것도 가능하다. 마지막으로, 학습 경로와 학습 진도에서 어떤 큰 차이점도 없다는 주장이 가능하다.

적성은 지능과 상반되는 것이다. 후자의 것은 언어적이든 비언어적이든 전체적인 능력을 잘 완수할 수 있는 일반적인 능력을 말한다. 적성은 언어 학습과 관련한 특별한 능력을 뜻한다. 적성의 영향은 교실 학습자가 성취하는 언어수행에 의하여 측정될 수 있다. 많은 연구들은 적성이 교실 언어 학습에서의 성공 단계를 측정하는 주요한 요인이라고 밝혔다. 하지만 그러한 연구의 가치에 대한 의구심은 여전히 남아 있다. 왜냐하면 어떠한 인지적 능력이 적성을 구성하는지 전체적으로 명확하게 하지 않았기 때문이다.

학습자 동기와 필요는 제2언어 습득 가설에서 항상 중요한 위치를 차지해왔다. 그들이 배우는 언어에 대해 원어민의 사회·문화적 관습에 관심이 있는 학습자들은 언어학습에 성공적이다. 유사하게 제2언어 습득에 대하여 높은 도구적 동기를 가지고 있으면(예를 들면, 제2언어가 학습을 위한 매개체로 사용될 때), 그들은 아마도 성공할 것이다. 대조적으로 원어민의 문화에 흥미가 없거나 도구적 동기가 낮은 학습자들은 느리게 학습하고 학습을 중단할 것이다. 동기의 역할은 캐나다 등에서 2개 국어 연구의 맥락에서 Gardner와 Lambert(1972)에 의하여 포괄적으로 연구되었다.

동기와 필요에 의한 역할에 대한 정확한 설명은 이들이 **어떻게** 학습 진행과정에 영향을 끼치는지 설명할 필요가 있다. 그러한 설명은 Dulay와 Burt(1977)에 의해 제시되었다. 그들은 학습자가 언어 습득 장치를 통한 입력을 얼마나 많이 얻었는가를 관찰하는 '사회 정의적 여과'를 가지고 있다고 제안하였다. 의식적이거나 무의식적인 동기나 필요, 태도나 정서적 상태의 결과로써 학습자가 제2언어에 대해 '열려' 있거나 '닫혀' 있을 수 있다. 그러므로 학습자가 그들의 의사소통적·정서적 요구에 부합하는 충분한 제2언어 지식을 습득하기만 하면, 그들은 학습을 중지할 것이다. 이것이 Selinker(1972)가 주장하는 **화석화**이다. 얼마나 많은 입력이 주어지고, 어떠한 형태의 입력이 주어지든지 간에, 학습자는 더 이상 학습하지 않을 것이다.

어떻게 성격과 인지유형이 제2언어 습득에 영향을 주는지에 대해서는 알려진 바가 없다. 그것들이 잠재적으로 광범위하게 영향력이 있을 것이라는 확신이 있을 뿐이다. 성공적인 제2언어 학습을 위한 성격은 어떤 것일까? 외향적인 사람이 모험을 감수할 준비가 되어 있고, 제2언어에 더 많은 노출하도록 노력하기 때문에 내향적인 사람보다 더 성공적인 학습을 할 수 있는가? 제2언어 학습에서 방해가 하는 역할은 무엇인가? 여기에 대한 명확한 해답은 없다. 유사한 연구가 인지유형(우리가 일반적으로 여러 가지 상황들을 학습하는 방법과 그리고 우리가 몇 가지 문제들에 관해 논평을 하는 특정한 비판들)이 학습에 어떠한 확실한 영향을 끼치는지 보여줄 수 없었다. 성격과 인지유형을 연구하는 주요한 문제점은 서로 다른 유형을 신뢰할 수 있게 측정하는 측정 도구가 부족하기 때문이다.

5장에서는 개별적인 학습 접근법과 연령, 적성, 인지유형, 동기부여 그리고 성격의 역할에 대해 생각해 볼 것이다.

입력의 역할

제2언어 습득이 학습자가 제2언어의 입력에 접근할 수 있을 때에만 가능하다는 것은 자명하다. 이 입력은 자연적인 상황이거나 형식적인 교수의 형태가 될 것이다. 그것은 말해지는 형태이거나 쓰인 형태일 수 있다. 제2언어 습득에서의 주요 쟁점은 입력이 하는 역할이다.

제2언어 습득 초기 이론은, 연습과 강화를 통한 습관 형성의 개념으로, 입력의 중요성을 강조하였다. 학습의 전반적인 진행과정은 올바른 양의 입력을 제시하고 학습자가 **과잉학습**이 될 때까지(자동적으로 될 때까지) 연습을 계속하게 함으로써 통제될 수 있었다. 제2언어 학습은 다른 종류의 학습과 유사했다. 자극-반응의 연쇄고리로 이루어져 강화에 의해 통제되고 형성되었다. 이러한 행동주의자들의 관점에서, 학습자에 의한 능동적인 진행과정이 거의 없었다. 언어 학습은 — 모국어나 제2언어나 — 내부적인 현상이 아닌 외부적인 현상이었다.

1960년대에는 학습에 대한 이러한 견해가 Chomsky에 의해서 가장 주목할 만하게 이의가 제기되었다. 많은 사례에서, 입력에서 관찰된 언어의 종류와 학습자가 발화했던 언어 사이에 연결이 되는 것이 없었다고 지적했다. 이것은 학습자 내의 입력의 작용과 그것을 학습자가 저장하고 다룰 수 있는 형태로 전환하는 일련의 정신적 진행과정으로서의 가설로 가장 잘 설명될 수 있었다. Chomsky의 언어 학습에 대한 심리주의 견해는 그가 '언어 습득 장치'라고 부르는 것과 언어적 환경의 역할을 축소시키는 것을 강조했다. 입력은 단지 언어 장치를 활성화시키는 방아쇠의 역할만을 수행할 뿐이었다.

그러므로 제2언어 습득에서의 주요한 쟁점은 입력이 학습을 형성하고 통제하는지 또는 단지 방아쇠의 역할만 수행하는지에 대한 것이다. 최근에는 모국어 화자들이 제2언어 학습자들과 어떻게 말하는지를 알아내는 것과 그들이 대화하는 방식에 의해 제2언어 습득에서 어떤 역할을 하게 되는지에 기울이는 입력에 상당한 관심이 있다. 그 연구는 단지 제2언어에 대한 노출만으로는 충분하지 않다는 것을 보여주기 시작한다. 학습자들은 그들이 처해있는 발달 단계가 무엇이든 간에 특히 적합한 제2언어 데이터가 필요한 것처럼 보인다. 하지만, 최적의 입력이 어떤 것으로 구성되어야 하는가에 대한 것은 논란이 있다. 교사들이 가정하기에, 형식적이고 논리적인 기준에 부합하도록 선택되고 단계를 나눈 입력이 있는가, 또한 Krashen(1981a)이 주장한 것처럼, 학습자들이 이해할 수 있는 언어를 제공하는 '이해 가능 입력'만의 문제인가? 제2언어 습득 진행과정에서 입력의 역할은 최근의 연구에서 가장 논란이 많은 문제이다.

6장에서는 이 쟁점에 대해서 더욱 깊게 논의하고, 제2언어 습득에서 '입력'(제2언어 데이터를 얻는 것)이 '상호작용'(의사소통적인 활동에 참여하는 것)만큼 중요한 것이 아니라는 점에 대해 찾아볼 것이다.

학습자 진행과정

학습자들은 그들이 받은 입력을 걸러내고 그것을 기존의 지식에 연결시킬 필요가 있다. 그들이 어떻게 이것을 하는가? 두 가지 가능한 설명이 있다. 그들은 아마도 절차적 지식의 부분과 학습의 다른 형태에서 사용하던 일반적인 인지 전략을 사용할 수 있다. 이러한 전략들은 종종 학습자전략이라고 불린다. 대안적으로 그것들은 최대한 효과적인 방법으로 제2언어 규칙을 발견하기 위한 입력 데이터를 작동 가능하게 해줄 특별한 언어 능력을 가지고 있을지도 모른다. 이러한 언어학적 기능은 **보편문법**이라고 지칭된다.

Tarone(1980)은 학습자 전략을 세 가지로 구분하였다. 거기에는 **학습 전략**이 있다. 이것은 언어 지식을 발달시키기 위해 학습자가 제2언어 입력을 처리하는 방법들이다. 학습 전략은 의식적이고 행동적일 수 있고(기억을 위한 암기와 반복), 무의식적이고 심리언어학적일 수 있다(추론이나 과잉일반화). 두 번째 유형은 **생성 전략**으로 구성된다. 이것은 학습자들이 이미 효율적이고, 명확하고, 최소한의 노력으로 습득한 제2언어 지식을 사용하려는 시도를 포함한다. 일부 실례들은 일련의 대화를 조직화하는 방법을 만들어냄으로써 어떻게 말해야 되는지와, 담화 계획에 대한 예행연습이다. 세 번째 유형은 **의사소통 전략**이다. 생성 전략과 같이, 비록 학습자가 더 많은 입력을 얻도록 도와줌으로써 학습에 간접적으로 기여할 수 있다 할지라도, 학습보다는 사용의 전략이다. 의사소통 전략은 학습자들이 필요한 언어적 지식이 부족한 의미를 의사소통하기 위한 학습자들의 시도로 구성되어 있다. 특히 자연스런 상황에서 학습자들은 지속적으로 그들의 언어적 자원 그 이상의 생각을 표현할 필요가 있다. 그들은 포기하거나 그 문제를 피할 수도 있고, 주변에서 그 방법을 찾으려고 노력할 수도 있다. 전형적인 의사소통 전략은 도움의 요청(예를 들면, 'What d'you call ___?')과 바꿔 쓰기('bark'를 'wow wow')를 들 수 있다. 의사소통 전략은 부정확하고 부적절한 방법들로 기존의 제2언어 지식을 가지고 임시변통함으로써 존재하지 않는 지식을 보충하는 것이 포함된다.

학습자 전략에 대한 조사는 제2언어 습득에서 핵심적인 부분이다. 현재의 언어적 환경의 중요성에 대한 재고는 행동주의자들의 관점으로 돌아가는 것이 아니다. 오히려 입력과 내부 진행과정이 각각 서로에게 어떠한 영향을 미치는가를 발견하기 위해서 그 둘의 관계를 강조한다. 최적의 입력은 학습 전략을 통해서 학습자가 다룰 수 있는 것이다. 학습자들은 그들이 얻는 입력의 종류에 맞추기 위해서 그들이 사용하는 전략을 조정한다. 입력, 학습자 전략, 출력은 매우 복잡한 방식으로 서로 관련되어 있다.

학습자 전략은 직접적으로 관찰될 수 없다. 그것은 단지 언어 학습자를 관찰함으로써 추측할 수 있다. 학습자 전략에 대한 문헌은 불가피하게 추측에 근거하고 가설적이다. 그것은 이렇다 할 유일한 단서가 여러분이 꺼내도록 허락된 몇 권의 책으로 이루어져 있을 때 도서관 분류체계를 이끌어 내려고 하는 것과 약간 비슷하다. 학습자 전략에 관한 초기 연구는 오류분석에 기초를 둔다. 그 데이터는 학습자의 발화와 분리되어 있다. 후기 연구는 학습자들이 대화상대자들과의 의미를 어떻게 교섭하는지를 확인하기 위해서 계속적인 담화 관찰의 중요성을 인식하였다. 이러한 방식으로 입력, 내부 진행과정, 출력 사이의 상호 관계가 더욱 확실히 관찰되었다.

학습자 진행과정에 대한 대안적인 견해는 Chomsky에 의해 제안되었다(1965, 1980). 언어 학습에 대한 Chomsky의 견해가 심리주의라고 이미 언급하였다. 즉,

환경의 기여보다는 학습자의 기여를 강조하였다. Chomsky는 학습자 기여의 본질에 대하여 구체적이었다. 비록 어린아이의 언어 학습 진행과정이 궁극적으로 일반적 인지 발달에 근거하여 설명될 수 있다는 가능성을 배제하지 않았지만, 독립적인 언어 능력에 기초해서 가장 잘 설명될 수 있다고 믿었다. 즉, Chomsky는 언어 습득이 주로 언어적인 정신 구조의 결과라고 주장했다.

이러한 언어 능력은 무엇으로 구성되어 있는가? Chomsky는 이를 보통 언어 지식을 포함하고 있는 '언어 습득 장치'라고 설명하였다. 이것은 내재해 있고, 어린아이에게 노출되는 언어의 문법을 습득할 수 있는 출발점을 제공한다. Chomsky는 자연스런 언어는, 그가 '표면 구조'라고 부르는 실제 발화를 즉시 만들어낼 수 없는, 매우 추상적이고 복잡한 것이라고 믿었다. 만일 어린아이가 전적으로 이용 가능한 입력 데이터에만 의존한다면, 그는 이러한 규칙을 습득하지 못할 것이다. 그러므로 어린아이는 언어 진행과정을 안내할 수 있는 일련의 내재된 원리를 가지고 있어야 한다. 이러한 원리는 보편 문법 — 모든 자연스런 언어와 모든 언어 학습자들에게 공통된 언어적 특징과 진행과정 — 으로 구성된다.

Chomsky의 '언어 습득 장치'는 모국어 습득에도 작용한다. 그러나 제2언어 습득을 결정하는 독립적인 언어 능력이 있다는 생각은 설득력이 있다. 최근에 그것은 **보편 가설**로서 검토되었다. 이것은 모든 자연스런 언어에서 발견되는 '핵심' 규칙의 개념에 근거한다. 언어 특수적인 규칙들도 또한 있다; 즉, 한 개 또는 두 개의 언어에서 발견되는 규칙이다. 보편 가설은 제2언어 학습자들이 언어 특수적인 규칙들보다 핵심규칙을 학습하는 것을 더 쉬워한다고 말한다. 그것은 또한 모국어 전이의 영향이 비핵심적인 특징들로 제한될 수 있다고 제기되었다 즉, 학습자가 제2언어 규칙이 보편 규칙과 일치하지 않는다는 것을 발견한다면, 그들은 그들의 모국어에 있는 동등한 규칙의 측면에서 그 규칙을 설명하려고 시도할 것이다.

학습자 전략은 7장에서 논의된다. 3장에서는 Chomsky의 '언어 습득 이론'에 대해 논의하고, 8장에서는 제2언어 습득에서의 보편 가설을 살펴볼 것이다.

정규 교육의 역할

교사의 입장에서, 제2언어 습득에 정규 교육의 역할은 핵심적인 중요성을 갖는다. 이 문제는 이전의 부문에서 논의된 많은 문제들과 관련이 있기 때문에 마지막에 남겨두었다. 이것은 두 부분으로 — 학습의 진행과정에 미치는 영향과 학습의 진도에 미치는 영향 — 고려되어야 한다. 이러한 두 부분에 대해서 직접적으로 연구된 것은 거의 없다. 교수를 통해서 진행과정과 진도 모두 결정될 가능성이 있다는 교육적 가정 때문이다.

일찍이 학습자들이 제2언어에서 언어적인 능력을 습득하는데 상대적으로 획일적인 진행과정을 거칠 것이라고 지적했다. 이것은 아마도 인간의 언어 능력의 한 부분인 일반적인 학습 전략이 작용된 결과일 것이다. 그렇지 않으면 그것은 학습자가 습득하도록 준비된 서로 다른 발달 단계의 특징을 만드는 특정한 종류의 입력에 대한 노출의 결과일 수도 있다. 만일 제2언어 습득이 언어 환경에 의해서만 유발되는 '언어 습득 장치'의 결과라면, 학습자는 외부로부터 거의 영향을 받지 않는 '교수요목'이 있다고 믿어야 한다. 그러나 만일 제2언어 습득이 빈번하고 핵심적인 특징들에 노출된 결과라면, 제2언어 습득에서 여러 가지 '교수요목'이 있고, 정규 교육에 의해 제공된 것과 같은 특별히 구조화된 입력은 제2언어 문법이 습득되는 순서에 영향을 끼칠 수 있다는 가능성이 제기된다.

발달경로에서 정규 교육의 영향에 대한 몇몇 연구들은 '자연스런' 경로가 변하지 않는다고 주장했다. 하지만 이것은 확실한 것이 아니다. 정규 교육은 다양한 형태로 일어날 수 있고, 발달경로는 타인에 의해서가 아니라 확실한 방법들에 의한 영향으로 수정할 수 있다는 것이 가능하다. 지금까지 진행된 조사는 올바른 상황에서 올바른 방법을 조사하지 않았을 수도 있다. '자연스런' 경로는 특정한 형태의 언어 사용 — 자유롭고 자발적인 의사소통 — 을 반영할 수 있고, 이것이 조사될 때 언제든지 발견될 가능성이 있다. 정규 교육은 이러한 언어 사용 방식에 쉽게 영향을 주지 않을 수도 있다. 하지만 계획된 연설이나 글쓰기와 연관된 것과 같은 다른 방식을 도와줄 수 있다. 그러한 견해는 제2언어 습득에서 맥락적인 변이라고 알려진 것과 일치한다. 정규 교육은 학습자들이 타인이 아닌 몇몇 형태의 상황 속에서 언어수행을 할 수 있도록 도와줄 수 있다.

정규 교육이 학습의 순서에 영향을 끼치는지 상관하지 않고, 전체적인 진행과정의 진도를 증가시킴으로써 향상시킬 수 있다. 정규 교육을 받은 학습자는 받지 않은 학습자보다 더 빨리 학습할 수 있다. 셀 수 없이 많은 교실 학습자들의 경험이 이것을 증명한다. 정규 교육에서 나온 제2언어 지식이 자발적인 의사소통에 유용하지 않다고 할지라도(일방적인 충분한 경험), 학습자가 이러한 종류의 의사소통에서 제2언어를 사용할 기회를 갖는다면 곧 유용할 것이다. 정규 교육은 강력한 지연효과를 가지고 있다. 또한 정규 교육이 제2언어 습득의 속도를 증가시킨다고 제안하는 일부의 연구도 있다.

많은 추측의 대상이 되는 논란이 많은 영역인 제2언어 습득에서의 정규교육의 역할은 9장에서 논의될 것이다.

결론: 제2언어 습득 연구를 위한 체계

제2언어 습득 연구에서 주요 쟁점들을 고찰해 보면서, 나는 제2언어 습득을 탐구하기 위한 체계의 개요를 설명함으로써 본 장을 결론지을 것이다. 이것은 핵심 영역의 논의에서 고찰된 다양한 구성요소들을 함께 도출하는데 기여한다.

그 체계는 많은 상호 관련된 요인들로 단정한다.

1. 상황적 요인
2. 입력
3. 학습자 변이
4. 학습자 진행과정
5. 언어 출력

각각의 요소들은 그것들이 어떻게 상호 관련 있는지에 대한 생각과 함께 아래에 간략하게 기술된다.

1. 상황적 요인

상황적 요인은 언어적 입력의 본질과 학습자에 의해서 사용되는 전략 모두에 영향을 준다. 상황과 입력은 모두 학습이 일어나는 언어적 환경을 구성한다.

습득의 두 가지 주요 유형은 환경적 요소 — 자연적 제2언어 습득과 교실 제2언어 습득 — 의 측면에서 확인될 수 있다. 주요 쟁점은 이 두 환경에서 제2언어 습득 진행과정이 어떤 점에서 유사하고 다른지에 대한 정도이다.

각각의 일반적인 상황 유형 내에서 많은 '극소의' 상황들은, 교사가 누구인지, 상호작용의 맥락(슈퍼마켓인지 붐비는 교실인지), 그리고 의사소통의 주제에 따라 구분된다.

2. 언어적 입력

여기에서 주요한 핵심은 입력이 제2언어 습득의 진행과정을 결정하는지에 대한 정도이다. 단지 학습 진행과정을 활성화시키는 것인가 아니면 그것을 구조화하는가?

모국어 화자들이 그들과 의사소통하는 제2언어 학습자의 수준에 맞추어 발화를 조정한다는 것을 보여주는 상당한 연구들이 있다. 또 다른 중요한 쟁점은 이러한 조정의 어느 부분이 학습을 촉진시키는가 하는 것이다.

3. 학습자 차이

제2언어가 습득되는 방식에 잠재적으로 영향을 끼치는 전체적인 학습자 요소들이 있다. 주요한 것은 연령, 적성, 지능, 동기부여와 요구, 성격과 인지 유형이다.

또 다른 형태의 차이점은 학습자의 모국어와 관련이 있다. 제2언어 습득에서 모국어의 역할은 1960년대 후반과 1970년대 초반에 이루어진 연구에서 지배적인 쟁점이었다. 그것은 대조분석가설을 경험적 검증에 따를 필요성에 의해 동기부여가 되었다.

4. 학습자 진행과정

학습자 진행과정은 인지적이거나 언어적일 수 있다. 인지적 학습자의 진행과정은 3개의 항목으로 분류할 수 있다 — 학습전략은 새로운 제2언어를 내재화하는데 사용된다; 생성 전략은 학습자가 그의 기존의 제2언어 지식을 활성화시키는 수단이다; 그리고 의사소통 전략은 학습자가 제2언어 자원이 부족한 정보를 전달해야 하는 필요성에 의해 원인이 되는 공백이 생길 때 이용된다. 이러한 전략들은 일반적이고, 언어적 입력과 학습자가 생성하는 언어 사이를 중재한다. 언어적 진행과정은 학습자가 선천적으로 지니고 있는 보편문법 원리들을 포함한다. 그것들은 학습자에게 출발점을 제시한다. 그 후의 과업은 목표 언어의 어떤 규칙이 일반적이고, 어떤 규칙이 특정한가를 발견하기 위해 입력을 살펴보는 것이다.

5. 언어 출력

학습자 언어는 매우 다양하지만, 또한 체계적이다. 학습자는 예측 가능한 방법으로 제2언어 지식을 사용하지만, 모든 맥락에서 같은 방법은 아니다.

언어 출력은 발달적이다. 학습자는 언어에 대해 더 많은 경험을 얻음으로써 변화한다. 많은 주목을 받은 한 가지 가능성은 습득의 '자연스런' 순서가 있다는 것이다. 즉, 모든 학습자들은 더 이상 변하지 않거나 또는 거의 변하지 않는 경로를 따라서 지나간다는 것이다.

언어 출력은 학습자가 어떻게 제2언어를 습득하였는가에 대한 주요 정보 자원이다. 특히, 학습자들이 생성하는 그 오류들은 학습자들이 제2언어의 학습과 사용에 대한 공동 과업을 다루기 위해 이용하는 전략에 영향을 미치는 단서를 제공한다.

제2언어 습득의 복잡성을 설명하기 위하여, 위에서 논의된 모든 요소들을 고려할 필요가 있다. 편의상 전체적인 체계에 반영된 쟁점들이 다음 장에서 구분되어 다루어 질 것이다. 하지만, 그 모두가 서로 연결되어 있다. 10장에서는 제2언어 습득에 대한 많은 이론들을 조사하고 전반적인 체계를 구성하고 있는 다섯 가지 요소들로 결론을 짓는다.

더 읽을거리

제2언어 습득에 대해서 발간된 대부분의 책들은 매우 구체적인 문제들이나 습득의 진행과정에 대한 특정한 견해를 대안적으로 반영하는 것을 다루었다. 객관적인 관점에서 쓰인 개요는 거의 없다.

좋은 출발점은 *RELC* 저널의 8/1(1977)에서 J. Richards와 G. Kennedy의 'Interlanguage: a review and preview'이다. 저자는 제2언어 습득에 대하여 본 장에서 논의한 것과 유사한 일곱 가지 기본적인 질문을 하였다. 또 다른 유용한 논문은 *Language Teaching and Linguistics: Abstracts* 11/2(1978)에서 V. Cook의 'Second Language Learning: a psycholinguistic perspective'가 있다. Cook은 학습자가 제2언어 지식을 어떻게 발달시키는가, 그리고 학습자의 기여와 상황적 요소들을 조사하였다.

다소 다른 개요는 H. Brown의 '*Principles of Language Learning and Teaching* (Prentice Hall, 1980)'의 첫 장에서 제시된다. Brown은 어떤 언어인가를 시험하고, 제2언어 습득에 영향을 끼친 언어학, 심리학, 교육학에 대해 각기 다른 학교들을 조사함으로써 제2언어 습득을 더 폭넓은 맥락에서 알아본다. 이는 이러한 다른 영역에 대한 배경 없이 제2언어 습득에 접근하는 독자들에게 유용할 것이다.

2장

모국어의 역할

서론

제2언어 습득이 언어 학습자의 모국어에 의해 영향을 받는다는 것이 일반적인 믿음이다. 이러한 믿음에 대한 가장 분명한 증거가 학습자의 제2언어 표현에 있는 '외국의' 억양으로부터 나온다. 프랑스 사람이 영어를 말할 때 그가 말하는 영어는 프랑스 말처럼 들린다. 또한 학습자의 모국어는 다른 언어 수준, 다시 말해서, 단어와 문법에도 영향을 끼친다. 이것은 아주 뚜렷하지는 않지만, 대부분의 언어 학습자와 교육자가 그 점에 대해 증명해보려 할 것이다.

제2언어 습득에서 모국어의 역할은 부정적이라는 인식이 또한 있다. 즉, 모국어가 제2언어 학습을 방해하거나 간섭한다는 것이며, 모국어의 특징들이 제2언어로 전이된다는 것이다. 사실, 제2의 언어 습득 진행과정은 모국어의 영향을 극복하고, 서서히 모국어의 특징들이 목표 언어로 바뀌고 원어민의 언어능력과 가까워지는 일반적인 견해로 자주 특징지어진다. Cordor(1978a)는 제2언어 습득에 관한 이러한 관점을 '재구조화 진행과정'이라고 언급하였다. 이런 견해는 다음 부분에서 자세히 설명되는 일반적인 학습에 관련된 학설에 바탕을 두었다.

만일 새로운 언어를 배우는데 있어서 모국어 간섭현상이 된다는 일반적인 견해가 있다고 하면, 어떻게 제2언어 습득 연구가 모국어의 역할을 기술할 수 있는가? 그 연구 문헌들은 모국어가 제2언어에 어떻게 스며드는지에 대한 상당한 의견충돌을 보여준다. 다른 한편으로는 그러한 일반적인 믿음에 찬성한다:

> 심리학적인 측면에서 본다면 우리는 학습자의 두 언어 시스템 사이는 평온하다기보다는 전쟁터에 가깝고, 이 전쟁터는 인지의 순간에 국한되어 있지 않고 기억 속에서 새로 배운 것들을 저장하는 동안 계속된다고 말할 수 있다(Marton 1981; 150).

다른 한편으로, 일반적인 믿음이 거부되고 만일 전체적으로 부정되지 않는다면, 모국어의 역할이 적어도 최소화된다:

> …자연스러운 환경 내에서 통사론의 제2언어의 습득에 관한 우리의 데이터는 간섭현상이 이 분야에서 주요 전략을 구성하지 못한다고 제안한다… 제2언어 습득에서

> 간섭현상의 개념을 자연적이고 불가피한 현상으로 여기는 관념을 버리는 것이 나에게 필요해 보인다(Felix 1980b; 107).

모국어의 역할에 관한 의견 차이가 왜 나는지 이해하기 위해서는, Felix가 언급한 '간섭현상의 개념'에 대한 변화를 살펴보는 것이 필요하다. 이것은 행동주의자 학습이론의 기원, 발자취, 대조분석가설 측면에서의 발달, 그리고 이런 가설들에 대한 이론적이고 경험적인 비판들을 포함한다. 본 장은 지난 30년이 넘는 동안에 일어난 역사적인 방향 변화를 반영한 이러한 발달들을 따를 것이다. 그것은 '간섭현상'에 대한 현재의 재평가에 대한 설명으로 결론짓고, 다시 한 번 제2언어 습득에서 모국어의 중요한 역할을 할당하려고 한다. 현재의 발달은 나중에 8장에서 더 깊이 다룰 것이다.

행동주의자 학습이론

모국어와 관련된 초기의 중요성을 이해하기 위해서는 행동주의자의 학습이론에 대한 주된 견해를 이해하는 것이 필요하다. 1960년대 말까지 언어학습의 견해들은 보통 학습이론으로부터 도출되었다. 학습자들이 발화했던 실제의 언어에 근거한 제2언어 습득에 대한 연구가 거의 없으며, 이보다 앞서 경험에 의거하여 제2언어 습득의 진행과정을 검증하는 시도도 거의 없었다. 언어 학습에 대한 대부분의 논의들을 제공했던 심리학에서의 지배적인 학파는 행동주의였다. 이 논의들에서 두 가지 핵심 개념을 확인할 수 있다. 즉 '습관'과 '오류'이다.

습관

행동주의 심리학은 특정한 자극이 존재할 때 발생하는 반응들을 관찰함으로써 행동을 설명하기 시작한다. 다른 자극이 학습자로부터 다른 반응을 만들어낸다. 이러한 반응들은 우연히 일어날 수도 있고(예측할 수 있는 것이 아니거나) 규칙적으로 나타나기도 한다. 특정한 자극과 특정한 반응의 연관성이 **습관**을 형성하고, 이것은 Watson(1924)과 Skinner(1957)가 연구하는 일반적인 행동주의의 유형이다.

행동주의 심리학자들은 습관이 두 가지 중요한 특징들의 결과라고 본다. 첫 번째는 습관이 관찰된다는 것이다. Watson이 주장했던 바와 같이, 심리학적인 연구의 정확한 기준은 오직 접촉될 수 있는 대상과 관찰될 수 있는 행동에서만 존재한다. Watson은 내적 진행과정의 존재를 부정했고, 그것들을 '미신'과 '마술'로서 처리해 버렸다. 두 번째 중요한 특징은 습관은 자동적이라는 것이다. 즉, 습관은 의식하지 않고 충동적으로 발생하고 형성된 자극이 발생하지 않게 하려면 완전히 환경을 바꾸지 않는 이상 습관을 근절시키기는 어렵다는 것이다.

습관은 특정한 자극이 규칙적으로 특정한 반응과 결합될 때 형성된다. 습관이 어떻게 형성되는지에 대한 이론은 다양하다. Watson의 고전 행동주의에서는 자극이 반응을 끌어내는 것이라고 말한다. 즉 자극의 존재는 반응을 불러일으킨다는 것이다. 만일 자극이 충분히 자주 일어난다면 반응은 연습되고 자동적으로 된다. Skinner의 신행동주의에서는 어떻게 습관이 발달되는지에 대한 아주 다른 해석들이 발견되었다. Skinner는 자극의 중요성을 경시하고 자극이 특정한 반응의 원인이 되는 것이 항상 가능하지는 않다고 정의하였다. 대신에 그는 반응의 결과를 강조했다. 그는 강화를 하고 따라서 연관성을 강해지도록 도와주는 반응의 결과로 일어나는 것이 행동이었다고 주장하였다. 그러므로 습관을 배우는 것은 **모방**(즉, 학습자는 자극행동을 충분히 따라 하면 자동적으로 된다) 또는 **강화**(즉, 적절한 반응이 나타날 때까지 학습자에게 반응이 적절한지 아닌지에 따라 벌이나 상을 주는 것)를 통해 일어난다고 할 수 있다.

습관형성의 이론들은 전반적으로 학습이론들이다. 이러한 이론들은 언어 학습을 가능하게 하고 적용되게 한다. 모국어 습득에서 어린아이들은 어른들이 만들어 내는 발화를 모방하고 보상받거나 수정된 언어를 사용하려고 노력을 기울임으로써 모국어를 숙달할 수 있다고 말한다. 이런 방법으로 어린아이들은 그들이 배우려고 하는 언어를 구성하고 있는 유형이나 또는 습관에 대한 지식을 축적한다고 생각했다. 또한 제2언어 습득은 이와 유사한 방법으로 진행할 수 있다고 믿었다. 모방과 강화는 학습자들이 제2언어의 습관이 되는 것으로 여겨졌던 자극-반응 연관성을 밝혀주는 도구들이다. 모국어와 제2언어 학습은 그 과업이 수많은 자극-반응의 연결고리로 분리되었을 때 가장 성공적이었고 한 번에 한 가지씩 체계적으로 연습되고 숙달될 수 있었다.

Watson과 Skinner에 의해 제시된 체계 내에서 연구하고 있는 심리학자들이 설명하고 있는 학습 행동의 유형이 실제로 발생했는지와 상관없이, 습관형성이론은

1960년대 모국어 습득과 제2언어 습득 모두에서 지배적인 이론이었다. 주요 관심들 중 하나는 어떻게 학습자의 모국어가 제2언어 습득의 진행과정으로 들어가는지를 이론적으로 설명할 수 있다는 것이다. 다시 말해서, 습관 형성과 같은 제2언어 습득의 전반적인 그림을 제공할 수 있을 뿐만 아니라, 또한 제2언어 학습자가 왜 오류를 범하는지도 설명할 수 있다.

오류

행동주의자의 학습 이론에 따르면, 오래된 습관은 새로운 습관을 배우는 데 방해가 된다. 그러므로 제2언어 습득이 관련된 곳에서는, "모국어처럼 마음속에 프로그램화 된 문법적 장치가 제2언어의 순조로운 습득을 방해한다"(Bright와 McGregor 1970: 236). **간섭현상**의 개념은 제2언어 습득의 행동주의적 설명에서 중요한 자리를 차지하고 있다.

간섭현상은 순향억제라고 불리는 것의 결과물이었다. 이것은 이전의 학습이 새로운 습관의 학습을 막거나 억제하는 방법과 관련되어 있다. 제2언어 습득에서 그것은 다음과 같이 작용한다. 모국어와 제2언어가 의미를 공유하지만 다른 방법으로 의미를 표현하는 곳에서, 학습자가 모국어로부터의 구현 방법을 제2언어로 전이하기 때문에 오류가 제2언어에서 발생하는 것 같다. 예를 들면, 프랑스 사람이 춥다는 개념을 설명할 때(여기서 모국어와 제2언어가 뜻이 같다고 할 때) 제2언어인 영어로 I have a cold로 표현할 수 있다. 이것은 프랑스의 모국어에서 'J'ai froid'를 표현한 의미의 결과이다. 이것은 프랑스 말에서는 춥다는 의미를 표현하는 것이 맞다. 제2언어 학습은 모국어와는 차별화된 제2언어의 자극반응형성 관계의 새로운 습관을 발달시키는 것을 포함한다. 새로운 습관을 발달시키기 위해서는 학습자들은 순향억제를 극복해야만 한다.

물론, 모국어의 모든 모형과 습관들이 제2언어와 다르다고 할 수는 없다. 공유된 의미를 표현하기 위한 수단들이 모국어와 제2언어에서 같다는 것이 매우 가능한 일이다. 예를 들면, 나이를 언급할 때, 독일인과 미국인은 같은 형식상의 방법을 이용한다. 'Ich bin zwanzig Jahre alt'는 'I am twenty years old'와 비슷하다. 이와 같은 경우에 모국어에서 주어진 의미를 구현하기 위하여 사용된 수단을 제2언어로 전이한다는 것이 가능한 것이다. 이것이 가능할 때, 이루어져야만 하는 유일한 학습은 구현 방법들이 두 언어에서 동일하다는 발견이다. 학습자는 다른 구현 방법(인식 기술)을 숙달함으로써 순향억제를 극복할 필요가 없다.

행동주의 학습이론은 **전이**가 모국어로부터 제2언어로 이루어진다는 것을 예측하였다. 변이는 순향억제가 있을 때 **부정적**이다. 이 경우 오류가 나타나게 된다. 전이는 모국어와 제2언어 습관이 동일할 때 **긍정적**일 것이다. 이 경우 오류는 나타나지 않는다. 따라서 모국어와 제2언어의 유사성이 빠르고 쉽게 언어를 배우게 하는 반면에 모국어와 제2언어의 차이는 오류를 범하는 학습의 장애를 초래한다.

제2언어의 행동주의자들은 오류가 바람직하지 않다고 여겼다. 오류들은 순향억제를 극복하지 못한 실패, 즉 아무것도 배우지 못한 증거물이다. 몇몇의 언어 교수 이론가들은 심지어 만일 오류가 묵인된다면 당연히 오류가 습관이 되는 위험성이 있었다고 제안했다. 예를 들면 Brook(1960)은 "죄처럼, 오류는 피해야 하고 오류의 영향은 극복한다…"라고 기록했다. 그러나 오류가 모국어 습관의 부정적인 전이의 결과이므로(즉, 이미 습관이었던), 오류를 묵인함으로써 오류가 어떻게 습관이 될 수 있는지를 알아보기는 어렵다. 행동주의자 이론에 따르면, 오류는 잘못된 학습보다는 비학습의 결과라고 하였다. 그러나 어떤 경우이든 오류는 피해야 한다는데 동의하였다. 따라서 오류가 일어날 때를 예측하는 시도들이 이루어졌다. 학습자의 모국어를 목표 언어와 비교함으로써, 차이점이 발견되고 잠재적인 오류의 범위를 예측할 수 있었다. 이런 방법으로 교실수업은 학습자가 모국어 전이의 부정적인 영향을 극복하도록 도움을 주기 위하여 문제 영역에 관해 지도되었다.

제2언어 습득에 적용됨으로써 행동주의자 학습 이론의 주요 원칙들을 검토해 볼 때, 잠재적인 오류를 예측하는 방법들을 고려해 보아야 할 때이다. 이것들은 **대조분석**으로 알려진 방법에 포함되어 있다.

대조분석

대조분석은 제2언어를 가능한 가장 효과적인 방법으로 가르치기 위한 실제적인 필요성에 바탕을 두고 있다. 대조분석의 주도자들 중의 한 명인 Lado(1957)는 "모국어와 외국어의 차이점에 대해 비교를 해왔던 교사들은 학생들이 실제의 문제점이 무엇인지를 더 잘 알고 그들을 가르치기 위하여 준비할 수 있다"고 확신하였다. 그러므로 대조분석의 근원은 교수법이었다. 이것은 미국에 있는 학자들에 의해 여러 가지 언어에 반영되었으며, 모두 다른 언어를 배우는 영어 화자들이 경험할 개연성이 있는 학습 장애의 영역을 수립하도록 안내했다. 이러한 교수법적으로 지향된 연구와 더불어, 유럽에서 수행된 수많은 더 이론적인 대조분석이 있었으며, 이 연구들 중의 몇몇은 제2언어 습득과는 전혀 관련되지 않았다. 분명히 대조분석은 일반 언어학에서는 상당히 이론적인 관심 분야이지만, 나 자신은 오직 제2언어 습득에 관련된 대조분석 연구에만 관심을 가질 것이다.

대조분석은 심리학적인 측면과 언어학적 측면을 모두 다 갖고 있다. 심리학적 측면은 행동주의 학습이론에 기초를 두었고, 언어학적인 측면은 적어도 우선 구조주의 언어학에 기초를 두었다.

대조분석의 심리학적 측면

심리학의 논리적 근거는 **대조분석가설**의 형태를 취한다. 이것은 강형과 약형에서 존재한다(Wardhaugh 1970). 강형은 제2언어의 모든 오류가 목표 언어와 학습자의 모국어의 차이점을 확인함으로써 예측될 수 있다고 주장하는 것이다. Lee(1968: 180)가 말한 바와 같이, “외국어 학습에서의 곤란과 오류의 주된 원인 또는 유일한 원인조차도 학습자의 모국어로부터 오는 간섭현상”이라고 규정한다. 이 가설의 강형은 연구가 제2언어 학습자들에 의한 많은 오류들이 모국어에서 흔적을 찾을 수 없었다고 알려주기 시작하기 전에는 일반적이었다(다음 부문 참조).

그 가설의 약형은 오직 진단하는 것이라고 주장한다. 대조분석은 간섭현상으로부터 오는 결과가 오류라는 것을 **확인하는** 데에만 사용할 수 있다. 따라서 약형 가설에 의하면, 대조분석은 오류분석과 같이 연구할 필요가 있다. 첫 번째 실제오류는 학습자 언어의 언어 데이터를 분석하여 찾아내는 것이 필요하다. 그 후에 대조분석은 언어 데이터에 있는 어느 오류들이 모국어와 제2언어 사이의 차이점으로 판단되는지를 입증하는데 사용될 수 있다. 약형에서 암시된 것은 모든 오류들이 간섭현상의 결과가 아니라는 가정이다. 약형은 가설의 강형보다 덜 확고한 역할을 차지한다.

가설의 강형은 오늘날 지지자가 거의 없다. 지금은 모국어가 문법적 오류의 유일한 요인이 아니며 가장 중요한 원인이 아니라는 것이 분명하다. 그렇다고 해서 약형이 아주 만족할 만한 것은 아니다. 간섭오류라고 가정되는 그러한 오류들이 정말로 그렇다는 것을 확인하기 위하여 단순히 두 언어에 대해 장황한 비교를 한다는 것은 거의 이치에 맞지 않는다. James(1980)가 지적한 바와 같이, 이것은 '쓸데없는 방법'이다. 언어 데이터에 있는 오류들이 간섭오류들이라고 가설을 세우기 위하여 실질적인 대조분석이 이루어져야 한다. 실질적인 분석이 제시했던 것을 확인하기 위해 복잡한 대조분석 가설을 수행할 필요는 없다. 만일 대조분석이 가치가 있다면, 그것이 예측되어야 한다. 진단은 오류분석으로 남을 것이다.

대조분석의 심리적인 측면은 간섭현상이 일어난다는 가정하에 생기는 것이다. 그것은 예를 들면 모국어와 제2언어 사이의 언어적 차이점들이 전이오류를 만들 때와 그러지 않을 때에 설명된다. 왜냐하면 심리학적 설명이 필요한 모국어와 제2언어 사이에 전이오류의 존재 유무를 오직 언어학적으로 예측하거나 설명한다는 것은 불가능하기 때문이다. 간섭현상이 일어났는지 또는 언제 일어났는지를 결정하는 비언어적 요인은 무엇인가?

한 가지 가능한 요인은 제2언어 습득이 일어나는 환경이다. Marton(1980)은 간섭현상이 자연적인 제2언어 교실수업이나 또는 외국어 학습에서는 항상 간섭현상이 존재할 것이라고 주장한다. 자연적인 제2언어 습득에서 제2언어 학습자들은 목표언어의 광범위하고 집중적인 기회를 갖지만, 교실환경에서 제2언어 학습자들은 학생들 사이에서 모국어를 항상 사용할 것이고, 이것은 순향억제를 강화시킨다. 본 장의 도입에 있는 두 개의 인용문에 나타난 견해의 차이는 이러한 변이의 측면에서 설명할 수 있다. Marton이 교실수업에서의 제2언어 습득에 대하여 저술하는 반면, Felix는 자연적인 제2언어의 습득에 대해 저술하고 있다.

또 다른 변이는 학습자의 발달 단계에서 일어날 수 있다. Talyor(1975)는 초급과 중급 학생들이 만들어내는 오류에서 양적 차이가 크다고 주장하였다. 전자는 전이에 의한 반면, 후자는 목표 언어 규칙의 과잉일반화에 의한 것이 크다.(예를 들면, 그들은 규칙 과거 접미사 -ed를 'goed'로 사용하는 과잉일반화를 보였다.)

그러나 그러한 요인들이 학습의 유형과 발달 단계에 어떻게 영향을 주는지에 대한 명확한 이론은 제시되지 않았다. 대조분석의 주요 실패 원인은 제대로 발달된 심리학적 이론이 결여되어 있다는 것이다. 이것은 대조분석의 중요 비판요소 중 하나가 되었다.

대조분석의 언어학적 측면

두 언어의 비교는 각각의 다른 문법 모델을 사용함으로써 수행될 수 있다. 초기에 사용된 모델은 구조주의 언어학(Bloomfield 1933, Fries 1952)의 것이었다. 이것은 언어 유형을 구성하는 다른 범주의 기술에 바탕을 둔 언어의 '과학적인 기술'의 중요성을 강조했다. 이러한 범주는 형식적인 용어로 한정되어 귀납적으로 구성되었다. 언어 사이의 차이점이 강조되었다:

> (언어 사이에서의) 차이점들은 모든 언어에 적합한 어떤 분류 체계를 우리가 세우지 못하도록 하기에 아주 충분하다(Bloomfield 1933).

대조분석과 구조주의 언어학이 연관성을 가지고 있다는 것이 분명하다. 만일 언어가 어떠한 공통 범주도 없다면, 어떻게 효과적인 비교를 실행할 수 있는가?

그러나 이러한 문제는 미국에서 수행되었던 비교 연구의 반발로 무시되었다(Stockwell과 Bowen 1965; Stockwell, Bowen과 Martin 1965). 이 연구들은 같은 어족(예를 들면, 영어와 스페인어)에서 언어를 비교하였고, 그래서 두 언어에서 공통된 범주를 확인하는 문제가 명확하지 않다. 그러나 실질적인 목적을 위하여 비교에 대한 언어적 근거를 마련하는 문제가 간과될 수 있을지라도, 이론적인 문제는 여전히 남아 있다. 대조분석은 한 언어로부터 다른 언어를 언어적으로 인식하는 방법과는 다른 보편적 범주들(즉, 모든 자연적인 언어에서 발견되는 범주들)을 바탕으로 할 필요가 있다. Chomsky(1965)의 문법이론은 단지 그와 같은 모델을 제시하였고 그것으로서 대조분석에 대한 더욱 충분한 이론적인 근거를 제공했다(이 견해에 대한 더 많은 논의를 위하여 van Buren 1974를 참조).

그러나 대부분의 비교연구들은 구조주의자들에 의해 기술된 구조적 특징만을 기초로 하였다. 이러한 절차는 (1) **기술**(즉, 두 언어의 공식적인 설명이 만들어진다); (2) **선택**(즉, 현재의 장애에 대해 오류분석을 통하여 알려진 보조 체계 또는 범위와 같은 모든 하부조직이 될 수 있는 특정한 항목들이 비교를 위하여 선택된다); (3) 즉, **비교**(차이점과 유사성의 범위에 대한 확인); 그리고 (4) **예측**(즉, 오류의 원인이 될 것 같은 범위를 확인).

(3)에서 **비교**는 두 언어 사이의 비슷한 측면과 다른 측면을 분석하는 것이다. 그

러나 대조분석가들은 유사성과 차이점의 **정도**를 곧 알게 된다. 비교가 드러날 수 있는 몇 가지 가능성이 여기에 있다:

1. 모국어와 제2언어의 특징들 중에 차이점이 없는 것
   예를 들면, 'J'ai'의 프랑스 말은 영어의 'I've'와 똑같다.
2. '수렴현상' (즉, 모국어의 두 개의 뜻이 제2언어에서 한 개로 모이는 것)
   예를 들면, 영어가 제2언어인 곳에서 독일어 'kennen과 wissen'은 영어로 'know'가 된다.
3. 모국어 있는 언어가 목표 언어에는 없는 경우.
   예를 들면, 독일어에서 종속절은 주절과는 다른 어순을 필요로 하는 반면 영어는 두절이 같은 어순을 가지고 있다.
4. 모국어에 있는 어떤 사항이 목표언어 에서의 동일한 사항과 다른 분포를 가진다.
   예를 들면, 아프리카 언어에서 (ŋ)음은 단어 처음에서 나타나지만, 영어에서는 오직 단어의 중간이나 마지막에서만 나타난다(예를 들면, si*ng*er or thi*ng*).
5. 모국어 특징과 목표 언어 특징 사이에 유사성이 없는 경우
   예를 들면, 스페인에서 부정의 표현을 문장 앞에 ('No se') 쓰는 반면 영어에서는 문장 뒤에 ('I don't know')에 쓰인다. 게다가 영어의 부정은 보조체계(조동사)의 사용을 포함하는 반면 스페인어의 부정은 그렇지 않다.
6. '분화 현상' (즉, 모국어에 있는 한가지 사항이 목표 언어에서 두가지 사항으로 된다)
   예를 들면, 제2언어가 불어인 곳에서, 영어의 'the'는 'le'와 'la'로 나누어진다.

범주를 발달시키기 위한 한 가지로 위의 (1)에서 (6)처럼 두 언어의 다른 면을 분석하는 것이다. 그러나 이러한 언어적 **차이**를 학습 **장애**로 연관시키는 것은 또 다른 문제이다. 차이점은 언어학적으로 알아낼 수 있지만 장애는 심리학적인 고려를 포함하는 것이다. Stockwell, Bowen과 Martin(1965) 그리고 Prator(1967)는 언어적 차이들은 난이도 위계로 배열될 수 있다고 한다. 예를 들면, Prator는 위의 (1)에서 (6)을 0에서 최대치의 장애까지 배열된다고 제시한다. 그러나 이러한 주장이 몇몇 차이들은 다른 것들 보다 더 많은 학습 장애를 만드는 이유를 설명할 수 있는 심리언어학적 학설이나 경험적 연구에 바탕이 되는 것은 아니다. 이것은 단지 언어적

차이의 정도가 학습 장애의 정도와 일치한다는 신념에 근거하고 있다.

대부분의 대조분석은, 아마도 모국어가 '외국의' 억양에서 이루어지는 역할의 인식으로서, 음운론 체계를 비교해 왔다. 그러나 대조 구조 시리즈(Stockwell, Bowen과 Martin)는 유럽에서 1970년대의 많은 연구(James 1980: 205)와 함께 주요 유럽 언어와 영어의 구조적 문법에 대한 연구를 제공했다. Sridhar(1981)는 어휘의 연구가 상대적으로 거의 없다고 인용하고 있으며, 반면에 Lado(1957)가 문화에 대한 대조분석 연구가 수행되어야 한다는 제안이 주의를 끌지 못했다.

대조분석의 언어적 측면에 관하여 몇 가지 문제점들이 있다. 그 중의 한 가지 ― 대조의 설명적인 근거 ― 는 이미 간략하게 언급되었다. 다른 문제점들은 다음 부문에서 다룰 것이다. 그러나 만일 대조 분석이 가지고 있는 문제점들이 단지 언어학적이었다면, 이것은 언어학적인 방법으로 처리할 수 있을 것이다. 비교언어학의 수단들이 점점 더 세련됨으로써, 그 문제점들이 감소할 것이다. 그러나 주요 문제점들은 대조분석의 심리학적이고 언어학적인 측면 사이에서의 관계와 관련이 있다. 만일 학습자들이 제2언어에서 그들의 모국어 사용을 제한한다면 언어를 비교하는 것은 거의 의미가 없다. 예측의 정확도는 만일 대조 분석이 혹시라도 간섭현상이 일어나는지를 결정하는 조건들을 구체적으로 명시한다면 항상 의심할 여지가 있을 것이다. '난이도 위계'는 언어학적으로 이러한 문제를 해결해 보려는 시도였지만, 만일 그 해결책이 심리학적인 타당성(즉, 학습자가 실제로 하는 것과 일치한다)이 없다면, 그것은 적절하지 않다. 대조 분석은 하나의 가설이 되었으며, 모든 가설들처럼 경험적인 조사를 받아들였다. 1960년대의 실질적인 실패는 학습자가 발화하는 언어를 검증함으로써 이론을 실험하는 분야로 시작하는 것 대신에 일반적인 학습이론으로부터의 추론에만 의존했기 때문이다.

대조분석가설의 비평

1970년대 초기에 세력을 더했던 비판들은 세 가지의 주요 유형에 대한 것이었다. 첫 번째, 대조분석이 오류를 예측할 수 있는 능력이 있다는 것에 대한 의심들이 있었다. 이런 의심들은 언어 학습자의 언어를 깊게 연구하기 시작하면서 생겨나기 시작했다. 둘째, 대조분석의 방법론과 언어비교의 가능성에 대한 많은 이론적인 비판들이 있었다. 셋째, 대조분석이 언어 교수를 제공하는 것과 관련된 중요한 것이 있었는지에 대한 의구심들이 있었다. 그러므로 대조 분석에 있어서의 '위기'는 경험적, 이론적, 실제적인 고려사항들의 결과였다. 나는 이 세 가지 주요 비판들을 살펴볼 것이다.

경험적 연구와 오류 예측

대조분석가설의 가장 확고한 지지자들에 의한 것은 제외하고, 비간섭오류의 존재는 항상 인정되었다. Brooks(1960)는 학습자 오류의 네 가지 원인을 제시한다. 예를 들면, (1) 학습자는 구조 모형을 몰라서 무작위의 응답을 만든다. (2) 올바른 모델을 불충분하게 연습해왔다. (3) 왜곡이 모국어로부터 유도될 수 있다. (4) 학생은 특별한 경우에는 적용되지 않는 일반적인 규칙을 따라갈 수 있다. 그러므로 이 쟁점들은 간섭현상이 **모든** 오류를 설명할 수 있는지가 아니라, 대부분을 설명할 수 있는가 하는 것이었다.

Dulay와 Burt(1973, 1974a)가 이러한 쟁점을 경험적으로 실험하기 시작했다. 그들은 그들의 심리언어학적인 근원에 따라서 네 가지의 오류 유형을 확인했다:

1. 간섭현상과 같은 오류들, 즉 모국어 구조를 반영하고 **그리고** 모국어 습득 자료에서 발견되지 않는 그러한 오류들
2. 모국어 발달과 관련된 오류들, 즉 모국어 구조를 반영하지는 않지만 모국어 습득 데이터에서 발견되지 않는 오류들
3. 애매모호한 오류들, 즉 간섭현상 같거나 또는 발달적인 오류로서 범주화될 수 없는 오류들
4. 고유의 오류들, 즉 모국어 구조를 반영하지도 않고 또한 모국어 습득 데이터에서도 발견되지 않는 오류들

Dulay와 Burt(1973)는 모국어가 스페인어인 어린아이들이 영어를 배우는 담화자료에서 이런 오류들의 빈도를 계산하였다. 그들은 과거형 억양 같은 형태론적 특징들을 조사하였다. 애매모호한 오류들을 제거한 후에, 그들은 85%가 발달적이고, 12%가 고유하고, 단지 3%만이 간섭현상이었다고 주장했다. 이것과 그리고 유사한 연구들에 기초하여, Dulay와 Burt는 어린아이들이 그들의 모국어를 가지고 전이 또

는 비교를 근거로 하여 제2언어를 체계화하지 않지만, 모국어 습득에서와 같은 많은 방법으로, 독립적인 체계로서의 제2언어를 구성하기 위하여 그들의 능력에 의존한다고 주장했다. 그들은 간섭현상이 오직 음운론에서만 중요한 요인일 것이라고 제안했다.

Dulay와 Burt의 연구는 대조분석가설에 강력한 비판으로 이루어졌다. 분명하게, 만일 오직 3%의 모든 학습자 오류들이 간섭현상의 결과였다면, 그러면 모국어와 목표 언어의 비교는 제2언어 습득 진행과정을 이해하거나 예측하는데 도움을 줄 수 없을 것이다. 그러나 다른 연구들은 두 학자의 연구를 지지하지 않았고, 어느 정도의 오류가 전이로 이어질 수 있는지에 대해 거의 동의하지 않았다. 표 2.1은 1970년대 초기 이래 다른 연구들에서 보고된 간섭오류의 비율을 열거하고 있다. 두 가지 요점이 표 2,1을 만들 만한 가치가 있다. 첫째는 매우 많은 불일치가 있다는 것이다. 이것은 많은 변이의 결과인 것 같지만(학습자 연령; 모국어와 제2언어 사이에서 비교의 정도; 수집된 데이터의 유형), 그러나 이것은 아마도 그들의 심리언어학적인 데이터에 관한 오류들을 부호화하는 데 어려움을 받는 것은 불가피할 것이다(아래 참조). 두 번째 요점은 Dulay와 Burt의 3%가 다른 연구자들에 의해 보고된 비율보다 두드러지게 낮다. 평균 비율이 33%에 가깝다.

표 2.1 제2언어 영어 문법에 대한 다양한 연구에 의해 보고된 간섭오류의 백분율

연구	간섭현상오류의 백분율	학습자 유형
Grauberg(1971)	36%	모국어 독일인-성인, 상급
George(1972)	33% (대략)	혼합 모국어-성인, 학부생
Dulay와 Burt(1973)	3%	모국어 스페인-어린아이들, 혼합레벨
Tran-Chi-Chau(1974)	51%	모국어 중국인-성인, 혼합레벨
Mukattash(1977)	23%	모국어 아랍인-성인
Flick(1980)	31%	모국어 스페인-성인, 혼합레벨
Lott(1983)	50% (대략)	모국어 이탈리아인-성인, 대학생

대조분석 가설을 경험적으로 입증하는 시도에 대한 주된 어려움은 문법적 발화들이 언어 전이의 결과인 잘 정의되고 보편적으로 인정되는 설정 기준이 부족했기 때문이다. 특히, 간섭오류들은 발달 오류들과의 구분이 어렵다. Felix(1980b)는 이 문

제점에 관심을 두고 있다. 그는, Butterworth(1978)가 스페인어 말하기 과목에서 모국어 간섭현상으로 여기는, 'Be' 동사 문장에서의 주어 생략이 영어 모국어 습득에서는 일반적이며 최상으로 여겨지는 발달 오류라고 지적한다. 유사한 실례들이 문헌에 남아 있다. Jackson(1981)은 비도치 WH 의문문(예를 들면, 'How I do this?')이 펀자브어를 말하는 영어 학습자들 안에서 모국어 영향을 나타낸다고 주장한다. 이것은 비도치가 모국어와 제2언어 습득 둘 다에서 보편적인 특징이라는 제대로 입증된 사실을 무시한다. 그러나 다양한 모국어를 갖고 있는 학습자들의 담화에서 같은 오류의 존재는 그 오류가 발달적이라는 확실한 증거로서 받아들일 수 없다. James(1980)가 지적하는 바와 같이, 모든 모국어는 관련된 구조에 대하여 목표 언어와의 비교를 시도하는 것이 가능하다. 예를 들어 Dulay와 Burt에 의해 사용된 것들과 같은 오류들을 범주에 배치하는 것에 대한 실질적인 문제점이 주어진다면, 연구의 결과들이 의견 일치가 되지 않는다는 것은 그리 놀라운 사실이 아니다.

오류의 원인을 확인하는 것에 대한 문제점들을 허용하는 것조차도, 표 2.1에 반영된 결과들은 모국어 간섭현상이 아마도 학습자 오류의 주요 원인이 아니라는 것을 나타낸다. 습관형성 이론과 함께 대조분석가설은 제2언어 습득에 대한 충분한 설명을 제공할 수 없다. 습관형성 이론과 함께 대조분석가설은 제2언어 습득에 대한 충분한 설명을 제공할 수 없다. 대조분석에 '위기'의 원인을 형성하고 있었다는 것이 바로 이러한 결론이다.

이론적 비평

상당히 많은 다른 쟁점들이 이러한 주제하에서 고찰될 것이다. 이것들은 (1) Skinner의 **언어적 행동**에 대해 Chomsky(1959)의 비평에 의해 자극을 받았던 언어 학습에 대한 행동주의자의 설명에 관한 비판, (2) 대조 분석에 의해 예측되었던 바와 같은, '장애'의 개념과 '오류' 사이에서의 관계에 대한 본질, (3) 대조 분석의 언어학적 기준과 관련하고 있는 문제들, 특히 '번역등가'와 오류를 예측할 때 학습자 언어 실천의 변이를 수용할 필요성이다.

행동주의에 관한 Chomsky의 비판은 언어 학습의 이론에 대한 심리학적인 기초에 타격을 주었다. Skinner가 실시했던 바와 같이, 실험실 조건에서의 동물 행동 연구들로부터 나온 추론은 인간이 자연스런 조건에서 어떻게 언어를 학습하는지에 대하여 아무것도 알려줄 수 없었다는 것을 Chomsky와 다른 사람들에 의해서 논쟁되었다. 그 자극과 반응이라는 용어가 언어 학습에 적용될 때 무의미한 것으로 묵살되었으며, 왜냐하면 무엇이 주어진 화자의 반응에 대한 자극을 이루고 있는지를 알려주는 것이 가능하지 않았기 때문이다. 기발한 문장을 생성해 내는 언어 사용자의 능력에 대한 설명을 떠올려 주었던 '유추'의 개념은 매우 불완전한 개념이기 때문에 각 개인의 언어 능력 범위 안에 있었던 창조적인 언어 사용을 담아낼 수 없다는 이유로 조롱거리가 되었다. 또한 '모방'과 '강화'의 개념들도 불충분하다는 이유로 거부되었으며, 왜냐하면 그것들이 언어의 창조성을 설명할 수 없었고 이것은 부모가 형식적인 오류들을 거의 고쳐주었거나 또는 정확한 발화들에 대한 보상을 해주지 않았으며, 어린아이들은 오직 그들의 기존의 언어능력 범위에 있었던 발화를 모방할 수 있었으며, 그러므로 이와 같은 방법으로 새로운 습관을 배울 수 없었다는 것이 모국어 습득에서 보였기 때문이다.

이러한 행동주의자 학습이론의 비평들은 처음에는 모국어 습득에서 시작되었다. 그러나 그것들은 곧 제2언어 습득으로 확산되었다. 만일 언어학습이 습관형성의 관점에서 설명될 수 없다면, 분명히 간섭현상의 중심 개념은 반드시 이의가 제기된다. 이전에 설명했던 바와 같이, 이 개념은 모국어 습관들이 제2언어 체계로 들어간다는 가설에 기초하고 있다. 그러므로 만일 간섭현상이 습관 전이를 포함하고 있지 않았다면 정확하게 간섭현상이 무엇으로 구성되는지에 관한 의문이 생긴다.

행동주의자 학습이론에 대한 이러한 비평들뿐만 아니라, 특히, 한편으로는 '차이'를 '장애'와 동등하게 취급하는 지에 대한 타당성과 다른 한편으로 '장애'를 '오류'와 동등하게 취급하는, 대조분석가설의 다른 측면에 대한 반론들이 있었다. 이러한 등식들 중의 첫 번째가 가지고 있는 문제는 이미 검토되었다. 간략하게, '차이점'은 언어적인 개념인 반면에 '장애'는 심리학적인 개념이다. 그러므로 학습 장애의 수준은 두 언어체계 사이에서의 언어적 차이의 정도로부터 직접적으로 추론될 수 없다. 예를 들면, 목표 언어 내에서 주절과 종속절에 각기 다른 어순 규칙의 부재가 부정문에 대한 전체적으로 뚜렷한 규칙보다 더 적은 차이의 정도를 나타낼 것이라고 주장할 가능성이 있지만, 이것은 전자가 후자보다 배우는 것이 더 쉽다는 주장을 하는 근거는 아니다.

장애가 오류를 이끌어낸다는 두 등식들 중의 두 번째(즉, 장애가 오류를 초래한다)는 또한 타당성에 의문의 여지가 있다는 것을 보여주었다. 경험적인 연구는 대조분석을 기초로 하여 어려움이 있다고 예측되는 항목들이 사실은 오류를 만들어 내지 않았다는 것이 이전에 증명되었다는 것을 언급했다. 이론적인 논의들은 또한 장애와 오류 사이에 필요 관계가 없다고 제안하였다. 여러 가지의 오류를 포함했던 어떤 문장은 학습자에게 전혀 아무런 어려움도 초래하지 않았을지도 모른다. 실제로, 오류들이 발생했던 이유 중의 하나는 그것들이 학습자가 처리하기 쉬웠던 형태를 포함하고 있었기 때문일지도 모른다. 반대로, 잘 만들어진 문장은 학습자로서는 상당한 장애의 대가로 만들어졌을 수도 있다. 이러한 이론적 반대가 경험적 연구를 지지해 주었다. 장애와 오류는 명확한 관계가 있는 것으로 보이지 않았다(Jackson과 Whitman 1971). 그러므로 말하자면, 모국어와 제2언어 사이에서의 언어적 차이가 학습 장애의 결과로써 오류가 초래되었다는 대조분석가설의 주요 주장은 의문을 가지게 되었다.

대조분석의 언어학적 기초는 또한 '번역등가'를 위한 이론적인 근거가 없다는 이유로 이의가 제기되었다. 대조분석에서의 관행은 전통적으로 짝지어진 문장들의 형식적인 특징들을 비교하는 것이었다. 이미 지적되었던 하나의 문제는 비교를 위한 기초로서의 역할을 했던 범주들과 관계가 있다. 원칙적으로 이것들은 모든 자연스런 언어에서 발견될 수 있다는 의미에서 '보편적'일 필요가 있었다. 그러나 그 문제는 거기에서 끝나지 않는다. 두 문장이 정확히 동등하게 되기 위하여, 그것들은 구조적인 유사성을 공유할 뿐만 아니라 유사한 의사소통적 기능을 수행해야 할 것이다. 예를 들면, 불어에서 'si'+조건절은 많은 의사소통적 기능들을 수행하는데 사용될 수 있다—가설, 요청, 제안—반면에 영어에서 'if'+조건절은 이러한 기능들 중의 첫 번째 것으로 제한되어 있다(Riley 1981). 완벽하게 충분한 대조분석은 두 언어의 언어학적인 측면뿐만 아니라 실용적인 측면을 비교할 필요가 있다. 그것은 정확한 어법뿐만 아니라 적절한 언어 사용에 대해 설명할 필요가 있다.

대조분석의 언어학적 측면과 관계가 있는 또 다른 하나의 문제는 학습자의 변이를 설명하는 것에 대한 문제이다. 그것은 이미 언어 학습자의 언어는 많은 맥락과 상황의 변이에 의해 기술된다고 지적되었다. 그러면 이론적으로 대조분석은 그 체계 안으로 언어 사용의 변이를 포함할 필요가 있다. 그것은 전이 오류가 발생할 것 같은 특정한 비언어학적 그리고 언어학적인 맥락을 예측할 필요가 있다. 범주에 속하는 오류 예측들은 결코 믿을 수 없고, 그것들은 학습자들 이 제2언어에서 수행하는 방법과 어긋나기 때문이며, 그러나 Schidhar(1981)는 대조분석의 현재 모델에 대해 아무것도 변이 분석을 포함하고 있지 않다고 논평한다.

이러한 다양한 대조분석의 이론적 비평들은 중요하고 실질적인 영향을 지니고 있으며, 왜냐하면 그 비평들이 두 언어에 대해 이해 가능하고 타당한 비교가 어떻게 이루지는 지가 분명하지 않다고 제안하기 때문이며, 중요한 것으로는, 그 비평들이 그와 같은 비교가 이루어진다 할지라도, 제2언어 습득이 모국어로부터의 간섭현상에 대한 행동주의자적인 설명에 의해 적절히 설명될 수 없기 때문에, 그 비교는 목적을 거의 제공할 수 없다는 것을 암시하기 때문이다. 게다가 실질적인 고려사항에 기초를 둔 많은 다른 반대 의견들이 있다.

실천 비평들

최종적인 비평들은 대조분석이 언어교사들에게 어떠한 실용적 가치가 있는지에 관심을 둔다. 명백하게, 만일 많은 학습자 오류들이 간섭현상에 의해 원인이 되지 않다면, 대조분석은 제한된 가치이며, 대조분석이 처음에 시작했을 때의 상황이라고 생각되었던 것보다도 훨씬 더 가치가 없다. 게다가 다른 의구심들도 있다. 대조분석에 의해 만들어진 많은 예측들은 오류가 발생할 가능성이 있는 평범한 교사의 실제 경험을 확인하는 것에 지나지 않았다는 점에서, 피상적인 것으로 증명되었다. 또한, 나중에 Saders(1981)에 의해 주장된 바와 같이, 만일 그들의 모국어와 다른 항목들뿐만 아니라, 그들의 모국어와 유사하고, 따라서 장애의 원인이 되는 것을 예측했던 항목들을 가지고 학습자들을 나타낼 필요가 있었다면, 대조분석의 전체적인 근거가 별로 확실하지 않은 것 같다. 만일 쉽거나 또는 어려운 모든 항목이 제시되고 실행될 필요가 있다면 왜 대조분석을 수행할까? 대조분석은 교수에서 어느 항목들이 더 큰 무게를 두고 있는지를 알려줄 거라는 주장이 교수를 위해 어느 항목들을 선택할지를 알려주는 원래의 주장보다는 별로 확실하지 않다.

그러나 교수법의 관점에서 대조분석의 주된 의구심은 언어학습에서 오류의 역할에 대한 변화하는 태도로부터 발생했다. 대조분석은 오류를 **피해야** 할 필요가 있으며, 그러나 만일 오류가 긍정적인 측면으로서 보인다면–계속된 가설 검증의 증거(다음 장 참조) — 그 때 그것의 예방을 위하여 만들어진 교수 계획을 고안하는 것에 대한 중요성이 거의 분명하지 않다. 그러면, 대조분석을 할 가치가 있는가? 그 대답은 오직 만일 몇 가지 오류가 왜 발생하는지를 설명하는 것이 중요하다고 여겨질 때만 가치가 있다는 것이다. 그러나 모국어 간섭현상의 예들을 확인하기 위하여 형식적인 대조분석을 수행한다는 것은 필요하지 않으며, 어떤 경우에서든지, 확인은 예측보다 훨씬 더 설득력이 없는 대조분석의 사용이다.

재평가

비록 대조분석의 '위기'가 완전히 해결되지는 않았지만, 최근에 제2언어 습득에서 모국어의 역할에 대해 성공적인 재평가가 있었다. 이 재평가는 두 가지 형태를 취했다. 언어 전이의 본질이 간섭현상이 일어났던 조건들과 활용된 제2언어 지식의 형태를 더 정확하게 진술하기 위하여 재검토되었다. 또한 모국어에 의해서 만들어진 영향은 Skinner의 신행동주의자 이론에 관한 Chomsky의 반론을 따르는 언어 습득에 대한 논고의 중요한 특징이 되는 심리주의자의 견해를 좀 더 수용 가능하게 해주기 위하여 더 인지적인 체계 내에서 재구성되었다. 이 새로운 체계의 핵심개념은 '전략'에 대한 것이다.

재검토된 언어 전이

대조분석가설의 세 가지 주목할 만한 발달들이 있다. 첫째, 대조분석에 의해 예측된 장애가 오류 대신에 회피로서 발생될 수 있다는 것이 인정되었다. 둘째로, 경험적 증거는 간섭현상이 전체적인 차이가 있었을 때 보다 모국어와 제2언어 사이에서 어떤 유사성이 있었을 때 더 많이 발생하는 것 같다는 증거가 나타나고 있다. 셋째로, 아마도 가장 중요한 것으로, 오류가 다요인 현상이었고, 그 요인들 중의 하나로써, 간섭현상이 다른 요인들과 함께 복합적인 방법으로 상호작용했다는 것이 인정되었다.

회피

모국어에 의한 회피의 증거가 Schachter(1974)에 의한 최근의 유명한 연구에서 처음으로 제시되었다. Schachter는 다른 언어 환경으로부터 성인 제2언어 학습자들에 의해 발화된 관계사절을 조사했다. 그녀는 모국어가 영어와 비슷한 관계사절을 포함하고 있지 않은 일본 및 중국의 학습자들이 오류를 만들었으며, 반면에 모국어가 관계사절 구조에서 영어와 비슷한 페르시아 및 아랍의 학습자들은 훨씬 더 많은 오류를 만들었다는 것을 발견하였다. 표면적으로, 이것은 대조분석가설을 부정하지만, Schachter는 중국 및 일본 학생들이 우선 관계사절을 사용하는 시도를 거의 하지 않았다는 것을 관찰했다. 그러므로 학습자의 모국어는 학습자가 관계사절의 사용을 회피했다는 결과를 예측했다. 또한 Bertkau(1974)는 일본학생들이 스페인 학습자보다 관계사 이해도에서 점수가 더 낮았다는 것을 발견하였다. 그렇다면, 학습자의 모국어가 '오류'로서 인식되는 대조분석에 의해 예측된 '장애'를 겪지 않고 제2언어의 발화와 수용에서 분명한 역할을 했다고 제안하는 증거가 여기에 있었다. Schachter와 Bertkau(그리고 뒤이은 다른 학자들, 예를 들면, kleinmann 1978)은 관찰된 오류 빈도를 기초로 한 Dulay와 Burt에 의해 진보된 대조분석가설이 아주 간단한 것이 아니었다고 지적하였다. 비록 대조분석이 발화 오류를 예측하는 데 실패했지만, 그것은 여전히 **이해** 오류와 구조의 **회피**를 예측하는 데 성공적일 수도 있다.

유사성의 정도

대조분석가설은 학습 장애가 새로운 습관을 배우는 데 있어 오래된 습관으로부터 일어나는 간섭현상의 결과라고 정의하는 전이 이론에 근거하고 있다. 그러므로 장애(그 때문에 오류들)는 분명히 언어들 사이의 거리 규모와 분명히 상관관계가 있을 것이라는 결과를 따라야만 한다. 차이가 커질수록 더 큰 장애와 더 많은 오류들이 생길 것이다. 그러나 이것은 항상 그와 같은 경우를 증명하지는 못했다. Lee(1968)는 그가 중국어를 배울 때, 그의 모국어로부터의 간섭현상을 거의 경험하지 못했다고 전했으며, 그리고 이것은 두 언어의 구조가 매우 달랐기 때문이라고 제안한다.

사실, 간섭현상은 모국어와 제2언어 사이에서의 '결정적 유사척도'(Wode 1976)가 있을 때 나타나는 것으로 보인다. 따라서, 예를 들면, Wode(1976; 1978)는 영어 부정문과 의문문에 대한 제2언어 습득에서 모국어인 독일어로부터의 간섭현상이 특별한 발달 단계에서만 발생한다고 언급했다. 그는 동사 뒤의 부정문(예를 들면, 'John go not to school')과 도치된 본동사 의문문(예를 들면, 'Catch Johnny fish today?')의 예문들을 관찰하였으며, 둘 다 독일어 구조를 반영하였다. 그러나 다른 측면에서, 제2언어인 영어 부정문과 의문문 둘 다의 발달은 모국어 습득에서 관찰된 것과 유사하다. 일반적으로, 전이가 중요한 요인으로 나타나지는 않았다. Wode(1976: 27)는 "어떤 조건들은 흔히 모든 곳에서 발생하는 간섭현상이라고 불리는 것과 만나게 되어야만 한다"고 결론지었다. 그는 만일 간섭현상의 개념이 어떤 효과적인 이해를 제공하는 것이라면 발달되어야 한다고 주장했다.

Wode의 관찰은 다른 곳에서도 반복되었다. 예를 들면, Jaskon(1981)은 영어와 펀자브어를 비교했으며, 만일 그 비교가 전체적인 것(예를 들면, 문장에서 전치사 또는 동사의 위치와 관련된)이었다면, 오류들이 대개 발생하지 않았다는 것을 발견했다. 오류는 동일한 항목에서 그리고 두 언어의 구조에서 유사성과 차이점이 있을 때 나타났다(예를 들면, 'of'를 포함하는 소유격 구조에서). Zobl(1983a)은 비교문법이 제2언어 규칙의 본질을 설명하지 않는다면 과잉 예측을 하는 경향이 있을 것이라고 주장한다. Zobl은 제2언어 영어의 프랑스 학습자들이, 'He do that for to help the Indians'처럼, 부정사 표지의 사용에서 오류들을 만든다고 말한다. 'for to'의 사용은 불어인 'pour'+부정사 구조에서 찾을 수 있다. Zobl은 영어의 부정사 구조에 '구조적인 성향'이 있기 때문에 전이가 일어난다고 제안한다. 이 성향은, 영어의 모국어 습득과 고대 및 중세 영어에서, 많은 영어 방언 속에 'for to'의 존재로 드러난다.

발생하는 간섭현상의 항목들 사이에 있는 '상대적 유사성'에 대한 필요는, 사실상, 전이 이론에 반대되는 것이 아니다. James(1980)는, 1927년에 명성을 떨친 Skaggs와 Robinson의 가설이 간섭현상은 특정한 유사성의 정도가 있을 때 가장 커지며, 학습 과업이 '중립적인 유사성'이라고 불렸던 것이 있을 때 낮아진다고 진술한 것을 인용한다.

모국어의 간섭현상은 특정한 맥락에서만 일어난다는 것이 지금은 분명하지만, 다른 곳에서는 분명하지 않다. 제2언어 습득 연구에 직면한 과업은 '결정적인 유사 척도'가, 간섭현상이 발생할 때, 정확하게 예측하거나 또는 설명하기 위하여 무엇으로 구성되고 있는지를 정확하게 구체적으로 명시하는 것이다. 이것은 복합적인 과업이며, 그것은 심리적이고 언어적인 요인들과 균형을 이루는 것이 필요하기 때문에, 전통적인 대조분석이 결코 시도하지 못했던 과업이다.

다요인 접근법

제2언어 습득에서 모국어에 의해 실행된 역할에 도전하고자 했던 초기 연구들(예를 들면, Dulay와 Burt 1973)은 오류가 간섭현상의 결과이거나 또는 진행과정과 같은 어떤 다른 오류였다는 근거로 수행되었다. 이것이 고유의 견해라는 것이 이제는 분명하다. 어떤 특정한 오류는 어느 때는 한 가지 요인에 대한 결과이며, 다른 때는 또 다른 요인에 대한 결과일 수 있다. 주어진 오류가 단순하고, 불변하는 원인을 가지고 있어야만 하는 논리적이거나 또는 심리언어학적인 이유가 없다.

Hatch(1983a)는 '자연스러움'의 요인들과 간섭현상이 제2언어 습득에서 알려진 것에 대에 어느 정도까지 설명을 할 수 있는지에 대해 어느 정도 심층적으로 살펴본다. 예를 들어 학습자에게 제2언어 특징이 얼마나 중요한지 또는 주어진 형태와 의미 사이의 관계가 얼마나 명확한지와 같은, 자연스러움의 요인들이 제2언어 습득의 결정 요인들이다. 그와 같은 요인들은 모국어에서 독립적이지만 학습 장애의 원인이 될 수 있다. Hatch는, 종종 오류들이 두 가지로 결정되는 것과 같은 방법으로, 음운론과 형태론의 경우에서 자연스러움의 요인과 모국어의 간섭현상 모두가 작용한다고 결론을 내린다. 좀 더 고급 언어의 경우에서－통사론과 담화론－자연스러움의 요인들이 지배적일 수도 있다.

'두 가지로 결정되는' 오류가 어떻게 발생할 수 있는지에 대한 재미있는 제안이 Cazden 등(1975)에 의해 만들어졌다. 스페인 학습자의 제2언어 영어 습득의 연구에서 그들은 부정문에서의 발달경로가 모든 학습자들에 의해 전개되었다고 인용했다. 첫 번째 부정문은 'no + V'로 구성되었다. 표면상으로, 스페인어가 동일한 유형을 가지고 있는 것처럼, 이것은 모국어 간섭현상에 대한 하나의 예시를 나타냈다. 그러나 'no + V'의 발화는 모국어가 이러한 유형을 가지고 있지 않은 학습자들의 모국어 영어 습득과 제2언어 습득 둘 다에서 발생한다. 그러므로 이것은 '자연스러움'의 요인들에 의해 유도된 습득의 발달적인 특징일 가능성이 더 높다. 그러나 Cazden 등은 'no + V'의 단계가 모국어들이 각기 다른 부정 유형을 가지고 있었던 학습자들이 그러했던 것보다 그들의 스페인어 학습자들에서 더 오랫동안 지속되었다. 그들은 학습자의 모국어에 있는 발달 유형의 존재가 그 유형의 사용에 의해 특징이 나타난 발달 단계를 늘려줄 수 있다고 결론지었다. 그들은 어떻게 이것이 발생하는지에 대한 윤곽을 보여주었다. 제2언어 학습자들은 제2언어 입력을 처리하는 것으로 시작해서 'no'를 듣는다. 그는 이것을 그의 모국어 지식과 대조하고 그 형태가 유사하다는 것을 발견한다. 이와 같은 방법으로 'no + V' 유형이 사실로 드러났고 달리 사실이 그러할 거라고 생각했던 것보다 더 긴 시간 동안 유지되었다. 나중에, 그 확인된 유형은 입력 데이터에 대한 학습자의 계속된 관심의 결과로써 발달적으로 늦은 구조에 의해 대체된다. 만일, 모국어 지식을 대조한 후에, 학습자가 그의 최초의 가설이 확인되지 않는다면, 그는 입력 데이터를 처리하고 그 결과 그의 최초의 규칙을 수정할 준비를 한다.

세 가지 일련의 요인들이 제2언어 습득에 포함되는 것 같다:

1. 요인들, 즉 자연스런 언어가 체계화된 보편적인 방법과 관련하는 요인들(이것들에 대한 자세한 논의를 위해 8장 참조);
2. 학습자의 모국어대 대한 특정한 요인들;
3. 제2언어에 대한 특정한 요인들.

제2언어 습득에 대한 다요인 접근법은 다양한 제2언어 항목들의 습득에서 이러한 세 가지 일련의 요인들 사이에서 존재하는 관계를 확인하는 것이 필요하다. 각기 다른 언어 배경인 학습자들에 의한 관계사절의 습득에 대한 연구의 결과로써, Gass(1980:180)는 다음과 같이 제안한다:

> 보편적 요인들은 학습의 일반적인 개요를 결정한다. 언어의 특정한 고려사항들(모국어 또는 목표 언어 중의)은 보편적인 요인들이 그 결과에 대해 불충분한 결정밖에 못하는 곳에서만 작용하기 시작한다.

Gass와 같은 연구자들에 의해 제안된 모국어의 역할은 매우 복잡한 것이다. 간섭현상은 만일 그것의 작용이 다른 비간섭현상 요인들의 것과 관련되어 있다면 유의미한 요인이다.

학습자 전략으로서의 모국어 간섭현상

대조분석 가설은 많은 오류들이 그것에 의해 예측될 수 없거나 설명될 수 없다는 것이 분명하기 때문에 인기가 떨어졌다. 연구자들이 제2언어 습득에 관한 다른 설명에 의지했던 것은 놀라운 일이 아니다. 특히 습관 형성 같은 언어 학습에 대한 행동주의자 입장은 학습자의 활발한 기여를 고려하는 많은 심리주의자의 접근법 때문에 거부되었다. 이러한 제2언어 습득의 대안적인 설명은 3장에서 상세히 검토한다.

제2언어 습득을 학습자가 능동적으로 관여된 진행과정으로 간주하는 것은 제2언어 데이터를 그것이 저장될 수 있는 형태로 분류하고 이미 저장소에 있는 지식을 이용하기 위한 학습자 **전략들**의 결과로 보는 것을 수반한다. '전략'의 개념은 오직 관찰할 수 있는 현상들만 검증하는 것에 관한 행동주의 심리학자의 주장과 양립할 수 없다. 그러나 그것은 언어 학습과 사용에 대한 인지적인 관점에서 핵심적인 부분이다. 그러므로 쟁점에 대한 요점은 '간섭현상'의 행동주의적 개념이 학습자 '전략'으로서 어느 정도까지 그리고 어떤 방법으로 재구성될 수 있는지로 되었다. Sridhar(1981)가 지적하는 바와 같이, '간섭현상'과 '전략'의 개념은 양립할 수 없다는 것이다. 학습자의 모국어 지식은 가설 생성의 진행과정 안에서 입력들 중의 한 가지 역할을 할 수 있다.

Corder(1978b)는 '간섭현상'이 학습자의 '전략'으로 재구성될 수 있는 한 가지 방법의 윤곽을 보여준다. 그는 학습자의 모국어는, 그 모국어가 제2언어와 유사할 때 학습자가 '보편적인' 경로를 따라서 더 빠르게 진행하도록 도와줌으로서, 제2언어 학습의 발달 진행과정을 가능하게 할 수 있다. '간섭현상' 오류는 부정적인 전이의 결과로 발생하는 것이 아니고 '차용'으로부터 발생한다. 즉, 학습자들은 필요한 목표 언어의 자원이 부족하기 때문에 생각을 전달하는 데 있어서 장애를 경험할 때, 그들은 불충분한 점을 채우기 위하여 그들의 모국어에 의지할 것이다. 이것은 왜 학습 진행과정의 끝 무렵보다 초기에 모국어에 더 의존하는지를 설명해준다 — 학습자는 극복해야 할 매우 불충분한 목표 언어 자원을 가지고 있다. 사실상 Coder의 제안은 '간섭현상'의 개념을 '중재'로서 재구성한다. 간섭현상이 전통적으로 학습의 특징으로 보인 반면에, 중재는 의사소통의 전략으로서 간주되는 것이다. 오히려 비슷한 제안이 Krashen에 의해 제시되었으며(1981a), 그는 학습자들이 이러한 목적을 위하여 목표 언어에 대해 충분히 습득된 지식이 없을 때 모국어를 최초의 발화로 사용할 수 있다고 제안한다. Corder와 krashen의 제안 둘 다 학습자들이 모국어를 그들의 한계를 극복하기 위하여 즉석 변형에 사용할 수 있는 자원으로 간주한다.

'전략'은 입력으로서 기존의 지식을 가지고 있다. 기존 지식 중의 한 가지 형태는 모국어 지식이다. 그러므로 제2언어 습득의 인지적인 견해는 모국어로부터의 원인 제공을 불가능하게 하지 못한다. 더 정확히 말하자면, McLaughlin (1978a)과 Taylor(1975)가 주장했던 바와 같이, 모국어의 사용은 그저 매우 일반적인 심리적인 진행과정 중의 한 가지 징후이다—새로운 학습을 가능하게 하는 사전 지식에 의존하는 것이다. 따라서 행동주의적인 함축을 가지고 있는 '간섭현상'의 개념이 거부될지도 모르는 반면에, 제2언어 학습에 능동적인 기여자로서의 학습자 관점에서 근거된, '중재'의 개념은 어떤 일반적인 제2언어 습득 이론에 대해서도 중요한 부분이다.

대조 화용론

그것은 대조분석이 언어적인 대조뿐만 아니라, 예를 들어 모국어와 제2언어에 있는 항목 등에 대한 문체상의 사용과 형태-기능 관계에서의 유사성과 차이점들과 같은 화용론적인 대조도 또한 고려할 필요가 있는 '번역 등가'의 논의에서 이미 언급되었다. 대조 화용론은, 주장하건데 비록 그것이 Lado의(1957) Linguistics Across Cultures에서 기원을 가지고 있지만, 상당히 최근의 발달이며, 그것은 언어가 사용되는 방법에서 문화적인 차이를 비교하기 위한 체계를 제공하려고 했다.

Sajavaara(1981b)는 언어를 대조하는 것에 대한 기본적인 생각이 올바른 것이라고 주장한다. 그 문제는 생각에 있는 것이 아니라, 대조가 수행되는 방법에 있다. 그는 대조분석이 순전히 언어적인 매개변항들보다는 오히려 의사소통적인 네트워크와 관련하여 수행될 필요가 있다고 주장한다. Riley(1981)은 이것을 수행할 수 있는 방법을 제안한다. 한 가지 방법은 특정한 기능(예를 들면, 제안)을 택한 후에 두 개 또는 더 많은 언어들에서 언어 구현을 대조한다. 또 다른 접근법은 두 가지 언어에서 같은 언어적 구조에 의해 제공되는 다른 기능들을 조사하는 것이다. 좀 더 의욕적인 또 하나의 가능성은 두 가지 언어에서의 전형적인 상호작용에 대한 담화 구조를 비교하는 것이다.

이러한 제안들은 몇 가지 중요한 문제점을 초래한다. 이것들 중의 하나는, 언어의 의사소적적인 매개 변수들이 어느 정도까지 보편적인가 또는 언어 특수적인가에 대한 것이다. James(1981)는 Widdowson(1975a)이 예를 들어 과학적이고 기술적인 담화와 관련된 것들과 같은 전문화된 의사소통 기능들의 보편성에 대하여 강력한 주장을 한다고 인용한다. 만일 그것이 사실이라면, James는, 언어사용 수준에서 언어 사이에 차이점이 없기 때문에, '대조 화용론'과 같은 것이 없을 수 있다고 주장한다.

그러나 대조 화용론은 각기 다른 언어들의 의사소통 기능에 대하여 비교하는 것만은 아니다. 그것은 또한 각기 다른 언어들이 같은 의사소통 기능을 어떻게 표현하는지를 비교하는 것이다. 의사소통 체계의 보편성은 언어들이 같은 기능들을 구현한다는 면에서 분명한 차이점의 존재를 배재하지 못한다. 그것은 모든 언어들이 정중한 요청을 하는 몇 가지 방법을 가지고 있을 가능성이 매우 높지만(예를 들면, 영어로 'Could you help me, please?'), 그것들은 이 기능이 표현된 형식적인 방법들에서는 다른 것 같다. 그러므로 학습자들이 그들의 모국어에 주어진 기능의 구현을 제2언어의 사용으로 전이하는지의 여부와 어떤 조건하에서 이루어지는지를 발견할 필요가 있다. 이 쟁점에 관한 경험적 연구가 거의 없었다. 그러나 한 가지 재미있는 연구가 Schachter와 Rutherford(1979)에 의해 수행되었다. 그들은 중국과 일본 학습자들의 영어에서 이와 같은 오류들을 관찰했다:

1. Most of the food which is served in such restaurants have cooked already.
2. Irrational emotions are bad but rational emotions must use for judging.
3. Chiang's food must make in the kitchen of the restaurant but Marty's food could make in the house.

그들은 능동태와 수동태 사이에서의 혼란 같은 것들을 진단했던 미국인 교사들을 무작위로 선택하여 이러한 오류들을 제시했다. 그러나 Schachter와 Rutherford는 이 문장들이 중국어와 일본어의 문장 구조에 대한 직접적인 반영이며, 그것은 '화제'를 진술하는 것으로 이루어지며 — 그것은 이미 이전에 언급되었거나 또는 화자에 의해 당연시 여겨질 수 있다는 면에서 이미 '정해진' 것이다 — 그러고 나서 '논평'을 계속하는 것은 '새로운' 정보를 포함한다. 따라서 Schachter와 Rutherford의 연구에서 학습자들은 그들의 모국어에 대한 주제/논의의 구조를 구현하는 수단을 영어로 전이하는 것으로 보일 수 있다.

대조분석은 미래에 점점 더 화용론적인 쟁점으로 변할 것 같다. 이러한 새로운 방법으로, 대조분석은 이론적인 영향들(아마 틀림없이 절대로 완전히 없어지지 않은)뿐만 아니라 언어 교사들에게 있어서 그것의 실질적인 가치를 회복할 것이다.

요약과 결론

본 장은 비록 일반적인 믿음으로 제2언어 습득이 학습자의 모국어에 의해 강하게 영향을 받는다 할지라도, 모국어의 범위와 본질에 대하여 연구자들 사이에서 상당한 의견 차이가 있다고 제시하는 것으로 시작했다. 이것에 대한 설명은 주로 제2언어 습득을 조사하기 위한 심리학적인 근거에서 발생했던 변화들 속에서 찾을 수 있다. 모국어의 역할은 우선 전이 이론의 관점에서 제시되었고 행동주의와 밀접하게 연결되어 있었으며, 제2언어 습득을 습관 형성의 과정으로 보았다. 이 이론에 따르면, 오류들은 모국어의 견고한 습관으로부터 나온 간섭현상의 결과였다. 대조분석은 특정한 모국어를 가지고 있는 학습자들이 경험할 장애의 범위를 예측하기 위하여 개발되었으며, 그래서 교수는 모국어에 의해 유발된 오류의 기회를 줄이기 위하여 대량의 연습을 제공할 수 있었다. 그러나 지금까지, 제2언어 습득에 대한 경험적인 연구들이 거의 없었다. 대조분석은 일반적인 학습 이론으로부터 나온 가정에 근거했다. 1970년대 초기에 대조분석가설을 입증하기 위한 많은 시도들이 있었다. 이것들은 사실 대조분석에 의해 예측된 많은 오류들이 발생하지 않았다는 것을 보여주었다. 이 연구의 결과로, 모국어의 간섭현상의 중요성이 의문시되었고 인기가 떨어졌다. 또한 언어 습득에 대한 행동주의적 설명의 타당성에 관한 이론적인 비판은 또한 대조분석에서 '위기'를 불러일으키는 데 도움을 주었다. 그러나 점점 모국어의 역할은 고려해 보지도 않고 거부되었다기보다는 오히려 재평가되었다. 재평가는 두 가지 형태가 있다. 대조분석 가설은 회피, 발생하는 간섭현상에 대하여 모국어와 제2언어 항목들 사이에 '유사성 정도'가 있다는 것에 대한 요구, 그리고 학습자 오류의 다요인 본질을 설명하기 위하여 수정되었다. 또한 대조분석 가설은, 제2언어 자원이 불충분할 때 의사소통을 위한 하나의 전략인, '간섭현상'을, '중재'로 재해석함으로써 인지적인 체계 안으로 포함되었다. 좀 더 최근에는, 대조분석에 대한 관심이 의사소통적인 언어 사용을 강조하는 언어학에서의 최근 발달을 반영하는 것으로 변경되었다. 이러한 발달은 '대조 화용론'으로 알려진다.

학습자의 모국어는 제2언어 습득의 중요한 결정요인이다. 그러나 그것은 유일한 결정요인이 아니며, 가장 중요하지 않을 수도 있다. 하지만 이론적으로 모국어의 기여에 대한 명확한 분류를 시도하거나 또는 다른 요인들과 모국어의 기여를 비교하려는 것은 부적절하다. 모국어는 학습자들이 의식적 그리고 무의식적으로 제2언어 정보를 입력으로 이동시키는데 사용되며, 그들이 입력에 있는 제2언어 데이터를 변경하고, 그들이 제2언어에서 가능한 한 가장 잘 수행하도록 도와주기 위하여 사용한다. 정확하게 언제 그리고 어떻게 사용하는지는, 한편으로는 모국어와 목표 언어의 형식적이고 화용론적인 특징들과 관련이 있는 전체의 요인들(즉, 언어학적 요인들)과, 다른 한편으로는 학습자의 발달 단계와 언어 사용의 형태(즉, 심리 사회언어학적 요인들)에 달려 있다. 모국어의 영향은 제2언어 음운론에서 가장 두드러진다 — '외국인' 억양은 아주 흔하다 — 그러나 그것은 제2언어의 모든 측면에서 발생할 것이다. 아마도 전통적 대조분석의 가장 불만족스런 부분은 이러한 영향이 부정적인 것이라는 가정이었다. 만약 제2언어 습득이 발달 진행과정으로서 간주된다면, 다음 장에서 제시된 바와 같이, 모국어는 이러한 발달에 기여하는 요인으로 간주될 수 있고, 때가 지나면, 학습자의 숙달도가 커짐에 따라, 거의 영향력이 없어질 것이다.

더 읽을거리

대조 분석을 다루는 몇몇 초기의 문헌을 읽음으로써 시작한다는 것은 좋은 생각이다. R. Lado에 의한 *Linguistics Across Cultures*는 대조 분석의 절차와 이론 둘 다에 대한 상세한 설명을 제공한다. R. Stockwell과 J. Bowen에 의한 *The Sounds of English and Spanish* (University of Chicago, 1965)가 실제 대조 분석 가설의 좋은 예이다. 두 책들로부터 얻은 발췌들은, 대조분석에 관한 다른 유용한 많은 글과 함께, B. Robinett와 J. Schachter에 의해 편집된, *Second Language Learning*에서 찾을 수 있다(University of Michigan, 1983).

대조분석은 교육학적 사고와 밀접하게 연결되어 있다. N. Brooks에 의한 *Language and Language Learning*(Harcourt Brace와 World, 1960)이 이러한 교육학적 연결을 대표한다.

대조 분석가설의 타당성에 의문을 가진 첫 번째 글 중의 하나는 R. Wardhaugh에 의한 것이다(*TESOL Quarterly* 4/2: 123-30). J. Richards에 의해 편집된, H. Dulay와 M. Burt에 의한 논문인, 'You can't learn without goofing' in Error Analysis(Longman, 1974)가 경험적 증거와 함께 날카로운 비판을 제시하고 있다. 아마도 대조분석에 대한 가장 전반적이고 균형 잡힌 설명은 C. James에 의한 *Contrastive Analysis*이다(Longman, 1980).

현재의 발달을 경험해 주는 최근의 글들은 J. Fisiak에 의해 편집된 *Contrastive Analysis and the Language Teacher*(Pergamon, 1981) (특히 Sajavaara와 Riley에 의한 글을 참조)와 S. Gass와 L. Selinker에 의해 편집된 *Language Transfer in Language Learning*(Newbury House, 1983)이다.

3장

중간언어와 '자연' 발달경로

서론

본 장의 목적은 제2언어 학습자들이 정확한 방법으로 언어 데이터를 처리하는 성향의 결과로써 고정된 순서에 의해 제2언어를 학습하는지에 대한 주장을 고찰하는 것이다. 이러한 주장은 행동주의자들의 주장에 반대하여 일어난 것으로써 환경적 요인과 모국어 간섭현상의 중요성을 강조한다. 고정된 순서에 대한 그 주장은 습득에 영향을 미치는 학습자의 내부 요인에 중점을 둔다. 이 이론은 모국어에 관하여 처음 발달되었으며, 또한 학습자가 언어지식을 어떻게 형성하는지 경험적으로 조사하기 위한 첫 번째 시도였다. 그러므로 본 장의 출발점은 또한 모국어 습득이 될 것이다. 제2언어 습득이 관여된 곳에서, 학습 진행과정에 대하여 수정된 중요개념은 **중간언어**이다. 이것은 모국어와 학습자가 배우고자 하는 제2언어로부터 독립된 체계적 언어지식에 따라 사용되었다. 중간언어는 제2언어 학습자들이 제2언어(또는 제2언어와 밀접한)의 숙달로 가는 진행과정을 통한 발달 단계를 확인하기 위하여 제2언어 습득 연구자들의 시도를 바탕으로 한 이론적 구조였다. 본 연구는 다른 제2언어 학습자들의 발달경로 속에 확실한 유사점이 있음을 보여준다. 본 연구의 결과로써 제2언어 습득은 학습자의 연령, 학습이 발생하는 맥락, 또는 학습자의 모국어 배경 같은 요소들에 의해 영향을 받지 않는다는 보편 진행과정을 따른다는 주장이 제기되었다. 제2언어 습득의 이러한 관점에 따르면 통제요인은 모든 인간이 소유하고 또한 모국어 습득의 원인이었던 언어의 능력이었다. 예상한 대로 제2언어 습득의 발달순서가 모국의 습득의 순서와 어느 정도 유사한지에 관한 의문이 발생했다. 제2언어와 모국어가 같다는 타당성 가설은 제2언어 습득 연구에서 계속되는 문제이다. 그러나 학습자의 내부 요인이 제2언어 습득에서 중요한 결정 요인임에도 불구하고 그들이 적어도 제시된 몇몇 범위에서 전체 진행과정에 중요하다는 확신은 보장되지 않는다. 본 장에서는 광범위하게 학습자의 내적 요인에 의존하는 제2언어 습득의 몇몇 문제들의 설명에 대한 검토로 결론을 내릴 것이다.

본 장을 시작하기 위해, 모국어 습득의 이론과 연구의 배경을 간략히 살펴볼 것이다. 그리고 자연스런 발달 진행과정에 대한 주장의 상세한 연구를 보기에 앞서 중간언어의 개념을 살펴볼 것이다. 그리하여 제2언어와 모국어가 같다는 가설에 대한 토론으로 이어질 것이다. 마지막으로, 제2언어 습득에서 학습자 내부 진행과정 중심에 대한 많은 주장을 살펴볼 것이다.

모국어 습득에 대한 심리주의 설명

나는 여기에서(8장에서 살펴보지만) 모국어 습득의 심리주의자 이론을 자세히 검토하지는 않을 것이다. 나는 단지 중간언어와 제2언어=모국어 습득가설이라는 토론을 위한 맥락을 제공하기 위하여 주된 견해에 대한 대체적인 개요를 말하고 싶다. 이러한 개요는 심리학자와 언어학자의 많은 연구에서 파생된 혼합적인 부분들을 구성할 것이다. 그러나 두 명의 인물 — Chomsky와 Lenneberg — 이 가장 두드러지고, 그들의 주장과 관찰은 하나의 체계로서의 역할을 한다. 모국어 습득의 심리주의자들의 관점은 McNeill의 연구에서 가장 강하게 집중된다(1966; 1970).

Skinner의 언어학습 이론에 관한 Chomsky의 반박은 행동주의자의 경험적 접근방식에서 모국어 습득의 심리주의 견해에 대한 재주장을 이끌어냈다. Chomsky는 어린아이들의 능동적인 기여를 강조했고 모방과 강조의 중요성을 최소화했다. 그는 어린아이들의 모국어에 대한 지식이 어떤 자연스런 언어를 취할 수 있는 본질적인 형태를 구체적으로 명시하는 **보편문법**으로부터 파생된다고 주장했다. McNeill(1970: 2)은 다음과 같이 주장한다.

> 언어 습득의 사실은 언어학습의 초기에 어린아이들에게 문장의 개념이 유용하지 않다면 다를 수 있다. 문장의 개념은 유창한 화자들이 그에게 이용 가능하게 하는 언어적인 증거를 조직하고 해석하려는 어린아이의 시도에 대한 중요한 지침 원칙이다.

보편문법은 '초기 상태'를 구성하며 그리고 주어진 언어문장이 가지는 형태를 통제하는 일련의 타고난 언어적인 원칙으로서 존재했다. 또한 보편문법의 역할은 보편 원칙을 자연적인 언어에 대한 표출에 의해 제공되는 데이터와 연관시키기 위한 일련의 발견 절차였다. 모국어 습득의 이러한 견해는 '**습득 장치**'(AD)에 대해 하나의 모델로 제시되었다(예를 들면, Chomsky 1966):

초기의 언어 데이터 → AD → G

그것은 '보편문법'을 포함하며, 학습자가 학습하기 위한 기본적인 언어적 정보에 대한 접근(즉, 입력)을 필요로 했다. 그러나 이것은 그러한 장치를 활성화시키는 촉매제로서의 역할을 했다. 그것은 습득 장치의 역할만 할 뿐 습득 진행과정의 모델을 형성하지 못한다. Chomsky에게 언어학자(또는 심리학자)의 임무는 특정언어의 문법에 역할을 하는 언어 습득 장치의 특성을 구체적으로 명시하는 것이었다.

Lenneberg(1967)은 언어의 생물학적 필요조건을 강조했다. 호모사피엔스만이 언어를 배울 수 있다고 했다. 그러므로 심하게 성장 진도가 느린 인간일지라도 심지어는 아주 사회적이며 지식적으로 발달된 단계까지 언어의 기초를 생성할 수 있으나, 침팬지는 언어의 창조성을 완성하는데 불가능하다고 했다. Lenneberg는 어린아이의 뇌는 특별히 언어 습득 진행과정에 적응하지만 이러한 선천적 능력은 성장과 함께 사라진다고 주장했다. 실어증에 관한 연구 데이터는 뇌손상에 의한 언어능력 손실이 사춘기 이후에는 완전한 회복이 거의 불가능하다고 제시했다. Lenneberg는 언어 습득이 유전적 자산으로서 발생하는 동안 '반향의 시기'가 있다고 주장했다. Lenneberg의 연구는, 모든 인간의 생물학적 자질의 일부분으로서, 언어의 내재된 역량의 개념에 대한 경험적이고 이론적인 연구를 제공했다.

심리주의자의 제2언어 습득에 대한 설명중의 한 가지 추가적인 특성을 언급할 필요가 있다. 어린아이는 **가설 검증**의 방법에 의해 모국어의 지식을 세웠다. 어린아이의 과업은 기본 문법에 대한 생득적 지식을 그가 배우는 목표 언어의 문장 구조에 대입하는 것이었다. McNeill(1966)에 따르면 생득적 지식을 모국어의 구조로 전환하기 위해 필요했던 '변형'에 대한 가설을 형성함으로써 그것을 했다. 그리고 이러한 가설들은 기본적 언어 데이터에 반해 실험이 되었고 그에 따라 수정되었다. 그 결과로 어린아이들은 아직은 영어가 아닌 다양한 단계를 거치며 '성공적인 접근'에 의해 능력을 형성하는 것으로 나타났다.

요약하면, 그러므로 모국어에 대한 심리주의자의 관점은 다음과 같이 설명된다.

1. 언어는 인간 고유의 능력이다.
2. 언어는 인간의 마음속에 있는 독립된 능력으로 존재한다. 그것은 학습자의 총체적 인지적인 관점의 일부분이나 또한 지적 발달을 위한 일반적인 인지적 장치로부터 분리되어 있다.
3. 모국어 습득의 필수적 결정요인은 어린아이의 '언어 습득 장치'로 일반적으로 문법에 대한 원칙과 함께 어린아이에게 부여되고 제공된다.
4. 연령과 함께 '언어 습득 장치' 퇴보

5. 언어 습득의 과장은 가설 검증을 포함하여 모국어의 문법을 '보편문법'의 원칙에 관련시킨다.

1960년대는 모국어 습득에 대한 광범위한 경험적 연구가 이루어졌던 시기였다. 세 가지의 비슷한 프로젝트(Harvard, Berkeley, 그리고 Maryland에서)가 어린아이의 문법습득을 연구하기 위해 미국에서 시작되었다. 첫 번째 결론이 발표되었을 때 그 프로젝트는 각각 독립적인 형태로 매우 비슷한 기술을 보여주었다. 처음에, 이러한 기술들은 구조주의 언어학의 기법에 기반을 둔 설명이었으나, 후에 그것들은 보편문법으로부터 목표 언어의 문법을 파생시키기 위해 필요한 변형을 생각하는 쪽으로 변화되었다. 초기의 견해로부터 점차 경험적 연구는 Chomsky의 **통사 구조**(1957)에 의해 시작된 통사론의 이론적 발달과 또한 위에서 기술된 심리주의자의 관점으로까지 결합되었다. 1960년대 후반까지 모국어 습득에 대한 연구는 통사적인 구조가 초기에 어린아이의 언어적 습득의 특성을 보여주는데 가장 알맞은 방법인가에 대한 의문이 있었으며 어린아이의 기저에 있는 의미적 능력을 기술하는 제안이 이루어졌다.

이러한 연구는 종적이었다. 그것은 몇 년에 걸쳐 정기적으로 엄마와 어린아이의 담화에 대한 녹음 샘플에 의해 실제발화의 샘플을 모으는 작업과 관련되었다. 어린아이들의 발화는 문법적인 — 그리고 나중에는 의미적인 — 분석으로 녹음되어 제시되었다. 이러한 진행과정의 목표는 어린아이가 점차적으로 '데이터를 해독할' 때 어린아이의 언어능력을 기술하기 위한 것이었다. 또한 '자연주의적인' 정보가 조합되어 어린아이들로부터 발화를 도출하기 위한 시도들도 있었다. 가장 선호하는 사용수단 중의 하나는 예를 들면, 어린아이들이 단지 그들의 단기간의 기억 이후에 있었던 문장들을 흉내 내어 대답하는 모방이었다.

모국어 습득에 대한 10년간의 연구를 책 지면에 적당히 설명하기란 가능하지 않다. 그러나 두 가지 중요한 측면을 살펴본다. 첫째, 원어민 화자가 만들어 낼 수 없는 정도로 어린아이들의 초기 발화는 독특하였다. 둘째로 발달은 지속적이며 증가하지만 일련의 단계로 특징지어진다.

어린아이들의 초기 발화의 독특성은 모국어의 습득의 보편적 특징이다. 영어 모국어 습득에서 관찰된 다음과 비슷한 발화는 다음과 같은 어린아이들의 모국어 습득에서 나타났다.

Mommy sock.
No the sun shining.
What the dollie have?
Want pussy Lwindi.

그것은 모든 언어의 모국어 습득에서 성인들이 보여준 발화의 형태와는 다른 발화이다. 이러한 결론은 행동주의자들의 경험적 측면에 의한 모국어 습득에 대한 행동주의자의 설명에 반대하는 확고한 주장을 제공하기 때문에 중요하다. 만일 어린아이들이 실제로 만들어낸 많은 발화가 성인에 의한 발화와 비슷하지 않다면, 모국어가 모방과 강조를 통해 배운 자극-반응으로 구성된다고 논의될 수는 없을 것이다. 위의 그러한 발화들은, 성인 코드의 일부가 아닌 규칙들로 이루어졌기 때문에, 어린아이가 고유의 방식을 작동시킨다는 관점에서 설명될 수 있다. 만일 어린아이의 언어적 발화가 입력과 맞지 않는다면, 그러한 설명은 발생된 내부적 진행과정에서 발견되어야 한다.

모국어 습득의 향상된 특성은 두 가지 면에서 분명하다. 첫째, 어린아이의 발화의 길이가 점차적으로 증가한다. 처음에 발화는 한 단어로 구성된다. 후에 두 단어, 그리고 세 단어 그리고 네 단어 발화가 이루어진다. 둘째, 문법적 체계에 대한 지식이 단계별로 이루어진다. 현재진행형의 'ing' 같은 굴절 접미사와 조동사 'do'는 동시에 습득되지 않지만 연속적으로 습득된다. 마찬가지로 부정문이나 의문문 같은 복잡한 문법 체계는 점차적으로 학습되며 모국어와는 상당히 다른 규칙을 포함한다. 예를 들면, 초기의 부정문은 전형적으로 'no'+진술'(예를 들면 'No the sun shining')로 구성된다. 발화 길이의 점진적 증가와 부정문 같은 구조를 만들어 내기 위한 지속적인 수정은 **평균 발화 길이**(MLU) 증가에 영향을 받으며, 그것은 발달지표로 자주 사용된다. 이것은 주어진 발화 데이터에서 형태소의 수에 대한 계산과 전체 발화의 수를 나눔으로써 계산된다. 어린아이는 기억능력과 문법지식이 발달됨에 따라 그의 평균 발화 길이가 증가한다. 예를 들면, Crystal(1976)은 여섯 단계의 측면에서 모국어에 대한 견해를 제시하고 있으며, 각 단계는 평균 발화 길이로 정의했다.

심리주의자의 모국어 습득에 따르면, 언어 습득은 보편적인 진행과정이다. **진행과정**이란 용어는 습득 연구에서 보편적이며, 두 가지 연관된 의미로 사용된다. 그것은 발달의 연속(즉, 습득의 향상된 특성)과 언어 습득이 어떻게 이루어지는지에 대한 결정 요인 두 가지 모두를 의미한다. 1960년대에 이루어지고 지금까지 계속되는 모국어 습득에 관한 많은 연구는 어린아이가 모국어에서 성인의 능력을 달성하기 위한 방법을 거치면서 거의 고정된 발달순서가 있을 것이라고 설명한다. 그 다음에, '진행과정'은 어린아이들이 거치게 되는 경로를 나타내는 발달 단계를 의미한다; 그것은 **기술적인** 용어이다. 두 번째 의미의 '진행과정'은 어린아이가 어떻게 내부규칙을 생성하고 그것들을 단계에서 단계로 적용하는지와 관련된 것이다. 그러므로 그것은 설명적인 용어이다. 자연적인 순서는 모든 학습자에게 보편적이며 절차적인 기저의 체계가 있음을 암시한다. 그러나 이러한 구조가 정확히 무엇으로 구성하고 있는지에 대해서는 다소 의견 일치가 되지 않고 있다. 진행과정이 내부적이며 환경의 영향으로부터 독립적이라고 주장하는 심리주의자는, 우리가 살펴볼 때, 더 이상 전적으로 옹호할 수 없다. 그러나 우선 제2언어 습득의 심리주의자의 이론과 경험적 연구의 영향을 살펴보는 것이 필요하다.

중간언어

본 부문에서는 초기의 중간언어 이론을 살펴볼 것이고 중간언어가 발달된 진행과정은 살펴보지 않을 것이다. 나중에 발달은 언어학습자 언어에서 변이의 특성을 살펴보는 것이 필요하고 학습자의 발화(출력)에 역할을 하는 내부전략의 자세한 설명이 필요하다. 이러한 것들이 중요한 발달이고 또한 4장과 6장에서 각각 설명될 것이다. 본 장에서는 중간언어와 언어 습득에서 심리주의자의 관점에서의 배경과의 연관성을 중점적으로 다루게 될 것이며, 초기의 중간언어 이론이 제2언어 습득에서의 오류의 특성과 제2언어 습득의 발달단계에 경험적 연구가 미치게 된 영향을 살펴볼 것이다.

중간언어라는 용어는 Selinker(1972)에 의해서 처음 사용되었다. 다양한 대안적 용어들도 다른 연구자들에 의해 같은 현상에 대해 사용되었다. Nemser(1971)는 **근사 체계**, 그리고 Corder(1971)는 **특이 방언**과 **전이 능력**이라고 지칭하였다.

이러한 용어들은 연관성도 있지만 각기 다른 두 가지의 개념도 담고 있다. 첫째, 중간언어는 학습자가 발달의 어떤 단계에서도 생성하는 구조적 체계를 의미한다(즉, **중간언어**). 둘째, Corder(1967)가 학습자의 '내재된 교수요목'으로 불렀던 것을 이루고 있는 일련의 연결 체계를 의미하기도 한다(즉, **중간언어 연속체**).

중간언어의 이론의 기저에 있는 이러한 가정은 Nemser(1971)에 의해 언급되었다. 그것들은 (1) 주어진 시간에 근사 체계가 모국어와 제2언어로부터 뚜렷이 다르며, (2) 근사 체계가 서서히 발전하는 연속을 형성한다. 그리고 (3) 주어진 상황에서 동일한 숙달의 단계에 있는 학습자들의 근사 체계는 일치한다.

'가설 검증'의 개념은 모국어를 설명하기 위하여 사용되었던 것과 같은 방법과 대체로 똑같이 제2언어 학습자가 어떻게 중간언어 연속체를 따라 진행했는지를 설명하기 위해 사용되었다. Corder(1967)는 제2언어 학습자에 의해 사용한 적어도 몇 가지의 전략들이 모국어 습득이 발생하는 것과 같다고 제안함으로써 이러한 비교를 분명하게 했다. 특히, Corder는 모국어 학습자와 제2언어 학습자 둘 다 그들이 배우는 언어의 본질에 대하여 확실한 가설들을 검증하기 위하여 오류를 만든다고 제안했다. Corder는 오류를 만드는 것을 하나의 전략으로 보았으며, 학습자 내부 진행과정의 증거로 보았다. 이러한 견해는 대조분석가설에서 제시된 제2언어 습득의 견해와 반대되었다(그리고 반대하려고 생각했다). '가설-검증'은 심리주의자의 개념이었고, 학습에 대한 행동주의자의 설명에서는 존재하지 않았다.

그러나 모국어의 간섭현상에 관한 개념은 완전히 거부되었다. 앞 장에서 언급된 바와 같이, 그것은 제2언어 습득에 원인이 있는 많은 인지적 진행과정들 중에서 한 가지 요인으로서 재구성되었다. Selinker(1972)는 다섯 가지 중요한 진행과정들이 중간언어에서 작용된다고 주장했다. 이것들은 (1) 언어 전이(처음에 언급되었고, 아마도 모국어 간섭현상에 애착을 갖는 당대의 중요성과는 차이가 있다), (2) 목표 언어 규칙의 과잉일반화, (3) 훈련 전이(즉, 규칙이 교수의 결과로 학습자의 체계로 들어간다), (4) 제2언어 학습의 전략(즉, '학습될 데이터에 대해 학습자에 의한 식별 가능한 접근')(1972: 37), 그리고 (5) 제2언어 의사소통에 대한 전략(즉 '원어민 화자들과 의사사소통에 대해 학습자에 의한 식별 가능한 접근')(1972: 37)이었다. 그 다음에, 간섭현상은 중간언어에 원인이 되는 몇 가지 진행과정들 중의 하나로서 간주되었다. 다섯 가지의 진행과정들은 학습자가 제2언어 체계를 내재화하는 방법을 함께 구성한다. 그것들은 학습자가 학습 부담을 조정 가능한 부분으로 줄이기 위한 방법이며, 예를 들면, 그것은 '단순화'라는 일반적인 진행과정에 포함될 수 있다는 주장도 Widdowson(1975b)에 의해 제기되었다. 학습자들은 제한적인 진행과정의 공간을 가지고 있으므로 언어 체계의 전체적인 복잡성에 대처할 수 없으며, 그래서 그들은 어느 시점에서 그들이 검증한 가설들의 수를 제한한다. '단순화'의 개념은 6장에서 전체적으로 분석한다.

Selinker는 또한 많은 제2언어 학습자들이(아마도 95% 정도) 목표 언어의 숙달에 이르는데 실패한다고 말했다. 그것은 그들이 중간언어 연속체의 끝부분에 다다르지 못하는 것이다. 그들은 중간언어가 목표 언어 체계에 대한 것들과 다른 적어도 몇 가지의 규칙들을 포함할 때 학습을 멈춘다. 그는 이것을 **화석화**라고 했다. 화석화는 대부분의 언어 학습자에게서 나타나고 추가 지도에 의해 고칠 수 없다. 화석화된 구조는 정확한 목표 언어가 생성될 때 오류로서 인식할 수 있다. 만일 화석화가 나타나면 학습자는 그의 중간언어에서 x라는 특성이 목표 언어의 형태와 같은 것으로 가정하는 발달 단계에 도착하게 된다. 그런 다음 알맞은 형태의 화석화가 나타날 것이다. 그러나 학습자가 y형태가 여전히 목표 언어와 같은 형태를 가지지 않는 단계에 도착하면 화석화는 오류로서 나타날 것이다. Selinker(1972)에 의해 인용된 일반적인 화석화된 오류는 영어 중간언어에서 프랑스어 연구개음의 /r/와 그리고 또한 영어 중간언어에서 독일어의 동사 뒤에 오는 시간-장소의 순서이다. 그러나 화석화된 구조는 지속되지 않을 수도 있다. 학습자가 정확한 목표 언어 형태를 생성해 내는데 성공할 경우와, 학습자가 의미에 중점을 둘 때 — 특히 만일 주제가 어려울 때 — 그는 그에게 맞는 중간언어의 기준으로 회귀할 것이다. Selinker와 Lamendella(1978a)는 화석화의 원인은 내부적 그리고 외부적이라고 주장한다. 그것은 학습자가 그가 원하는 것을 효과적으로 의사소통하기 위하여 더 이상 중간언어의 발달이 필요하지 않다고 믿기 때문에 발생할 수 있다. 또한 연령의 결과로써 뇌의 중립적 구조에서의 변화가 가설-검증 구조의 작동을 제한하기 때문에 발생하기도 한다. 화석화는 Schumann(1978a)의 제2언어 습득에서 문화변용의 역할에 관한 관점이 다루어지는 10장에서 더 자세히 논의된다. 연령의 역할은 5장에서 더 깊이 있게 다루어진다.

지금까지 중간언어 이론에 대한 설명은 언어 습득에 대해 심리주의자 이론의 원칙을 따랐다. 가설-검증과 내부 진행과정에 관한 강조는, 내부구조의 성공적인 재구조화와 관련한 학습 연속체의 개념에 관한 강조와 함께, 모국어 습득이론으로부터 직접 차용하였다. 그러나 한 가지 면에서, 심리주의자 이론은 쉽게 제2언어 습득 연구로 이어질 수 없다. Chomsky와 다른 학자들에 따르면, 모국어 습득의 정확한 결정 요인은 어린아이의 '습득 장치'이지만, 이것은 연령과 함께 변화하며, 자동적이고 선천적인 언어 습득은 사춘기 이후에는 가능하지 않다. 그러면 제2언어 습득에 대한 의문은 다음과 같다: 모국어 습득의 원인이 되는 '습득 장치'에 대한 수단이 가능하지 않다면 어떻게 성인이 제2언어를 학습하는데 성공할 수 있는가? 이러한 질문은 제2언어 습득에 대해 심리주의자의 설명에 중요한 쟁점으로 부각되었다.

Selinker가 이 쟁점을 다루기 시작했다. 그는 목표 언어에서 원어민 화자의 숙달을 성공적으로 성취한 성인들은 지속적으로 '습득 장치'를 이용하기 때문이거나, 또는 Lenneberg(Selinker가 특별하게 언급하는)가 **잠재 언어 구조**를 말한 것처럼, 그렇게 이루어진다고 주장했다. 따라서 모국어 습득에서 어린아이처럼, 성공적인 성인 제2언어 학습자는 보편 문법을 목표 언어의 문법구조로 변형할 수 있다. 이것은 '잠재언어구조'를 **재활성화함**으로써 발생한다. 그러나 Selinker가 언급한 것과 같이, 상대적으로 성인 제2언어 학습자는 원어민 화자의 능력에 거의 도달하지 못한다. 대다수는 부족한 상태로 화석화된다. 그것은 그들이 '잠재언어구조'를 활성화할 수 없는 이유 때문이다. Selinker는 이러한 성인 제2언어 학습자가 더 일반적인 인지적 구조에 의존한다고 제안함으로써 이를 설명했으며, 그는 그것을 **잠재 심리적인 구조**라고 하였다. 이것은 여전히 유전적으로 결정되지만, 보편 문법으로의 사용을 포함하지는 않는다. 그러므로 Selinker에 따르면, 제2언어 습득은 두 가지의 각기 다른 방법으로 진행할 수 있다. 그것은 모국어 습득과 같은 구조를 활용할 수 있거나, 또는 그것은 대안적인 구조를 이용할 수 있으며, 아마도 언어를 제외한 다른 종류의 학습에 원인이 있는 정도일 것이다. 결국 두 번째 형태의 학습에 원인이 있는 구조를 설명하기 위하여 인기 있는 용어는 **인지 조직기능**이었다(Delay와 Burt 1977). 그 작용으로 기인한 제2언어 습득의 진행과정은 **창조적 구성**이라고 불린다.

Selinker의 1972년 논문은 중요하다. 그것은 심리주의적인 진행과정으로서의 제2언어 습득을 설명하고 언어학습자 언어의 경험적 조사를 위한 이론적 토대를 제공하였다. 중간언어의 지속적인 토론은 세 가지 중요한 특징에 중점을 두며, 모두 Selinker에 의해 한 가지 또는 다른 방법으로 제기되었다. 나는 중요한 특성들에 관한 관심을 집중시키는 한 가지 방법으로서 각각의 특징을 개별적으로 설명할 것이다.

언어학습자 언어는 투과성이 있다

제2언어 학습자의 중간언어 체계는, 어느 한 단계에서 학습자의 지식을 구성하는 규칙들이 고정되어 있지 않지만 수정의 여지가 있다는 점에서 투과성이 있다. 많은 측면에서 이것은 자연스런 언어의 일반적인 특성이며, 그것은 언어학습자 언어에서 발생하는 발달과 다른 방법으로 시간이 지나면서 진화한다. 예를 들면, Chaucer의 영어에서 일반적인 부정문 구조는 본동사 뒤에 'not'을 사용하고 있음을 보여주었다(예를 들면, N'apoplexie shente nat hir heed); 현대 영어 유형에서는 'not'이 조동사와 본동사의 사이에 위치하면서 몇 세기에 걸쳐 점차적으로 진화했다. 유사한 방법으로 몇몇 제2영어 학습자들이(예를 들면, 독일인이나 노르웨이인들) 그들의 중간언어 체계로 조동사를 도입하기 전에 본동사 부정을 포함한 단계를 거치게 된다. 이런 면에서 영어의 역사적인 발달 진행과정은 영어의 제2언어 습득 진행과정과 비슷하다. 모든 언어 체계는 투과성이 있다. 중간언어는 투과성의 정도에서 다른 언어 체계와 다르며 화석화가 수용된다면 원어민 화자의 능력이 다른 학습자들에 의해 성취되는 것을 방해하는 투과성 손실의 정도에서도 다르다(Adjemian 1976).

언어학습자 언어는 역동적이다

제2언어 학습자의 중간언어는 지속적으로 변화한다. 그러나 한 단계에서 다음 단계로 건너뛰기보다는 목표 언어 체계에 대한 새로운 가설을 수용하기 위하여 중간 체계를 서서히 수정하는 것이다. 이러한 것은 새로운 규칙의 도입에 의해 발생하며 처음에는 맥락에서 그리고 다른 곳에서 발생한다. 새로운 규칙은 그것의 적용 범위가 점차적으로 언어적 맥락의 범위로 확대되어 간다. 예를 들면, 초기의 WH 의문문은 전형적으로 도치되지 않지만(예를 들면, 'What you want?'), 학습자가 주어 도치규칙이 필요할 때 모든 WH 의문문에 그것을 즉각적으로 적용하지 않는다. 제한된 숫자의 동사와 WH 대명사에 대해 규칙을 제한한다. 후에 그는 규칙을 확장하고 증가하는 동사와 또 다른 WH 대명사에 적용한다. 규칙의 지속적인 수정과 확장의 진행과정은 중간언어 고유의 불안정성이며 변화에 대한 내재된 성향이다.

언어학습자 언어는 체계적이다

중간언어의 변이에도 불구하고 학습자의 제2언어 사용에 대한 본질을 근거로 한 규칙을 발견할 수 있다. 학습자는 중간언어 규칙의 저장소로부터 우연히 선택하는 것이 아니라, 예측 가능한 방법으로 선택하는 것이다. 학습자는 모국어 화자가 그들의 계획을 모국어 체계의 내재화된 지식을 기반으로 한 것과 같은 방법과 대체로 똑같이, 그의 언어수행 계획을 그의 존재하는 규칙 체계를 기반으로 한다. 그것은 종종 목표 언어에 대한 문법의 관점에서 제2언어 수행을 평가한다는 것이 불만족스럽다고 지적되었으며(예를 들면, Jakobovits 1970; Cook 1971), 왜냐하면 학습자들은 중간언어 규칙을 체계적으로 적용하는 측면에서 '문법적'으로 행동하기 때문이다. 그러므로 '오류'라는 용어 자체는 불확실하다. 학습자 발화는 목표 언어의 기준에 따라 잘못 분류될 수 있다. 그러나 제2언어 학습자를 위하여, 진정한 기준은 학습자가 구성하는 중간언어 체계에 포함되어 있다.

중간언어 이론은 '행동에 관해 일어난 일'에 기반한다. Selinker의 언급대로, 제2언어 습득의 논쟁에서 가장 중요한 관심사로 떠오른 행동과 관련한 사건은 '오류'였다. 그러나 대조분석 가설이 예측적인 오류의 진행과정을 정당화하기 위해 고안되었지만, 중간언어 이론은 오류를 설명하기 위한 시도로 여겨진다. 그 다음, 초기의 중간언어 이론이 오류분석과 밀접하게 관련되었다. 이것이 중간언어 진행과정을 검증하기 위한 중요한 장치로써의 역할을 할 때, 오류분석의 원칙과 방법이 간단히 설명될 것이다.

오류분석

Sridhar(1981)는 오류분석이 오랜 전통이 있다고 강조한다. 그러나 1970년대 초 이전에, 오류분석은 '공통적인' 오류들과 오류의 언어적 분류에 대한 전체적인 인상을 보여주는 수집물에 불과한 것들로 이루어졌다(예를 들면, French 1949). 전통적인 오류분석의 목표는 교수법적이었다 — 오류는 교수 항목을 배열하거나 또는 보충수업을 수정하기 위하여 사용될 수 있는 정보를 제공했다. 제2언어 습득 진행과정에서 오류에 의한 역할을 설명하기 위한 이론적인 토대의 부재는 '오류'를 정의하거나 또는 심리학적인 용어로 그것을 설명하려는 진지한 시도로는 이어지지 못했다. 대조 분석에 대한 열정이 커짐에 따라, 오류분석에 대한 관심은 줄어들었다. 행동주의자의 학습이론에 따라, 오류 예방(대조 분석의 목표)이 오류의 식별보다 더 중요해졌다. 오류분석에 대한 관심이 재기되었던 것은 1960년대 후반까지는 아니었다. Corder의 일련의 논문(예를 들면, 1967; 1971; 1974)은 이러한 재기를 추적하고 그 방향을 제시하는데 도움을 주었다.

오류분석의 절차는 Corder에 의해 상세히 설명되었다(1974). (1) 언어 데이터를 선별한다. 이것은 표본의 크기, 표본화된 방식, 그리고 표본의 동질성(학습자의 연령, 모국어 배경, 발달단계 등)을 결정하는 것이 포함된다. (2) 언어 데이터에서 오류가 식별된다. Corder(1971)는 '오류'(즉, 능력부족의 결과인 비정상적인 문장들)로부터 '실수'를(능력의 부족보다는 모방 진행과정의 결과로써 나타난 이상한 문장) 식별할 필요가 있음을 지적한다. 그는 또한 문장들이 '명백하게 특유'하고(목표 언어의 규칙에 의하면 비정형이다), '은밀하게 특유'(즉, 표면상으로 잘 만들어졌지만 검토된 용법상의 맥락이 비문법적인 문장들)해질 수 있다고 지적한다. (3) 오류는 분류된다. 이것은 각각의 오류에 문법적 설명이 부여되는 것을 포함한다. (4) 오류는 설명된다. 이러한 절차의 단계에서 오류의 심리학적 원인을 분석하기 위한 시도가 이루어진다. 예를 들면, Selinker(1972)에(본 장의 앞에서 설명한 바와 같이) 의해 설명된 각각의 오류를 이루는 다섯 가지 진행과정을 규명하기 위한 시도가 이루어질 수 있었다. (5) 오류는 평가된다. 이 단계는 원칙에 기초를 둔 교수 결정을 하기 위하여 오류에 대한 진지한 평가를 포함한다. 오류 평가는 오류분석이 교수법적인 목적을 위해서만 필요하다. 그것은 만일 오류분석이 제2언어 습득 연구를 위해 수행된다면 불필요하다.

오류에 있어서 새로운 관심에 대한 맥락은 그들이 습득 **진행과정**에 대한 정보를 제공한다는 인식이다. 앞서 설명한 것과 같이, 이 용어는 두 가지 의미를 가진다. 그러므로 두 가지 질문이 있을 수 있다. 학습자 오류의 연구는 학습자가 거치게 되는 발달 순서 — 언어 연속체 — 에 어떤 실마리를 던져 주는가? 오류는 학습자가 제2언어 규칙을 이해하기 위해 사용하는 전략을 어떻게 설명할 수 있을 것인가? 이 두 가지 질문은 이번 장의 주제로 가장 중요하다. 즉 '자연스런' 발달의 순서이다.

오류분석은 중간언어에 대한 두 가지 종류의 정보를 제공한다. 첫째로 — 위에 제시된 두 가지의 질문 중 첫 번째 질문과 관계가 있다 — 제2언어 학습자에 의해 제공되는 오류의 **언어적 유형**에 관한 것이다. Richards(1974)는 예를 들면, 동사를 포함한 다른 유형의 오류 목록을 제시한다(예를 들면, 단독 동사어간 대신에 'be'+동사어간 — 'They are speak French'). 그러나 이런 유형의 정보는 학습자의 발달 진행과정을 이해하는 데는 많은 도움이 되지 못한다. 오류분석은 필수적으로 제2언어 습득의 불완전한 부분을 보여주어야 하며, 왜냐하면 제2언어 학습자가 만들어 내는 언어의 부분— 특이한 형태를 포함하는 부분— 에 중점을 두기 때문이다. 중간언어를 설명하는 것은 학습자가 독특한 형태 그리고 전혀 이상하지 않은 형태를 모두 다 조사함으로써 **전체로서** 무엇을 할 수 있는지를 확인하는 것이 필요하다. 또한 제2언어 습득은 지속적인 발달 진행과정이기 때문에, 학습자가 시간 내에 단일 지점에서 언어학습자 언어를 검토하는 절차로부터 나온 경로에 대하여 많은 통찰력이 생기든지 간에 다소의 문제가 있다. 오류분석은 학습자 오류의 **공시적** 기술을 제공하지만, 그것이 잘못 되는 경우도 있다. 문장은 이상하지 않게 나타날 수 있지만(맥락에서조차), 중간언어에서 '일시적인' 규칙의 방법으로 파생될 수 있다. 잘 만들어진 'What's he doing?'과 같은 문장이 하나의 예이지만, 이미 만들어진 부분으로 학습될 수 있다. 나중에, 학습자는 'What he is doing?'이라는 명백히 특이한 문장을 만들 수 있으나 중간언어 연속체에 따라 단계를 표현할 수 있다. 이러한 이유로 학습자에 의해 발생한 **오류의 언어적 유형**에 대한 분석은 발달 순서에 대해 우리에게 많은 부분을 설명해주지 못한다.

두 번째 형태의 정보는 — 중간언어에서 사용된 전략에 대한 질문과 연관이 있는 — 제2언어 학습자에 의한 **오류의 심리언어적 유형**에 관한 것이다. 여기에서 오류분석은 좀 더 확고한 분야이다. '발달적' 또는 '간섭현상'과 같은 부분에 관한 오류를 찾아내는 부분에 대하여 많은 문제가 있음에도 불구하고, 오류연구는 오류의 단일 원인이나 또는 주된 원인이 없다는 것이 확실하게 드러나 있으며(대조분석가설에 의해 주장되는 바와 같이), 학습자들이 제2언어 학습의 과업을 단순화하기 위하여 사용하는 전략의 종류에 대한 실마리를 제공한다. Richards(1974)는 발달과 연관된 다양한 전략 또는 그가 말하는 '언어 간의' 오류에 대한 전략을 설명한다. **과잉일반화**는 그 항목들이 학습자에게 분명한 차이가 없을 때 사용되는 장치이다. 예를 들면, 과거형이 어휘적으로(예를 들면, yesterday) 지시될 때 과거형 'ed'가 종종 맥락에서 아무 의미가 없다. **규칙제한의 무시**는 목표 언어 사용에 규칙들이 적용되지 않는 곳에서 그 규칙들이 맥락으로 확장될 때 나타난다. 이것은 규칙의 기계적 학습이나 비유적 확장으로부터 기인한다. **규칙의 불완전한 적용**은 더 복잡한 규칙형태를 배우는데 실패를 초래한다. 왜냐하면 학습자는 그가 단순한 규칙을 사용함으로써 효과적인 의사소통을 성취할 수 있다는 것을 알기 때문이다. **가설화된 거짓 개념**은 목표 언어의 특성에 대한 잘못된 이해에서 파생된 오류를 의미한다(예를 들면, 'is'는 'He is speaks French.'에서와 같이 일반적으로 현재시제를 표시될 수 있다). 아마도 심리학적인 오류분석에 의한 제2언어 습득을 설명하기 위한 가장 활발한 시도는 George(1972)에서 발견되는 것이다. George는 의사소통에서 불필요한 요소를 제거함으로써 언어의 중복을 피하려는 학습자의 요구에서 파생한다고 주장한다. Richards와 George에 의해 제시된 그러한 형태의 분석에 함축된 의미는 적어도 몇몇 오류는 보편적이라는 가정이다. 오류분석은 중간언어 발달에 기여하는 다양한 진행과정을 조사하기 위해 사용할 수 있다.

오류분석의 가장 큰 기여는, 대조분석가설에서 재평가된 부분을 제외하더라도, 오류를 바람직하지 못한 것이라는 상태에서 언어 학습 진행과정의 내적 작용에 대한 지표로 상승시키는데 성공을 한 것이다. 중간언어 이론과 오류분석으로부터 축척된 증거의 결과로, 오류는 더 이상 '원하지 않는 형태'가 아니라 제2언어 습득에 대한 학습자의 적극적인 기여의 증거로 보였다. 이러한 기여는 학습자의 연령에 관계없이 나타나며 인간의 언어능력은 모국어에서와 같이 제2언어 습득에서도 같은 방법으로 학습능력을 구성하고 정의할 수 있으며 사실상 보편적이었다. 그러나 그 결정적인 증거는 — 발달의 자연스런 경로가 있었다는 증거 — 비록, 다음 장에서 제시하는 바와 같이, 많은 방법론적인 발달을 가지고 언어학습자 언어의 횡적 분석이 그러한 증거를 제공할 수 있었을지라도, 오류분석으로부터 도출되지 않았다.

중간언어 가설에 대한 경험적인 증거

지금까지 중간언어의 진행과정 연구는 이론적이었다. 그러나 경험적인 증거에 의해 체계를 세울 수 있는지에 대한 몇 가지 의문이 있었다. 특히, 경험적인 연구가 중간언어 연속체의 본질을 결정하는데 필요하게 되었다. 그 연속체가 학습자의 모국어로부터 목표 언어로 확대되어 인식되는 것이었는가? Corde(1978a)는 이 견해를 **재구조화 연속체**라고 부른다. 그 대신에, 그 연속체는 중간언어의 지식의 점진적인 복잡화로 인식되는 것인가? Corder는 이 견해를 **재창조 연속체**라고 부른다. 예전의 관점에서 학습자는 그가 목표 언어의 특성을 요구할 때 모국어의 특성을 점차적으로 대체한다고 언급한다. 나중의 관점에서 학습자는 어린아이의 모국어 습득과 매우 비슷한 방법으로 목표 언어의 규칙체계를 서서히 만들어 내는 것으로 보인다. 초기의 중간언어 가설에 대한 설명은 그 연속체가 주로 재구조화하는 것이었다고 가정하는 경향이 있었다(예를 들면, Nemser 1971 참조). 그러나 모국어의 역할이 의문시되기 시작함으로써, 이러한 관심은 퇴보했고 중간언어가 재창조의 연속체로 간주되었다(예를 들면, Dulay와 Burt 1977 참조). 경험적인 연구는 관점의 변화에 중요한 역할을 한다. 그러므로 본 부문의 목적은 제2언어 학습자가 '자연스런' 발달경로를 따른다는 주장을 분석함으로써, 중간언어 연속체에 대한 '창조적 구성'의 해석에 찬성하는 경험적인 연구의 장점을 살펴볼 것이다.

본 부문에서는 우선 제2언어의 횡적 연구와 종적 연구에 의한 증거들을 살펴볼 것이다. 이러한 증거에 비추어 습득의 **연속**과 습득의 **순서** 사이의 구분은, 비록 모든 제2언어 학습자들이 거치는 경로에 폭넓은 유사성이 있다 할지라도, 또한 몇 가지 변이가 있다는 사실을 반영하는 것이 제안될 것이다.

횡적 연구

일반적으로, **형태소 연구**라 불리는 많은 연구가 제2언어 학습자의 발화에서 다양한 문법적 기능의 습득순서를 살펴보기 위해 수행되었다. 그것들은 모국어 습득에서 관찰된 것과 마찬가지로 보편적인 진행과정의 전략에 대한 결과였던 제2언어 습득에서의 불변적인 순서를 가진다는 가설에 의해 자극을 받았다. 이러한 연구는 거의 고정된 진행과정에 따라 수행되었다. 데이터(구두로 그리고 후에 글로 표현된)는, 이중 언어 통사 측정 같은 도출 도구를 사용함으로써, 제2언어 학습자의 표본으로부터 도출되었다(Burt 등 1973). 이것은 학습자들이 기술해 달라고 요구했던 일련의 그림들로 구성되었다. 저자는 그들이 이러한 방법으로 모은 데이터가 자연적인 발화에 영향을 미친다고 주장했다. 다음 단계는 그 조사의 목표인 문법적인 항목들을 조사하는 것이었다. 여기에 제시된 절차는 발화 데이터에서 각각에 대한 **필수 유인**을 확인하는 하는 것과 관련되었다. '필수 유인'은 고려중인 그 항목의 사용이 정확한 원어민 화자의 담화에서 필수적이었다는 맥락으로써 확인되었다. 각각의 항목은 각각의 맥락에서 정확히 사용되었는지에 따라 점수가 매겨지고, 그 연구에서 모든 학습자에 의한 전체적인 사용의 정확한 점수가 계산된다. 정확성 점수의 순서로 모든 부분을 정렬하는 것이 가능하다. 이것은 **정확성 순위**를 만들어냈으며, 그것은 하나의 항목이 좀 더 정확하게 사용될수록, 그것이 더 빨리 습득되었다는 근거하에 **습득 순위**와 동일시되었다. 이러한 진행과정에 대한 많은 비평이 있었고, 나중에 살펴볼 것이다.

두 가지 초기의 연구(Dulay와 Burt 1973, 1974b)는 어린 제2언어 학습자에 의해 만들어진 많은 오류가 발달과 관련되어 있으며(즉, 모국어의 간섭현상이 아니다),

표 3.1 중요 형태소 연구의 요약

연구	연구대상	자료수집	연구결과	결론
Dulay and Burt(1973)	6~8세의 스페인어를 말하는 어린아이들의 3개의 개별 그룹; 총 151	이중 언어 통사 측정으로부터의 구술 자료	1. 85%의 오류들이 발달적이었다. 2. 세 그룹의 '습득 순서'가 비슷했지만 여덟 가지 형태소의 모국어순서는 달랐다.	1. 제2언어 어린아이들이 어떤 형태소를 습득하는 '보편적 혹은 자연적 순서'가 있을 것이다. 2. 자연스런 의사소통 상황에 어린아이들을 노출시키는 것은 제2언어 습득이 발생하는데 충분하다.
Dulay and Burt(1974b)	60명의 스페인어를 말하는 어린아이들 55명의 중국어를 말하는 어린아이들 두 그룹 모두 6~8세	이중 언어 통사 측정으로부터의 구술 자료	1. 어린아이들의 두 그룹에 대한 '습득 순서'는 기본적으로 같았다. 2. 각기 다른 점수를 매기는 방법들에 의해 얻어진 순서들이 같았다.	1. 학습자의 모국어는 어린아이의 제2언어 습득 발달 순서에 영향을 미치지 않는다. 2. '보편적 인지 매커니즘'은 어린아이들의 목표 언어 조직을 위한 근거이다.
Bailey, Madden and Krashen (1974)	17~55세의 성인 73명; 스페인어 화자와 비스페인어 화자로 분류됨; 8개의 ESL수업의 구성원들	이중 언어 통사 측정으로부터의 구술 자료	1. 스페인어화자와 비스페인어화자의 '습득 순서'는 거의 비슷했다. 2. 이 연구에 대한 성인의 순서는 Dulay와 Burt(1973)의 그룹 중 거의 한 그룹에 대해 보고된 것들과 매우 비슷했다. 3. 성인의 순서는 모국어 순서와 달랐다.	1. 성인들은 제2언어 습득을 위해 모국어와는 별도로 공통 전략을 사용한다. 2. 성인들은 어린아이들과 비슷한 방법으로 언어 자료를 처리한다. 3. 가장 효과적인 강의는 관찰된 어려움의 순서를 따르는 것이다.
Larsen-Freeman (1976)	24명의 성인들(모국어=아랍어, 일본어, 페르시아어, 스페인어); Michigan 대학에서 영어 학습	읽기, 쓰기, 듣기, 말하기 모방하기의 다섯 가지 각기 다른 종합 테스트	1. 모국어는 성인들이 영어 형태소를 배우는 방법에 관하여 유의미한 효과가 없었다. 2. 형태소 순서들에서의 차이점들은 각기 다른 과업에서 발생했지만 발화과업(발화와 모방)에 대한 순서는 Dulay와 Burt의 순서와 일치했다. 3. 정확성 순서들은 형태소 발화의 숙달 순서와 연관성이 있다.	1. 발화 과업에 대한 기본적인 형태소 순서가 있다. 2. 말하기 과업에서의 형태소 빈도수는 실제 의사소통에서의 실질적인 발생을 반영한다. 모국어 화자 발화에서의 빈도는 정확성 순서의 주요한 결정요인이다.
Krashen, Butler, Birnbaum, and Robertson (1978)	4개의 언어 배경들로부터 온 70명의 성인 학생들; 남부 California 대학에서	자유 작문, (1) 시간제한; (2) 시간제한 없음 그리고 자기 수정기회	1. '빠른' 쓰기의 '습득' 순서는 '신중한' 쓰기의 순서와 같았다. 2. 두 가지 쓰기 과업에서 얻어진 순서들은 Bailey, Madden, 그리고 Krashen의 연구에서의 성인학습자에 대해 보고된 것들과 매우 유사했다.	1. 학생들은 두 가지 과업에서 의사소통에 중점을 두었고, 따라서 '자연스런 순서'가 획득되었다. 2. 제2언어 습득에 관여된 진행과정은 구술 그리고 쓰기 방식의 기저가 된다.

그리고 어린아이 학습자의 '습득 순서'는, 그들의 모국어 또는 형태소 사용의 정확성 측정을 위해 사용된 방법과 상관없이 동일하다고 주장한다. 이러한 연구들은 N. Bailey 등(1974)에 의해 성인에게도 적용되었고, 비슷한 결과가 이루어졌다. 모든 이러한 연구는 발화 데이터를 수집하기 위하여 이중 언어 구조 측정을 사용했다. 그러나 Larsen-Freeman(1976)는 성인학습자의 정확성 순서가 사용된 도출 방법에 따라 변한다는 것을 발견했다. 구두 발화 과업에 대한 순서는 Burt와 Dulay의 순서와 일치했지만, 듣기, 읽기 그리고 쓰기 능력에 대한 순서는 달랐다. 그러나 Krashen 등(1978)은 두 가지 다른 상황에서 모아진 쓰기 정보를 사용하여 습득 순서를 측정했다. 한 가지는 '빨리' 쓰기로 구성되었고(즉, 성인 대상은 일정한 시간이 주어졌다), 또 다른 하나는 '신중한' 쓰기로 구성되었다(즉, 그들이 원하는 만큼 많은 시간이 주어졌다). 그 결과는 이러한 조건들이 Dulay와 Burt의 순서와 일치하는 형태소 순서에 영향을 미치지 않는 것으로 나타났다. 이러한 연구들은 수행했던 모든 형태소 연구의 표본이며, 하지만 그것들은 조사된 변이의 특성을 보여준다. 이러한 연구는 표 3.1에 요약되어 있다.

드러난 일반적인 그림은 다양한 문법 기능에 대한 '습득 순서'가 학습자의 언어적 배경, 연령, 또는 발화 또는 쓰기에 관계없이 거의 동일하다는 것이다. 다른 순서는 Larsen-Freeman의 연구에서와 같이 학습자가 발화의 의미보다는 형태에 중점을 두도록 요구되는 도출방법이 있을 때에만 나타난다. 하지만 Krashen(1977; 148)은 정보가 의미에 중점을 두어 표현될 때 모든 학생들에게서 놀랄 만한 동일성이 나타난다고 한다. 그러나 보고된 일반적인 순서는 모국어 습득에서 보고된 형태소의 순서와는 다르다.

그 순서는 연구 전체에 걸쳐 변함없는 것은 아니었다. 형태소 연구의 순위에 있어서 의미 있는 통계적 연관성을 발표한 연구에서조차도 몇 가지 다른 점이 있었다. 또한 사용된 순위 절차는 몇 가지 형태소 점수들이 적은 차이가 났으며, 반면에 다른 것들은 많은 차이가 났다는 숨기고 있다. 이런 이유로 Dulay와 Burt(1975)는 정확성의 순서로 형태소를 열거하는 것보다 그것들을 함께 묶는 것이 더 낫다고 제안하였다. 각각의 그룹은, 거의 같은 시간에 '습득되고' 있는 각 그룹 내에서의 형태소를 사용하여, 분명한 발달경로를 나타냈다. 이러한 분류는 '계층'으로 제시되었다(그림 3.1 참조). 각각의 칸은 동시적으로 요구되는 형태소의 그룹을 표현한다. 따라서 예를 들면, 주격대명사와 목적격대명사 사이의 차이는 기본적인 주어-동사-목적어 순서와 동시에 습득되며 그것들은 함께 발달의 첫 번째 단계를 구성한다. 이

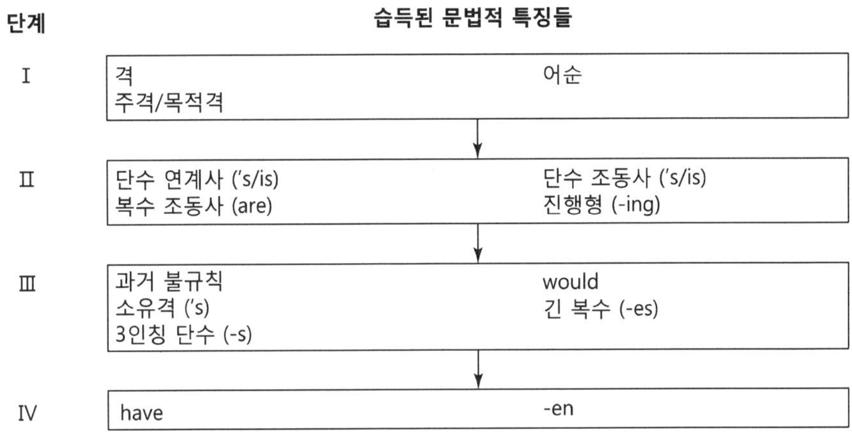

그림 3.1 습득 계층(Dulay와 Burt 1975에 근거한)

러한 면에서 연구들 사이의 미세한 차이점들이 해결될 수 있다.

표면상으로, 형태소 연구는 제2언어 습득에서 자연스런 발달경로의 강력한 증거를 제공했다. 학습자의 차이를 제외하고, 제2언어 학습자들은 매우 비슷한 방식으로 중간언어 진행과정이 나타난다. 그러므로 중간언어의 주요 가설이 지지를 받게 되었다. 심지어 모국어와 제2언어 사이의 차이는 두 가지 유형의 습득에 심리학적으로 접근하여 가설된 차이의 관점에서 해석되었다. 그러나 형태소 연구의 증거는 무비판적으로 받아들여지지는 않았다. 개별인 학습자의 사례연구에 반대하는 연구의 타당성을 조사하기 위한 시도(Hakura 1974; Rosansky 1976)는 '정확도 순위'가 '습득 순위'와 같지 않다고 제안하였다. 이러한 종적인 연구의 증거는 형태소 연구의 증거와 상반되었다.

종적 연구

비록 종적 연구가 문법 형태소의 습득을 조사해 왔을지라도, 일반적으로 종적 연구는 다른 양상의 발달에 중점을 두었다. 종적 연구는 다른 발달 요소에서 학습자에 의해 사용된 전략의 관점에서 점진적인 능력에 대한 설명을 해왔다. 그러한 연구들의 예는 Itoh와 Hatch(1978)이며, 그들은 어린아이 학습자가 초기단계에서 이미 만들어진 개념 단위 또는 유형을 광범위하게 사용한다고 강조했고, Wagner-Gough (1975)는 학습자가 이전의 담화를 모방함으로써 발화를 어떻게 생성하는지를 설명하였다. 그러나 아마도 학습자 전략들의 발달 본질에 대한 충분한 설명은 다섯 명의 스페인어 화자의 영어 제2언어 습득에 대한 Fillmore(1976; 1979)에서 찾아 볼 수 있다. 이 연구들은 여러 가지 면에서 재미있고 흥미로운 사실들을 보여주고 있으나, 그들 연구에 대한 전체적인 논의는 5장과 6장으로 미루기로 하겠다. 이번 장에서 논의될 종적 연구는 특정 문법의 하위 체계 ― 부정문, 의문문, 관계사절의 습득 ― 에 중점을 두도록 하겠다. 발달의 자연스런 경로에 대한 가장 강력한 증거가 바로 이러한 연구들로부터 나온다.

제2언어 습득의 종적인 연구들은 오류분석과 횡적 연구 두 가지보다 주요한 이점을 가지고 있다. 그것들은 각기 다른 시점으로부터 자료를 제공하며, 그러므로 개별인 학습자들의 제2언어 습득에 대한 신뢰할 수 있는 개요가 생성될 수 있도록 가능하게 해준다. 물론, 또는 두 명의 학습자의 태도를 근거로 한 일반화를 만들기가 어렵다는 단점도 있다. 그러나 연구에 의해 제시된 증거는 누적되며, 부정문과 의문문, 그리고 관계사절의 습득에서 자연스런 연속의 사례가 많은 개별인 학습자들의 태도와 많이 비슷하다는 점에 근거한다. 아래의 발달경로에 대한 토론연구는 모든 제2언어 영어에 기반을 둔다. 대다수가 미국에서 발생되었다. 다른 제2언어의 연구들은 ― 예를 들면, 이민 노동자에 의한 독일어의 제2언어 습득을 조사했던 the Heidelberg Project(Dittmar 1980) ― 미국 연구들의 일반적인 결과를 지지했으며, 제2언어 통사론의 습득은 거의 보편화된 일련의 전이 단계를 포함한다.

부정문, 의문문, 그리고 관계사절 변화의 문법적 하위 체계는 모두 제2언어 습득에서 **전이 구조**의 예이다. 전이 구조는 Delay 등(1982: 121)에 의해 '학습자들이 언어의 문법을 공부하는 동안 학습자가 사용하는 언어형태'로 정의되고 있다. 제2언어 학습자들은 목표 언어에 대한 지식이 전혀 없는 상태에서 완벽한 규칙의 지식으로 발달하지는 않는다. 그들은 목표 언어 능력으로 가는 도중에 전이 단계 또는 발달 단계의 순서를 거치게 된다. 이것은 아마도 관사나 굴절접미사와 같은 기능을 포함하고 있는 모든 문법 구조에 해당하는 것이 사실이지만, 문법의 하위체계의 습득에서는 가장 분명하게 드러난다. 이러한 이유로 제2언어 습득에서 부정문, 의문문, 그리고 좀 덜 확장된 관계사절은, 중간언어 이론에 따라서, 제2언어 습득의 기본인 발달경로의 가장 중요한 지침을 제공할 것이다.

부정문

아래 나타난 부정문의 발달은 몇 가지 연구들에 근거를 두고 있다(Ravem 1968; Milon, 1974; Cazden 등, 1975; Wode 1976 그리고 1980a; Adams 1978; Butterworth와 Hatch 1978). 이러한 연구는 그들의 모국어가 일본어, 스페인어, 독일어 그리고 노르웨이어인 영어학습자들과 또한 어린아이들, 청소년들, 그리고 성인들을 포함한다. Schumann(1979)는 제2언어 습득 부정문의 연구 영역에 대한 훌륭한 개요를 제공한다. 습득의 형태는 '자연적' 또는 '혼합된' 것이었다(즉, 목표 언어에 대한 교수와 자연스런 노출을 포함하여).

처음에, 부정적 발화는 외면적 부정에 의한 특징으로 나타난다. 즉, 부정문 관사(보통 'no')가 평서문의 핵심어로 붙여진다.

예를 들면, No very good.
No you playing here.

그런 후에 내부적 부정이 발달한다. 즉, 부정문 불변화사가 발화의 내부로 옮겨간다. 이것은 종종 'not' 또는 'don't'와 동시에 나타나며, 부정문 불변화사로서의 'no'와 함께 다양하게 사용된다. 그러나 이런 단계에서 'Don't'는 분해되지 않은 단위이고 'do+not'으로 기술될 수 없다.

예를 들면, Mariana not coming today.
I no can swim.
I don't see nothing mop.

세 번째 단계는, 비록 이것이 처음에 분석되지 않은 구성단위로 다시 발생할지라도, 법조동사에 대한 부정형 첨가를 포함한다.

예를 들면, I can't play this one.
I won't go.

부정문의 마지막 단계에서 목표 언어 규칙이 이루어진다. 학습자는 조동사 체계를 진전시키고 부정문 불변화사로 'not'을 규칙적으로 사용한다(즉, 'no + V'는 없어진다). 긍정적 발화처럼, 부정적 발화는 항상 정확할 필요는 없음에도 불구하고, 시제와 수에서 유표된다.

예를 들면, He doesn't know anything.
I didn't said it.
She didn't believe me.

이러한 경로에 따른 방법은 몇몇 학습자들이 2년 이상 걸릴 수 있는 점진적인 것이다. 그 단계들은 명확히 정의되지 않았다. 그것들은 서로 겹쳐지고, 그래서 그 발달은 갑작스런 변화로 이루어지지는 않으며, 그러나 다음 단계를 위하여 초기 규칙의 점진적인 재순서화가 이루어진다. 또한 학습자들 사이에는 몇 가지 차이점들이 있다. 모국어로서 독일어 또는 노르웨이어인 사람들은 본동사 부정문을 포함하는 추가적인 단계를 거치는 반면에, 모국어가 스페인어인 사람들은 외면적 부정문 단계에서 좀 더 많은 시간을 소비하는 것 같다. 부정문 불변화사 선택에 있어서 또한 개인적인 선호도가 있는데, 왜냐하면, 모든 학습자가 'no'로 시작하는가 하면, 어떤 학습자들은 'not' 그리고 다른 학습자들은 다음 단계에서 'don't'를 사용하기 때문이다.

의문문

의문문의 설명을 위하여 도출된 연구들은 Ravem(1974), cazden 등(1975), Gillis와 Weber(1976), Wode(1978), Shapira(1978), Adams(1978), 그리고 Butterworth와 Hatch(1978)에 의해 이루어졌다. 이러한 연구들은 부정문 연구에서 기술된 학습자들과 비슷한 학습자들의 유형을 포함했다. 두 가지 의문문의 유형 — yes/no 의문문 그리고 Wh의문문 — 이 논의되었다.

학습자가 지속적인 의문문을 만들어낼 수 없는 동안 초기의 '비의사소통적인' 단계로 나타났지만, 누군가 그에게 물어본 질문만을 반복했다. 이것은 어른보다 어린 아이들에게서 더 흔하다. 최초의 생산적인 의문문들은 억양 의문문들이며, 즉 서술적인 어순을 가진 발화지만 상승 억양으로 말해지는 의문문들이다. 이 단계에서 몇 가지 Wh-의문문이 있지만, 이것들은 이미 개념 단위로 만들어진 것에 의해 학습되어 나타났다.

예를 들면, I am colouring?
Sir plays football today?
I writing on this book?
What's this?

그 다음 발달은 생산적인 Wh-의문문의 출현이다. 시작할 때 주어-동사의 도치가 없으며, 조동사가 종종 생략된다.

예를 들면, What you are doing?
What 'tub' mean?
What the time?
Where you work?

어느 정도 후에, 도치가 yes/no 의문문과 Wh-의문문에서 나타난다. 'be'가 있는 도치는 'do'가 있는 도치보다 먼저 발생하는 경향이 있다.

예를 들면, Are you a nurse?
Where is the girl?
Do you work in the television?
What is she's doing here?

내포된 의문문은 발달의 마지막이다. 그들이 처음 나타날 때, 일반적인 Wh-의문문에서처럼, 주어-동사 도치가 이루어진다.

예를 들면, I tell you what did happen.
I don't know where do you live.

그리고 후에 학습자들은 일반 의문문과 내포된 Wh-의문문의 어순을 성공적으로 구별한다.

예를 들면, I don't know what he had.

부정문과 같이, 서로 겹쳐지고 변형적인 형태들의 느린 교체를 수반함으로써 의문문 규칙의 발달은 점진적이다. 또한 학습자의 언어적 배경과(예를 들면, 독일인은 그들이 본동사를 도치하는 진행과정 — 'Like you ice-cream?' — 을 거친다) 개인적 선호도에(예를 들면, 개별인 학습자는 다른 학습자들보다 훨씬 더 광범위한 초기의 공식적인 Wh-의문문의 사용을 만든다) 기인하는 차이점도 있다.

관계사절

관계사절에 대한 제2언어 습득의 관심은 최근의 일이다. 초기의 많은 경험적 연구를 제외하고(예를 들면, Cook, 1973), 오늘날까지 많은 연구 중 몇 가지는 Schumann(1980)과 Gass(1980)이다. Schumann의 연구만이 실제로 종적인 연구이다.

Schumann은 다섯 명의 스페인 영어학습자의 관계사절의 발달을 연구했다. 그들은 연령이 달랐다. 문장의 목적어를 한정하기 위하여 사용된 관계사절이 처음에 습득되었음을 발견하였다.

예를 들면, And she said all the bad things that he do.
Joshua's a boy who is silly.

반면 문장의 주어를 한정하기 위한 관계사절은 나중에 나타났다.

예를 들면, But the one you gonna go it don't have ice.
The boys who doesn't have anybody to live, they take care of the dogs.

관계사절 대명사의 사용에 관해 Schumann은 관계사절 대명사는 전형적으로 생략된다는 주장의 증거를 발견했으며(예를 들면, 'I got a friend speaks Spanish'), 다음으로 일반적인 인칭 대명사가 관계사절 대명사로 대체되었고(예를 들면, 'I got a friend he speaks Spanish'), 마지막으로 적당한 관계사절 대명사가 사용된다(예를 들면, 'I got a friend who speaks Spanish'). 첫 두 단계는 외적 부정문의 단계로 동시에 발생했다.

그러나 관계사절의 정확한 자연스런 발달경로를 논하기 위한 증거는 불충분하다. Schumann의 연구는 암시적이다. 다른 문법적 기능을 제공하는 관계사절 대명사의 발달순서의 횡적 연구(주어, 목적어 등)는 8장에서 논의할 것이다.

혼합적인 종적 그림

정확한 문법적 하위 체계가 어떻게 생성되는지에 대한 연구와 함께 종적 연구에 기반을 둔 중간언어의 혼합적인 모습을 그리려는 시도가 있었다. Schumann(1978a)과 Andersen(1981)은 발달연속체가 혼성어화-탈혼성어화 연속체의 모습과 아주 비슷하다고 제안했다. 즉, 초기 단계에서 제2언어 습득은 혼성어에서 관찰된 것과 같은 중간언어의 형태들로 특징이 나타나며, 반면에 나중의 단계에서 중간언어 규칙들은 그것들이 더 다양한 기능을 제공할 필요가 있을 때 혼성어와 대체로 같은 방법으로 더욱 복잡해진다. 중간언어와 혼성어 사이의 유사점은 10장에서 자세히 고찰되는 제2언어 습득의 이론으로서 제시되었다.

Ellis(1984a)는 종적 연구에서 관찰된 발달 진행을 요약한다. 그는 네 개의 넓은 발달 단계를 확인했다. 첫 번째 단계는 목표 언어 구조의 어순인지 아닌지 상관없이 일반적인 어순으로 특정이 나타난다. 따라서 예를 들면, 학습자들은 우선 외부적 부정과 비도치된 의문문으로 이어지는 규칙들을 작동한다. 이 단계의 또 다른 특징은 발화가 명제적으로 이루어져 감소된다는 것이다 — 즉, 문장 구성성분들이 생략된다(예를 들면, 'Me house' for 'I live in a house'). 발달의 두 번째 단계에서 학습자는 필요한 모든 또는 대부분의 구성성분들을 포함하기 위하여 명제를 확장하며, 그리고 또한 목표언어의 어순 유형에 따라서 발화의 어순이 달라지기 시작한다. 예를 들면, 내적 부정과 내재화된 의문문은 사라지기 시작한다. 처음 두 단계 동안 몇 가지 문법적 형태소는 학습자의 발화에 나타날 것이지만, 그러나 이것들은 불규칙적이고 원어민 화자의 발화에서와 같은 기능을 수행하지는 않을 것이다. 세 번째

그림 3.2 중간언어 연속체의 혼합적 그림

단계에서 문법적 형태소는 체계적이고 의미 있게 사용되기 시작한다. 네 번째 단계는 문장의 주어를 한정하는 관계사절과 내포된 Wh-의문문과 같은 복잡한 문장 구조의 습득을 포함한다. 처음 단계부터 네 단계를 거쳐 학습자들은 역시 'I don't know' 같은 비분석적인 단위들을 습득하고 사용한다. 그는 아마도 이러한 것들을 서서히 분석할 수 있으며 그래서 창조적인 발화로 사용하기 위하여 문법적인 요소들을 표출시킨다. 이것은 문법 발달을 촉진시킬 수도 있다. 처음에 분석되지 않은 일괄적이 아닌 단위들에 대한 진행과정은 7장에서 논의할 것이다. 이것은 그림 3.2에서 개략적으로 나타난다. 그 숫자들은 네 가지 발달 단계를 나타내며 1이 시작단계이다. 'U'로 표시된 부분으로부터 나오는 화살표는 일괄적이 아닌 비분석된 단위들과 이것을 구성하는 다양한 단계의 발달에 대한 기여를 나타낸다. 그것은 이러한 단계들이 명확하지 않고 오히려 서로 혼합될 수 있다는 것을 강조했다.

요약

종적 연구는 제2언어 습득에서 자연스런 발달경로의 관점에 대한 확고한 증거를 제공했다. 부정문과 의문문은 다른 언어종류에 속하는 것을 포함하여 다른 모국어를 가진 학습자들의 부정문과 의문문 방식에는 상당한 유사성이 있음을 보여주는 증거가 있다(예를 들면, 독일어와 일본어). 관계사절이 보편적인 진행과정을 따르는 것과 같이 진보된 문법 구조를 보여주는 증거도 있다. 제2언어 습득에서 서로 겹쳐지는 단계의 연속으로서 전반적인 발달단계를 기술하는 시도가 행해져왔으며 혼합적인 그림도 만들어내었다. 그러나 중간언어의 보편성은 학습자의 모국어와 개인의 선호 두 가지 모두의 차이에 따라 다를 수 있다는 인식에 의해 조정될 필요가 있다.

경험적 증거의 해석

자연스런 발달 경로에 대한 사례를 과장하기는 쉽다. 그 경로는 모든 학습자가 정확히 같은 순서로 모든 부분을 습득한다는 관점에서는 보편적이 아니다. 모국어 같은 요인들에 기인할 수 있는 차이들이 있다. 또한 학습자들이 수용하는 방법에서의 다양한 차이점도 있을 수 있다. Hatch(1974)는 '정보 수집가'와 '규칙 생성자'를 구분했다. 첫 번째 유형의 학습자는 정확성에 많이 구애받지 않고 대신에 숙달에 집중했다. 이것은 이미 만들어진 개념 단위와 명사의 병렬 배치에 대한 적절한 사용을 통해 달성될 수 있다. 그러므로 어휘는 규칙을 나누는 것보다 훨씬 더 중요하다. 그러나 두 번째 유형은 목표 언어의 형태를 식별하는 시도에 더욱 매진하고, 그 다음에 그것을 정확하게 사용하려고 노력한다.

중간언어의 보편성과 차이점을 강조하는 주장이 어떻게 조화될 수 있는가? 발달의 **연속**과 발달의 **순서** 사이에 구분을 짓는 한 가지 방법이 있다. 그 순서는, 그림 3.2에 개략되어 있는 바와 같이, 전반적인 발달과 관련이 있다. 이것은 보편적이며, 독창적인 구조의 경로에 대한 결과물이다. 모든 학습자들은 네 단계를 거친다. 그리고 이것은 부정문과 의문문 같은 전이 구조를 위한 기본 순서에서 반영될 수 있다. 그러므로 예를 들면, 외부적인 부정은 내부 구조보다 항상 앞서고, 억양 의문문은 도치된 의문문보다 먼저 이루어질 것이다. 그러나 학습자들도 역시 특정한 문법적 특성들이 그들의 중간언어에 나타날 때 변할 것이다. 예를 들면, 어떤 학습자들은 아마도 모국어의 영향으로 본동사 부정 또는 본동사 도치의 한 단계를 그들의 중간언어에 포함할 것이다. 학습자들은 일반적인 단계에서 미세한 단계는 생략할 것이다. 그러므로 특정한 형태 통사적 특징들의 순서에서 몇 가지 개별인의 차이가 자연스런 발달 연속에서 분명해질 것이다. 다시 말하면, 학습자들은 같은 길을 가지만 그들은 같은 방법으로 운전할 필요는 없다. 그들은 일반적인 경로를 따르지만 분명한 특성이 요구되는 순서에서는 변화한다.

모국어 지식에 대한 재구조화가 제2언어 습득이 모국어 습득과 유사한 정도를 고려하는 것보다는 오히려 발달의 보편적인 연속에 대한 존재와 창조적인 구조의 결과물로서의 중간언어에 관한 강조점이 앞에서 언급한 것처럼 창조적인 발견의 진행 과정으로 간주된다.

제2언어 = 모국어 가설

제2언어=모국어 가설은 연구하기 쉽지 않다. 특히 어린아이들의 모국어 습득과 성인의 제2언어 습득을 비교할 때, 연령이 혼란스러운 요소가 된다. Brown (1980a)이 지적하듯이, 연령은 신체적, 인지적, 그리고 학습자의 정의적 요인의 차이를 유발한다. 예를 들면, 성인학습자가 모국어를 배우는 어린아이들과 다르게 학습하는 것이 발견되면 이것은 연령에 따라 변하며 언어를 배우는 진행과정에서 상호작용하는 정신적 역량에서의 차이를 반영할 수도 있다. 다시 말하면, 모국어 습득과 제2언어 습득 사이의 차이는 제2언어 학습자의 모국어 지식의 결과가 아니며 나이를 들어가는 진행과정과 함께 다른 요인들에 의한 것이다.

Cook(1977)의 연구는 인지적인 — 언어적인 것과 반대로서 — 진행과정이 모국어와 제2언어 습득 사이에 차이점을 만들어낸다는 생각을 제시하고 있다. Cook은 '발화과정 기억'과 '초기(또는 단기) 기억'을 구별한다. 그는 기억의 적재가 관계사절, 부정문을 말하는 어린아이들, 모국어 성인화자의 진행과정에서 아주 현저했고, 성인 외국어 학습자가 실제의 경우를 배제하더라도 첫 번째 명사구를 문장에서 목적어로 사용할 때 동사 뒤에 첫 번째 명사구와 주어를 사용하는 것과 같은 전략을 사용한다는 것을 발견했다. 외국어 학습자가 제2언어에서 반복할 수 있었던 최대 수치를 밝히기 위하여 계획된 또 다른 하나의 실험에서, Cook은 성인 학습자가 어린아이보다는 모국어 성인화자와 같이 행동한다는 것을 보여줄 수 있었다. 이 실험에 근거하여 Cook은 기억 진행과정이 통사적 특성에 의존하고, 동일한 제약들이 모국어와 성인 제2언어 학습에도 적용될 때, 그러나 기억 진행과정이 언어에 의해 최소로 결정되는 곳에서, 제2언어 성인 학습자는 그의 일반적인 기억 역량을 이용한다는 결론을 내린다. 일반적인 관점은 즉 제2언어=모국어 가설이 정신적인 다른 요인들이 포함되지 않는 범위로만 정당화될 수 있다(Cook 1977). 그러나 불행히도 우리는 어떤 언어학습의 요인들이 일반적인 인지적 진행과정에 의해 영향을 받는지 그리고 어떠한 것들이 언어 학습 장치에 따르는지에 대한 정확한 견해가 없다.

모국어 습득과 제2언어 습득이 비슷하다고 제안하는 증거는 무엇인가? 이 질문에 대한 대답은 진행과정의 두 가지 의미를 구별하는 것이 유용하다. 모국어와 제2언어 습득에서 습득의 순서가 비슷한가? 모국어와 제2언어 학습자들이 같은 전략을 사용하는가? 나는 이 두 가지 질문을 각각 살펴볼 것이다.

습득비교의 순서는 모국어와 제2언어 습득연구에서 이론적 그리고 방법론적 접근법 사이에서 밀접한 연관성의 결과로써 공통적이었다. 이러한 연관성은 이미 이번 장에서 설명되었다. 형태소 연구는 비교에 대한 한 가지 기초를 제공했다. Dulay와 Burt(1974b)는 모국어 영어에 대한 횡적 연구(예를 들면, de Villiers와 de Villiers 1973)와 종적 연구(예를 들면, Brown 1973) 모두에서 얻어진 '습득 순서'로 6~8세의 스페인어와 중국어를 말하는 어린아이들로부터 수집된 발화 데이터에서 얻어진 '습득 순서'를 비교했다. 그들은 순서들이 달랐다는 것을 발견했다. 그러나 그들이 발견한 제2언어 순서는 Porter(1977)에 의해 얻어진 모국어 순서와 연관성이 없었다. 이러한 결과들은 제2언어 습득 연구에서 존재하는 이 같은 모순을 나타냈지만, 한 가지 가능한 설명은 제2언어 습득을 위해 성취된 '습득 순서'는 그들이 데이터를 수집하기 위해 사용했던 도구의 결과이다 — 이중 언어 구조 측정 — 이것은 역시 Porter에 의해 사용된 도구이다. 만일 '습득 순서'가 오직 이러한 측정에 대해 인위적인 것이라면, 지금까지 사용된 연구에 근거한 모국어 습득과 제2언어 습득 사이의 비교는 타당성이 의심된다. 다시 말하면, 형태소 연구는 비교에 믿을 만한 근거를 제공하지 못한다.

제2언어 = 모국어 습득 가설을 검증하는 더 타당한 기초는 종적 연구이다. 모국어 습득과 제2언어 습득에서 부정문과 의문문에 대한 연구들로부터의 증거는 전이적 구조가 관련된 곳에서 또한 상당한 정도의 유사성이 있다고 제안한다. Cazden (1972)의 모국어 습득에서 의문문에 대한 발달순서의 요약은 제2언어 습득에서의 그것과 아주 비슷하다. Cazden이 확인한 중요한 단계들이 여기에 있다:

1. 한 마디의 발화가 의문문으로 사용된다.
2. 억양 의문문이 기본적으로 나타나며 이미 만들어진 개념 단위로 Wh-의문문도 나타나다.
3. 억양 의문문은 복잡할 수 있고, 도치와 함께 신조력이 있는 Wh-의문문이 발생한다.
4. 조동사를 포함한 도치가 yes/no 의문문에서 나타나지만 Wh-의문문에서는 나타나지 않는다.
5. 도치가 Wh-의문문에서 나타난다.
6. 내포된 Wh-의문문이 발달한다.

그러나 모국어 의문문의 특성이 제2언어 습득과 같을지라도(특히, 주어-동사의 도치가 없는 의문문이 둘 다에서 처음에 나타난다) 차이점이 있다. 예를 들면, 제2언어 습득에서 의문문의 한 단어 단계는 흔하게 나타나지 않으며, 그리고 주어-동사의 도치가 Wh-의문문 전에 yes/no 의문문에서 나타난다는 명확한 증거는 없다.

독일어에 대한 모국어 습득과 제2언어 습득에서의 문장 유형의 습득에 대한 Felix(1978)의 비교는 또한 명백히 다른 점을 지적한다. Felix는 제2언어 습득에서 어린아이들은 세 가지 다른 유형의 발화 형태를 생성해낸다는 것을 발견했고, 학습자들이 두 마디의 단계로 이어지면서 다수의 다른 구조를 만드는 것으로 보였던 곳에서, 이것이 모국어 습득과 대조적임을 주장하였다. 따라서 모국어 습득과의 비교에서 두 명의 제2언어 학습자들의 문장구조는 아주 제한적이다. Felix는 이것이 모국어 학습자의 발화는 문법적인 관계보다는 의미를 표현하는 반면, 제2언어 학습자의 발화가 처음부터 통사적으로 조직되기 때문이라고 제안한다. 그러나 31명의 프랑스어를 습득하는 어린아이 영어화자의 연구에서 Ervin-Tripp(1974)은 모국어와 제2언어 습득 모두 어순에 있어 비슷한 특성이 있음을 알아냈다.

결론적으로, 모국어와 제2언어 습득 경로에 대한 비교로부터의 증거가 엇갈린다. 제2언어 습득은 모국어 습득과 거의 같은 방법으로 나아간다고 제안하는 증거가 있다. 그러나 차이점을 지적하는 증거도 있다. 이러한 차이가 모국어의 전이 또는 학습자의 인지적 발달 때문인지는 명확하지 않다. 대부분은 두 가지 모두의 결과일 것이다.

두 가지 유형의 습득에서 사용된 전략의 종류를 관찰해 볼 때, 유사성이 더 분명하다. Slobin(1973)은 어린아이들이 모국어 습득에서 언어를 처리하는 방법은 일련의 작동 원리의 관점에서 설명될 수 있다고 제안했다.

A. 단어의 어미에 주의한다.

B. 단어의 음운적 형태는 체계적으로 수정될 수 있다.

C. 단어와 형태소의 순서에 주의한다.

D. 언어적 단위의 방해와 재조합을 피하라.

E. 근본적인 의미론적 관계는 명백하고 정확하게 표현되어야 한다.

F. 예외를 피하라.

G. 문법 표지성의 사용은 의미론적 이치에 맞아야 한다.

제2언어 습득에서 이러한 작동 원리의 증거를 찾는 것은 어렵지 않다. 예를 들면, 작동 원리 D는 발화 핵심에 부정 불변화사를 붙임으로써 일반적인 서술문 어순을 방해하지 못하게 하는 외부적인 부정의 증거이다. 그것은 역시 비도치된 Wh-의문문이다. 작동 원리 B는 초기에 대체 가능한 부정 불변화사 — 'no', 'not', 'don't' — 의 자유변이에서 관찰될 수 있다. 원리 C는 제2언어 습득 학습자가 어순에 관심을 갖는 초기에 발생한다. Ervin-Tripp(1974)는 예를 들면, 형태적 정보가 수동형을 표시하는 것을 배제하고, 그녀의 피험자들이 명사+동사+명사를 주어-동사-목적어 문장으로 해석했다고 관찰하였다. 그러나 제2언어 습득 연구에서 가장 확고한 지지를 받았던 것은 원리 F이다. 목표 언어의 과잉일반화 규칙은 오류분석에서 널리 설명된다. 예외를 피하는 것이 학습자가 학업을 단순화하기 위해 노력하는 중요한 진행과정 중의 하나이다. 그러므로 Slobin의 작동 원리는 모국어 습득과 제2언어 습득을 위해 동등하게 적용하여야 한다는 논쟁의 소지도 있다. 그러나 모든 Slobin의 원리가 제2언어 습득에서 발견될 수 있는지에 대해서는 명확하지 않다. Wode (1980a)는 제2언어 습득에서 관사나 전치사 같은 자유 형태소는 시제 굴절접미사 같은 구속형태소 이전에 학습되는 경향이 있다고 한다. 그리고 이것은 원칙 A에 대해 의문을 던진다. 역시 학습자의 모국어가 제2언어 습득에서 작동 원리의 유형과 작용에 어떻게 영향을 미치는지는 명확하지 않다. 그러나 하나의 원리가 다른 것에 반하는 것 같은 문제가 있다. 예를 들면, D는 C와 반대로 보인다. 몇 가지 방법들이 다양한 원칙들의 적용 순서를 정리하고 한계를 정하는 것이 발견되는 경우에만 모국어와 제2언어 습득을 비교하는 올바른 기반이 될 것이다.

목표 언어 체계의 방향에서 점진적으로 수정되는 내부적 체계로서의 학습자의 언어적 지식에 대한 심리주의자의 관점은 '언어 습득 장치'와 '중간언어' 모두에 기저를 이룬다. 제2언어 습득과 모국어 습득은 모두 전이적 능력을 포함하고, 기대되는 바와 같이, 이것은 전체는 아니지만 습득 경로와 전략 사이에서 강하게 영향을 받는다. 이것이 독창적 구조의 개념이 기술되어온 언어학습의 측면이다. 학습자가 구성하는 규칙의 본질은 언어 습득과 사용을 위한 정신적 구조에 의해 결정된다. 이러한 구조들은 선천적이며 모국어 습득과 제2언어 습득은 같은 방법으로 진행된다.

언어학습의 심리주의자의 해석에 대한 몇 가지 상세한 사례를 살펴볼 시간이다.

몇 가지 쟁점들

본 장의 마지막 부문에서, 나는 중간언어 구성의 방법론적 그리고 이론적 어려움과 발달의 자연스런 연속에 대한 주장을 살펴볼 것이다.

방법론적 문제들

1970년대의 경험적 연구는 세 가지이다 — 오류분석, 횡적 연구(예를 들면, 형태소 연구들), 그리고 종적 연구였다. 이 연구에 의해 제공된 증거는 선천적인 내부적 진행과정의 결과인 발달의 자연스런 연속에 대한 주장을 하는데 사용되어 왔다. 그러나 각각의 연구 형태가 지니고 있는 문제점들이 있는데, 그것은 그들 주장의 장점의 가치를 어쩔 수 없이 손상시키고 있음에 틀림없다.

오류분석

오류분석은 제2언어 습득을 조사하기 위한 제한된 도구이다. 그것은 부분적인 그림만 보여줄 수 있다. 왜냐하면 제2언어 학습자가 만들어내는 언어의 부분에만 중점을 두기 때문이다. 또한 그것은 시간에 맞추어 한 시점에서 언어-학습자 언어를 관찰하기 때문에, 학습자가 거치는 발달경로를 모두 관찰할 수 없기 때문이다. '오류'가 무엇인지를 밝히는데 있어 역시 실질적인 문제점도 있다. Corder(1971)의 '오류'는 '실수'로부터 구별된다는 제안은 아마도 실질적으로는 실행 불가능하다.

형태소 연구들

Dulay와 Burt에 의한 형태소 연구는 횡적 연구의 — 제2언어 습득의 연속에 대한 정보를 제공해 줄 수 없는 것 — 주된 한계를 극복하기 위한 독창적인 시도였다. 그러나 어떤 다른 제2언어 습득 연구의 영역에서도 이러한 연구는 논란의 여지가 있다. 특히, 학습자가 형태소를 사용하는 정확성은 그들이 습득된 순서와 일치한다고 가정하기 위한 충분한 이론적 토대가 없다고 주장되어 왔다. 이러한 사례 연구는 학습자들이 나중의 단계에서 역행하는 것으로 정확하게 문법적 형태를 사용함으로써 시작될 수 있다는 것을 보여주었으며, 그것은 정확성과 습득을 동등하게 생각하는 시도이다. 그 연구에 대한 다른 의문은 습득된 순서가 인위적 이중 언어 통사 측정이다. 그리고 조사를 위한 형태소의 선택에 관한 비평과 방법이 각각의 형태소를 '점수화'했다. 또한 Rosansky(1975)는 다른 연구에서 성취된 순서를 비교하기 위해 사용된 순위상관 통계가 데이터에서 많은 변이를 감추고 있다고 주장한다. Hatch (1978b; 1983a)가 주요 반대에 대한 훌륭한 설명을 해주고 있다.

종적 연구

가장 확실한 증거는 종적 연구에 있지만, 여기에 또한 여러 문제들이 있다. 가장 큰 문제는 제2언어 학습자의 발달측면이 모국어 연구에서와 같은 방법으로 만들어진다는 것을 밝혀내지 못한 것이다. 모국어 연구자들은 발화의 길이를 발달의 믿을 만한 데이터로 여겨왔으나 Larsen-Freeman(1978)은 많은 제2언어 학습자의 가장 초기의 발화가 내재적 구조가 부족한 암기식으로 외운 개념 단위로 구성되기 때문에, 평균 발화길이가 제2언어 습득에서 사용될 수 없다고 언급한다. 다양한 데이터들이 제안되어 왔지만, 아무도 포괄적으로 수용하지 않았다. 그 결과 학습자들 사이에 신뢰할 만한 비교를 할 수 없다는 것이다. 각각의 연구는 데이터를 분석하는데 그 자체의 독특한 방법을 선택했다. 사례 연구의 또 다른 한계는 상대적으로 문법 영역이 거의 조사되지 않았다 — 부정문, 의문문, 그리고 기본문장 형태가 많았고, 복잡한 구조는 최근에야 관심을 끌고 있다.

문법에 초점

아마도 지금까지 제2언어 습득의 경험적 연구에서 중요한 한계요인은 문법에 대한 집착이라고 제1장에서 지적되었다. 이것은 언어 습득과 Chomsky와 관련된 통사 이론에 대한 심리주의자의 설명 사이에 밀접한 관계의 직접적인 결과로 간주된다. 언어 습득은 **언어 능력**의 의미로 이해되었다. 그러나 모국어 습득에 대한 연구가 어린아이들의 **의사소통** 능력이 어떻게 발달했는지를 고찰하기 위한 조사의 범위를 빠르게 확장했던 반면에, 제2언어 습득연구는 의사소통 능력이 어떻게 습득되는지 그리고 그것이 문법적 발달에 어떻게 영향을 미치는지에 대한 연구를 계속 도외시했다. 제2언어 습득에서 형태와 의미관계에 대한 연구가 있었다. 그러나 많은 최근의 연구들은(예를 들면, Huebner 1979; Eisenstein 등 1982) 이러한 관계가 제2언어 습득이 어떻게 진행되는지를 이해하는데 가장 중요하다고 제안한다. 예를 들면, 학습자가 다양한 의미를 표현하기 위해 특정한 문법형태를 사용할 수 있다는 것을 보여주고 있다(예를 들면, 진행의 'ing' 굴절접미사). 습득은 어느 의미들이 목표 언어에서 특정한 형태에 의해 인식될 수 있는지를 서서히 정리하는 것을 수반한다. 형태에만 근거한 분석은 형태-기능의 관계를 정리하는 진행과정이 끝나기 전에 습득될 것이다. 형태-기능 관계의 습득은 4장에서 좀 더 자세히 논의될 것이다.

주요 이론적인 쟁점들은 (1) 중간언어의 시작 시점과 (2) 제2언어에 대한 적합한 설명에 대한 정도는 내부적 요인뿐 아니라 학습자의 외부적 요인에 대한 고려가 필요한 정도, 그리고 (3) 중간언어 이론과 언어학습자 언어에 내재하는 변이에 의한 자연 진행과정에 대한 문제와 관련한다. 각각의 이러한 쟁점들은 아래에서 각각 고찰할 것이다.

중간언어의 기원

제2언어 습득이 재구조의 연속체보다는 재창조의 연속체로 여겨질 때 중간언어의 출발점은 큰 논쟁이 되었다. 만일 학습자가 체계의 복잡성을 점진적으로 증가시킴으로써 그의 중간언어를 생성한다면, 무엇이 그의 시작점인가? Corder(1981)는 두 가지 가능성을 고려한다. 첫째 가능성은, 학습자는 유아가 모국어를 습득하는 것과 같은 방법으로 시작하는 것이다. 그러나 Corder는 언어 습득의 전반적인 진행과정이 복제될 것이라는 사실이 아주 타당성이 없기 때문에, 이러한 가능성이 낮은 것으로 여긴다. 두 번째 가능성은, 학습자는 '몇 가지 기본적인 단순한 문법'으로 시작한다(Corder 1981: 150). Corder는 언어 학습자가 그들의 언어적 발달경로에서 동화의 진행과정이 시작되기 전에 초기단계로 회귀한다고 제안한다. 그러나 Ellis (1982a)는 학습자가 초기 습득 단계를 닮는다는 가정이 필요하지 않다고 주장한다. 시작점은 학습자가 습득한 초기의 어휘로 구성된다. 이것은 비문법적인 발화로 사용되며 맥락 상황에 의해 청자에게 제공되는 정보의 도움으로 학습자의 의미를 구성한다. 다시 말하면, 초기시점은 문법의 도움 없이 메시지를 어떻게 갖는지에 대한 학습자의 지식이다. 이것은 어떤 언어 사용자의 능력부분으로 '단순한' 메시지를 창조하기 위해 필요한 경우에 요구될 수 있다. 그와 같은 진행과정은 엄마가 어린아이에게 말하는 경우와 모국어 화자가 제2언어 학습자에게 의사소통을 촉진시키기 위하여 말하는 발화에서 분명하게 나타난다. 그러나 일반적으로, 중간언어의 기원에 대한 의문은 아직도 열려 있고, 고찰해 볼 주제이다. 중간언어의 초기 단계의 경험적 연구는 거의 없다.

외부적인 요인의 무시

심리주의자의 언어 습득에 대한 견해는 언어가 어떻게 학습되는지에 대한 행동주의자들의 설명에 대한 반대로 생성되었다. 그들은 환경의 기여도를 경시하고 심리적 진행과정, 특히 인간의 내재적 언어 성향을 강조하였다. 입력은 내부의 진행 체계를 움직이는 방아쇠의 기능만을 했다. 모국어 습득과 제2언어 습득 둘 다의 보편성을 입증하는데 애착을 가졌던 것이 바로 이러한 이유 때문이었다. 만일 학습의 상황적 맥락에서의 차이점에도 불구하고, 발달의 연속이 변하지 않았다고 보일 수 있다면, 그때 이것은 언어 습득 장치에 대한 중요한 증거가 될 수 있다. Chomsky는 언어적 입력을 '퇴보'라고 적어 넣기까지 했다. 그는 어린아이가 문장 구성 요소, 규칙의 파생 그리고 실수의 시작으로 이루어지는 데이터에 노출되어 적형의 문장을 만들어 내는 능력을 발달시킨다는 생각은 논리적으로 불가능하다고 주장했다. 그러나 Chomsky의 입력의 본질에 대한 주장은 억측이고 잘못됐다고 입증되었다. 어린아이들과 또한 제2언어 학습자들에게 전해지는 그러한 말은 일반적으로 잘 쓰인 문장이었다. 언어 학습자와 의사소통하는 사람들에 의한 적응의 결과로써, 제공된 입력이 언어 습득에 적합할 수 있다. 환경의 영향을 최소화함으로써, 초기의 중간언어는 제2언어 습득에서 가장 중요한 요인이 될 수 있는 것, 즉 다시 말하자면, 학습자의 내부 진행과정 메커니즘 사이에 존재하는 관계를 무시했다. 예를 들면, 전략의 개념은 감춰진 심리적 진행과정뿐만 아니라 입력을 다른 한편으로 존재하는 지식과 연관시키는 장치로 이해되는 것이 필요하다. 이것은 조사의 기본이, 이전 부문에서 언급된 많은 연구에서 데이터로서의 역할을 했던 구체화되지 않은 학습자 발화보다는, 오히려 학습자와 그의 대화자를 포함한 상호작용이 되었을 경우에 한해 달성될 수 있다. 내부 구조에서 상호유기적 구조로의 변화가 필요하다. 이것은 6장에서 논의할 것이다.

변이의 문제

중간언어 이론의 중요한 원칙 중 한 가지는 언어는 체계적이라는 것이다. 어떤 발달 단계에서도 학습자는 그가 그 지점까지 구성했던 규칙의 체계에 따라서 작용한다. 그 다음 중요한 논점은 왜 학습자의 숙달이 매우 다양한지이다. 어느 때에는 학습자가 한 가지 규칙을 사용하고, 다른 때에는 다른 규칙을 사용한다. 그러므로 각각의 발달 단계는 불변적으로 적용된 규칙의 체계에 의해서가 아니라, 대체 가능한 규칙의 체계에 의해 특징으로 나타난다. 그것은 발달의 자연스런 순서가 불분명한 이유 때문이다. 단계가 서로 겹쳐질 뿐만 아니라, 서로 겹쳐지는 양도 변하기 때문이다(Hatch 1974). 초기의 중간언어 이론에 의해 제공된 이러한 현상에 대한 유일한 설명은 '회귀현상'이었다. 그러나 변이는 화석화가 있을 때에만 발생하는 것은 아니다. 그것은 중간언어 연속체에서 흔하다. 중간언어 이론은 학습자 변이에 쉽게 대처하지 못한다 — 그것은 왜 또는 언제 변이가 일어나는지를 설명하기 위해 노력한다. 그러나 그것은 맥락적인 변이를 설명하기 위한 시도로 조정되었다. 4장은 그 방법을 검토할 것이다.

자연스런 발달경로는 개별인 학습자 차이로부터 파생된 다른 형태의 변이를 무시한다. 그 사례연구 문헌은 학습자들이 학업에 적응하는 방법에 있어서 상당한 차이가 있다는 것을 나타낸다. 부정문과 의문문 같은 과도적인 구조에 대한 자연스런 연속의 수정에 영향을 받는지의 정도는 분명하지 않다. 그러나 제2언어 습득의 진도와 또한 학습의 중단이 일어나는 시점에 영향을 미칠 수 있다는 것을 보여주는 많은 증거가 있다. 언어 습득에 대한 심리주의자의 견해는 개별인 학습자의 차이점들에 대해 거의 관심을 갖지 않는다. 그러나 그것들은 이유를 밝히는 중요한 요인이다. 5장은 그것들의 역할을 고찰해 볼 것이다.

요약과 결론

본 장은 제2언어 습득에서 심리주의자의 해석에 대한 사례를 탐구했다. 그러기 위해, 모국어 습득에 대한 심리주의자의 관점, 제2언어 습득에서 중간언어의 구성체, 자연스런 발달경로의 경험적 증거, 그리고 이러한 경로가 모국어 습득과 제2언어 습득과 같은지에 대한 정도를 살펴보았다.

언어 습득에 대한 행동주의자의 관점에 대한 이론적 반발의 결과로, 모국어 습득은 어린아이가 배우고 있었던 언어의 표면구조에 대한 일련의 보편적인 문법 규칙들과 관련이 있다고 의미하는 '언어 습득 장치'의 결과물이라고 가설되었다. 제2언어 습득에서 '언어 습득 장치'의 대응관계는 '창조적 구조'이다. 즉 그것은 제2언어 습득이 중간언어 연속체로 구성되는 일련의 발달하는 체계로 간주되었다. 각각의 체계는 내부적으로 일관성이 있다고 여겨지고, 그것이 규칙적이라는데 의미를 두고 있었다. 그러나 그것은 새로운 규칙에 투과적이며 그러므로 역동적이었다. 그런 연속체는 주로 학습자의 모국어를 목표 언어로 확장하는 재구조의 연속체로서 간주되었다. 나중에 그것은 학습자가 내부구조의 복잡성을 점진적으로 가미해가는 재창조의 연속체로서 간주되었다. 대부분의 학습자들은 결코 그 연속체의 마지막 단계에 도달하지 못했다; 그들의 중간언어는 부족한 목표 언어 능력을 어느 정도 화석화하였다.

중간언어 이론은 제2언어 습득에 대한 경험적인 연구를 생성했고 또한 이끌어냈다. 이 연구는 처음에 오류분석의 형태를 이용했다. 이것은 제2언어 학습자들이 만들었던 많은 오류가 모국어에 기인하지 않았다는 것을 증명하는 데 도움을 주었다. 그것은 또한 중간언어 발달에 원인이 있는 몇 가지 진행과정들을 확인하는 데 도움을 주었다. 그러나 점차적으로, 제2언어 습득 연구는 학습자가 거치는 발달경로를 확인하는데 중점을 두었다. 횡적 그리고 종적 연구는 두 가지 질문에 대한 답을 찾았다. (1) 자연스런 발달경로가 있었는가? 그리고 (2) 그 경로는 모국어 습득에서 보고된 것과 같았는지 또는 달랐는가? 첫 번째 질문에 대한 대답은, 비록 즉 별로 크지 않은 차이점이 학습자의 모국어와 다른 요인들의 결과로써 또한 관찰될 수 있었음에도 불구하고, 학습자가 거의 비슷한 경로를 거쳤다는 것을 보여주는 증거가 있었다는 것이었다. 제2언어 습득은 자연스런 발달의 **연속**에 의해 특징지어지지만(즉, 그들이 거치게 되는 어떤 폭넓은 단계들이 있다), 그러나 발달의 **순서**는 세부적으로 변화한다(즉, 몇 가지 단계들은 생략되거나 또는 특정한 형태적 특성들이 다른 순서에서 학습된다). 그것은 발달의 연속이 모국어 습득과 제2언어 습득 둘 다에 공통적인 반면, 발달의 순서는 다르다. 비록 비슷한 진행과정이 두 가지 모두의 습득에서 작동하는 것으로 나타날지라도, 확실히 제2언어=모국어 습득가설은 강형 가설로 증명되지는 않았다. 제2언어 습득에서 모국어와 또한 성숙 요인들은 적어도 몇 가지 인지적 진행과정의 사용에 영향을 미치고, 하나의 역할을 한다.

그것을 지지했던 중간언어와 경험적 연구는 제2언어 습득의 본질에 대한 우리의 생각에 큰 영향을 미쳤다. 행동주의자 체계로부터 심리주의자 체계로의 전환은 모국어 습득과 제2언어 습득 모두에 대한 커다란 통찰력을 지닌 하나의 근원임을 입증했다. 인간의 언어능력이 언어 습득에 있어서 강력한 힘이라는 것이 점진적으로 받아들여졌다. 그러나 내적 진행과정과 선천적인 메커니즘이 전체 내용이 아니다. 또한 언어 입력이 습득의 진행과정에 어떻게 기여하는지 고려해 보는 것이 필요하다. 이것은 최근의 연구가 다시 관심을 갖는 중요한 방법 중의 하나이다. 6장은 언어적 환경의 역할을 자세히 살펴볼 것이다. 다른 관점에서, 중간언어 이론은, 특히 언어학습자 언어의 내재하는 변이를 처리함으로써, 새로운 생각에 적응했다(4장 참조).

제2언어 습득의 심리주의자 해석의 가장 중요한 영향 중의 하나는 오류의 재평가였다. 행동주의자의 관점에서 오류가 비학습의 증거로 취급되었던 반면, 심리주의자 이론에서 그것들은 습득을 위한 학습자의 능동적 참여의 증거로 여겨졌다. 사실상, 학습자들이 이제까지 정말로 완전하게 화석화되는지가 의심스럽다. 중간언어 체계에 대한 일부의 수정이 항상 이루어진다. 오류는 지속적인 중간언어 체계의 수정에 원인이 있는 가설-검증 진행과정의 외부적인 표시이다. 오류의 이러한 대안적 관점은 중요한 교수법적 영향을 미쳤다.

더 읽을거리

D. Crystal(Edward Arnold 1976)에 의한 *Child Language and Linguistics*는 모국어 습득에 있는 어린아이들에 의해 이루어지는 진행과정에 대한 논리적으로 옳고 상당히 간략한 요약을 제공한다.

가장 핵심적인 경험 연구의 요약과 더불어, 모국어 습득에서의 이론적 근거를 통하여 더 많은 것을 원하는 독자는 *Psychology and Language.*의 8장, 9장, 그리고 10장을 참고하라고 강력히 추천한다.

초기의 중간언어 이론과 관련이 있는 모든 중요한 논문들은 J. Richards (Longman 1974)에 의해 편집된, *Error Analysis*에 근거하고 있다. Coder의 두 논문과 Selinker의 한 논문이 아마도 가장 중요할 것이다.

Working Papers on Bilingualism 3: 1-17, 1974)에 있는 E. Hatch의('Second language learning－universals') 아주 유용한 글은 몇 가지 연구 과제의 결론을 요약하고 '보편성'을 넓은 시각으로 조사하고 있다.

결국 경험 연구의 몇 가지 보고서를 읽기 위하여 대체할 것은 없다. E. Hatch (Newbury House 1978)에 의해 편집된, *Second Language Aquisition*은 논문집을 포함한다. 본 장과 관련이 있고 살펴봐야 할 가치가 있는 것들은 Itoh, Hatch, Wode, Huang, 그리고 Hatch, Cancico *et al.*, Butterwort, 그리고 Hatch, Adams, 그리고 Dulay and Burt에 의한 것들이다.

그것은 또한, S. Felix(Gunter Narr Verlag 1980)에 의해 편집된, *Second Language Development* 를 살펴봐야 할 가치가 있다. 이것은 제2언어 습득에서 독일어 연구과제의 보고서들을 포함하고 많은 미국을 기반으로 한 연구로부터 변화를 일으키고 있다.

좀더 최근의 제2언어 습득 연구 논문집은 R. Scarcella와 S. Krashen(Newbury House 1980)의해 편집된, *Research in Second Language Acquisition*과, 그리고 K. Bailey, M. Long, 그리고 S. Peck(Newbury House 1983)에 의해 편집된, *Second Language Acquisition Studies*에 근거하고 있다. 이것들은 위에서 언급된 서적들에 있는 좀더 초기의 연구를 살펴본 후에 읽는 것이 가장 좋다.

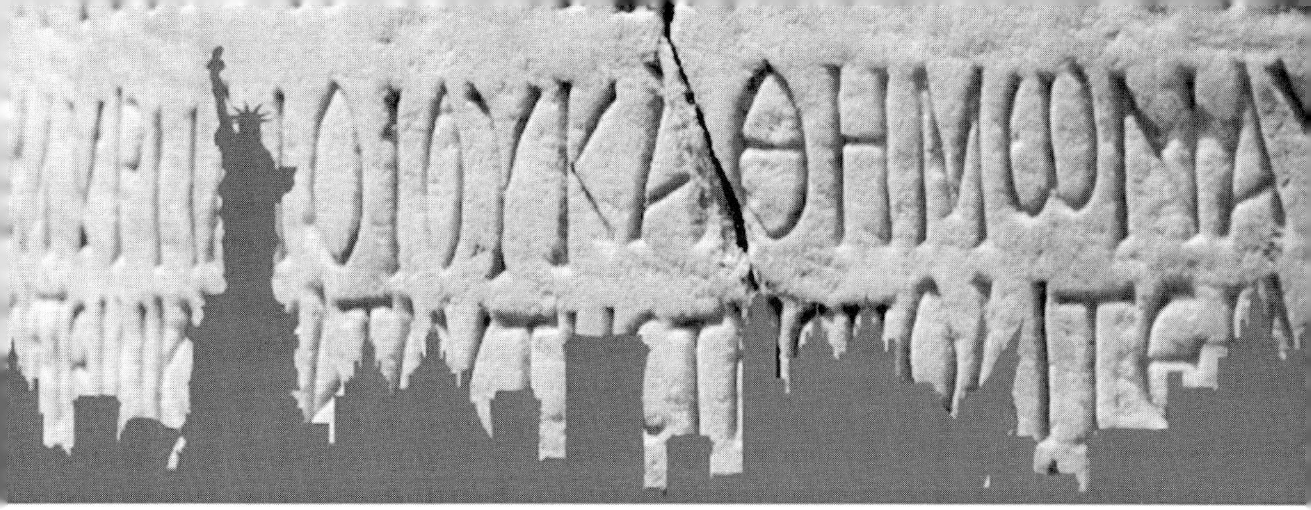

4장

중간언어의 변이

서론: 변이의 유형

지난 장은 자연스런 발달의 경로를 지지하는 증거를 살펴보았다. 중간언어 이론은 언어학습자 언어에 내재하는 변이를 고려할 필요가 있다고 언급되었다. '자연스런 경로'는 일련의 명확하게 윤곽이 드러나는 단계에서는 그 자체가 나타나지 않는다. 오히려 각각의 단계는 앞선 단계나 뒤에 오는 단계들과 겹친다. 각각의 새로운 규칙이 언어적 맥락의 범위로 서서히 확장된다. 그러므로 어떤 주어진 발달 단계에서, 학습자의 중간언어 체계는, 한 가지 규칙은 한 가지 경우에서 언어수행을 유도하고, 또 다른 규칙은 다른 경우에서 언어수행을 유도함으로써, 많은 상충되는 규칙들을 포함할 것이다. 게다가, 각각의 중간언어 체계는 자유변이에 있는 언어 형태들을 포함한다; 즉, 규칙에 이끌리지 않고 그것의 사용이 전혀 체계적이지 않은 형태들이다. 이와 같은 유형의 변이는 제2언어 습득 연구에 실질적이고 이론적인 문제점들을 제기한다. 실질적인 문제점들은 언어학습자 언어를 연구하기 위하여 자료를 수집하는 방법과 관련된다. 만일 학습자의 언어수행이 한 과업에서 또 다른 과업까지 각기 다르다면, 연구자는 그가 수집한 데이터를 어떻게 평가할 수 있는가? 그 이론적인 문제점들은 학습자 언어수행의 내재하는 변이를 '중간언어는 체계적이다'라는 주장과 조화를 이룰 수 있는 방법과, 그리고 비체계적인 변이를 설명하는 방법과 관련된다.

본 장은 언어학습자 언어에서 **맥락적인 변이**의 특징을 검토할 것이다. 즉, 그것은 **언어적 맥락** 또는 **상황적 맥락**의 사용에 관하여 설명될 수 있는 다양한 언어수행과 관련될 것이다. 맥락적인 변이는 **개별인적인 변이**와 대조를 이룬다. 이것은 연령, 동기부여, 그리고 성격과 같은 요인들과 관련이 있는 개별인적인 차이점에 관하여 설명될 수 있는 변이로 구성되어 있다. 개별인적인 변이는 5장에서 별도로 고찰할 것이다.

본 장은 또한 비체계적인 한 가지 유형의 변이를 고찰해 본다. 이것은 학습자 중간언어에 존재하는 두세 개의 번갈아 나오는 형태들에 대한 무계획적인 사용에서 분명하게 나타나는 변이이다. 이와 같은 유형의 변이를 **자유변이**라고 언급할 것이다. 이러한 유형의 변이는 중간언어에서 발달의 중요한 메커니즘으로서의 역할을 한다고 논의할 것이다. 학습자의 정서적이거나 또는 육체적인 상태와 관계가 있는 심리언어학적인 요인들은 작은 실수들, 주저, 그리고 반복으로 이어진다. 그러한 유

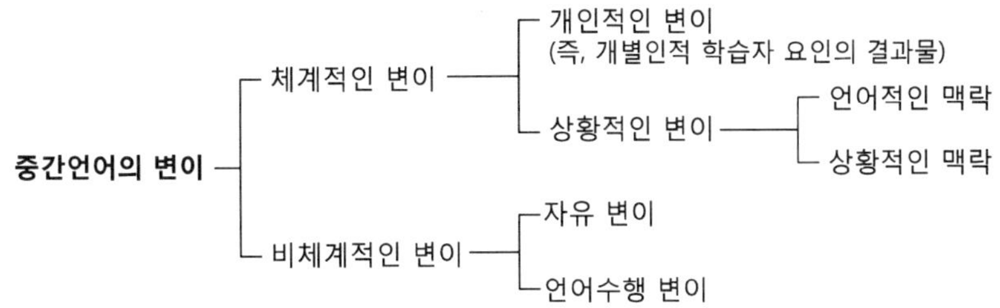

그림 4.1 언어학습자 언어의 변이 유형들

형의 변이는 언어수행 변이라고 불리어질 수 있다. 그것은 습득이 어떻게 일어나는지에 관해서 설명하지 못하기 때문에, 본 장에서는 다루지 않을 것이다.

이러한 각기 다른 변이는 그림 4.1로 요약된다.

물론, 변이는 오직 언어학습자 언어의 특징이 아니다. 그것은 모든 언어 사용에서 일어난다. 그러므로 우리가 중간언어의 변이로 방향을 전환하기 전에, 언어 사용에 있어서 변이의 일반적인 본질을 고찰할 것이다.

언어 사용에서의 변이

그림 4.1에 의하면, 두 가지 기본적인 유형의 변이를 확인하는 것이 가능하다. 이들의 각각을 별개로 기술할 것이다.

체계적인 변이

원어민 화자들의 언어 사용에서 변이의 중요도는, 언어학자들이 **동질능력 모델** 또는 **이질능력 모델**에 관해 그것에 접근하는 지에 따라서, 언어학자들에 의해 매우 다르게 여겨진다. 동질능력 모델의 경우에 모든 변이는 비체계적인 변이로 분류된다. 즉, 언어 사용자는 어떤 동질로 이루어진 규칙의 체계(그의 '언어능력')가 있다고 여겨진다. 이것은 언어수행에 대해 그의 모든 노력이 기저를 이루고 있으며, 그가 말하거나 쓰는 방법에 있어서 이상적인 체계를 항상 드러내 보이지는 않는다는 사실이 이상적인 체계를 이해하는 것과 관계없는 것으로써 무시된다(Chomsky 1965). 능력 모델에서, 비록 언어적 지식이 사용될 때 이것이 필요할지라도, 언어적 지식은 비언어적인 체계에서 분리된다. 따라서 비록 비언어적인 지식(또는, Chomsky가 최근에 말하는 바와 같은 화용적인 지식)이 체계적이라 할지라도, 그것은 언어능력을 설명할 때 고려될 필요가 없다. 그러므로 동질능력 모델은 스타일상의 변이를 고려하지 않고, 오히려 그것을 언어수행의 한 측면으로 취급한다.

그림 4.1은 아주 분명히 동질능력 모델로부터 나온 것이 아니다. 그것은 한편으로는 비체계적인 변이 그리고 다른 한편으로는 체계적인 맥락적인 변이와 개별인적 변이를 구분한다. 그림 4.1는 언어 사용에 대한 이질능력 모델을 대표한다. 그것은 비록 관찰된 일부의 변이가 언어 사용자의 마음 또는 정서의 상태와 관계가 있는 비교적 예측이 곤란한 요인들의 결과라 할지라도, 특히 적절하게 언어를 사용하는 방법에 대한 사용자의 지식으로부터 나오는 다른 변이는 체계적이며, 그리고, 더 중요하게, 언어 사용자의 의사소통 능력에 필수적인 부분을 구성한다(Hymes 1971). 그러므로 이질능력 모델에 따르면, 사용자의 언어 지식의 규칙들은 그것들을 언제, 어디서 누구에게 사용할 것인가에 대한 그의 지식과 서로 맞물려져 있다. 언어 사용에 대한 이와 같은 견해에 따르면, 수행하기 위한 사용자의 능력이 **언어적인** 능력보다는 오히려 **의사소통적인** 능력의 측면으로 이해될 필요가 있다. 그러므로 이질능력 모델에서는, 스타일상의 변이가 언어수행이 아닌 언어 능력의 필수적인 부분으로 여겨진다.

Labov(1970)는 이질능력 모델의 범위 내에서 연구를 진행한다. 그는 언어 사용을 연구하는 방법에 대하여 다섯 가지 원리들을 나열한다. 왜냐하면 이것들은 사용자 변이의 본질을 이해하기 위하여 가장 중요하기 때문에, 그것들은 아래와 같이 요약된다.

1. 모든 화자들은 몇 가지 '스타일'을 갖고 있다. 즉, 그들은 사회적인 맥락에 적절하게 알맞도록 그들의 발화를 적용한다.
2. '스타일은 단일 규모로 정렬되고, 발화에 주의를 집중하는 양에 의해 측정될 수 있다.' 언어 사용자는 그가 각기 다른 상황에서 그의 발화를 모니터할 수 있는 정도가 가지각색이다.
3. 일상어는 발화를 모니터하는데 가장 주의를 기울이는 스타일이다. 그것은 격식에 얽매이지 않는, 일상적인 발화와 관련된 스타일이다. 그것은 언어 연구에 대한 '가장 체계적인 데이터'를 제공한다.
4. 그가 형식적인 맥락에서 어떻게 언어를 수행하는지에 대한 체계적인 관찰에

의해 사용자의 일상어 스타일을 이용하는 것은 가능하지 않다(예를 들면 실험).

5. 언어 사용자의 발화에 대한 좋은 데이터를 얻어낼 수 있는 유일한 방법은 체계적인 관찰을 통한 것이다.

네 번째와 다섯 번째 항목의 사이의 충돌은 Labov가 '관찰자 역설'이라고 부르는 것으로 이어진다. 좋은 데이터는 체계적인 관찰을 필요로 하지만, 이것은 사용자의 일상어 스타일로 접근을 할 수 없으며, 그리고 그것은 가장 체계적인 스타일이기 때문에, 그것이 주된 언어적인 조사의 목표이다.

사회언어학적 모델이 상황적 요인들에 의해 원인이 되는 변이를 어떻게 다루는지에 대한 하나의 예로써, Labov의 연구들을 고찰해 볼 필요가 있다. Labov(1970)는 뉴욕 사람들의 발화 유형을 조사했다. 그는 다양한 발화 스타일을 표본 조사하기 위하여 여러 가지 방법으로 데이터를 수집했다. 그는 이를 (1) 일상적인 발화, (2) 신중한 발화, (3) 독서, (4) 단어 목록, 그리고 (5) 최소 대립쌍으로 분류했다(이 스타일들은 자신의 발화에 대해 화자들이 주의를 기울이는 양에 의하여 하나의 연속체를 따라서 확산되었다). 따라서 (1)에서는 거의 주의를 기울이지 않았고, 반면에 (5)에서 신중한 관찰이 발생했다. Labov는 그것들이 각 발화 스타일에서 발생했을 때 어느 정도의 사회적으로 유표된 소리의 빈도를 조사했다. 예를 들면, /θ/(thing에서의 첫 소리)는 뉴욕 영어에서 인기가 높은 소리이지만, 예를 들면, /t/처럼 많은 인기가 높지 않은 변이들도 있다. Labov는 thing의 /θ/가 사회적으로 거의 인기가 없는 형태로 대체되는 정도가 사용자들이 각기 다른 맥락에서 그들의 발화에 주의를 기울이는 정도에 따리 달라진다는 것을 발견했다. 따라서 더 많은 주의를 기울일수록, 더 많은 /θ/의 사례들이 있었으며, 상대적으로 인기가 없는 변이들의 사례는 거의 없었다. 그러므로 /θ/와 같은 소리의 변이적인 사용의 측면에서 각기 다른 스타일의 특징을 나타내는 것이 가능했다. 중요한 점은 언어 행동이 예측할 수 있다는 것이다. 스타일의 변경은 체계적으로 일어난다.

Labov는 또한 언어적 요인에 의하여 결정되는 변이를 다루고 있다. 그는 뉴욕 흑인영어를 일상어로 사용하는 화자들에 의해 이루어진 발화에서 연계사('be')의 사용을 조사했고, 연계사의 존재 유무가 대체로 체계적이었다는 것을 발견했다. 그것의 사용은 발화에 의해 제공되는 특정한 언어 맥락에 의해 결정된다. 예를 들면, 연계사는 이전의 통사적인 환경이 대명사이었을 때보다는 오히려 명사구를 이룰 때 더 많이 사용되는 경향이 있었다. 마찬가지로, 그것은 다음에 오는 문법 구조가 명사구이었을 때보다 'gonna'이었을 때 더 많이 발생하는 것 같다. 그러나 통사적 환경이 연계사의 절대적인 발생을 결정하지 않았으며, 오직 상대적인 빈도만을 결정했다는 사실에 주목하는 것이 중요하다. 따라서 'be'는 모든 맥락에서 변이적이었지만, 어떤 맥락은 다른 맥락보다 화자가 그것을 더 빈번하게 사용하게 하는 성향을 지니고 있다.

동질능력 모델과 이질능력 모델 둘 다 언어 사용자의 언어수행에 대한 변이적인 본질을 설명한다. 그러나 동질능력 모델은 변이의 원인이 있는 요인들을 배제함으로써 설명하고 있는 반면에, Labov에 의해 제안된 것과 같은 이질능력 모델은 맥락적인 요인들을 언어지식을 사용하는 사용자 능력에 대한 필수적인 부분으로 간주한다. 사용자는 각 맥락의 사용에 대하여 무엇이 **정확한**지를 알고 있을 뿐만 아니라, 무엇이 **적절한**지도 또한 알고 있다. 사용자 능력은 '이상적인 화자-청자'에 대한 것이 아니다; 그것은 이질적이다. 그러나 이질능력 모델은 여전히 사용자의 내재된 지식의 특징으로 나타나는 것을 찾으려하고 있으며, 단지 그의 언어수행만을 찾는 것은 아니다.

동질능력 모델은 **불변규칙**의 관점에서 동질적인 언어능력을 설명하고 있는 반면에, Labov의 이질능력 모델은 **변이 규칙**의 관점에서 의사소통 능력을 설명하고 있다. 불변규칙은 한 언어의 문법에서 잘 만들어진 문장들을 구체적으로 명시하는 단정적인 진술이다. 변이 규칙은 특정의 상황적인 맥락과 언어적인 맥락에서 발생하는 어떤 문법적인 형태의 개연성을 부여하는 진술이다. 만일 언어 사용의 변이적인 본질이 언어 사용자의 능력에 본질적인 역할이 할당된다면, 이 능력을 설명할 필요가 있고, 그렇게 하는 한 가지 방법은 변이 규칙에 관한 것이다.

변이를 설명할 수 있는 대안적인 방법은 **암시적 분석**에 의한 것이다(Decamp 1971; Bickerton 1975). 이 접근 방법은 언어를 하나의 교차하는 개별언어로 간주하는 것과 관련한다. 화자는 누구나 수많은 그와 같은 개별언어에 접근할 수 있지만, 그러나 전체 범위를 수용할 수는 없는 것 같다. 그러나 하나의 언어 공동체 내에서, 전체 범위의 개별언어가 관찰될 것이다. 그 발화 공동체의 언어 능력은 하나의 연속체로 간주될 수 있다. 이 연속체의 한쪽 끝에 있는 개별언어(보통 표준 방언)는 수많은 명시된 언어 특성들 모두를 포함하고 있으며, 반면에 이 연속체의 다른 한쪽 끝에 있는 개별언어는 이와 같은 특성들을 거의 포함하지 않거나 아무것도 포함하지 않는다. 더욱이, 이러한 특성들은 위계적으로 배열되는 것으로 보일 수 있으며, 개별언어에 있는 한 가지 특성의 존재가 한 가지 또는 여러 가지의 특성들의 동시발생을 수반하는 그러한 것이다. 예를 들면, 발화가 축약하지 않은 'I am'을 분명히 나타냈던 언어 사용자는 축약한 'I'm'을 또한 사용할 수 있었지만, 축약한 'I'm'을 사용했던 언어 사용자는 또한 필연적으로 'I am'을 사용할 수 없었다. 언어 사용자는 사회적 요인에 따라서 그들의 개별언어의 선택이 달라지므로, 이러한 스타일의 연속체를 따라서 바뀐다.

암시적 분석은 혼성어와 크리올어 연구들에서 폭넓게 이용되어 왔다. 예를 들면 Bickerton(1975)은 구아나 섬에서 크리올어 연속체에 대한 화자들의 언어에 나타난 변이를 연구하기 위하여 그것을 이용했다. Bickerton은 이 연속체에서 세 가지 부분들을 확인했다. **하층 방언**은 언어의 일반적인 형태로부터 가장 뚜렷이 구분되는 크리올어의 변이이다. **충층 방언**은 중간 변이중의 하나이고, **상층 방언**은 표준어에 가장 근접한 변이형태이다. Bickerton은 화자가 어떤 형태들을 사용했던 빈도에 근거하여 하층 방언, 중층 방언, 상층 방언으로서 화자들을 분류할 수 있었다. 모든 크리올어 화자들은 다양한 언어 형태들을 사용하는 것 같았지만, 이들 중 일부는 하층 방언 등과 분명히 관련될 수도 있다. Bickerton은 일부 언어적인 특성들이 다른 특성들의 존재를 암시하고 있었다는 것을 발견했다. 예를 들면, 상층 방언이 F1, F2, 그리고 F3의 특성들을 포함했던 곳에서, 중층 방언은 F1, F2를 포함했고, 그리고 하층 방언은 단지 F1만 포함했거나 또는 아무것도 포함하지 않았을 것이다. 따라서 F3의 존재는 F2와 F1의 존재를 암시했으며, F2의 존재는 F1의 존재(그러나 F3은 아니고)를 암시했다. Bickerton은 또한 크리올어에서 여러 가지 특성들의 존재가 그것들이 발생했던 언어적인 환경에 의해 지배되었다는 것도 발견했다. Bickerton의 연구와 같은 크리올어 연구들은 제2언어 습득 연구에 고려할만한 관심 사항이었으며, 왜냐하면 크리올어 연속체가 제2언어 학습자들에 의해 이루어진 발달경로에 여러 면에서 일치하기 때문이다.

언어 사용의 변이를 설명하는 각기 다른 방법들의 장점과 단점은 장시간에 거쳐서 논의되었다(Dittmar 1976: 132ff. 참조). 그러나 이러한 것들은 여기서 우리의 관심사는 아니다. 중요한 점은 변이가 상황적인 요인들과 언어적인 요인들 둘 다에 의해 지배됨으로서, 체계적이며, 그리고 한 가지 언어 형태의 존재가 한 가지 또는 여러 가지 형태들의 존재를 예상하는 그와 같은 방법으로 조직화된다는 것이다. 중간언어가 자연스런 언어라는 한에 있어서, 그것은 이러한 점들이 또한 제2언어 습득에서도 유효할 것이라고 예상해 볼 수 있다. 또한, 나중에 제시되는 바와 같이,

변이를 다루는 기술적 방법은 제2언어 습득 연구에서 유용할 것이라고 본다.

비체계적인 변이

원어민 화자의 언어 사용도 또한 비체계적인 변이의 특징을 가진다. 앞에서 언급한 바와 같이, 이것은 두 가지 유형들에 대한 것이다. 그러나 언어수행 변이는 사용자의 언어 능력의 일부분은 아니다. 그것은 언어 사용자가 그의 언어 능력을 수행할 수 없을 때 발생한다. 그것은 제2언어 습득을 이해하기 위한 커다란 관심사인 비체계적인 변이의 두 번째 유형 — 자유 변이 —이며, 그러므로 그것은 본 장에서 논의될 것이다. 비록 그 사례들이 매우 특유한 것 같지만, 자유 변이의 사례들을 찾아내는 것은 어렵지 않다. 예를 들면, 나는 때때로 /ɔfn/이라 말하고, 때로는 /ɔftn/이라고 말한다. 본 장에서, 나는, 내가 말할 수 있는 한, '변이'와 '변이성'를 교환 가능하게 사용했다. 나는 관계 대명사의 계속적 용법에서 주격 관계 대명사로서 'who'와 'that' 사이에서 닥치는 대로 사용했다. 그러나 원어민 화자의 발화에서 그와 같은 자유 변이는 제한된다; 그것은 몇 가지 사례들보다 더 많이 관찰되지 않는 것 같다. 중간언어는, 그에 반해서, 중간언어가 어떻게 발달하는지에 대한 설명에서 중요한 특징인, 높은 수준의 자유 변이로 나타나게 된다.

일반적으로, 비체계적인 변이는 언어학자들로부터 많은 주목을 끌지 못했으며, 언어학자들은 체계적인 변이를 연구하는 것을 더 선호했다. 그러나 Bickerton (1975)은 지배적인 언어 변이에 대한 '맥락적인 이론'에 이의를 제기했다. 그는 아래와 같이 관찰한다.

> 반면에 약간의 때늦은 판단의 도움으로, 그럴듯한 맥락적인 설명은 많은 스타일상의 변화를 보일 수 있지만, 매우 예측할 수 없는 방법으로 작용하는 더욱 많은 것들이 있다(Bickerton 1975: 183).

Bickerton은 마서즈 빈야드 사람들의 발화에서 음운 체계의 변화에 대한 Labov의 유명한 사례들을 지적한다. 그들은 그들의 특정한 소리를 선택함으로써 외부인의 유입에도 불구하고 그들 자신의 집단 정체성을 유지하려고 했다. 그러나 그들이 사용했던 소리는 명확히 소개되지는 않았지만, 더 정확이 말하자면 그 소리는 이미 그들의 발화에서 존재했고 그들이 한층 더 강화했던 소리이다. 다시 말하자면, 다른 소리를 가지고 있는 자유 변이에서 시작한 소리는 사회적의 의미를 전달하기 위하여 체계적으로 사용되기에 이르렀다. 자유변이에서 하나의 형태를 활용하는 이러한 진행과정이 중간언어 발달의 핵심이 되는 특성이다.

요약

언어 사용은 체계적인 변이와 비체계적인 변이의 특징을 가진다. 체계적인 변이는 상황적인 요인들과 언어적 요인들 둘 다와 관련하여 설명될 수 있으며, 그것들은 변이들이 어디서, 언제, 어떻게 사용되는지를 결정한다. 언어 사용자는, 크리올어 연속체에서 가장 분명하게 드러나듯이, 개별언어의 연속체로 구성되는 언어능력을 인정받을 수 있다. 이 연속체는 수많은 변이들 또는 방언들로 구성되어 있으며, 그것들은 복잡성의 정도에서 달라지고 따라서 계층적으로 배열될 수 있다. 비체계적인 변이의 한 가지 유형이 바로 자유변이이다. 자유변이에서 처음으로 사용된 언어학적 형태들은 각각 다른 의미들을 전달하기 위하여 체계적으로 나중에 사용될 수도 있다.

중간언어에서의 변이

변이의 동일한 유형들은 자연스러운 언어에서처럼 중간언어에서도 분명하다. 그러나 비록 종류에서 차이가 없고, 정도에서 차이가 있을지라도; 변이는 중간언어에서 광범위하다. 다음의 설명은 먼저 맥락적인 변이와 그 다음에 자유변이를 고찰할 것이다.

맥락적인 변이

맥락적인 변이는 두 가지 종류에 대한 것이라고 지적되었다: 즉 상황적인 맥락에 의해 결정되는 것과 언어적인 맥락에 의해 결정되는 것이다.

상황적인 맥락의 결과인 변이는 원어민 화자들의 사용법에서 관찰된 스타일상의 변이와 유사하며 Labov의 연구와 관련하여 이전 부문에서 기술되었다. Dickerson (1975)은 대학에서 공부하고 있는 10명의 일본인 화자들의 발화에서 /z/음의 발생을 조사했다. 그녀는, (1) 자유롭게 말하기, (2) 큰 소리로 대화 읽기, 그리고 (3) 큰 소리로 단어 목록 읽기를 사용하여, 9개월의 기간을 세 차례로 나누어서 데이터를 수집했다. Dickerson은 정확한 목표 언어 변이가 (3)에서 최대 빈도로, (1)에서 최소 빈도로, (2)에서의 빈도는 중간 정도로 사용되었다는 것을 발견했다. 동일한 순서는 목표 언어의 소리에 대한 형태에 가장 근접했던 다른 변이들이 관찰되었다. 다시 말하자면, Dickerson은 제2언어 학습자들이 다수의 변이들을 사용했다는 것을 발견했다(그것들 중의 하나는 올바른 목표 언어 형식일 수 있지만, 그럴 필요가 없는). 학습자들은 목표 언어의 변이들을 사용했거나 또는 그들의 발화를 녹음으로 모니터할 수 있었던 상황에서는 그것과 언어학적으로 가장 근접한 그러한 변이를 사용했고, 그리고 녹음으로 모니터하는 것이 불가능한 상황에서는 정확한 목표 언어 형태로부터 언어학적으로 거리가 먼 그러한 변이들을 사용했다. 시간이 지나면서 발달은 목표로 하는 소리와 목표와 비슷한 소리에 대한 비율에서의 증가와 관련이 있음을 보여주었다.

음운 체계의 발달에 대한 다른 연구들은 Dickerson의 연구와 유사한 관찰을 제시하였다. 예를 들면, Schmidt(1977)는 아랍어를 말하는 학생들의 영어는 비형식적인 과업에서보다 형식적인 과업에서 영어의 /th/ 소리에 대한 사용에 대해 더 정확해졌다고 언급했다. 또한 Schmidt는 이들 학습자들은, 그들이 일상적인 대화체의 아랍어(비형식적인 상황과 관련된)나 또는 고전적인 아랍어(형식적인상황과 관련된)를 말하고 있었는지에 따라, 그들이 또한 'th' 소리의 사용에 있어서 상대적으로 낮은 빈도에서 높은 빈도로 스타일을 변경했던 모국어인 아랍어에서 사용했듯이 제2언어인 영어에서도 동일한 형태로 정확하게 사용했다고 언급했다. 다시 말하자면, 스타일 변경의 유형은 모국어와 제2언어에서 동일했다. Beebe(1980)도 또한 상황이 형식적인 스타일을 요구했을 때 모국어의 형식적인 특성들이 제2언어로 직접 전이되는 증거를 발견했다. 그녀의 태국 피험자들은 비형식적인 경우에서보다 형식적인 경우에서 목표가 되는 소리(이 경우에는 /r/)의 사례들을 거의 발화하지 않았다. 이것은 그들이 인기가 높은 태국어의 /r/ 변이를 사용했기 때문이었으며, 그들은 그들의 형식적인 영어에서 그들의 모국어에서의 형식적인 사용과 관련이 있다. Schmidt와 Beebe에 의한 연구들은, Dickerson의 연구에 의해 제공된 전반적인 그림을 강화하면서, 만일 이러한 것들이 모국어에서의 형식적인 사용과 관계가 있다면, 학습자가 그의 발화에 근접하게 처리할 수 있을 때(즉, 신중한 스타일에서), 그는 오직 높은 발생률의 목표 언어형태들뿐만 아니라, 또한 높은 발생률의 모국어 형태들을 만들 수 있다는 것이 분명해진다. 그러므로 언어 전이도 또한 변이적인 현상이다.

위의 모두와 관련된 연구들은 중간언어 음운 체계와 관련이 있다. 그러나 문법적인 특성들이 비슷한 결과들을 얻었다. Schmidt(1980)는 다음과 같은 문장에서 두 번째 나오는 동사의 생략을 조사했다.

Mary is eating an apple and sue ø a pear.

다양한 언어 배경으로부터의 학습자들은 자유로운 구술 발화에서 그와 같은 문장들 안에 두 번째 동사를 항상 포함하고 있으나, 각기 다른 과업들에 의해 허용된 모니터의 정도에 따라서 점차적으로 그것을 생략했다(즉, 유발된 모방, 글로 표현된 문장 연결과제, 그리고 문법적 판단). Lococo(1976)는 초급 스페인어 수업에 등록한 28명의 대학생들이, 그림 설명 과업 수단에 대한 점수를 이용하여, 과업이 자유로운 작문이었을 때보다 번역이었을 때 형용사, 한정사, 동사에서 오류를 조직적으로 거의 만들지 않았다는 것을 발견했다. 따라서 그것은 다시 한 번, 학습자가 그의 언어수행을 모니터할 수 있을 때, 그는 더 규칙 바르게 목표 언어 형태들을 만들어 낸다고 여겨진다.

Tarone(1983)은 상황적인 맥락의 효과를 중간언어 스타일의 연속체(그림 4.2 참조)로 나타냈다. 이 연속체의 한쪽 끝에는 학습자가 자신의 발화에 주의를 기울이지 않고 있을 때 요구되는 **일상어 스타일**이 있으며, 그것은 학습자가 문법적인 판단을 할 필요가 있는 과업에서 가장 분명하게 드러난다(예를 들면, 하나의 문장이 정확한지 또는 정확하지 않은지를 말하는 것). **신중한 스타일**은 학습자가 그의 발화에 매우 주의를 기울일 때 요구된다. 따라서 스타일의 연속체는 다양한 언어수행 과업에 반

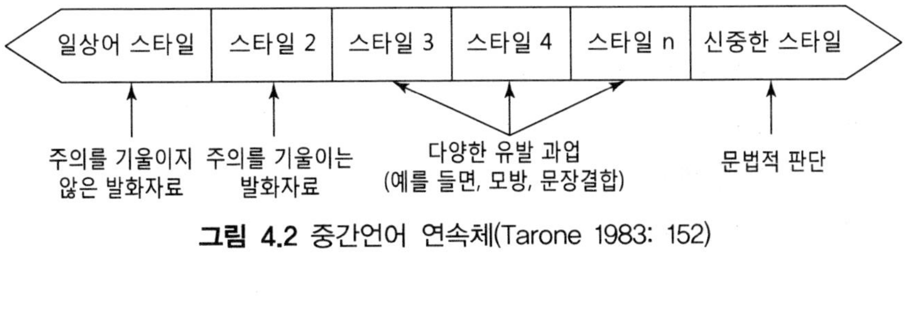

그림 4.2 중간언어 연속체(Tarone 1983: 152)

영된 관심의 정도가 상이한 결과물이다. 그러나 Tarone은 스타일 연속체를, 언어수행으로서만이 아닌, 언어능력으로 간주한다는 것에 주목해야만 한다.

언어적인 맥락에 대한 결과로써의 변이는, 비록 목표 언어에서 두 개의 각기 다른 언어적인 맥락들이 동일한 형태를 필요로 한다고 할지라도, 그것들은 각기 다른 형태들을 유도할 때 발생한다. 예를 들면, 아래에서 보는 바와 같이 학습자는 언어적인 맥락이 단순절의 발화로 이루어져 있을 때 3인칭 단수 어미 '-s'에 대한 정확한 모형어를 발화할 수 있다.

Mr. Smith *lives* in Gloucester.

하지만 아래와 같이 언어적인 맥락이 종속절로 이루어져 있을 때는 그렇게 하지 못한다.

Mr. Smith who *live* in Gloucester married my sister.

이러한 변이는 정확한 목표 언어 형태를 전혀 포함하지 못하는 듯하다. 그것은 두 개(또는 그 이상)의 비정상적인 형태의 사용으로 이루어질 수 있다.

Dickerson(1975)의 연구도 또한 언어적인 맥락에 따라서 맥락적인 변이에 대한 증거를 제시한다. 그녀는 그녀의 피험자들이 언어적인 환경에 따라서 영어의 /z/에 대하여 많은 변이들을 사용했다는 것에 주목했다. 그들이 발화했던 소리의 음질은 어떤 모음과 자음이 /z/에 인접하는지에 따라 결정되었다. 따라서 /z/가 모음 다음에 이어질 때, 학습자들은, 심지어 기회가 닿는 대로, 언제나 정확한 목표 언어 형태를 사용했다; 그러나 /z/는 묵음이 다음에 이어질 때, 그들은 세 가지 변이들을 사용했으며, 그 중 하나만이 /z/음이었다. 한 가지 경우에서 다음 경우로의 진행은 처음에는 거의 사용되지 않았던 환경에서 /z/의 사용이 증가하는 것으로 이루어져 있었고, 그리고 /z/에 음성적으로 매우 근접한 변이들의 사용이 증가하는 것으로 이루어져 있었다. 예를 들면 첫 번째 실험에 대한 대화-독서에서, 피험자들은 목표 형태가 묵음 다음에 오는(단어 buzz에서처럼) 환경에서 그 시간의 50%를 /z/로 사용했고, 그러나 세 번째 실험에서는 80% 이상의 시간을 사용했다. 그러므로 /z/의 습득은 언어적인 맥락의 범위에서 그것을 사용하는 것이 점진적인 숙달로 이루어진다.

언어적 그리고 상황적 맥락에 대한 영향은 중간언어 형태들에 대한 학습자의 사

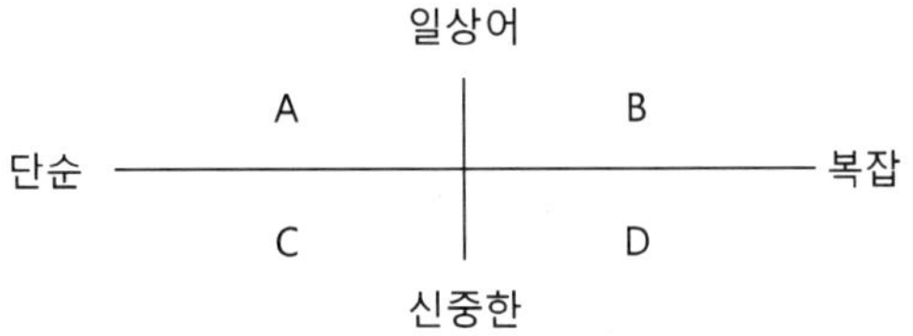

그림 4.3 두 가지 연속체에 대한 교차점으로서의 중간언어

용에 공동으로 영향을 미치도록 상호작용한다. 만일 언어적인 맥락들이 '단순한'(즉, 3인칭 단수 '-s'에 대한 단문 발화) 것으로부터 '복잡한'(예를 들면, 3인칭 단수 '-s'에 대한 종속절) 것까지 다양한 하나의 연속체로 간주된다면, 그리고 상황적인 맥락들도 또한 하나의 연속체(그림 4.2에서 보이는 바와 같이)로 간주된다면, 그 때 어떤 특정한 중간언어 형태의 사용은 이 두 가지 연속체들의 교차점으로 표시될 수 있다.

예를 들면, 우선 3인칭 단수의 사용은 언어적인 맥락이 단순하고, 스타일은 신중할 때 가장 빈번할 것이라고 예측해 볼 수 있다(즉, 그림 4.3의 C부문). 언어적인 맥락상황이 복잡하고, 스타일이 일상어일 때는 거의 빈번하지 않을 것이다(즉, B). A(즉, 단순한 언어적인 맥락이지만 일상어 스타일)와 또는 D(즉, 복잡한 언어적인 맥락이지만, 무심한 스타일)가 매우 규칙적인 사용으로 이어지는지는 확실하지 않다.

자유 변이

모든 중간언어 변이가 맥락적인 것은 아니다. 초기단계에서 꽤 많은 변이가 무계획적인 것 같다. 즉 학습자는 동일한 영역의 의미를 인식하하기 위하여 사용하는 두 개 또는 그 이상의 형태들을 지니고 있다는 것이다. 예를 들면, Ellis(1984b)는 영어를 배우는 11세의 포르투갈 남학생에 의해 이루어진 두 가지 발화를 인용한다.

No look my card.
Don't look my card.

(그 남학생이 낱말 빙고게임을 하고 있었으며 다른 학생들이 그의 카드를 보는 것을 그만두기를 원했다.) 그 발화들은 서로서로 몇 분 이내에 발화되었다. 두 경우

에서 그 남학생은 의미에 초점을 맞추었고 그러므로 그의 발화를 음성 모니터하지 않았다. 또한 두 발화들은 당초에 담화가 일어났으며 그러므로 동일한 언어적인 맥락을 공유한다. 이 두 발화에 대한 가장 가능성 있는 설명은, 그의 발달에 있는 이러한 단계에서, 'no+동사'와 'don't+동사'는 그가 마음대로 이끌어 낸 대안적인 부정문 문법규칙으로서의 역할을 했다는 것이다.

중간언어에서 자유변이를 발견하기 위하여, 형태-기능 관계를 살펴보는 것, 즉 형태들이 어느 의미를 표현하기 위하여 사용되는지를 조사하는 것이 필요하다. 불행하게도 이러한 관계를 조사했던 제2언어 습득 연구들이 거의 없다. 조사했던 연구들은 상당한 자유변이를 보고한다. 예를 들면, Wagner-Gough (1975)는 6세의 이란 남자아이가 계속적인 행동, 즉각적인 의도, 먼 미래에 대한 의도, 과거 언급, 습관적 행동, 명령문의 의미를 인식하기 위하여 진행형 '-ing'을 사용했다는 것을 발견했다. 그녀는 또한 단순 동사형이 동일한 영역의 언어 기능을 실질적으로 표현하기 위하여 사용되었다는 것을 발견했다. 두 가지 형태들은 모두 의미론적인 자유변이에 속한다. Eisenstein 등(1982)도 또한, 이번에는 성인 제2언어 학습자들의 횡적 연구에서, 진행형과 단순 동사형의 사용을 조사했다. 그들이 얻었던 결과는 단순 동사형과 진행형은 우선 하나의 형태/기능으로써 저장되어 나중에서야 차별화된다는 가설로 설명되었다. 추가 증거가 Huebner(1981)로부터 나온다. 그는 영어에 대한 태국 학습자의 발화에서 두 가지 상투적인 표현의 사용을 조사했고 그 상투적인 표현들에 대한 형태의 습득이 그것들의 기능에 대한 습득보다 앞서 행해진다는 것을 발견했다. 이러한 연구들은 아마도 광범위하게 퍼져 있는 현상이라는 것에 대한 증거를 제공한다. 학습자들은 우선 새로운 언어 사항들을 내면화하면, 그들은 목표 언어에서 그들이 어떤 기능을 인식하는지를 정확하게 알지 못한다. 그 결과는 자유변이다.

요약

본 부문은 중간언어에서 체계적이고 맥락적인 변이와 비체계적인 자유 변이 모두의 존재를 기술하였고 실증하였다. 습득의 진행과정은 이러한 변이와 관련이 있다는 것이 분명하다. (1) 학습자는, 추가적인 스타일상의 맥락과 언어적인 맥락에서의 사용을 체득함으로써, 그가 습득했던 형태들에 대한 맥락적인 영역을 서서히 확장한다. (2) 학습자는, 분명한 형태-기능의 관계를 발달시킴으로써, 그의 중간언어에 존재하는 자유변이를 서서히 해결한다. 두 가지의 진행과정들은 자세히 검토될 것이다. 그러나 우선, 언어학습자 언어에 있는 변이가 제2언어 습득에서 다루어지는 각기 다른 방법들이 고찰될 것이다.

중간언어 변이와 제2언어 습득 연구

이전 부문에서 기술된 변이의 종류들은 제2언어 습득 연구를 위하여, 따라서 우리가 언어학습자 언어에 대한 이해를 하는 데 많은 문제점들을 제기한다. 이 문제점들은 다음과 같다:

1. 어떤 '스타일'이 '기초적인' 또는 기본적인가?
2. 중간언어를 기술하는데 사용하기 위한 가장 좋은 데이터는 무엇인가?
3. 학습자의 중간언어에 대한 변이적인 본질은 어떻게 정확하게 기술될 수 있는가?

이것들이 관련된 쟁점들이지만, 나는 차례대로 각각에 대해 고찰해 볼 것이다.

일상어 스타일이 기본이다

Labov에 이어서 Tarone(1982; 1983)은 중간언어의 일상어 스타일이, 모든 스타일 중에서 가장 안정적이고 일관성 있기 때문에, 기본적이라고 주장한다. 왜냐하면 일상어 스타일은 모니터되지 않은 역량을 나타내기 때문에, 그것은 다른 스타일들보다 목표 언어나 또는 모국어 형태들에 대한 사례들이 거의 들어 있지 않다. 그러므로 그것은 다른 지식 근원의 변이적인 영향의 대상이 아니기 때문에, 보다 큰 내적 일관성을 가지고 있을 것이다. 신중한 스타일에서 나타나는 중간언어의 형태들은, 모니터하는 정도와 그리고 또한 형태들이 세심한 주의로 집중되는 정도 등에 따라, 매우 변이적일 수 있는 것 같은 반면에, 일상어 스타일에서 나타나는 중간언어 형태들은 상대적으로 불변적이다.

Tarone은 일상어 스타일의 특징을 이루고 있는 형태들은 자연스럽게 내면화된다고 주장한다. 아마도 이것은 학습자가 입력을 처리하고 중간언어 체계를 구성하는 방법을 통제하는 천부적인 기질을 지니고 있다고 생각하기 때문이다. 이것은 제2언어 습득을 자연스런 발달경로에서 나타나는 '창조적 구성'의 진행과정으로 보는 견해이다. 그러므로 자연스런 경로는 일상어 스타일에 대한 하나의 특성이다. 그것은 자연스럽고 모니터되지 않은 언어 사용을 조사했던 연구들에서만 관찰되는 것이라고 예상할 수 있다. 그것은 모방, 번역, 또는 다른 유도 장치들에 의해 수집되는 데이터에서 근거한 연구들에서 나오는 것 같지 않으며, 그것은 신중한 중간언어 스타일을 반영할 것이다. 이와 같은 주장에 대한 증거가 간략하게 고찰될 것이다.

일상어 스타일은 또한 또 다른 의미에서 기초적이라고 여길 수 있다. 우리 모두는 '계획된 담화'보다는 '계획되지 않은 담화'가 더 쉽고, 자연스럽다는 점을 알고 있다. Ochs(1979)는 전자를 미리 생각하고 조직적인 준비가 없는 담화로, 그리고 후자를 표현에 앞서 세심히 계획을 세우고 조직화된 담화라고 정의한다. 두 가지 유형들의 담화 사이에의 차이점은 다시 지속적으로 살펴볼 수 있을 것이다. Ochs는 이들 두 가지 유형들(즉, 연속체의 양극에 있는)에서 발생하는 언어에서의 많은 형식적인 차이점을 지적한다. 계획되지 않은 담화에서 화자들은 모국어 습득의 초기 단계에서 학습된 문법적 특성들에 의존하는 경향이 있고, 그 결과, 심리언어학적으로 '심층적'이다. 몇 가지 예는 지시적 수식어들(예를 들면, this, that), 능동태, 현재시제(과거보다는 오히려)에 대한 빈번한 사용이다. 계획되지 않은 담화는 정식으로 배우지 않은 습득의 맥락 속에서 발견될 수 있는 그런 종류의 의사소통이다. 그것은 또한 대부분의 사람들이 가장 빈번하게 그리고 가장 수월하게 참여하는 담화의 유형이다. 우리가 제2외국어 습득에 관하여 논의할 때, 우리는 일반적으로 계획되지 않은 담화에서 자연스럽게 의사소통하는 능력을 습득하는 것이라고 말한다. Ochs의 계획되지 않은/계획된 담화는 Tarone의 일상어/신중한 연속체와 밀접하게 아주 유사한 것이 분명하다. Ochs의 연속체가 언어수행에 관한 것이라면, Tarone의 연속체는 언어능력(또는 이른바, '역량')과 관련한다. 일상어 스타일의 최우선은 대부분의 사람들의 생활 속에 있는 계획되지 않은 담화의 중심적 역할에 반영된다.

간단히 요약하자면, 일상어 스타일이 가장 안정적이고, 언어 습득에 관한 보편적인 원리를 반영해 주는 것으로 보이며, 계획되지 않은 담화의 스타일이기 때문에 중간언어에서 기초적이라고 여겨질 수 있다. 그것이 제2언어 습득에서 자연스런 발달경로가 관찰되었던 것이 일상어 스타일이다.

제2언어 습득 연구에 대한 데이터 수집

언어 사용자와 언어 학습자들이 모든 조건에서 같은 방식으로 그들의 언어지식을 처리하지 않는다는 것은 분명하다. 그들의 언어수행은 그들이 의지하는 스타일상의 기준에 대한 결과물로서 달라지며, 결국 그들이 계획되지 않거나 또는 계획된 담화에 참여하고 있는가에 결정된다. 제2언어 습득 연구에서 이러한 변이는 학습자들이 연구자에게 데이터를 제공하기 위하여 수행하는 그러한 유형의 과업에서 분명히 나타난다. Labov는 그가 그들에게 주었던 과업에 의존하는 원어민 화자의 발화에서 나타난 사회적으로 유표화된 형태의 발화에서 각기 다른 종류의 규칙들을 관찰했던 것처럼, 마찬가지로 제2언어 학습자들은 각기 다른 과업에서 그들의 중간언어 체계를 다르게 이용한다는 것이 관찰될 수 있다.

그 과업의 결과물로서의 이러한 변이는 사회과학 연구에서 종종 언급된다. 일련의 환경 속에서의 언어수행이 다른 상황에서 동일하거나 또는 아주 비슷한 언어수행을 보장하지 않는다는 것은 자명하다. 특히, 실험적인 과업이 자연적이거나 또는 정상적인 행동을 이끌어 내는 것 같지 않다는 근거로, 실험적인 조건에서 인간의 행동을 검증하는 것에 대한 타당성에 대하여 여러 가지 의구심들이 나타나게 되었다(예를 들면, Cicourel 등 1974). Butterworth(1980: 4)는 다음과 같이 지적한다:

> 자극과 이용 가능한 반응들을 다루는 것은 인간을 다루는 것과 동일하지 않다; 엄격하게 통제되는 조건하에서조차도 피험자들은 과업을 다루는 전략을 발달시킬 수 있고 발달시킬 것이며, 그리고 실험자가 의도했던 전략을 필연적으로 발달시킬 수 없고 발달시키지 못할 것이다.

과업의 본질은 관찰된 그런 그러한 종류의 언어에 영향을 미친다는 사실을 보여주는 제2언어 습득 연구에서 상당한 증거가 있다. 이런 연구 중의 일부는 중간언어 스타일의 논의에서 이미 언급하였다. 또 다른 예로는 Fillmore(1976)이다. 그녀는 몇 명의 피험자들이 유도된 데이터로 많은 사례의 한 마디 발화들과 그리고 단편적인 발화들을 만들어 냈으며, 반면에 그들의 자연스러운 발화는 상당히 높은 비율의 복잡한 발화가 들어 있었다는 것을 발견했다. Burmeister와 Ufert(1980)는 5명의 독일 어린아이들의 영어 제2언어 습득에 대한 종적 연구에서 자연스러운 발화와 번역 과업으로부터 수집된 데이터에 대한 신중한 비교를 수행했다. 그들은 두 종류의 데이터에서 네 가지 영역의 다른 점을 확인했다:

1. 유도된 데이터는 자연스러운 데이터보다 높은 수준의 모국어 간섭현상이 있었다.
2. 실험 조건하에서 어린아이들은 종종 이전의 발달 단계에 속해 있었던 구조까지 후퇴했다.
3. 유도된 데이터는 어린아이들이 복잡한 부정문과 같은 어떤 구조들을 피하려는 시도를 했다고 시사했다.
4. 유도된 데이터는 자연스러운 발화에서 전혀 또는 거의 발생하지 않는 아주 많은 구조들이 나타났다. 이 독특한 구조들은 어린아이들을 가능한 한 그들의 언어 지식을 이용하도록 유도하는 실험 조건의 결과일 수도 있다.

이에 대하여 Burmeister와 Ufert는 그 실험 데이터가 특별한 유형의 의사소통적인 행동으로부터 야기된 것이라고 결론지었다. 실험조건들은 학습자들이 그것들을 갖추었든지 또는 아니었든 상관없이 어떤 규칙들에 대한 지식을 예상했으며, 그래서 그들은 그들 자신의 의사소통 수단을 선택하는 것이 자유롭지 않았다. 반대로, 학습자들은 자연스러운 발화에서는 내용과 언어규칙들 둘 다에 관하여 더 자유로운 선택을 했다.

이러한 관찰들은 가장 체계적인 스타일이 일상어라는 Labov와 Tarone의 주장과도 일맥상통한다. 어떤 유도 형태에서 이용된 다른 스타일들에서, 정상적인 언어 유형은 방해를 받는다. 학습자는 자연스런 대화에서 발생하지 않는 다양한 전략을 이용한다. 이 전략들은 모국어 형태의 전이, 초기의 중간언어 형태, 그리고 간헐적으로 나타나는 더 진보된 중간언어 형태로, 일정하지 않은 언어수행으로 이어진다.

각기 다른 과업에서 언어수행에 영향을 주는 또 다른 요인은 학습자가 언어를 수행하도록 요청받는 활동에 대한 인지적인 복잡성이다. 어떤 과업을 착수하는데 관련된 그 인지적인 작용은 다양하지만, 전반적인 복잡성을 측정할 수 있는 한 가지 방법은 “언어 지각 거리”(Blank 등 1978)에 관한 것이다. 이것은 사용된 언어가 직관적으로 아주 중요한 상황의 특성들과 관련된 정도를 나타낸다. 그것은 종종 발달의 초기 단계에서 어린아이들이 그들의 물리적인 환경의 일부분인 대상들과 사건들에 대하여 대화하기 위하여 사용하는 모국어 습득에서 언급했다. 대체된 활동에 대하여 대화하는 것보다 이것을 하는 것이 분명히 더 쉽다. Blank 등은 언어-지각 연속체에 근거한 검사를 고안했다. '가장 쉬운' 질문은 지각 과업과 일치하는지와 관련되며(예를 들면, 'What things can you see on the table?'), 가장 '어려운' 질문은 지각에 대한 추론과 관련된다(예를 들면, 'What happens to the cookies when we put them in the oven?). Ellis(1982b)는 제2언어 학습자들에게 사용할 유사한 검사를 고안했다. 그는 특정한 과업에 대한 인지적인 복잡성은 제2언어 학습자들이 그 과업을 수행했던 성공과, 그리고 또한 언어 사용의 복잡성과 정확성에 영향을 미쳤다는 사실을 발견했다. 제2언어 학습자들이 현시점에 대하여 대화하는 것으로부터 모국어 학습자들과 대체로 똑같이 유용하다는 것을 보여주는 사례 연구들(예를 들면, Hatch 1978c)로부터의 증거가 또한 있다.

중간언어 언어수행에서 과업의 각기 다른 영향에 대한 설명은 학습자가 말하고 있는 것에 대해 주의를 기울이는 양에 있다. 번역과 같은 유도 과업에서 학습자는 목표 언어를 모국어와 비교하도록 요구되며, 그래서 모국어 간섭현상이 더 분명한 것은 놀라운 일이 아니다. 인지적으로 복잡한 과업에서(예를 들면, 폭넓은 언어 지각의 차이가 있는 한 가지), 학습자의 관심은, 학습자의 언어능력에 대한 가장 최근의 추가 사항들인 그러한 중간언어 형태들에 중점을 둘 수 없다는 것과 그러므로 전제적으로 자동화되지 않는다는(물론, 과업이 특정한 형태들에 관심을 필요로 하는 곳을 제외하고) 결과로 인해, 비언어적인 쟁점들에 더 매달리게 되는 것 같다. 그 결과로 나타나는 발화는 쉬운 과업에서보다 목표에 덜 가깝고, 덜 복잡하고, 그리고 더 단편적인 것 같다. 정반대로, 인지적으로 단순한 과업에서(예를 들면, 목록으로부터 단어 읽기), 학습자는 그의 가장 진보된 중간언어 형태들에 중점을 둘 수 있을 것이며 그 결과 그의 언어능력을 극대화할 수 있을 것이다.

그러므로 그 과업의 본질이 관찰되는 언어학습자 언어의 종류를 결정한다는 것이 분명하다. 이것은 중요한 의문은 야기한다. 제2언어 습득 연구에 가장 좋은 데이터는 무엇인가? 학습자의 '자연스런' 언어수행을 반영할 경우에 한해서만 데이터가 타당하다는 하나의 가정이 제2언어 습득 연구에서 종종 만들어지며, 결국 계획되지 않은 담화와 관련이 있는 그러한 자연스러운 의사소통의 행동과 동일시된다. 이 가정은 일상어 스타일이 다른 중간언어 스타일들보다 어떤 면에서 더 기초적이라는 믿음에 근거하고 있다. 이전 부문에서 논의된 바와 같이, 그와 같은 가정에 대한 몇 가지 근거들이 있다. 그러나 그것은 또한 중간언어 연구를 위한 가장 좋은 데이터로 여겨지는 것이 절대적이라기보다는 상대적이라고 주장할 수 있다. 즉 가장 좋은 데이터는 연구자가 조사하고 싶은 특정한 중간언어 스타일을 대표하는 것들이다.

따라서 만일 연구자가 일상어 스타일에 관심이 있다면, 그는 자연스러운 발화에서 나오는 데이터가 필요할 것이며, 만일 연구자가 신중한 스타일에 관심이 있다면, 그는 모니터된 언어수행을 반영한 유도된 데이터가 필요할 것이다. 만일 그가 변이적인 체계로서의 중간언어에 관심이 있다면, 그때 그는 다양한 과업들이 필요할 것이다.

제2언어 습득 연구시 피해야 할 두 가지의 위험요소들이 있다. 첫째는 사용된 데이터에 대하여 그릇된 주장을 하지 않는 것이다. 예를 들면, 유발 도구에 의하여 수집된 데이터에서 '자연스런' 경로에 대한 진술에 근거를 두는 것은 어폐가 있다. 형태소 연구에서 비난했던 비평들 중의 하나는 '자연스런' 순서가 오직 사용된 유발자료의 부작용이라고 주장했다는 것이다(즉, 이중 언어 통사 측정). 이미 관찰된 바와 같이, Burt와 Dulay(1980)는 이 측정이, 자연스런 환경에서 발견된 의사소통의 유형으로 이어질 때, 학습자의 일상어 스타일을 이용한다고 주장한다. 그러나 그들은 그 측정으로부터 기인한 어떤 대화의 실례도 들지 못했으며, 그래서 이 주장은 평가하기가 어렵다. 그 유용한 증거는 유도된 발화가 자연스럽게 발생하는 발화와 다른 것 같다고 제안하며, 그래서 '자연스런' 순서가 결국에는 그렇게 자연스럽지 않다는 가능성이 무시될 수 없다. Porter(1977)에 의한 한 연구는 이것이 실제로 그런 경우가 될 수도 있다고 주장한다. Porter는 모국어를 배우는 어린아이에게 이중 언어 통사 측정법을 사용했고 Burt와 Dulay, 그리고 제2언어 습득 연구의 다른 연구자들에 의해 발견된 것과 매우 유사한 순서를 찾아내었다. 그러나 이러한 순서는 자연스럽게 발생하는 발화를 이용했던 중간언어 연구들에서 보고된 '자연스런' 순서와 일치하지 않았다(예를 들면, de Villiers와 de Villiers 1973; R. Brown 1973).

두 번째 위험요소는, 또 다른 스타일로부터 하나의 중간언어 스타일을 구분하는 것을 불가능하기 때문에, 각기 다른 출처로부터 나온 데이터를 혼합하는 것이다. Larsen-Freeman(1976)은 연구 과업이 말하기, 듣기, 읽기, 쓰기, 그리고 유도된 모방에 의한 각기 다른 형태소 순서를 발견했다. 만일 그와 같은 다양한 과업들로부터 나온 데이터가 제외된다면, 중간언어의 체계성이 감추어질 것이다. 이미 언급된 바와 같이, 비록 중간언어에 상당한 자유변이가 또한 있을지라도, 몇 가지 연구들(예를 들면, Cazden 등 1975)에서 보고된 언어학습자 언어에 대한 많은 이질성은 언어 사용자의 역할에 대한 관심의 정도가 다르다는 것을 반영한 공동관리 데이터로부터 나온다는 것이 가능하다.

중간언어 변이에 대한 기술

각기 다른 과업들로부터 따로 데이터를 보관함으로써, 학습자의 변이적인 체계에 대한 각각의 스타일을 조사하는 것이 가능하다. 그러나 각기 다른 유형의 변이에 대한 이전의 논의에서 분명히 밝혀진 바와 같이, 그 데이터는 완전히 동질적이지는 않을 것이다. 거기에는 사소한 스타일의 변동이 있을 것이며 — 각 스타일이 연속체 상에 하나의 무리로 나타난다(그림 4.2 참조) — 언어적인 맥락에 대한 반응로로써 추가의 체계적인 변이가 있을 것이며, 그리고 자유변이도 있을 것이다. 그러므로 변이적인 현상으로서 중간언어를 어떻게 기술할 것인가라는 의문점을 일으킨다.

한 가지 방법은 **변이 규칙**들을 이용하는 것이다. 이것들은 각기 다른 상황적인 맥락 또는 언어적인 맥락에서 발생하는 두 개 또는 그 이상의 변이들에 대한 개연성을 구체적으로 명시하는 규칙들이다. 예를 들면, 학습자들은 가끔 도치된 WH-의문문(원어민 화자의 발화에서처럼)과 가끔은 도치되지 않은 의문문을 만든다. 학습자 발화들의 언어 데이터에 대한 면밀한 분석은 대부분의(전부는 아니지만) 도치된 WH-의문문들이 연계사나 또는 조동사 'be'가 들어있다는 것을 밝힐 수도 있다. 마찬가지로 대부분의 도치되지 않은 WH-의문문도(또 다시 전부가 아닌) 'be'보다는 다른 조동사들이 들어있다는 것을 밝힐 수도 있다. 각각의 언어적인 조건이 우세할 때 발생하는 도치 및 비도치형의 WH-의문문에 대한 개연서의 정도를 나타내는 변이 규칙을 기록함으로써 이러한 종류의 규칙적인 모형을 포착한다는 것이 가능하다. 변이 규칙들은 또한 상황적인 요인으로부터 기인한 변이적인 스타일의 언어수행을 기술하는데 강구될 수도 있다. 그와 같은 규칙들은 불가피하게 복잡하지만, 그것들은 학습자의 중간언어 체계의 진정한 본질이 나타나게 되는 것이라면 필수적이다.

변이 규칙들은 체계적인 변이를 기술하기 위하여 사용되는 가장 좋은 방법이다. 변이 규칙들은 자유변이를 다룰 수 없다. 또한 변이 규칙들은, 각 발달 단계에서 새로운 유형의 변이를 나타내기 위하여 새로운 변이 규칙들을 작성하는 것이 필요할 것이기 때문에, 어설픈 방법으로만 발달 변화들을 반영할 수 있다.

자유변이와 발달의 변화는 **확산 모델**(Gatbonton 1978)을 더욱 효과적으로 사용할 수 있는 것으로 다룰 수 있다. 그 모델은 중간언어 규칙에 대해 두 가지 넓은 단계의 발달을 가정한다. '습득 단계'에서 학습자는 우선 먼저 모든 상황이나 또는 모든 맥락에서 중간언어에 이미 정해진 형태를 사용한 다음 두 번째 형태를 시작한다. 처음에, 이 두 번째 형태는 모든 환경에서 첫 번째 형태를 포함하여 사용된다. 다시 말하자면, 그 두 형태들은 자유변이에서 사용된다. 교체 단계에서 학습자는 우선 그 형태들 중의 한 가지를 특정한 환경으로 제한하며, 반면에 모든 다른 환경에서는 두 형태들을 계속 사용한다. 나중에 그는 두 형태들을 그것들의 각자의 환경으로 제한한다. Gatbonton은 음운 발달을 기술하기 위하여 확산 모델을 사용하지만, 제2언어 습득의 모든 측면에 적용 가능하다. 다음 부문에서 논의되겠지만, 그것은 중간언어 변이에 대한 훌륭한 설명을 제공한다.

제2언어 수행에서 변이를 나타내기 위하여 사용되었던 또 다른 기법은 **암시적 측정법**이다. 이 기법은 크리올어 연구에서 처음 사용되었다(예를 들면, Decamp 1971). 그것은 시간상의 어떤 시점에서 발생하는 변이를 나타내기 위하여 사용되지만(예를 들면, 데이터는 횡적연구로 수집된다), 관찰된 수평적 변이는 시간이 지나면서 발생하는 수직적 발달과 일치한다는 가정이 만들어진다. 따라서 그 종류들은, 더 복잡한 종류들에 앞서 발달적으로 간주된 단순한 종류들을 가지고, 그것들이 얼마나 복잡한지에 의해서 계층적으로 배열된다. 그러므로 암시적 측정법은 공시적인 변이를 다룰 뿐만 아니라, 발달경로의 그림을 제공해준다.

암시적 측정법에 대한 좋은 예는 Dittmar(1980)에 의하여 제공되었다. 그가 사용한 절차는 다음과 같다:

1. 조사될 특성들을 확인한다. Dittmar는 독일인의 제2언어 습득 연구에서 동사구를 조사하여 다음과 같은 특성들을 확인했다:
   동사
   법조동사+동사
   연계동사
   조동사+동사
   조동사+법조동사+법조동사
2. 각각의 특성이 각 피험자에 대한 고정된 언어 데이터(예를 들면, 백 개의 발화들)에서 발생하는 많은 사례들을 계산한다.
3. 각각의 특성들에 대하여 피험자들의 점수들에 대한 행렬을 만들고, 그러기 위해서:
   — 피험자들을 그들이 사용했던 특성들의 수에 따라서 세로로 배열한다. 피험

자들의 발화가 특성들을 거의 포함하지 않은 것들은 목록의 위쪽에 있고 피험자들의 발화가 특성들을 모두 또는 거의 포함하는 것들은 아래쪽에 있다. 피험자들 모두에 대한 가장 일반적인 특성이 사용된 빈도에 따라서 피험자들의 각각의 그룹을 같은 수의 특성들로 정리한다(즉, 이 예시에서, 동사).

— 그 특성들을 각각의 특성을 사용했던 피험자들의 수에 따라서 자질들은 사용하는 실험 대상들의 수에 따라서 가로로 배열한다. 왼쪽에는 피험자들의 대부분에 의해 사용된 특성을 넣고 그리고 오른쪽에는 가장 적은 피험자들에 의해 사용된 특성을 넣는다.

4. 각기 다른 피험자들의 그룹에 따라서 각기 다른 종류(예를 들면, V1, V2 등)들을 구분한다.
5. 한 개, 두 개, 세 개의 특성들 등을 습득했던 피험자들의 그러한 그룹들을 구분하기 위하여 '계단'을 그린다.
6. 예외, 즉 암시적인 유형에 적합지 않은 그러한 예시들에 동그라미를 그린다.

표 4.1은 Dittmar의 분석에 대한 결과이다.

제2언어 습득 연자들이 직면하는 문제점은 제2언어 습득에서 한 단계에서 다른 단계로 변화하는 복잡한 변이의 유형을 다룰 수 있는 기술적인 체계를 발견하는 것이다. 변이 규칙들은 다양한 발달 지점에서 언어학습자 언어의 변이를 기술하기 위하여 사용될 수 있다. 확산 모델은 체계적인 변이와 비체계적인 변이 둘 다 그리고 또한 하나의 변이적인 체계와 발달 진행과정에 있는 그 다음의 변이적인 체계 사이의 관계를 다룬다. 암시적인 측정법은 수평적인 변이를 수직적인 발달과 결부시킨다. 제2언어 습득에서의 변이에 의한 역할을 이해하는 비결과 내가 지금 화제를 전환하려는 것이 바로 이러한 관계이다.

제2언어 습득에서 변이의 역할

지금까지 나는 제2언어 습득 연구에 대하여 제기하는 중간언어 변이의 본질, 그 결정요인, 그리고 다양한 이론적이고 기술적인 문제점들 관하여 집중적으로 다루었다.

표 4.1 암시적 측정법의 예(실험대상 48명, 성인 학습자, 동사구 5개의 사용규칙)(Dittmar, 1980: 225)

피실험자(수)		동사	서법동사+동사	연계사동사	보조사+동사	보조사+서법동사+동사
V^1	01	15	–	–	–	–
	02	21	–	–	–	–
	03	31	–	–	–	–
	04	36	–	–	–	–
	05	40	–	–	–	–
	06	42	–	–	–	–
	07	49	–	–	–	–
	08	57	–	–	–	–
	09	65	–	–	–	–
	10	76	–	–	–	–
V^2	11	71	3	–	–	–
	12	24	2	–	–	–
	13	45	1	–	–	–
	14	42	9	–	–	-
	15	68	5	–	–	–
	16	70	8	–	–	–
V^3	17	51	⊖	3	–	–
	18	65	1	4	–	–
	19	66	1	2	–	–
	20	67	4	6	–	–
	21	60	2	4	–	–
	22	69	1	2	–	–
	23	55	10	1	–	–
	24	58	3	9	–	–
	25	48	2	23	–	–
	26	60	11	11	–	–
V^4	27	57	14	⊖	1	–
	28	40	15	11	1	–
	29	58	1	6	3	–
	30	52	1	7	1	–
	31	66	4	8	1	–
	32	50	2	31	2	–
	33	54	1	5	6	–
	34	65	2	5	3	–
	35	55	6	15	11	–
	36	69	9	5	8	–
	37	26	9	39	5	–
	38	47	4	21	24	–
	39	50	7	23	8	–
	40	55	2	23	14	–
	41	40	15	18	27	–
	42	44	2	28	18	–
	43	52	5	20	15	–
	44	52	11	11	24	–
	45	43	9	21	27	–
	46	34	7	24	23	–
V^5	47	11	3	24	59	3
	48	17	8	12	57	3

이제는 변이가 발달의 메커니즘으로서의 역할을 하는지 대해 살펴보는 것이 남아 있다. 나는, 변이의 본질에 따라, 변이가 이중 목적을 제공한다고 주장하고 싶다. 맥락적인 변이는 차후의 발달이 일어날 과정을 살펴보는 반영으로서의 역할을 한다. 자유변이는, 학습자가 그의 중간언어 체계를 더 효율적으로 만들려고 노력함으로써, 발달에 대한 자극제로써의 역할을 한다.

맥락적인 변이

Widdowson(1975b: 195)은 "… 변화는 오직 현재의 변이에 대한 일시적인 결과"라고 언급한다. 어떤 의미에서 이것이 사실일까? 신중한 중간언어 스타일이 일상어 스타일보다 목표 언어 형태들을 더 많이 포함하고 있다다는 사실은 이미 언급한 바 있다. 그러므로 제2언어 습득이 진행될 수 있는 한 가지 방법은 처음에는 학습자의 일상어 스타일로 확산되기 위한 학습자의 신중한 스타일의 일부분인 형태들에 의한 것이다. 발달은 갑작스러운 변화가 아니라, 한편으로는 형식적인 스타일에서 계속해서 일어나는 비형식적인 스타일까지, 그리고 다른 한편으로는 단순한 맥락에서 점점 더 복잡한 맥락까지의 규칙들에 대한 점진적인 확대로 이루어진다. 이러한 면에서, 비목표 언어 변이들이 꾸준하게 증가하는 다양한 환경에서 제거됨으로써, 제2언어 습득은 변이의 정도를 서서히 감소시킨다. 이러한 감소는 신중한 스타일의 기준으로 변경되는 것을 나타낸다.

이것이 Tarone에 의해 제시된 제2언어 습득의 설명이다(1982, 1983). 비록 이러한 설명을 지지하기 위하여 이용 가능한 제한된 증거만 있지만(예를 들면, Dickerson 1975), 이 이론을 뒷받침할 강력한 이론적인 주장들이 있다. 이 주장들 중의 첫 번째는 학습자의 중간언어 체계를 발달시키기 위한 학습자의 동기와 관련이 있다. 그것은 문법이 거의 없이 효과적으로 의사소통하는 것이 가능하다고 자주 언급되었다(예를 들면, Schumann 1978) — 간단한 일상어 스타일은 대부분의 일상적인 상황에 충분할 것이다. 그러나 그와 같은 체계는 신중한 스타일과 관련된 사용 기준을 필요로 하는 사회적인 적절성의 요구사항을 충족시키지 못할 것이다. 그러므로 사회적으로 용납될 수 있도록 시도하는 그러한 학습자들을 위하여, 형식적인 스타일에서 더 많은 비형식적인 스타일로 처음에 이용 가능한 형태들을 전이할 필요가 있다. Littlewood(1981: 156)는 다음과 같이 말한다:

> 하나의 기준을 향한 이러한 필사적인 노력은 학습자 전체의 모든 목록을 원어민 화자의 언어 사용에서 발견했던 것과 유사한 다양한 변이의 방향으로 이끌 것이다. 이러한 방법으로 그것은 학습 진행과정을 위한 활력을 줄 것이다.

이것은 사회언어학적인 논의라고 말할 수 있다.

제2언어 습득의 변이에 대한 Tarone의 설명을 찬성하는 두 번째 주장은 심리언어학적인 것이다. 그것은 자신의 발화에서 형식적인 특성들을 처리하는 학습자의 역량과 관련이 있다. 그것은 일상적인 스타일에서 모니터가 거의 발생하지 않거나 또는 전혀 발생하지 않으며, 반면에 신중한 스타일에서는 세심한 관심이 요구된다고 이미 언급되었다. 이에 대한 이유는 중간언어 형태들에 대한 각기 다른 자동성의 정도에서 발견된다. 일상어 형태는 즉각적으로 이용할 수 있는 반면에, 신중한 형태는 그렇지 않다. 그러나 신중한 형태들이 사용될 때, 그것들은 더 자동적이 되고, 집중이 거의 필요하지 않은 결과로 인해, 그것들이 연습되며, 그래서 연속체의 끝에서 일상어 스타일에 더 가까운 중간언어 스타일을 사용하는 것이 가능하다. 따라서 계획된 담화와 최초에 관련된 의사소통의 스타일들은, 충분한 연습이 이루어진다면, 결국 계획되지 않은 담화에 접근할 수 있다.

자유변이

자유변이는 상당히 다른 역할을 한다. 학습자는 명백한 형태-기능의 관계를 발달시킴으로써 그의 중간언어 체계에 대한 효율을 높이려고 노력하기 때문에, 그것은 중간언어에서 불안정의 주된 근원이다. 두 형태들이 기능에 대해 완전한 유사성을 지니는 하나의 체계에서 작용하는 것은 매우 비효율적이다. 그러므로 자유변이에서 두 가지 형태의 존재는 언어학적 조직의 경제성 원리에 상충된다. 이것은 원칙적으로 하나의 언어학적 체계가 사용자가 의사소통하기를 원하는 모든 기능을 수행할 필요가 있다기보다는 충분한 특성들을 포함할 것이며 그리고 더 독특한 특성들을 포함하지 않을 것이라고 주장한다. 비록 경제 원리가 중간언어에 무엇을 넣을지를 결정하지는 못할지라도, 그것은 형태들이 존재할 때 무슨 일이 발생하는지를 결정한다. 경제 원리는 새로운 형태들이 의미를 구분하기 위한 기능을 하도록 함으로써 그 체계로 통합되거나, 또는 그 형태들이 제거되도록 조처한다.

그러므로 제2언어 습득은 형태-기능 연관성들을 분류하는 것으로 이루어진다. 만일 대체 형태들이 각기 다른 기능들에 그것들을 할당함으로써 정당화될 수 없다면, 불필요한 형태들은 중간언어로부터 제거될 것이다. 새로운 형태들이 중간언어로 들어오면, 그것들은 자유변이로 사용될 개연성이 있다. 그 이후의 단계들에서 학습자는 형태들을 기능위주의 특정한 목록으로 계속해서 분류할 것이다. 처음의 분류는 목표 언어의 형태-기능의 연관성을 밝히지 못할 것 같다. 이것은 몇 번의 분류를 할 수 있고, 그리고 많은 학습자들은 그것을 결코 완전히 성취할 수 없다. 각각의 새로운 형태는 수반되는 자유변이를 해결하기 위하여 더 기능 위주의 재편성이 필요하므로, 그 분류 진행과정은 새로운 형태들이 완전히 이해될 동안 지속적인 것이다.

확산 모델은 자유변이를 해결하는 것에 대한 이 복잡한 진행과정이 어떻게 발생하는지에 대해 분명히 보여주기 위하여 맞춰질 수 있다. 한 예로써, 이러한 데이터에 근거한 아래의 예를 살펴보자.

시간 1	시간 2	시간 3	시간 4
I am no go	I am no go	I am no go	I am no go
No Look	No Look	Don't look	Don't go
I am no run	I am don't run	I am don't run	I am no run
No run	Don't run	Don't run	Don't run

이 학습자는 두 가지 부정규칙을 사용하고 있다.

1. no+동사
2. don't+동사

시간 1에서 학습자는, 발화가 직설법이든 명령문이든 상관없이, 규칙 (1)을 사용한다. 시간 2에서 그는 직설법과 명령문 둘 다에서 규칙 (1)과 (2)를 사용한다. 시간 3에서 그는 규칙 (1)과 (2)를 사용하지만, 오직 규칙 (2)만 직설법과 명령문에서 사용한다. 시간 4에서, (1)은 직설법 발화에서만 사용되고, (2)는 명령문에서만 사용된다. Gatbonton에 따르면, 이러한 발달이 표의 형태로 나타낼 수 있다.

표 4.2 부정문에 대한 확산모델

	환경	
	직설법	명령문
습득단계		
시간 1	(1)	(1)
시간 2	(1), (2)	(1), (2)
대체단계		
시간 3	(1), (2)	(2)
시간 4	(1)	(2)

표 4.2에서 설명된 데이터는 다소 이상화되었으며, 물론, 그것들은 전체의 부정문들에 대한 습득을 다루지는 못하지만, 그러나 그 모델에 나타난 전반적인 원리들은 전체적인 범위의 습득을 다루는 실제 데이터에 적용될 수 있다. 물론 이 모델로 부정문 습득에 관한 모든 것을 다 설명해 주지는 못하지만 습득에 관한 실제적인 모델로는 충분하다.

요약하자면, 변이는 두 가지 면에서 제2언어 습득에 기여한다. 첫째, 신중한 스타일로부터 일상어 스타일 쪽으로 그리고 단순한 언어 환경으로부터 복잡한 언어 환경까지, 중간언어 연속체를 따라 다양한 규칙들이 있다. 이 진행과정은 사회적으로 수용할 수 있는 학습자가 느낀 욕구에 의해 동기부여 되며 그리고 학습자가 그의 발화를 처리할 때만 처음에 적용될 수 있는 규칙들을 자동화하는 연습에 의해 도움이 된다. 둘째로, 이것은 형태-기능의 관계에 대한 계속적인 재편성과 불필요한 형태들에 대한 최종적인 제거가 수반된다.

요약 및 결론

본 장은 중간언어에서의 변이를 살펴보았다. 그러기 위해서, 그것은 사회언어학적인 관점으로부터 언어학습자 언어를 살펴보았다: 즉 학습자의 언어능력은 동질적이라기보다는 오히려 이질적인 것으로 보았다. 이와 같은 관점은 도출된 중간언어에 대한 더 정확하고 믿을 수 있는 그림을 가능하게 할 뿐만 아니라, 또한 학습자가 하나의 발달 단계로부터 다음의 발달 단계까지 지나가는 메커니즘에 대한 통찰력을 제공한다. 그러므로 그것은 초기의 중간언어 이론보다 제2언어 습득에 대한 훨씬 더 강력한 설명을 제공한다.

원어민 화자의 언어처럼, 언어학습자 언어도 변이적이다. 이 변이는 체계적이며 동시에 비체계적이다. 체계적인 변이는 언어 사용의 상황적인 맥락과 언어학적인 맥락에 의해 결정되며 종종 맥락적인 변이와도 관련이 있다. 학습자들은 그들이 계획되지 않은 담화에서의 일상어 스타일 또는 계획된 담화에서의 신중한 스타일을 요청하는지에 의해서 중간언어 형태들에 대한 그들의 선택이 체계적으로 달라진다. 형태들에 대한 그들의 선택은 또한 언어적인 환경의 본질에 의해 영향을 받는다. 이러한 유형의 변이에 대한 비결은 학습자가 그 자신의 언어를 모니터하는 규모이다. 많은 모니터를 하는 것은 결과적으로 학습자가 그의 가장 진보된 중간 언어 형태들을 사용하거나, 그렇지 않으면, 모국어로부터 차용된 형태들에 대한 더 광범위한 사용을 야기할 수 있는 것 같다. 적은 수준의 모니터를 하는 것은 일상어 스타일을 야기하는데, 그것은 더 자연스럽고 더 체계적이다. 그것은 '심층적'이며 완전히 자동화된 중간언어 형태들의 사용으로 특징지어 진다. 자유(비체계적인)변이는 초기의 제2언어 습득에서 일반적이고 발달 진행 내내 지속된다. 그것은 학습자가 동일한 영역의 기능들을 표현하기 위하여 한 가지 또는 그 이상의 형태들을 사용할 때 분명하다.

중간언어 변이는 제2언어 습득 연구에 대한 많은 문제점들을 제기한다. 이것들 중의 하나가 변이가 기본적이라고 결정하는 것이다. 일반적으로 일상어 스타일이 기본적이라고 여기며, 왜냐하면 그것이 더 자연스럽고 더 체계적이기 때문이다. 또 다른 문제는, 학습자 언어수행이 과업의 본질에 따라서 달라지므로, 제2언어 데이터를 수집하는 방법이다. 여기서는 내재하는 변이를 무시하지 않는 연구 모델을 가지고 다루는 것이 중요하다. 사용된 기법들은 변이 규칙들, 확산 모델, 암시적 측정법을 포함한다.

끝으로, 본 장은 변이가 발달 진행과정에서 하는 역할을 고찰해 보았다. 각각의 발달단계가 새로운 변이 체계와 관련된 이전의 변이체계의 재배열로 이루어진다고 강조되었다. 이것은 두 가지 방법으로 발생한다. 첫째, 한 가지 스타일(즉, 신중한 스타일)에서만 이용 가능한 것으로 시작하는 형태들은 그것들이 또 다른 스타일(즉, 일상어 스타일)에서 사용될 수 있기 위하여 연속체를 따라서 이동한다. 둘째, 중간언어 체계에 대한 의사소통적인 효과를 최대화하기 위하여 형태-기능의 관계에 대한 끊임없는 개편이 있다; 비체계적인 변이는 서서히 체계적이 된다.

한때는 인정되었던 중간언어에서의 변이에 대한 이러한 설명으로부터 학습자의 언어수행이 이질적이라는 것과 오직 형태들에 대한 습득의 측면에서 제2언어 습득을 다루는 것이 매우 어려워진다는 것이 분명히 밝혀져야 한다. 제2언어 습득을 연구하기 위하여 발달의 각 단계에 존재하는 형태와 기능 사이의 관계를 조사하는 것이 필요하다. 그러나 본 장의 초기에서 이미 언급된 것들과 같은 몇 가지 연구들은 제외하고, 1장에서 언급된 바와 같이, 이것은 그 초점이 주로 형태통사론에 국한된 제2언어 습득 연구에서는 발생하지 않았다.

더 읽을거리

언어를 사용할 때 변이가 있으며 변이의 특성을 이해하려는 출발선에서 좋은 책으로는 Labov의 *Sociolinguistic Patterns*(Basil Blackwell, 1972) 중 한 장으로 나온 'The study of language in its social context'를 들 수 있다.

Dickerson의 논문 'The learner's interlanguage as a system of variable rules'도 좋은데 이 논문은(*TESOL Quarterly* 9/4: 401-7)에 실려 있으며, 음운변이의 중요성과 학습자 중간언어 체계의 민감성에 관하여 보고하는 내용이 들어 있다.

Tarone은 중간언어 변이에 대하여 상당히 이론적으로 다루고 있다. *Applied Linguistics*(4/2: 142-63)에 실린 그녀의 논문 'On the variability of interlanguage systems'는 본 장에서 언급한 동질모델과 이질 모델을 포함하여 중간언어 변이를 세 가지로 분류하여 설명하고 있다. 그녀는 중간언어 문제에 사회언어학적 설명을 배격하고 있다.

연구 방법론에 관심이 있는 독자들에게는 N. Dittmar가 쓴 *Sociolinguistics* (Edward Arnold, 1976년판, 제5장에서 언급하게 됨)가 상당히 좋은 책이다. 그러나 Dittmar는 L2 데이터에 관해서는 다루고 있지 않다는 점을 명기한다. E. Hatch와 H. Farhady는 Newbery House 출판사 1982년판 *Research Design and Statistics for Applied Linguistics*에서 L2 데이터를 이용한 암시적 측정법을 아주 훌륭하게 설명하고 있다.

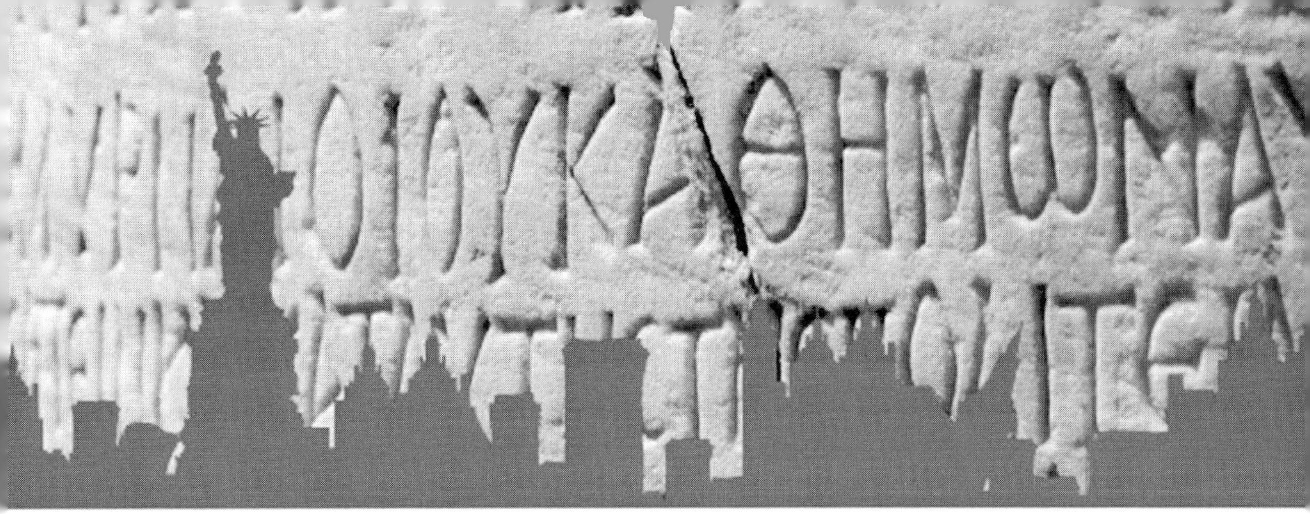

5장

개별인 학습자 차이와 제2언어 습득

서론

제2언어 학습자들은 성격, 동기부여, 학습 유형, 적성 그리고 연령과 관련된 여러 가지 차원에 따라 다양하다. 본 장의 목적은 이러한 요인들과 제2언어 습득 사이의 관계를 검토하는 것이다. 그러나 우선 이러한 관계의 본질에 대한 두 가지를 살펴보는 것이 중요하다.

개별인 학습자 요인에 의해 영향 받는 제2언어 습득의 측면

제2언어 습득의 어떤 측면이 개별인 학습자 요인에 의해 영향을 받는지에 대한 두 가지 기본적인 가능성이 있다. 한 가지는 학습자가 제2언어 습득에서 진행하는 **경로**에서 차이점의 결과로 이어지는 연령, 학습 유형, 적성, 동기부여 그리고 성격이 있다. 다른 한 가지는 이러한 요인들이 제2언어 습득의 **진도**와 궁극적인 **성공**에 영향을 준다는 것이다. 이것들은 개별인적인 문제들이다. 학습자가 어떤 진도로 학습하는지 또는 궁극적으로 어느 정도의 성취를 이루는지는 논란이 되지 않는다. 정말로, 그것은 대부분의 언어 학습자와 교사들의 경험에 대한 부분이다. 그러나 개별인적인 차이가 언어적 지식이 습득되는 연속과 순서에 영향을 준다고 주장하는 것은 훨씬 더 논란의 소지가 있다. 그것은 '자연스런' 발달 경로에 찬성하는 주장과 증거에 상반된다(3장 참조).

각 개별인 학습자 요인의 논의에서 볼 수 있듯이, 제2언어 습득의 경로에 대한 영향이 진지하게 조사되지 않았다. 학습자 변이에 대한 거의 모든 연구는 다른 각기 다른 학습자들에 의해 성취된 숙달 단계들에 미치는 영향을 조사하거나 또는 그것들이 제2언어 학습의 과업에 대한 개별인 학습자의 반응에 어떻게 영향을 미치는지를 기술하는 것을 포함했다. 숙달이나 또는 습득의 어느 것도 습득 경로에 대한 통찰력을 제공하지는 못한다.

제2언어 습득에서 개별인적 차이의 역할에 대한 아주 상반된 의견들이 있다. Fillmore(1979)는 한편으로는 개별인 차이들이 모두 중요한 요인으로 보일 수 있지만, 반면에 다른 한편으로는 그것들은 상대적으로 무의미한 요인으로 다루어진다고 지적한다. 학습자의 숙달 단계에서의 차이점을 설명하는데 중점을 두었던 연구는 개별인 학습자 요인의 중요성을 강조하는 경향이 있었다. 제2언어 습득의 진행과정을 조사하려고 했던 연구는 개별인 학습자 요인의 중요성을 낮게 보는 경향이 있었다.

학습자 요인들의 확인과 분류

다른 개별인 요인들의 확인과 분류는 문제가 많은 것으로 증명되었다. 그 주요 어려움은 적성, 동기부여, 또는 불안 같은 특성들을 정확하게 관찰하는 것이 가능하지 않다. 이것들은 그저 여러 집단들의 행동들에 대한 표시일 뿐이고, 그리고 당연히, 다른 연구자들은 다른 일련의 행동 특성들을 기술하기 위하여 이러한 표시들을 사용해 왔다. 그 결과, 그들의 조사결과를 비교하거나 평가하는 것은 쉽지 않다. 각각의 요인은 통합된 구성체가 아니고 중복된 행동의 범위에서 나타나는 복잡한 특성들이다. 그러므로 다수의 용어들이 그러한 현상들을 기술하기 위하여 사용되었다는 것을 발견하는 것은 놀라운 일이 아니다. Hawkey(1982)는 이들 중의 몇 가지를 열거한다: '정의적', '인지적', 그리고 '사회적 요인들'(Tucker 등 1976), '정의적인 그리고 능력 요인들'(Chastain 1975), 그리고 '태도적/동기적 특징들'(Gardner 등 1979) 이다.

이러한 과다한 용어와 개념에 대한 어떤 질서를 부여하기 위하여, 나는 **개인적인** 그리고 **일반적인 요인들** 사이에 최초의 구분을 지으려고 제안한다. 개인적인 요인들은 제2언어를 학습하는 것의 각 개별의 접근에 대한 아주 특유한 특성들이다. Schumann과 Schumann (1977)은 그들 자신의 언어 학습 경험에 대한 보고에서 몇 가지 예를 제시한다. 그들은 '둥지 모형'(학습이 효과적으로 이루어지도록 시작 전에 질서 있게 정돈된 자리와 안정의 필요), '전이 불안'(외국으로의 이사로 이루어지는 스트레스) 그리고 개인 언어학습 목표를 유지하기 위한 욕구를 포함시켰다. Schumann들은 그러한 요인들이 그들의 제2언어 습득에 확고한 영향을 주었다는 것을 발견했다. 일반적 요인들은 모든 학습자들의 특징인 변이들이다. 그것들은 특정한 개별인의 학습에 존재하든지 간에 다르지 않지만, 그러나 그것들이 존재하는 범위에서, 또는 그것들이 인식되는 방법에서 다르다. 일반적인 요인들은 동기부여와 같은 수정 가능한 것들(즉, 제2언어 습득의 과정동안에 변화하는 것 같다)과, 적성과 같은 수정 가능하지 않은 것들(즉, 제2언어 습득이 발생할 때 장점이나 또는 본질에서 변하지 않는다)로 더 나눌 수 있다.

개인적 그리고 일반적 요인들은 사회적, 인지적 그리고 정의적인 측면이 있다. 사회적 측면은 학습자에게 외적이며 제2언어의 학습자와 원어민 화자 사이에서 그리고 또한 학습자와 그의 모국어의 학습자와 다른 화자와의 사이에서의 관계를 고려한다. 인지적이고 정의적 측면은 학습자에 대해 내적이다. 인지적 요인들은 학습자에 의해 사용된 문제 해결 전략에 대한 본질과 관련이 있고, 반면에 정의적 요인들은 제2언어를 배우고자 하는 시도에 의해 발생하는 정서적 반응과 관련이 있다. 각기 다른 개인적 그리고 일반적 요인들은 정도의 차이는 있지만 이 모든 세 가지 측면들을 포함한다. 예를 들면, 적성은 사실상 기본적으로 인지적인 것으로 생각될 뿐만 아니라, 또한 정의적이며 사회적인 측면도 포함한다. 성격은 기본적으로 정의적일 뿐만 아니라, 또한 사회적이고 인지적인 면을 포함한다. 연령은 세 가지 측면을 거의 동등하게 포함할 수 있는 요인이다. 그것은 개별인의 언어 학습 유형을 구성하는 개인적이고 일반적 요인들이 아주 복잡한 사회적, 인지적, 그리고 정의적 특성을 구성하며, 그 결과, 종종 상당히 모호하게 정의되기 때문이다. 그럼에도 불구하고, 이어지는 논의가 제시하는 바와 같이, 그것들은 제2언어 습득에서 중요한 역할을 한다.

개인적 요인들

Schumann과 Schumann에 의하여 확인된 것들과 같은 개인적 요인들은 제3자에 의해서는 관찰되기가 어렵다. 이러한 방법론적 문제는 두 가지 방법으로 해결되어 왔다. 먼저, 일지연구의 사용을 통한 것이다. 이러한 연구일지에, 개별인 학습자들은 제2언어를 배우는데 있어서 그들의 경험을 매일 기록한다. 학습 기간이 끝나면, 일지의 저자는 '의미 있는 경향'을 표시하면서, 보고서를 준비할 수 있다. 출판된 일지연구의 실례로는 Schumann과 Schumann(1977), F. Schumann(1980), 그리고 Bailey(1980 그리고 1983)이다. (이들 중의 마지막 것은 많은 출판된 것과 출판되지 않은 일지연구에 대한 종합적인 검토이다.) 방법론적 문제에 관한 두 번째 해결책은 개별인 학습자들과의 설문과 면담을 이용하는 것이다(Pickett 1978; Naiman 등 1978). 이러한 방법으로 제2언어 습득에서 개별인의 응답에 관한 정보를 수집하는 데에는 어려움들이 있다. 한 가지는 피험자들이 연구자가 무엇을 듣기를 원하는지에 대해 그들이 생각하는 것을 말하거나, 또는 자화자찬에 빠지는 경향이 있다는 것이다. 또 다른 하나는 그와 같은 기법들은 오직 학습자가 의식하는 요인들만 드러낸다는 것이다. 그럼에도 불구하고 일지연구와 설문/면담의 두 방법은 모두 언어학습의 개인적 본질에 대한, 특히 교실수업 언어 학습에 대한 통찰력을 제시했다.

개인적 요인들은 의미상 이질적이다. 그러나 그것들은 다음 세 가지 주제로 함께 분류될 수 있다. (1) 집단 역학관계 (2) 교사와 교재에 대한 태도, 그리고 (3) 개별인의 학습 기법을 차례로 살펴볼 것이다.

집단 역학관계

집단 역학관계는 교실수업 제2언어 습득에서 중요한 것 같다. Bailey(1983)는 다수의 일지기록자들에 의해 경험된 불안과 경쟁을 상세히 기록한다. 몇몇 교실수업 학습자들은 그들 자신들에 대해 다른 학습자들과 분명한 비교를 한다. 또 다른 종류의 비교에서, 학습자들은 그들이 예상과는 달리 어떻게 진행하고 있는지에 대해 그들이 생각하는 것을 연결시킨다. 종종 이러한 비교들은 언어학습 경험에 대한 정서적 반응을 유발할 수 있다. 경쟁은 수업에서 큰 소리로 대답을 하거나, 또는 처음부터 끝까지 시험을 통하여 경쟁함으로써 다른 학습자들을 능가하기 위한 욕구에서 나타날 수 있다. 에식스 대학교의 응용언어학 석사 과정 학생들에 의한 집중적인 언어학습에 관한 보고서 논평에서 McDonough(1978)는 또한 집단 역학관계가 중요한 개인적인 변이들임을 정확히 지적하고 있다. 그러나 그는 비록 경쟁들이 혼란을 조장할 수 있을지라도, 그것들은 또한 학습에 대한 자극으로서의 역할을 할 수 있다고 언급한다. McDonough는 또한 학습자들의 압박에 대한 집단적인 거부와 그리고 실패에 대한 수용에 근거한 집단 응집력이 언어수행을 위축시킬 수 있다는 흥미로운 생각을 제기한다.

각기 다른 언어 학습자들의 경쟁에 대한 그녀의 분석 결과로써, Bailey(1983)는 다른 제2언어 학습자들과 비교해 볼 때 학습자의 자아상이 어떻게 제2언어 습득을 약화시키거나 또는 강화시킬 수 있는지에 대한 모델을 제시한다. 그 비교는 성공적이지 못한 자아상을 초래하는 곳에서, 불안이 약화되거나 아니면 촉진될 수 있다. 전자의 경우에, 학습자들은 학습 노력을 줄이거나 포기할 수 있다. 후자의 경우에는, 학습자들이 다른 학습자들과 보다 우호적으로 비교하기 위하여 그들의 노력을 증가시키고, 그 결과, 학습이 촉진된다. 비교가 성공적인 자아상을 초래하는 곳에서,

학습자는 긍정적인 보상을 경험하고, 따라서 계속 노력을 하고, 그래서 학습이 또한 강화된다. Bailey의 모델은 집단 상황에 대한 개인의 반응이 어떻게 학습에 영향을 줄 수 있는지에 대한 흥미로운 일반화를 제공한다. 그것은 그림 5.1에 요약되어 있다.

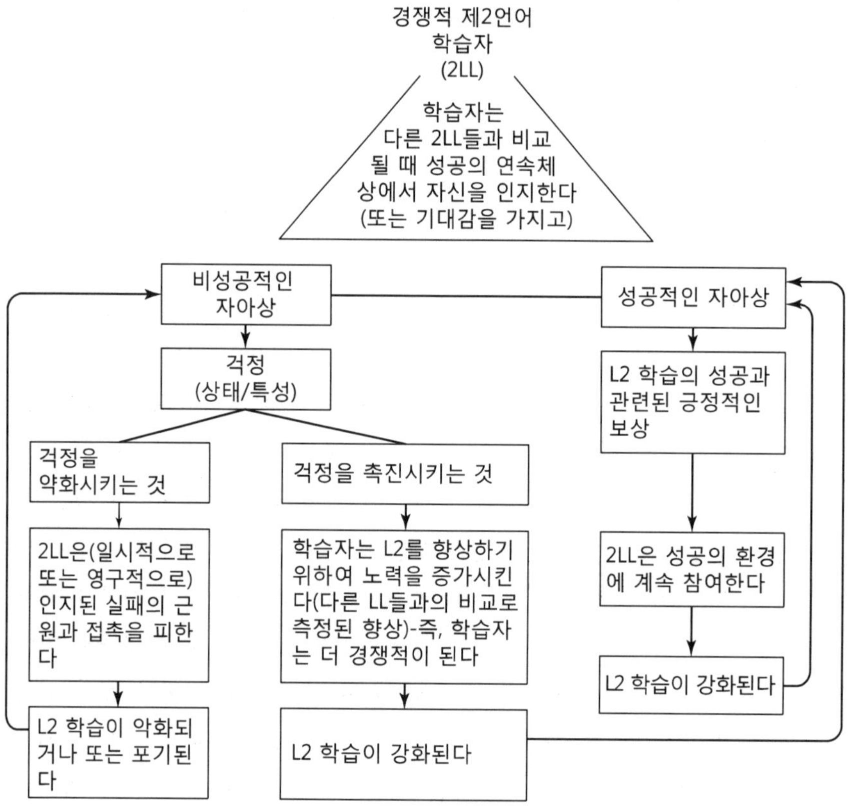

그림 5.1 경쟁력과 제2언어 학습자(Bailey, 1983)

교사와 교재에 대한 태도

학생들은 그들에게 최고라고 생각하는 이 같은 교사에 대하여 매우 다른 관점을 필연적으로 갖게 될 것이다. Stevick(1980)의 표현에서, 어떤 학생들은 그들의 학습 계획을 진행하기 위하여 그들에게 '공간'을 만들어 주는 교사를 선호한다. 다른 학생들은 학습 과업들을 훨씬 더 철저하게 구성하는 교사를 선호한다. 일반적으로 일지쓰기 연구자들은 전자를 선호하는 것으로 보인다. 예를 들면, Bailey(1980)는 민

주적인 교수 방식에 대한 분명한 선호도를 나타낸다. 그녀는 수업에서 학생과 학생의 상호작용은 학생들이 불공정한 시험에 대하여 교사에게 이의를 제기했던 상황 후에 민감하게 고조된다고 언급한다. John Schumann도 또한 언어 학습에서 개인적 학습 일정에 대한 욕구를 표현하고 있다. 그는 관찰한다: “나는 제2언어 학습에 있어서 나 자신의 일정을 가지기를 좋아한다는 것을 발견했다…나는 내 방식으로 그것을 하는 것을 좋아한다. 그러나 나는 내 일정이 종종 나의 선생님의 일정과 충돌한다”(1978: 246). McDonough(1978)의 많은 학생들도 또한 누군가의 교수 계획에 따라야만 하는 문제들에 관해 반박하고 있다. 그러나 Pickett(1978)의 성공적인 언어 학습 연구는 교사의 역할에 대한 태도에 있어서 커다란 포괄성을 나타내고 있다. 어떤 학습자들은 교사들이 ‘정보 제공자’로의 역할을 하는 것을 원했지만, 그러나 다른 학습자들은 논리적이고, 명확하며, 그리고 체계적인(즉, 학습자들에게 구조를 강요했던) 교사들을 높이 평가한다. Pickett의 연구로부터 알려진 주된 일반화는 학습자들이 그들의 교사에게 호감을 느낄 필요가 있고, 또한 그들이 예측할 수 있기를 원할 필요가 있다는 것이다.

학습자들은 또한 그들의 교재에 대한 태도도 다양하다. 일반적으로, 성인 학습자들은 융통성이 없는 방법으로 그들에게 강요된 교과서를 지참하는 것을 좋아하지 않는다. 그들은 그들이 스스로 선택하는 방법으로 사용하기 위한 다양한 교재들과 기회를 더 선호한다. 예를 들면, McDonough의 학생들은 종종 그들이 참여했던 5주의 단기 수업에 대한 진도와 강도에 이의를 제기한다. 그들은, 비록 몇몇 학생들이, 더 철저히 심사숙고한 후에, 이 압력에 대해 감사를 표현한다고 할지라도, 외부 압력에 대처할 수 없다고 전한다. 그러나 이러한 모든 연구들은 학습 현장에서 있었던 교사들의 반응들을 다루었다. 다른 학습자들은 교사 대 학습자들의 관계보다도 덜 중요하다고 입증할 수도 있다.

개별인 학습 기법

각기 다른 학습자들에 의해 이용되는 기법들에 많은 다양성이 있다. 그것들은 두 그룹으로 다룰 것이다: 제2언어를 공부하는 것과 관련된 것들, 그리고 제2언어 입력을 얻는 것과 관련된 것들이다.

Naiman 등(1978)과 Pickett(1978)는 무수히 많은 기법들을 확인했다. 여기에 학

습자들이 제2언어에서 어휘를 발달시켰다고 보고했던 것들의 표본이 있다:

1. 어휘목록 준비와 암기
   개별인 학습자들은 이것에 대처하는 매우 특이한 방법들을 가지고 있는 것으로 보인다. 예를 들면 Pickett의 피험자들 중의 한 명은 우선 영어 단어를 먼저 기록하고, 그 다음에 발음 표기로 외국어의 단어를 기록하고, 마지막에는 외국어의 단어에 대한 철자법 형태를 기록한 노트를 기록했다. 그는 또한 동시에 기록해 나가는 세 가지 어휘 목록이 있음을 보고했다 — 한 가지는 순서대로 정리했고, 두 번째는 알파벳 순서로, 세 번째는 문법적으로 또는 상황적으로 정리했다.
2. 맥락에서 어휘 학습
   어떤 학습자들은 목록 작성을 시도하지 않았다. 그들은 사용된 맥락들로부터 핵심 어휘 항목들을 익히는데 의존했다.
3. 어휘 연습
   다양한 기법들은 이러한 주제의 영향을 받는다. 즉 어휘 자체를 연습하기 위하여 각기 다른 구조에 단어들을 신중하게 넣기, 어휘 강화를 위한 읽기, 동일한 어미를 가진 단어들에 대해 생각해 보려는 것과 같은 게임하기, 그리고 혼자서 단어들을 반복 연습하기이다.

이러한 것들과 유사한 기법들이 문법과 발음 같은 언어학습의 다른 측면으로 확인되었다. 어휘는 학습자들이 가장 특별한 관심이 있는 것으로 보이는 영역이다.

학습 기법들의 두 번째 그룹은 학습자가 제2언어와의 접촉하는 방법들과 관련된다. 학습자들은 종종 원어민 화자와의 의사소통을 할 수 있거나, 또는 제2언어에 최대한 노출되기 위하여 라디오나 또는 영화를 활용하는 상황을 찾는다. 어떤 학습자들은 심지어 휴가를 계획하여 제2언어가 사용되는 나라를 방문한다.

일반적인 요인들

내가 고찰하려는 일반적인 요인들은 (1) 연령, (2) 적성, (3) 인지 유형, (4) 동기부여, 그리고 (5) 성격이다.

연령

연령은 제2언어 습득에 있어서 개별인 차이를 논의할 때 가장 빈번하게 거론되는 변이이다. 이것은 그것이 측정될 수 있는 용이성 덕분이다－다른 일반적인 요인들과는 달리, 그것은 신뢰할 수 있게 그리고 정확하게 기술될 수 있다. 그러나 또 다른 이유는 어린아이들이 성인들보다 보다 더 나은 언어 학습자라는 신념을 공통적으로 갖게 된 경험적 조사에 따를 필요가 있었다. 연령과 제2언어 습득을 다루는 제2언어 습득 문헌에 대한 다수의 포괄적인 논평들이 있다(Hatch 1983a, 10장; Stern 1983, 17장; Dulay, Burt와 Krashen 1982, 4장). 이들 저자들에 의해 도달된 결론에는 뚜렷한 의견일치가 부족한 점이 있다. 이것은 연령 문제의 복합성을 반영한 것이다. 본 부문에서 나의 주요 목표는 우선 연령의 효과들을 조사하고 그 다음에 이러한 효과들에 대한 다양한 설명을 살펴봄으로써 이러한 복합 문제의 핵심 요소들을 분명히 밝히는 것이다.

연령의 효과

먼저, 제2언어 습득의 진도와 성공에 관한 연령 효과로부터 제2언어 습득의 경로에 관한 연령의 효과를 분리하는 것이 필요하다. 연령의 역할을 조사했던 대부분 연구들은 후자와 관련되었다. 그것은, 즉, 그 연구들이 연령 측정 또는 학습 기간과 얻어진 숙달의 측정 사이에서의 상호 관계의 범위를 검토했다는 것이다. 그러나 학습자의 연령과 함께 '자연스런' 경로가 학습자의 연령에 의해 변하는지를 고찰했던 다수의 횡적 연구와 또한 종적 연구들이 있었다.

유효한 증거는 연령이 습득의 경로를 바꾸지 않는다고 제시한다. Bailey 등(1974)은 성인들이 Dulay와 Burt에 의하여 연구된 문법적 형태소의 동일한 모음을 습득하는 순서를 조사하였다. 그들은 어린아이들의 형태소 연구들에서 발견된 것과 유사한 순서를 발견했다. Fathman(1975)은 20개의 문법적인 항목에 대한 습득 순서가 6세에서 15세까지 200명의 어린아이들에 대한 그녀의 표본에 계속 남아 있다는 것을 발견했다. 그러나 두 연구에서, 사용된 방법이 정확성과 습득 순서를 동일시하는 것이었으며, 그래서 결과의 타당성에 관한 방법론적 의문점들이 있다. 종적 연구들은 또한 연령이 부정문과 의문문과 같은 과도적 구조에서 발달의 다른 순서를 만들지 않는다고 지적한다. Cazden 등(1975)은 어린아이, 청소년 그리고 성인 학습자들이 동일한 단계를 거치고 있다는 것을 발견했다. 따라서 학습자들은, 그들이 몇 살이냐에 상관없이, 같은 방법으로 언어 데이터를 처리하는 것으로 보인다.

제2언어 습득의 진도와 성공은 학습자의 연령에 의하여 크게 영향을 받는 것으로 나타난다. 진도와 관련된 곳에서, 나이 많은 학습자들이 더 잘한다고 제시하는 증거가 있다. 즉, 만일 각기 다른 연령대에 있는 학습자들이 제2언어에 노출된 시간의 분량에 따라 대조해본다면, 높은 숙달에 도달하는 사람은 바로 나이 많은 학습자들이라는 것이다. 그러나 이러한 일반화는 두 가지 중요한 방법으로 수정될 필요가 있다. 먼저, Snow와 Hoefnagel-Höhle(1978)가 제시했던 바와 같이, 가장 빠르게 진행하는 학습자들은 청소년들일 수 있다. 네덜란드어 제2언어 학습자들에 대한 그들의 연구에서, 비록 성인들(15세와 그 이상)이 어린아이들(6~10세)을 능가했음에도 불구하고, 십대들(12~15세)은 그 둘보다 더 빨리 배웠다는 사실을 발견했다. 그것은 비록 연령이 언어 학습 능력을 증진시키지만, 언어 실천은 십대에 그것이 정점에 이르고, 이후에는 언어 실천이 쇠퇴하는 것으로 보인다. 일반화에 대한 두 번째 수정은 조사되고 있는 언어의 측면과 관련된다. Snow와 Hoefnagel-Höhle의 연구도 또한 이것과 관련이 있다. 그들은 연령이 오직 형태론과 통사론에 대한 요인이라는 것을 발견했다. 발음평가에서는 아주 작은 차이점들만이 있었다. 그러나 발음이 관련된 곳에서조차도, 어린아이들이 우월하다는 일반적인 생각이 인정되지 않았다.

제2언어 습득의 성공이 관련된 곳에서, 놀랄 것도 없이, 일반적인 결과물은 제2언어에 더 오랫동안 노출될수록, 더욱 더 원어민과 같은 제2언어 숙달이 이루어진다는 것이다. Burstall(1975: 17)은, 초등학교에서 프랑스어 교수에 대한 국립 교육연구 재단의 기본 계획(NFER) 과제의 결과들을 살펴보면서, "외국어 대한 성취 능력은 기본적으로 그 언어를 학습하는데 소비되는 시간의 양에 대한 기능…"이라고 결론을 내린다. 따라서 초등학교에서 프랑스어를 시작한 어린아이들은 중학교에 이르기까지 시작하지 않았던 어린아이들을 능가하는 경향이 있었다. 그러나 Burstall은 또한, 말하자면 나이 든 학습자들이 보다 유능했다는 것으로, 이전의 단락에서 요약된 결과들을 지지했다. 시간이 지남에 따라, 학습자 연령의 영향이, 적어도 듣기와 읽기 평가에 관해서는, 학습 기간의 길이보다 더 커지기 시작하지만, 그러나 말하기, 쓰기 평가에 관하여는 분명히 덜하다. 이러한 관찰 — 학습 기간에 대한 길이의 효과는 수용하는 능력보다는 오히려 만들어 내는 능력에서 가장 강하게 감지된다 — 은 Ekstrand(1975)에 의하여 신빙성을 더해 준다. 그는 스웨덴에서 스웨덴어를 배우는 이민자들의 거주 기간이 자유로운 구두 발화와 관련되어 있지만, 그러나 숙달에 대한 다른 측면들과는 관련되지 않는다. 따라서 그것은 비록 제2언어에 대한 수년간의 노출이 더 커다란 성공으로 이어진다 할지라도, 이것은 문법적 또는 음운론적 정확성보다는 전반적인 의사소통 능력에 제한적일 수 있는 것 같다(Hatch 1983a).

제2언어 습득에서의 성공은 제2언어 습득이 개시될 때 연령과 크게 관련이 있는 것 같다. 이것은 특히 발음이 관련될 경우이다. 예를 들면, Oyama(1976)는 60명의 이탈리아 남성 미국 이민자들의 도착 연령이 체류 기간보다 그들이 성취했던 발음의 수준에 대해 훨씬 더 잠재적인 결정요인이었다는 사실을 발견했다. 이런 점에 있어서, 적어도, 일반적인 견해가 입증된다. Oyama는 또한 문법에 관한 시작 연령의 효과를 조사했지만, 그러나 그 결과는 훨씬 더 명확하지 않았다.

이러한 결과들은 혼란스럽고 모순된 것으로 보일 수 있지만, 그러나 만일 경로, 진도, 그리고 성공이 분리된 것으로 다루어지고, 만일 발음, 어휘, 문법에 대해 연령의 차별적인 효과로 설명되고, 그리고 만일 시작 연령이 제2언어에 대해 수년간의 노출과 혼동된다면, 상당히 분명한 형태가 드러난다. 그 형태들은 다음과 같다:

1. **시작 연령**은 제2언어 습득 **경로**에 영향을 주지 않는다. 비록 습득 순서에 차이점들이 있을지라도, 이것들은 연령의 결과가 아니다.
2. **시작 연령**은 제2언어 학습의 **진도**에 영향을 준다. 문법과 어휘가 관련된 곳에서는, 노출 시간이 지속될 때, 청소년 학습자들은 어린아이들이나 또는 성인들보다 더 잘 한다. 발음이 관련된 곳에서는, 주목할 만한 차이점이 없다.
3. **수년간의 노출 횟수**와 **시작 연령**은 둘 다 **성공**의 수준에 영향을 준다. 수년간의 노출 횟수는 전반적인 학습자의 의사소통 숙달에 크게 영향을 주지만, 그러나 시작 연령은, 특히 발음에서, 성취되는 정확성의 수준을 결정한다.

이 요약에서의 유일한 잠재적인 모순은 어릴 때 시작하는 것이 좀 더 원어민과 같은 발음으로 이끄는 것 같지만, 그러나 더 어린 학습자들은 더 나이 든 학습자들만큼 빠르게 음성적인 능력을 습득하지 못한다. 이것은 만일 어린아이들이 나이 든 학습자들보다 동일한 진도나 또는 더 늦은 진도로만 배운다고 가설이 이루어진다면, 그들이 한층 더 앞서 갈 가능성이 있다는 것으로 분석될 수 있다(Krashen 등

1979 참조).

연령의 효과 설명

위에서 요약된 경험적 연구와 더불어, 제2언어 습득에 관한 연령의 효과에 대하여 고려해볼만한 이론화가 있었다. 나는 경험적인 결과들에 대한 요약을 고려하여 몇 가지 이론들을 조사해 보고자 한다.

결정적 시기 가설 결정적 시기 가설은 언어 습득이 자연스럽게 그리고 노력 없이 발생하는 기간이 있다고 언급한다. Penfield와 Roberts(1959)는 언어 습득의 최적기가 인생에 있어서 첫 10년 내의 범위에 포함된다고 주장했다. 이 기간 동안 두뇌는 유연성을 유지하게 되지만, 그러나 사춘기가 시작되면서 이 유연성이 사라지기 시작한다. 그들은 이것이 뇌의 좌반구에 있는 언어 기능에 대한 측면화 현상의 결과라고 제시했다. 그것은 뇌의 두 반구와 원래 관련되는 언어를 이해하고 발화하기 위한 신경학적인 역량이 대부분의 사람들에 대해 좌반구에 천천히 집중이 된다는 것이다. 나이 든 학습자들이 아마도 겪고 있는 증가하는 어려움은 이러한 신경적인 변화의 직접적인 결과로 보였다.

결정적 시기 가설을 뒷받침해 주는 어떤 증거가 Lenneberg(1967)에 의해 제시되었다. Lenneberg는 우반구의 손상이 성인들에서 보다 어린아이들에서 좀 더 많은 언어 문제들을 야기한다는 것을 발견했다. 그는 또한 좌반구의 수술을 받은 어린아이들의 경우에, 말하기 장애의 결과가 없었고, 반면에 어른들의 경우에는 거의 모든 언어 상실이 발생했음을 발견했다. 게다가, Lenneberg는 어린 아이들이 그러한 수술 후에 완벽한 언어 통제력을 빠르게 회복하였지만, 어른들은 그렇지 못했던 것이 아니라, 영구적인 언어적 손상을 계속 보였다는 증거를 제시하였다. 이것은 어린아이들과 어른들의 신경학적인 언어의 기초가 다르다는 것을 제시하였다.

그러나 Lenneberg의 증거는 사춘기 이전에 언어를 습득하는 것이 더 쉽다는 것을 나타내지는 않는다. 사실 Lenneberg는 언어 습득이 어린아이들에게 보다 쉽다고 **가정하였다**. 결정적 시기 가설은 제2언어 습득에서 연령에 의한 역할에 대한 부적절한 설명이며, 왜냐하면 이 가설은 오직 부분적으로만 적절하기 때문이다. 발음이 관련되는 곳에서만, 설령 습득의 진도가 아닌 성공에 관해서만 그렇다 해도, 초기의 빠른 시작이 유리하다는 것이다. 결정적 시기 가설은 유연성의 상실이 왜 언어의 다른 수준이 아닌 발음에 영향을 주는지에 대한 설명하기 위하여 재구성될 필요가 있다. 한 가지 가능성은 다중 결정 시기들이 있다(Seliger 1978). 언어 기능들의 편재화와 국지화의 진행과정은 서서히 일어나는 것이며, 여러 해 동안 계속 진행하는 것이다. 언어의 각기 다른 측면들은 이러한 진행과정에서 각기 다른 단계에 영향을 준다. 이것은 청소년들이 문법 습득에서 왜 어른들을 능가하는지를 설명한다 — 16세 즈음에 문법에 영향을 주는 결정적 시기가 도달될 수 있다. 그러나 이 설명은 추측에 근거한 것이다. 일반적으로 학습자들에 있어서 대뇌 반구 우위성과 연령 차이를 연결하는 증거는 명확하지 않다.

인지적 설명

어린아이와 청소년 또는 어른 사이에서 한 가지 명백한 차이점은 형식적인 체계로서 이해된 언어에 대한 후자의 능력이다. 더 나이 든 학습자들은 언어학적인 규칙을 의식적으로 공부하면서 언어에 **대하여** 배울 수 있다. 그들은 또한 그 언어를 사용할 때 이러한 규칙들을 적용할 수 있다. 반대로, 어린아이들은, 전체적으로 상위언어자각이 부족하지 않은 반면에, 형태로서 언어에 대답하기가 그다지 쉽지 않다. 그들에게 언어는 의미 표현의 도구이다. Halliday(1973)가 지적했던 바와 같이, 어린아이들은 언어가 무엇**인지**라기보다는 언어가 무엇을 **하는지**에 관해 반응한다. 제2언어 습득에서의 연령 차이가 어린아이들과 더 나이 든 학습자들의 언어에 대한 다른 방향에 관하여 설명될 수 있다는 것이 가능하다.

Rosansky(1975)는 인지 발달이 어린아이들이 언어를 대단히 쉽게 배운다는 것에 대한 설명을 한다고 주장했다. 그녀는, 제2언어 발달이 학습자가 무엇을 하고 있는지에 대해 인식하고 있는지 아닌지에 따라서, 두 가지 다른 방법으로 발생할 수 있다고 믿는다. 어린아이는 오직 유사한 것들만 보고, 유연한 사고가 부족하고, 자기중심적이다. 이러한 것들은 자동적인 언어 습득에 대한 선행조건들인데, 왜냐하면 상위 언어자각이 그것들과 관련되어 있기 때문이다. 어린아이는 그가 언어를 습득하고 있다는 것을 모른다. 게다가 어린아이는 또 다른 언어 사용과는 대조적으로 한 가지 언어의 사용에 대한 사회적인 태도를 발달시키지 못했다. 이런 이유들로 때문에 그는 또 다른 언어들에 대해 인지적으로 '열려져' 있다. 반대로, 어른은 제2언어를 자동적으로, 그리고 자연스럽게 배울 수 없다. Piaget(형식적 조작기)에 의해 기술된 바와 같이, 인지 발달의 마지막 단계를 가지는 12세 무렵에서 이루어지는 추상적 사고의 시작은, 유연하게 생각하고, 그리고 점점 더 자기중심적이지 않게 만들기 위하여, 유사점뿐만 아니라 차이점들을 인식하려는 성향을 갖게 되는 것을 의미한다. 그 결과 그는 확고한 상위 언어자각을 지니게 된다. 또한 그는 그 자신의 언어와 목표 언어에 대한 사용을 위하여 확고한 사회적 태도를 유지할 수 있을 것이다. 이러한 것들은, 학습자들이 습득 과업을 '그의 가설적 연역 이론을 사용하여 해결되는 문제'로서 처리하게 함으로써, 자연스런 언어 습득에 대한 방해로서의 역할을 할 수 있다. 그리고 Rosansky의 관점에서, 자연스런 학습을 저해하고, 대안적 접근으로 이어지는 연령과 함께 동반하는 것은 바로 자각이다. Rosansky가 인식하고 있는 바와 같이, 그것은 발달의 결과들이 매우 유사해 보이는 곳에서조차도, 그것들은 사실상 다르다는 결론이 나온다.

Rosansky의 논의가 지닌 문제는 신경학적 설명들과 같은 것이다. 그것들은 사춘기 이후의 학습자들이 어린 학습자들보다 덜 효율적이고 덜 성공적이라는 잘못된 가설에 둘 다 근거한 것이다. 비록 Rosansky의 입장이 경험적 근거로 입증되지 못하고 있지만, 인지적 발달이 하나의 요인이라는 것은 여전히 가능하다. 그것은 청소년들이 어린아이보다 왜 더 빨리 배우는가에 대한 설명에 도움을 줄 수 있다. 형식적 조작과 함께 동반하는 상위 언어자각은 좀 더 효율적인 학습을 촉진할 수 있다. 청소년은 어린아이처럼 언어를 '익힐' 뿐만 아니라, 의식적인 학습에 의한 이러한 진행과정을 추가한다. 그러나 몇 가지 문제들이 여전히 남아 있다. 발음에서의 어떤 이점이 왜 청소년기에는 보이지 않는가? 한 가지 가능성은 즉 그것이 의식적인 조작으로 최소한 수정 가능한 것이 발음이라는 언어의 모든 측면들에 대한 것이다. 또 다른 문제는 청소년이 어른을 능가하는 이유이다. 이것을 설명하기 위하여 인지발달의 또 다른 측면－기억력으로 되돌아갈 필요가 있을지도 모른다. 청소년들은 어른들보다 더 나은 기억력을 가지고 있을지도 모른다.

정의적 설명

조사된 또 하나의 가능성은 나이 어린 학습자들과 나이 든 학습자들의 정의적인 상태에서의 차이점들이 제2언어 습득에서의 연령 차이를 설명하는 것이다.

Brown(1980b)은 제2언어 습득이 문화 변용의 단계와 관련이 있다고 제안한다(즉, 외국 문화에 대해 들려주고 쉽게 대답하는 학습자의 능력). Brown은 네 단계의 문화 변용을 확인한다. 즉 (1) 초기의 흥분과 희열; (2) 목표 문화에 대한 반목과

적대감으로 이어지는 문화 충격, (3) 점진적이고 주저하는 회복과 관련된 문화 스트레스, 그리고 (4) 새로운 문화에 대한 동화 또는 수용이다. 어린아이들은 사회 문화적으로 회복력이 빠른 것으로 보이며, 왜냐하면 그들이 성인들보다 문화적 연결 관계가 더 적기 때문이다. 그들은 좀 더 빠르게 문화 변용 단계를 거쳐 가며 그래서 더 빠르게 제2언어를 습득한다. Brown의 이론에 대한 주요 문제는 어린아이들이 더 빠른 학습자라는 것이 다시 한 번 더 잘못된 가설이다.

Neufeld(1978)는 제2언어 습득에서 정의적 요인들이 연령 차이의 문제들과 어떻게 관련되는지에 대한 좀 더 확실한 설명을 제공해준다. 그는 언어에서의 '1차적' 그리고 '2차적' 수준을 구별하고 있다. 1차적인 수준은 상당히 많은 기능적인 어휘, 그리고 발음과 문법 규칙의 기초적인 숙달을 포함한다. 2차적인 수준은 복잡한 문법 구조와 다른 언어 유형들을 다루는 능력을 포함한다. Neufeld에 의하면, 모든 학습자들은 1차적인 수준을 습득하기 위한 선천적인 능력을 가지고 있다. 그러나 어린아이들은 그들이 동료 집단에 의하여 수용되는 요구로 동기부여를 강하게 부여받기 때문에 어른들보다 2차적 수준을 더 많이 성취하는 것 같다. 예를 들면, 어른이 외국인 억양을 유지하는 것에 즐거워하는 반면에, 모국어 문화에 노출된 어린아이는 원어민 같은 발음을 성취하는데 불안해한다.

결론

인지적 요인들에 의해 추가된 Neufeld의 이론은 제2언어 습득에서 연령 차이에 대해 알려진 모든 알려진 사실들을 수용할 수 있다. 우선, 그것은 습득 경로가 왜 연령에 영향을 받지 않는지를 설명한다. 만일 선천적인 능력들이 1차적인 수준의 습득을 설명한다면, 어린아이들과 어른들 사이에서 경로의 차이점은 없다. 그러나 어른들은 그들의 대단한 인지 능력들 때문에 1차적인 수준을 더 빠르게 습득할 것이다. 이것에 대한 예외는, 언어의 이러한 측면을 의식적으로 조작하는 것에 대한 어려움 때문에, 발음일 것이다. 어린아이들은, 특히 발음이 관여될 때, 더 성공적인 학습자로 판명될 것이며, 왜냐하면 그들이 모국어 공동체의 일부가 되어 이것을 성취하기 위하여 원어민과 같은 강세가 필요하도록 강하게 동기부여 받기 때문이다. 그것은 또한, 그들이 제2언어에 더 많은 횟수의 노출을 받을 것으로 보이며, 그리고 동료 집단 상호작용에서의 숙달에 대한 이러한 측면의 중요성 때문에, 전반적인 의사소통 유창도를 성취할 것이라고 예상할 수 있다.

지능과 적성

교실수업에서의 제2언어 학습은 두 가지 지적 능력들을 포함한다. 그것은, 종종 **지능**이라고 언급되는, '일반적인 학업 능력 또는 추론 능력'이라고 불리는 것(Stern 1983: 368)을 포함한다. 이 능력은 제2언어뿐만 아니라 다른 교과들의 학습이 포함된다. 다른 종류의 능력은, 종종 **적성**으로 언급되는, 제2언어 습득을 위하여 요구되는 특정한 인지적인 자질들로 구성된다.

지능

지능은 가설된 '일반적인 요인'으로 언급되어 사용되는 용어이며(종종 'g' 요인으로 언급되는), 그것은 전 영역의 학업 능력을 숙달하기 위한 우리의 능력에 대한 기저가 된다. McDonough(1981: 126)가 강조하는 바와 같이, 그것은 '정신의 내용이라기보다는 역량'이다. 즉 그것은, 지능 검사 의하여 가정상 측정되는 실제적 지식이라기보다는, 학습하기 위한 근본적인 능력이다. 물론, 실제로, 이것들을 분리하는 것은 대단히 어렵다.

'g' 요인이 제2언어 습득에 어느 정도까지에 영향을 주는가? Oller와 Perkins (1978: 413)는 "넓고 다양한 언어 숙달 척도에 있어서 대부분 신뢰할 수 있는 변화량을 설명해 주는 세계 공통어의 숙달 요인이 존재한다"고 주장했다. 그들은 언어 숙달의 'g' 요인이 지적능력의 'g' 요인과 동일하다다고 주장한다. 이러한 관점에 대한 한 가지의 문제는 'g' 요인이 모국어 습득에서 필수적인 요인으로 나타나지 않는다는 것이다. 심하게 정신적으로 지체된 어린아이들을 제외하고, 모든 어린아이들은 그들의 모국어에서 문법적 능력을 발달시키는데 성공한다(Lenneberg 1967). 만일 지능이 모국어 습득에 대한 주요 결정요인이 아니라면, 특히 이것이 자연스럽게 습득될 때, 그것은 또한 제2언어 습득에서 그리 중요하지 않다는 것이 가능하다.

Cummins(1979)는 Oller의 주장을 위에서 기술된 반론과 조화시키는 방법을 제시한다. 그는 두 종류의 언어능력을 구별한다. (1) 인지적/학문적 언어능력(CALP); 이것은 전반적으로 인지적이며, 학문적인 능력과 크게 관련이 있는 언어 숙달의 차원이며 그리고 Oller와 Perkins의 'g' 요인과 일반적인 지능으로 동일시될 수 있다. (2) 기초적인 대인 의사소통 능력들(BICS); 이것들은 구술 유창도가 요구되는 능력들이며 또한 언어 능력의 사회언어적인 측면들을 포함한다. 그것들은 자연스럽게 발달된다는 면에서 '기초적'이다. Cummins는 CALP와 BICS가 독립적이며 두 가지의 능력들이 모국어와 제2언어 습득에서 발견된다는 것이라고 주장한다. 언어 숙달에 대한 각기 다른 척도는 여러 가지 비율로 두 능력들을 이용할 수 있을 것 같다.

CALP와 BICS사이의 구분은 지능의 효과를 조사했던 다수의 연구 결과물을 설명한다. 예를 들면, Genesee(1976)는 지능이 학업적인 제2언어 프랑스어 능력의 발달과 강력하게 관련되어 있었지만(읽기, 문법, 그리고 어휘), 그러나 원어민 화자에 의한 구술 발화 능력의 비율과 대체로 관련이 없다는 것을 발견했다. Ekstrand (1977)는 또한 청취 이해, 그리고 자유로운 구술 발화의 평가들로 측정되었을 때 숙달과 지능과 숙달 사이에서 매우 낮은 상관관계만을 발견했으나, 독해, 받아쓰기, 그리고 자유 작문의 평가들로 측정되었을 때 매우 높은 상관관계를 발견했다. Chastain(1969)은 학생들이 연역적 추론 능력을 강조하는 인지 규칙 교수법에 의해 배웠을 때의 유효 상관관계와, 습관 형성을 강조하는 청취 구술 교수법에 의하여 배웠을 때의 비유효 상관관계를 발표했다.

결론적으로, 지능은, 제2언어의 형식적인 학습에서 활용되는 것들과 같은, 제2언어 습득과 연관된 몇 가지 능력들의 습득에 영향을 줄 수 있지만, 그것은 구술 유창도 능력의 습득에는 거의 영향이 없는 것 같다. 다시 말하자면, 지능은, 특히 이것이 형식적인 교수 방법들로 구성되었을 때, 교실수업 제2언어 습득에서의 성공에 대한 강력한 예측 변수가 될 수 있으나, 제2언어 지식이 목표 언어에서 어떻게 의사소통하는지를 학습을 통하여 발달될 때, 자연적인 제2언어 습득에서는 그 정도로 강력하지 않다. 그것은 또한 지능의 효과가 제2언어 습득의 진도와 성공으로 제한된다는 점에 주의해야 한다. 지능이 자발적인 언어 사용에서 드러나는 습득 경로에 영향을 준다는 증거는 없다(즉, 계획되지 않은 담화—4장 참조).

적성

적성은 정의하기가 쉽지 않다. 그것은 보통 그것을 측정하기 위하여 사용되었던 시험에 의해 정의된다(Carroll과 Sapon의 현대 언어 적성 검사(1959)과 Pimsleur의 언어 적성 종합테스트(1966)). 이 시험들은 동일한 행위자들을 정확하게 측정하지는 못한다. 그러나 두 시험들은 언어의 의미 있는 소리를 식별하고, 소리를 문자 부호로 연상하며, 그리고 언어의 문법의 규칙적인 모형을 확인하는 학습자의 능력들을 측정하려는 것이다. 적성의 이러한 관점은, 전후 수십 년에 걸쳐 매우 인기가 있었던, 언어 교육에 대한 청취 구술 교수법이 강조된 능력들을 반영한다는 것이 분명하다.

Carroll과 Sapon(1959)은 적성에 대한 세 가지 주요 구성요소들을 확인한다. 즉 (1) 새로운 소리를 기억하고 인식하는 능력으로 이루어져 있는 **음성부호화 능력**, (2) '언어의 통사적인 문장 형태에 대한 인식을 나타내는 개별인의 능력인 **문법 민감도**'(ibid: 7), 그리고 (3) 문법적인 형태와 의미 모두에서 유사점과 차이점을 의식하고 확인하는 능력으로 구성된 **귀납적 능력**이다. Pimsleur의 언어 적성 종합테스트와 공유된, 이들 적성들에 대한 관점에서 그 강조점은 '각기 다른 특징들의 합성물(Stern, 1983: 369)'에 관한 것이다.

적성의 효과에 관한 대부분의 유용한 연구들은 그와 같은 '합성물'의 관점으로 작용되었다. 그러나 이것이 적성에 대한 의사소통적인 측면과는 반대로 언어적인 측면을 강조하는 것에 특히 주목해야 한다. 즉, Carroll에 의해 정의된 것으로써의 적성은 기초적인 대인관계의 의사소통과 관련된 능력들이라기보다는, Cummins가 인지적/학업적인 언어능력으로서 확인했던 능력들과 일치한다는 것이다.

언어학습에 관한 적성의 효과는 각기 다른 교실 학습자에 의하여 성취된 숙달 수준에 관하여 측정되었다. 통상적인 절차는 위에서 언급된 시험들 중의 한 가지를 사용하는 적성 점수와, 그리고 언어 시험이나 교사들의 평가에 대한 결과로 이루어진 숙달 점수를 구하는 것이다. 이 두 가지의 점수들은 통계적으로 연관되어 있다(예를 들면, Pearson의 적률 상관계수에 의하여[1]). 이러한 방법으로 적성에 의해 통계적으로 설명될 수 있는 숙달 점수에서 변동의 정도를 밝히는 것이 가능하다. 예를 들면, Gardner(1980)는 캐나다 전역에 걸쳐 각기 다른 수업에서 캐나다 학교 어린아이들의 영어 말하기에 대한 현대 언어 적성 평가 점수와 프랑스어에 대한 평가 수준 사이에 $r=0.41$이라는 중간 상호 관계를 발표한다. 이것은 평가 수준에 있어서

1. Pearson의 적률 상관계수는 두 가지의 분리된 변이들과 관련하는 두 가지 척도 사이의 조화에 대한 정도를 설정하는 통계적 진행과정이다. 그것은 연구자가 하나의 변이에 대한 척도에서의 증가 또는 감소가 두 번째 변이에 대한 척도에서의 증가와 감소와 관련되는지를 설정할 수 있게 해준다. 그 절차는 두 가지 변이들 사이의 관계를 보여주지만, 그것은 그 관계가 서로 원인이 되는 것인지를 보여주지는 못한다.

대략 16%의 전체 변량이 적성에 의하여 설명될 수 있다는 것을 의미한다. Gardner는 이것이 적성과 숙달 사이에서 확고한 관계를 이루고 있다고 주장한다.

비록 Gardner의 주장과 같은 연구 결과들이 제2언어 습득에서의 한 요인으로서 적성의 중요성에 대한 주장을 뒷받침하는데 사용될 수 있다고 할지라도, 많은 의문들이 남아 있다. 인지 진행과정들이 적성이라는 표식에 포함된다는 것은 여전히 분명하지 않다. 적성 점수를 구하기 위하여 사용되었던 구조적인 척도들은, 제2언어 습득이 소리와 문법 체계들을 배우는 능력뿐만 아니라 의미를 전달하기 위하여 이러한 체계들을 사용하는 능력도 또한 포함하기 때문에, 거의 적절하지 않을 수 있을 것 같다. 적성의 개념은 제2언어 습득의 이러한 의사소통적인 측면들을 고려하여 확대될 필요가 있다. 또한 지능과 적성은 어느 정도까지의 분리된 개념인지가 분명하지 않다. 이미 언급한 바와 같이, Oller는 일반적인 지능과 언어 평가들에서의 언어 사용 능력이 근본적으로 동일하다고 주장했다. 그는 순수하게 분리된 언어 능력의 존재에 이의를 제기한다. 그러므로 적성에 대한 한 가지 의문은 그것이 존재하는지, 만일 그렇다면, 무엇으로 구성되어 있는가와 관련된다.

또 다른 의문은 제2언어 습득의 어떤 측면이 적성에 영향을 받는가이다. Krashen(1981a)은 제2언어 습득의 두 가지 측면을 구분한다. 즉 **습득**과 **학습**(제2언어 습득에 대한 Krashen의 이론의 더 자세한 구분을 위하여 10장 참조)이다. 습득은 제2언어를 자연스럽고 자발적으로 사용하면서 일어나는 제2언어 지식의 잠재의식적인 내재화이다. 학습은 언어의 규칙들에 대한 지식의 결과를 낳는 제2언어에 대한 의식적인 공부이다. Krashen은 적성이 오직 학습과 관련이 있다고 주장한다. 즉, 그것은 오직 교실수업과 연관된 형식적인 언어 공부에서만 중요한 요인이라고 지적한다. 그는 현대 언어 적성 시험에 의해 측정된 그러한 능력이 단지 이러한 형식적인 공부와 연관된 것들이라고 지적한다. 이미 살펴 본 바와 같이, 인지적/학문적인 언어 숙달과 기초적인 대인관계의 능력과 의사소통적인 능력 사이에 대한 Cummins의 구분은 또한 유의미하다. 전자는 교실 언어 학습과 연관되며, 후자는 자연적인 제2언어 습득과 연관된다. 적성 효과에 대한 상호 관련 연구들에서 사용된 그 같은 시험들은 전형적으로 인지적/학문적인 언어 숙달을 측정한다. 그러므로 그 결과는 적성이 기초적인 대인관계 능력과 의사소통적 능력이 관련된 곳에서 주된 역할을 한다고 나타나지 않는다.

제2언어 습득에서의 적성에 대한 역할을 평가함에 있어서, 그 진도와 성공에 대한 것들로부터 습득의 경로에 대한 문제를 분리하는 것이 다시 한 번 유용해진다.

적성이 **경로**에 어떤 영향을 준다고 제안하는 증거는 어떤 것도 없다. 바로 모든 어린아이들이 보편적인 형태에 의하여 그들의 모국어를 습득하는 것처럼, 제2언어 학습자들도 또한 제2언어 습득에서 같은 기본적인 인지 진행과정을 운용한다. 그러나 적성은, 특히 형식적인 교실수업 학습이 관련된 곳에서, 발달의 **진도**에 영향을 주는 것으로 예상될 수 있다. 형식적인 학업이 부여된 학습자들은 더 빠르게 배울 수 있을 것 같다. 그러나 이러한 학습은 특정한 종류에 대한 것일 수도 있다: Krashen의 '학습' 또는 Cummins의 인지적/학문적인 언어숙달이다. 적성은 아마도 연령과 관련될 수도 있다. 그것은 추상적 사고에 대한 일반적 능력을 따라서 발달할 수도 있다. 적성은 또한, 특히 만일 이것이 언어 능력의 형식적인 평가에 의해 측정된다면, 제2언어 습득에서 궁극적인 **성공**에 영향을 줄 수 있을 것 같다. 그러나 일반적으로, 제2언어 습득에 대한 진도와 성공에 관한 이러한 효과의 본질은 우리가 적성이 되는 것으로 여겨지는 능력에 대하여 더 많은 것을 알 때까지는 불확실한 것으로 남아 있다.

결론

제2언어 습득에서 지능과 적성의 역할에 대한 이러한 논의는 어떤 효과들이 그것들의 영향으로 밝혀질 수 있는지, 만일 그렇다면, 그 효과들이 무엇인지를 규명하는데 몇 가지 문제점들이 있음을 나타내고 있다. 주요 문제는 정의에 대한 한 가지이다. Oller가 주장하는 바와 같이, 지능이 적성과 뚜렷이 다른지, 또는 그것들이 단일의 일반적인 언어 기능인가? 만일 그것들이 분리된다면, 각각은 무엇으로 구성되는가? 각각에 대해 별개의 구성요소들을 확인하는 것이 가능한가? 또는 그것들은 합성물로서 존재하는가? 인지적/학업적인 언어 숙달과 기본적 대인관계 능력과 의사소통적인 능력 사이에서 Cummins의 구분이 이러한 질문들의 대답에 대한 시작점을 제공할 수 있다. Cummins가 제시하는 바와 같이, 전자는 일반적인 지능과 관련될 수 있으며, 반면에 후자는 적성에 해당될 수 있다. 그러나 만일 이것이 사실이라면, 현대 언어 적성 시험과 언어 적성 종합테스트는 의사소통적인 숙달에 대한 것보다 학구적인 것에 더 많이 속하는 것으로 보이는 능력을 측정함으로써, 적성에 대한 새로운 척도를 개발할 필요가 있다.

인지 유형

인지유형은 사람들이 정보를 지각하고, 개념화하고, 조직하고 그리고 회상해내는 방법과 관련하여 사용되는 용어이다. 각 개인은 인지적 기능의 일관된 방식을 다소 가지고 있는 것으로 여겨진다.

다양한 차원의 인지유형이 확인되었다. 이것들은 보통 이분법으로 나타난다. 제2언어 습득이 관련된 곳에서 가장 관심을 받았던 이분법은 **장의존적/장독립적**에 대한 것이다. 장의존적/장독립적의 주요 특징들이 표 5.1에 요약되어 있다. 그 용어들은 실제로 대안을 나타내지 않지만, 그것들이 의존 또는 독립으로 기울어지는 범위가 다양한 개별인들로 이루어진, 한 연속체의 양극이다. 그 구분은 어느 유형이 학습을 가장 가능하게 하는지에 관해 중립적이다. '장독립적인 것들'이 '장의존적인 것들'보다 더 효과적으로 몇 가지 과업들을 수행하는 것으로 가정되는 반면에, 그 반대는 다른 과업들에게도 해당될 것이라고 가정된다.

제2언어 습득에서 장의존성/독립성의 역할에 대한 많은 가설들이 있다. 가장 흥미로운 것들 중 하나는 장의존성이 자연적인 제2언어 습득에서 가장 용이한 것으로 판명될 것이지만, 장독립성은 교실수업 학습에서 대단한 성공을 이끌 것이라는 제안이다. 이것 뒤에 감추어진 추론은 자연적인 학습 환경에서는 장의존적인 학습자의 더 많은 사회적 능력들이 원어민 화자들과 더욱 빈번한 접촉으로 이어지고 그래서 더 많은 입력으로 이어질 것이고, 반면에 교실수업 학습에서는 언어에 대한 형식적인 규칙을 분석하기 위한 더 많은 능력이 중요하게 될 것이다.

표 5.1 장의존적/장독립적인지 유형의 기본 특성(Hawkey, 1982)

장의존적	장독립적
1. 인간 지향적 예: 정보처리진행과정에서 외적 참고 구조에 의존	1. 비인간지향적 예: 정보처리진행과정에서 내적 참고에 의존
2. 총체적 예: 현장을 총체적으로 지각; 부분이 배경과 융합이 됨	2. 분석적 예: 현장을 그것들의 부분 용어로 지각; 부분이 배경과 구분 됨
3. 의존적 예: 다른 사람들로부터 자신의 견해를 추출	3. 비의존적 예: 분리된 정체성 지각
4. 사회적 민감성 예: 대인/사회적 관계에서 대단한 기술	4. 사회적 의식 없음 예: 대인/사회적 관계에서 덜한 기술

그러나 인지유형의 효과에 대한 경험적 연구는 이러한 가설들을 거론하지 않았다. 그 접근 방법은 적성을 조사했던 것과 유사하다. 즉, 그것은 장의존성/장독립성의 척도가 집단 내포 형상 테스트와 같은 시험을 사용하여 얻어졌으며, 그것은 크고 좀 더 복잡한 설계 내에서 간단한 기하학적인 형상을 인식하기 위한 주제를 필요로 한다(Witkin 등 1971). 이 척도는 숙달에 대한 다양한 척도와 관련이 있다(예를 들면, 모방과업, 이해 평가, 또는 교사 평가를 사용하는 것). 이러한 방법으로 조사된 학습자들은 변함없이 교실수업 학습자들이었다. 그 결과들은 확실하지 않다. Bialystok과 Fröhlich(1977)는 장의존성/장독립성이 캐나다 학교에서 9~10학년 프랑스어 학습자들의 독해에 대해 거의 효과가 없었다는 것을 발견했다. 그러나 Naiman 등(1978)은 몇 몇 학생들의 인지 유형 — 12학년에 있는 학생들 — 이, 좀 더 높은 장독립적 점수로, 모방과 청취 이해 평가에 대한 수행에 영향을 주었다는 것을 발견했다. 그러나 Naiman 등은 다른 학생들의 숙달 — 8~10학년 학생들 — 이 인지 유형에 의해 영향을 받지 않았다는 것을 발견했다. 이러한 결과들에 대한 한 가지 설명은 인지 유형의 효과가 연령과 관계가 있다는 것이다. 즉, 장독립성은 청소년기 후반의 경우에 용이하며 그 전에는 그렇지 않다. 그러나 그와 같은 해석은 확증이 필요하다. 또 다른 연구에서, Hansen과 Stansfield(1981)는 장독립성이 초보 단계의 대학 스페인어 과정에 있는 253명의 학생들의 숙달에 대한 세 가지 척도와 관련되어 있으나, 그 관계가 단지 미약한 것이었음을 발견했다. 그들은 인지 유형이 전반적인 외국어 숙달에 대한 발달에 별로 크지 않은 역할을 했다고 결론지었다. 일반적으로, 장의존성/장독립성은 제2언어 습득에 있어서 중요한 요인으로 나타나지 않는다.

이 결과들은 직관적인 기대에 거스른다. 제2언어 습득은 학습자들이 정보에 대한 처리, 저장, 검색에 적응하는 방법에 의해 영향을 받는다는 가설은 흥미로운 것이다. 그 문제는 발생했던 연구의 형태에서 있을 수도 있다. 대규모의 양적인 연구들 대신에, 개별인 학습자들에 의하여 이루어진 실제 발화에 중점을 두는 좀 더 질적인 접근 방법이 보다 적절할 수 있다. Naiman(1978) 등은, 인지 유형에 따라, 학습자들이 다른 종류의 오류를 만든다는 것을 보여주는 몇 가지 증거를 발견했다. 분석적인 학습자들은 문장 모방에서 전체 구절보다는 작은 항목들을 빠뜨리는 경향이 있지만, 반면에 전체론적인 학습자들은 반대의 경향이 있었다. 인지 유형은 다른 학습 요인들과 상호작용할 수 있다. 예를 들면, Fillmore(1980)는 전형적으로 다른 민족적 배경을 가진 학습자들이 과업에 기울이는 집중의 수준에 몇 가지 차이점들이 있을 수도 있다고 제시했다. 그녀는 멕시코 어린아이들이 장시간 동안의 집중에 어려움을 겪는 반면에, 중국 어린아이들은 시간을 유지하는 과제를 계속할 수 있었다고 언급한다. 따라서 비록 인지 유형과 숙달 사이의 관계가 확실하게 나타나지는 않지만, 아직 전체적으로 연구되지 않은 많은 흥미로운 가능성들이 있다.

제2언어 습득의 어떤 측면이 인지 유형에 의해 영향을 받는지에 대한 질문을 언급한다는 것은 시기상조이다. 기존의 연구는 그것이 성공이 관련된 곳에서 주요 요인이라는 것을 결론적으로 보여주지 못한다. 습득의 경로에 관한 인지유형의 효과에 대한 연구는 없었다. 유창하게 되지만 많은 규칙들을 정리하는 것을 귀찮아하지 않는 '데이터 수집가들'과, 인지 유형의 주요한 특징인 총체적/분석적인 구분을 반영하는 것 같아 보이는, 정확성에 집중하는 '규칙 형성자'들 사이에 대한 Hatch (1974)의 구분은 결국 인지유형이 발달 진도를 결정하는 중요한 요인으로 밝혀질 수 있다고 제시한다.

태도와 동기부여

태도와 동기부여를 정의 하는 문제는 고려해볼 만하다. 상식적인 견해는, 즉 한 사람의 행동은 그가 실제로 수행하는 방법에 영향을 주는 확실한 요구와 관심에 의해 지배된다는 것이다. 그러나 이것들은 직접 관찰될 수 없다. 그것들은 그가 실제로 행한 것으로부터 추론되어야 한다. 그러므로 당연히, 제2언어 습득에서 태도와 동기부여 연구는 언어 학습에 대한 특정한 개념의 발달을 포함했다. 그 개념은 언어 학습자들의 행동에서 파생된 것이며 심리학에서의 일반 동기부여 이론과는 단지 막연하게 관련되어 있을 뿐이었다.

제2언어 학습에서 **태도**와 **동기부여** 사이에서 그 구분이 무엇이인지는 언제나 분명하지 않다. Schumann(1978)은 '학습 집단의 규모'와 그리고 '문화 충격'과 함께 정의적인 요인으로서의 '동기부여' 같은 변이들과 동일한 사회적인 용인으로서 '태도'를 언급한다. Gardner와 Lambert(1972)는 제2언어 학습자들의 전반적인 목표 또는 방향에 관해서는 '동기부여'를, 그리고 목표를 이루려고 노력하는 학습자에 의해 나타나는 고집으로서 '태도'를 정의한다. 그들은 두 가지 사이의 관계를 기대할 이유가 없다고 주장한다; 동기부여의 유형은 다른 학습 과업에서 나타나는 태도와는 뚜렷이 구별된다. 그러나 Gardner(1979)는 태도가 학습자의 전반적인 방향에 대한 보조로서의 역할을 함으로써 동기부여와 관련되어 있다고 제안한다. Brown (1981)도 또한 '동기부여'와 '태도'를 구별한다. 그는 세 가지 유형의 동기부여를 확인한다. 즉 (1) **포괄적 동기부여**는, 제2언어 학습의 목표에 대한 일반적인 방향으로 이루어지며, (2) **상황적 동기부여**는, 학습이 일어나는 상황에 따라 달라진다(교실 수업 학습과 연관된 동기부여가 자연주의적 학습과 관련되는 동기부여로부터 뚜렷이 구별된다). (3) **과업 동기부여**는, 특정한 학습 과업을 수행하기 위한 동기부여이다. (1)은 분명하게 '동기부여'에 대해 Gardner와 Lambert의 관념과 일치하며, (2)는 새로운 개념이며, 그리고 (3)은 Gardner와 Lambert의 '태도'와 같아 보인다. Brown은 학습자가 목표 언어 집단의 구성원들과(예를 들면, 그것들이 '흥미로운' 또는 '지루한', '정직한' 또는 '부정직한' 등으로 여겨지든 간에) 또한 그들 자신의 문화에 대해 지니고 있는 신념의 모습을 표현하기 위하여 '태도'라는 용어를 사용한다. 이것들은 또한 '태도'라는 용어에 대한 Gardner와 Lambert의 추후의 사용에서 중요한 부분이다. '동기부여' 또는 '태도'가 정확히 무엇으로 이루어지는지, 또는 둘 사이의 관계가 무엇인지에 대한 전반적인 의견 일치가 없다는 것은 분명하다. 이것은 이 개념들의 추상적인 점을 고려해 볼 때 전체적으로 이해하기 쉽지만, 이론적인 명제들을 비교하는 것을 어렵게 만들고 있다.

제2언어 습득에서 태도와 동기부여의 역할에 관한 가장 광범위한 연구가 Gardner와 Lambert에 의해 이루어졌다. '동기부여'가 관련된 곳에서, 그들은 제2언어 학습에 대한 **통합적인** 그리고 **도구적인** 방향 사이의 기본적인 구분을 도출해 낸다. 전자는 학습자가 제2언어 집단의 문화와 동일시하기를 바랄 때 발생한다. 이러한 유형의 동기부여는 모국어 학습에서의 동기부여에 대한 Mowrer(1960)의 설명에 대한 확대이다. Mowrer는 어린아이가 그가 듣는 언어를 부모의 존재에 의하여 주어지는 만족감과 연결지어 생각한다고 주장했다. 따라서 이것은 마치 어린아이가 부모의 언어를 배우며 그의 부모와 동일시하려는 것처럼 제2언어 학습자도 언어를 학습함으로써 제2언어를 발화 공동체와 동일시하기 위하여 동기부여될 수 있다. 후에, Gardner(1979)는 통합적 동기부여를 '부가적 이중 언어주의'와 연결시켰다. 즉, 통합적 동기부여를 가진 학습자들은 그들이 제2언어를 배울 때, 그들의 모국어를 유지는 것 같아 보인다. 도구적 동기부여는 제2언어를 학습하기 위한 학습자의 제2언어목표가 기능적일 때 발생한다. 예를 들면, 직접 시험 통과, 경력 기회의 발전, 또는 제2언어에 대한 매체를 통하여 다른 과목에 대한 학습 촉진을 겨냥한 학습이 도구적으로 동기부여 된 학습의 모든 예들이다. Gardner는 도구적 동기부여가, 학습자가 그의 모국어를 상실하거나, 또는 도구적 동기부여 안에 있는 어떤 특정한 종류의 기능을 표현하기 위한 능력을 발달시키는데 실패하는 곳에서(예를 들면 글을 읽고 쓰는 능력과 연관된 것들과 같은), '감산적인 이중 언어주의'와 연결될 것 같다고 제안한다. 영국에서는 소수민족 사이에서의 제2언어 학습자들에 대한 동기부여적인 성향이 도구적일 것 같다고 Fitzgerald(1978)에 의하여 제시되었다.

Gardner와 Lambert는 또한 그들이 제2언어 학습에 관련된 것으로 여겨지는 다수의 다른 태도들을 조사했다. Stern(1983: 376-7)은 이 태도들을 세 가지 유형으로 분류한다. 즉 (1) 제2언어를 말하는 공동체와 사람들에 대한 태도(즉, '집단 특정 태도'), (2) 관련된 언어를 학습에 대한 태도, 그리고 (3) 일반적으로 언어와 언어학습에 대한 태도이다. 이 태도들은, 예를 들면, 학습자가 자기 민족 중심적인지 또는 권위주의적인지와 같은, 학습자 성격의 유형에 의해 영향을 받는다. 그것들은 또한 학습이 이루어지는 사회적 환경에 의하여 영향을 받을 수도 있다. 예를 들면, 다른 태도들은 단일 언어 맥락과 이중 언어 맥락에서 발견될 수도 있다.

Gardner와 Lambert의 이론적인 체계에 근거한 경험적인 연구의 결과들은 혼합되어 있어서 해석하기가 어렵다. 다음에 주요 발견에 대한 요약이 있다.

1. 동기부여와 태도는 각기 다른 학습자들에 의하여 성취되는 숙달 수준을 밝히는데 도움을 주는 중요한 요인들이다. 예를 들면, Gardner(1980)는 제2언어 학습에 대한 정의적인 반응에 대한 다양한 척도로부터 얻어진 태도/동기부여의 단일 지수가 캐나다 학교를 떠나는 학생들의 프랑스어 숙달의 척도와 관련이 있다고 보고한다. Savignon(1976: 295)은 '태도가 제2언어 학습에서 단 하나의 가장 중요한 요인' 이라고 주장한다.
2. 태도/동기부여의 효과는 적성의 효과로부터 분리되어 나타난다. 가장 성공적인 학습자들은 학습에 대한 자질과 높은 수준의 동기부여를 둘 다 가지고 있는 사람들일 것이다.
3. 특정한 상황에서 통합적 동기부여는 성공적인 제2언어 학습을 촉진시키는데 있어서 가장 강력할 수 있지만, 다른 상황에서는 도구적 동기부여가 훨씬 더 중요할 수도 있다. 예를 들면, Gardener와 Lambert(1972)는 통합적인 방향이 캐나다와 미국에 있는 학교에서 프랑스어의 성공적인 학습과 관련되었지만, 도구적 동기부여는 필리핀에서 더 중요했다는 것을 발견했다. 그들은 학습자 공동체에서 제2언어 화자들의 역할에 관하여 이렇게 설명했다. 제2언어가 '외

국어'로서의 기능을 할 때(즉, 학습자들에게 교실수업 밖에서는 중요하지 않은), 통합적 동기부여가 도움이 된다; 그러나 제2언어가 '제2언어'로서의 기능을 할 때(즉, 교실수업 밖에서 보다 폭넓은 의사소통의 수단으로써 사용되는), 도구적 동기부여가 보다 효과적이다. Lukmani(1972)는 또한 도구적 동기부여가 통합적 동기부여보다 더 효과적일 수 있었다는 것을 발견했다. 도구적으로 동기부여 부여된 봄베이에 있는 제2언어 영어에 대한 비서구적인 여성 학습자들은 빈칸 메우기 테스트에서 고득점을 얻었다. 그러나 Lukmani가 조사했던 학습 상황은 Lambert와 Gardner에 의하여 기술된 필리핀에서의 상황과 매우 유사했다. 그러나 두 유형의 동기부여가 서로 배타적이지 않다고 지적했다. 제2언어 습득은 좀처럼 단지 통합적이거나 또는 단지 도구적인 동기부여만을 포함하지는 않는다. Burstall(1975)은 NFER 초급 프랑스어 연구과제에서 학생들의 성취가 두 유형의 동기부여와 밀접하게 연관되어 있다는 것을 발견했다. 학생들의 발달과정은 학교 교과로서의 프랑스어에서 잘 하려는 욕구뿐만 아니라, 프랑스 사람들과 그들의 문화에 대한 관심에 의해 영향을 받았다.

4. 동기부여의 수준과 유형은, 이미 언급된 바와 같이, 학습이 이루어지는 사회적 맥락에 의하여 크게 영향을 받는다.

제2언어 습득에서 동기부여가 강력한 요인이라는 데는 의심이 여지가 없을 것이다. 그것의 효과는, 습득의 경로에 관한 것이라기보다는 습득의 진도와 성공에 관한 것으로 볼 수 있다. 하지만, 정확히 말하자면 동기가 학습에 **어떻게** 영향을 주는지는 확실하지 않다. 유용한 연구의 대부분을 이루고 있는 상호 관계의 연구들에 대한 문제점들 중의 한 가지는 오직 어떤 관계만을 제시할 수 있지만, 이 관계에 대한 방향을 제시한다는 것은 가능하지 않다. 우리는 성공적인 학습을 만드는 것이 동기부여인지 또는 성공적인 학습이 동기부여를 더욱 강하게 만드는 것인지를 알지 못한다. Burstall(1975)은 이러한 쟁점만을 설명했으며 초기의 태도가 나중의 성취 또는 나중의 태도에 영향을 주었다기보다는 성취가 나중의 태도와 그리고 대부분 나중의 성취에 영향을 주었다고 결론지었다. 다시 말하자면, 가장 문제가 되는 것 같아 보였던 학습 진행과정 그 자체에 의해 발생되었던 것이 바로 동기부여였다. 상당히 유사한 견해가 MacNamara(1973)에 의하여 관찰되었다. 그는 통합적/도구적 구분에 의하여 적용된 것으로써의 일반적인 방향보다는 오히려 "실제 동기부여의 중요한 부분이 의사소통의 행위 그 자체에 놓여 있다"고 주장했다. 그것은 제2언어 습득에 동기를 부여하는 의미를 전달하기 위한 욕구이며 이것이 성취될 때 경험하는 즐거움이다. 이것들은 언어 교사에게 권장하는 견해이다. 학습자들의 학습 목표에 의해 결정되는 동기부여는 학업적이고 의사소통적인 성공에서 비롯된 동기부여보다 교사에 의한 영향이 훨씬 덜 수정가능하다. 후자의 경우에, 동기부여는 성공의 기회를 만들기 위하여 적절한 단계의 복잡한 특징들을 성취하고 내재된 관심을 조성하기 위한 학습 과업의 신중한 선택에 의해 발달될 수 있다.

성격

일반적인 심리학에서, 성격은 수많은 개인적 특성들이라는 점에서 탐구되었고, 전체적으로 개별인의 성격을 구성하는 것이라고 말한다. 예를 들면, Cattell(1970)은, 적극적/지배적이 아닌, 냉정한/온화한, 소심한/대담한 것과 같은, 연속체들의 양극으로 보이는, 일련의 이분법을 사용한 성격 측정을 시도한다. Eysenck(1964)은 이분법들로서 다시 표현된—외향적/내향적 그리고 신경과민적/안정적인—두 가지의 일반적인 특성들을 확인한다. 그러나 몇 가지 예외로(예를 들면, Hawkey 1982), 제2언어 습득 연구자들은, 그것들을 '사회적인 유형들'(Fillmore 1979; Strong 1989)'에서 '자기중심적인 요인들(Brown 1981)'까지 어떤 식으로 여기든지, 그들 자신의 수많은 성격 특성들을 전개시키는 것을 더 선호했다. 몇몇 연구자들(예를 들면, Dulay, Burt 그리고 Krashen 1982)은 심지어 인지 유형을 성격 특성으로써 포함하고 있다. 이러한 혼란은 다면적인 성격의 본질과 그리고 개별 연구자들이 그것들을 직관적으로 중요하다고 여기는 특성들을 조사할 기분이 들었던 욕구의 결과이다.

외향성/내향성

지금까지 조사된 직관적으로 흥미로운 가설들 중의 하나는 외향적인 학습자들이 내향적인 학습자들보다 더 빠르게 배우고, 더 성공적이라는 것이다. 외향적인 학습자들이 제2언어의 다른 사용자들과 관계를 만들기가 더 쉽다고 여길 것이며 그러므로 더 많은 입력을 얻을 것이라고 제시되었다. 예를 들면, Krashen(1982a)은 외향적인 성격이 '습득'에 기여할 수 있다고 주장한다. 교실수업 학습자는 또한 제2언어를 사용하는데 있어서 더 많은 연습을 함으로써 외향적이 되는데 유용할 수도 있다. 그러나 연구 결과들은 이러한 가설에 단지 부분적으로만 신빙성을 더해 준다. Naiman 등(1978)은 내향성/외향성과 숙달 사이에 의미 있는 관계가 없음을 발견했다. 마찬가지로 Swain과 Burnaby(1976)는 저학년의 프랑스어 몰입과 제2언어 학생들로서의 프랑스어 몰입에서 한편으로는 사교성과 수다스러움 그리고 다른 한편으로 숙달의 척도 사이에서 예상되는 관계를 발견하지 못했다. 그러나 Rossier(1976)는 그의 과목들의 구술 유창도가 Eysenck의 성격 특성 항목표에 의해 측정된 외향성/내향성과 중요하게 연관된다는 것을 발견했다.

사회성 기술

외향성/내향성과 관련된 구분은 제2언어 습득에서 관련되는 사회성 기술의 유형들이다. 5명의 스페인어를 말하는 어린이들의 영어 습득에 대한 종적 연구에서 Fillmore (1979)는 학습자의 사회성 기술이 제2언어에 대한 노출의 양을 조정한다고 주장한다. 영어를 말하는 어린아이들과 상호작용하는 것이 쉽다고 생각했던 그 어린아이들은 그렇지 않다고 생각했던 어린아이들보다 더 빠르게 진전을 보였다. 그러나 Strong(1983)은 사회성 기술에 관해 밝혔던 Fillmore의 강조에 이의를 제기한다. 그의 연구에서 13명의 어린아이들이 현저하게 다른 진도로 영어를 배웠다. 1년 후에 그 차이는 더 커져서 몇몇 어린아이들은 안정적인 의사소통자가 된 반면에, 다른 어린아이들은 전혀 영어를 습득하지 못했다. 그러나 Strong이 조사했던 일곱 가지 사회성 유형들 중에서 오직 '수다스러움'과 '민감성'만이 언어 발달(예를 들면, 구문지식, 어휘 활용과 발음)의 척도와 중요하게 관련되었다. Strong은 어린아이들이 빠른 학습으로 이어지도록 노출되었던 영어를 좀 더 활동적으로 이용하는 능력으로서 어린아이들이 더 많은 입력을 얻도록 가능하게 하는 사회성 기술이 그리 많지 않았다고 결론짓는다. 중요한 것은, 입력의 양으로 이어지는 것들보다는 오히려, 제2언어에서 상호작용의 질을 조정했던 것이 그러한 성격 특성들이었다는 것이다.

억제

제2언어 습득에 관해 연구되었던 성격의 다른 중대한 측면은 억제이다. 억제와 연관된 수동적인 태도는 제2언어의 빠른 진전을 위하여 필요한 모험 시도를 방해하는 것이라고 가정된다. Krashen(1981a)은 형식적 조작의 시작이 학습자의 정의적 상태에 지대한 영향을 준다고 제안한다. 그것은 자기중심적 성향을 유발하고, 결국 증가된 자의식과 더 많은 억제로 이어진다. 따라서 청소년 학습자들은 더 어린 학습자들보다 입력을 거의 받지 못하고 그들이 받은 입력을 거의 효과적으로 이용하지 못하는 경향이 있다. 부정적인 요인으로서 억제를 지지하여 인용된 연구는 Guiora 등(1972a; 1972b)에 의한 것이다. 그들은 소량의 술을 제공하여 초래되는 억제에서 발음의 감소에 대한 효과를 연구를 목표로 한 실험을 계획했다. 그 결과는 긍정적이었다. 술 처방을 받은 피험자들은 그렇지 않았던 사람들보다 발음 평가에서 더 잘 했다. Guiora 등은 억제가 제2언어의 발음에 대해 부정적 효과를 갖는다고 결론지었다. 그와 같은 실험들은, 흥미로운 반면에, 설득력이 없다. 실험적인 환경에서 술에 의한 감소 억제는 대부분의 교실수업에 대한 현실 또는 자연적인 학습자들로부터 크게 동떨어져 있다. 또한 Krashen의 주장은, 청소년들이 일반적으로 어린 학습자들보다 더 잘 수행하며(본 장에서 연령에 관한 부문 참조), 그리고 발음이 관련된 곳에서조차도 상당히 나쁘지 않다는 점을 고려하면, 보잘 것 없는 것으로 드러난다.

결론

일반적으로 이용할 수 있는 연구는 제2언어 습득에 대해 분명하게 정의된 성격의 효과를 제시하지 못한다. 이것이 그러한 이유는 성격이 의사소통 능력의 습득에서만 주요한 요인이 되기 때문일 수 있다. Strong(1983)은 만일 '자연스런 의사소통적인 언어'를 측정했던 연구들과 '언어학적 과업 언어'를 측정했던 연구들 사이에서 구분이 이루어진다면, 그 연구에 의해 표현된 상당히 혼란스러운 그림이 명확해질 수 있을 것이라고 제안한다. 성격 변이들은 지속적으로 전자와 관련되어 있다고 보일 수 있고, 후자와는 오직 불규칙적으로만 관련되어 있다고 보일 수 있다. 확실히 성격과 의사소통 능력 사이의 관계는 성격과 순수한 언어 능력사이의 관계보다 더 직관적으로 실행 가능해 보인다. 또는, 그렇지 않으면, 다른 성격 특징들은 의사소통적이고 언어적인 능력들을 촉진하는 것에 관련되어 있다. 아마도 사회성은 전자와, 그리고 '새로운 개념이해에 대한 신속성'과 '완벽주의자 기질'과 같은 특성들은 후자와 관련이 있다(Swain과 Burnaby 1976). '실험적인' 것에 대한 준비와 같은 다른 특성들은 양쪽 모두에 중요할 것이다(Hawkey 1982).

그러나 성격의 효과를 조사하는데 있어서 주요 어려움은 확인과 척도에 대한 것이 남아 있다. 바로 지금, 예상된 결과를 찾는 것에 대한 실패(예를 들면, 외향성과 숙달 사이)는 성격 특성을 측정하기 위하여 사용되는 시험이 타당성이 부족하기 때문일 수도 있다. 그와 같은 실패가 잘 해명될 수 있을 뿐만 아니라, 그 긍정적인 관계는 사용된 척도의 인위적인 결과일 수도 있다는 결론이 나온다.

'좋은 언어 학습자'

개인적이며 일반적 학습자 요인들에 대한 연구들(Rubin 1975; Naiman 1978)에 근거한 '좋은 언어 학습자'의 자질을 명시하기 위한 많은 시도들이 있었다. 나는 좋은 언어학습의 특징들에 대한 나 자신의 목록에 이러한 것들을 제시할 것이다.

좋은 언어 학습자들은:

1. 부정적인 불안과 억제를 성장하지 못하도록 학습 상황에 대한 집단 역학에 대처할 수 있을 것이다;
2. 목표 언어를 사용하기 위한 모든 기회를 찾을 것이다;
3. 그와 그리고 다른 사람들에게 말하는 제2언어에의 발화를 듣고 응답하는 연습을 할 여유가 되는 기회를 최대한 이용할 것이다 — 이것은 형태보다는 의미를 처리하는 것이 포함될 것이다;
4. 공부 기술의 사용으로부터 나온 학습으로 제2언어 학습자들과 직접적인 접촉으로부터 비롯된 학습을 보충할 것이다(어휘 목록을 만드는 것과 같은) — 이것은 형태에 대한 집중을 포함할 수도 있다;
5. 적어도 문법 발달의 초기 단계에 관한 한, 어린아이보다도 청소년 또는 성인일 것이다;
6. 제2언어에 대한 언어적 특징들을 인식하고, 분류하고, 저장하고, 그리고 또한 오류를 관찰하기 위한 충분한 분석적인 능력을 지닐 것이다;
7. 제2언어를 학습하는 것에 대한 확고한 이유를 지니고(도구적이거나 또는 통합적인 동기부여를 반영할 수 있는), 또한 확고한 '과업 동기부여'를 발달시킬(즉, 선택되거나 부여된 학습 과업들에 대해 긍정적으로 반응하는) 것이다;
8. 비록 이것이 학습자를 어리석게 보이도록 만들지라도, 위험을 감수함으로써

실험에 준비될 것이다;

9. 각기 다른 학습 조건에 적응할 수 있을 것이다.

이러한 특징들은 혼합된 묶음이다. 몇몇은 자연적인 학습자들보다 교실수업 학습자들에게 더 많이 적용되며, 예를 들면, (7)이다. 몇 가지 특징들은 학습자 자신으로서는 제어할 수 없으며, 예를 들면, (5)이다. 그러나 다른 특징들은 조정 가능하다. 예를 들면, 학습자는 목표 언어를 사용하기 위한 기회를 찾아내거나 또는 의도적인 공부로 자연스런 학습을 보충하기 위해 의도적인 결정을 할 수 있다. 종합해 보면, 좋은 학습 특징들의 목록은 제2언어 습득에서 중요하게 여기는 사회적, 인지적, 그리고 정의적 요인들을 반영한다.

요약과 결론

개별인 학습자의 변이에 대한 연구는 쉽지 않고, 그 연구 결과들은 전체적으로 만족스럽지 않다. 부분적으로 이것은 조사되었던 많은 개념들에 대한 모호성 때문이다. 이것은 특정한 개념을 측정하기 위하여 선택된 시험들이 타당하지 않을 수 있다는 연구 문헌에서의 공통적인 불평에서 반영된다. 또 다른 이유는 다양한 요인의 밀접한 관계에 있다. 인지 유형과 성격, 또는 심지어 연령과 동기부여와 관련한 변이들을 구별한다는 것은 어렵다. 그러나 몇 가지 문제들은 사용된 양적 연구 방법들의 결과이다. 그들이 개별인 학습자들과 실험을 했던 면담들이 시험 점수의 통계적인 분석보다 더 많은 통찰력을 제공했던 Naiman 등에 의한 관찰이 드러나고 있다. 비록 양적 연구들이 확실히 대표본의 학습자들에 대한 가설들을 검증하는 것이 필요하다 할지라도, 면담과 내성법에 근거한 더 질적인 접근법이 관련된 가설들을 확인하기 위하여 우선 필요할 수도 있다. 이런 방법으로 개념의 모호성이라는 문제들이 극복될 수 있다.

개별인 학습자 변이들에 대한 연구의 목적은 그것들이 **어떻게** 제2언어 습득에 영향을 주는가를 알아보는 것이다. 이것은 두 가지의 상당히 분리된 쟁점들을 포함한다. 첫째는 그 영향이 **무엇**인가 이다. 둘째는 개별인 요인들이 제2언에 습득에 어떻게 영향을 주는가이다.

3장에서 제2언어 학습자들이 발달의 자연스런 연속을 따르고 있다는 것이 제시되었다. 이 연속은 학습자가 자발적인 언어 사용으로 어떻게 수행하는지를 검증함으로써 이루어진 것이다. 본 장이 대답하려고 했던 질문 중의 한 가지는 이와 같은 종류의 언어수행에서의 분명한 연속이 연령, 적성, 또는 성격과 같은 개별인적 요인들에 의하여 영향을 받는가이다. 유용한 증거는 자연스런 연속이 이러한 변이들에 의해 영향을 받지 않는다는 것을 나타내고 있다. 일상어 스타일(4장 참조)과 연관된 기본적인 중간 언어 발달 진행은 보편적이다.[2]

본 장이 다루었던 두 번째 의문은 개별인 요인들이 학습자가 자연스런 경로에 따라서 진행하는 진도와 성취된 전반적인 숙달 수준에 기여하는지에 대한 것이다. 제2언어 학습자들은 그들이 얼마나 빨리 배우며 얼마나 성공적인지에서 상당히 다르다. 그 증거는 이것에 대한 설명이 개인적 그리고 일반적인 요인들에서 차이점들이 있다고 제시한다. 연령, 태도, 동기부여, 그리고 성격(인지 유형은 조금 덜 확실하지만)은 각기 다른 학습자들의 학습 진도와 학습 결과에서의 실질적인 변량을 설명한다. 다른 요인들이 제2언어 능력의 다른 형태에 원인이 될 수 있다고 가설을 세우는 것이 또한 가능하다. 한 가지는 Cummins가 인지적/학업적 언어 능력이라고 부르는 것을 가능하게 할 수 있고, 그리고 다른 한 가지는 기본적인 대인관계 의사소통 능력을 가능하게 할 수 있다.

학습자 요인들이 제2언어 습득의 진도와 성공에 영향에 어떻게 영향을 주도록 하는 방법은 본 장에서 자세히 고려되지 않았다. 그것은 그것들이 학습자에 의하여 부여된 습득의 양을 조정하는 방법과 학습자 이러한 입력을 다루는 방법과 관계가 있다. 이러한 쟁점들에 대한 충분한 논의들은, 입력의 역할이 더 자세히 고찰된 후에(7장 참조), 9장까지 미룰 것이다.

두 가지 다른 쟁점들은 마지막 논평이 필요하다. 첫 번째는 개인적 그리고 일반적 요인들 사이의 관계와 관련이 있다. 전자는 후자의 반영으로 볼 수 있다는 것이다. 전자는 학습자가 학습 현장의 집단 역학관계 또는 교사, 교구에 반응하는 방법, 또는 그가 학습 기술을 선택하는 방법이 연령, 태도, 인지 유형, 동기부여, 그리고 성격에 의하여 결정된다. 그러나 수정의 여지가 있는 그러한 일반적인 요인들은 또한 성공적 개인 학습 유형에 의하여 영향을 받을 수 있다. 개인적 그리고 일반적 요

2. 발달 연속에 관한 개별인 변이들의 효과는, 거의 연구가 없었으므로(연령 변이를 제외하고), 더 심층적인 조사가 필요하다. 그러나 자연스런 경로에 관한 결과들의 견고성은 개별인적 요인들이 그것을 방해할 수 있다고 제안한다. 개별인 요인들이 영향을 미칠 수 있는 제2언어 능력의 한 가지 측면은 신중한 스타일과 연관된 지식이다. 그러나 이 지식은 자연경로에서 반영되지 않는다.

인들은 제2언어 숙달에 대해 공동 효과를 가지고 있다. Schumann과 Schumann (1978)은 핀볼 게임 기계의 비유로 개인적인 요인들과 일반적인 요인들 사이의 관계를 기술한다. 기계의 손잡이는 다양한 일반 요인들을 나타내고, 볼의 경로(즉, 제2언어 습득)는 개별인 학습자의 개인적인 특징들에 의하여 결정된다. 두 번째 쟁점은 한편으로는 다양한 학습자 요인들과 그리고 다른 한편으로는 숙달 사이에서의 관계 방향과 관련이 있다. 성격과 동기부여는 제2언어 학습의 경험에 의하여 수정될 수 있다. 그러므로 그 관계는 두 가지의 방법으로 취급되어야만 한다. Burstall (1975)은 "언어 학습 상황에서는 성공만큼 성공하는 것은 없다"라는 말을 언급한다.

제2언어 습득에서 학습자 요인들의 역할에 대한 이러한 결론들은 모델의 형태로 요약될 수 있다(그림 5.2 참조).

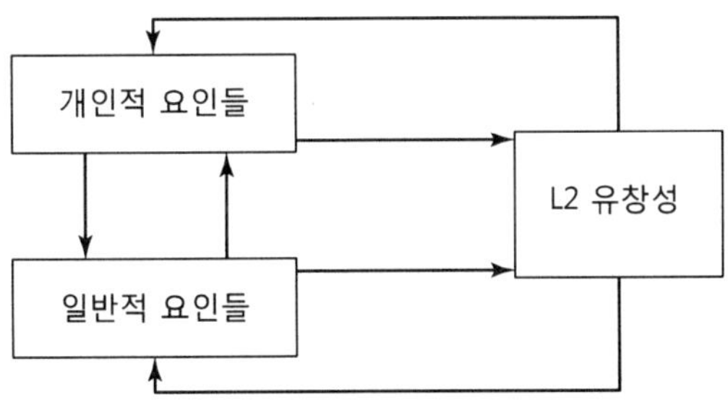

그림 5.2 제2언어 습득에서의 촉진하는 개인적이고 일반적인 학습자 요인들

더 읽을거리

개별인 학습자 차이에 대한 가장 자세한 연구는 N. Naiman, A. Fröhlich, 그리고 H. Stern에 의한, *The Good Language Learner*이다(Ontario Institute for studies in Education, 1978). 이것은 개별인 학습자와의 면담과 교실 수업에 관해 알려준다. 그것은 본 장에서 논의된 대부분의 일반적인 요인들을 조사한다.

'diary studies'는 개인 변이들에 대해 흥미롭고 신선한 견해를 제공한다. 이 연구들의 타당한 개요는 H. Seliger와 M. Long에 의해 편집된, *Classroom Oriented Research in Second Language Aquisition*에서, K. Bailey에 의한 'Competitiveness and anxiety in adult second language learning: looking at and through the diary studies'에서 찾을 수 있다(Newbury House, 1983).

S. Krashen, R. Scarcella, 그리고 M. Mong에 의해 편집된 *Child-Adult Difference in Second Language Acquisition*(Newbury House, 1982)은 연령의 영향을 다루는 중요한 글 중의 하나이다.

지능에 관해서는, R. Scarcella와 S. Krashen에 의해 편집된 *Research in Second Language Acquisition*에 있는, J. Oller에 의한 'Communication competence: can it be tested?'와, 그리고 *Working Papers on Bilingualism* 19: 197-205에 있는, J. Cummins에 의한 'Cognitive/academic language proficiency'를 보라. 적성에 관해서는, K. Diller에 의해 편집된 *Individual Differences: Universals in Language Learning Aptitude*에 있는 한 편의 논문을 보라.

J. Hansen과 C. Satnsfield는, 그들의 글 'The relationship of field dependent-independent cognitive style to foreign language achievement'(*Language Learning* 31/2: 349-67)에서, 인지 스타일의 영향에 대한 설문조사, 그리고 그들의 보고서를 제공한다.

동기에 관해서는, R. Gardner와 W. Lambert에 의한 *Attitudes and Motivation in Second Language Acquisition*(Newbury House, 1972)이 이론과 경험연구에 대한 중요한 출처이다.

M. Strong에 의한 'Social styles and the second-language acquisition of Spanish-speaking kindergartens'(*TESOL Quarterly* 17/2: 241-158)는 성격의 영향에 관한 유용한 글이며, 이전 연구의 재검토를 제공하고, 그것을 기술하는 흥미로운 연구를 제공하는 두 가지 이유 때문이다.

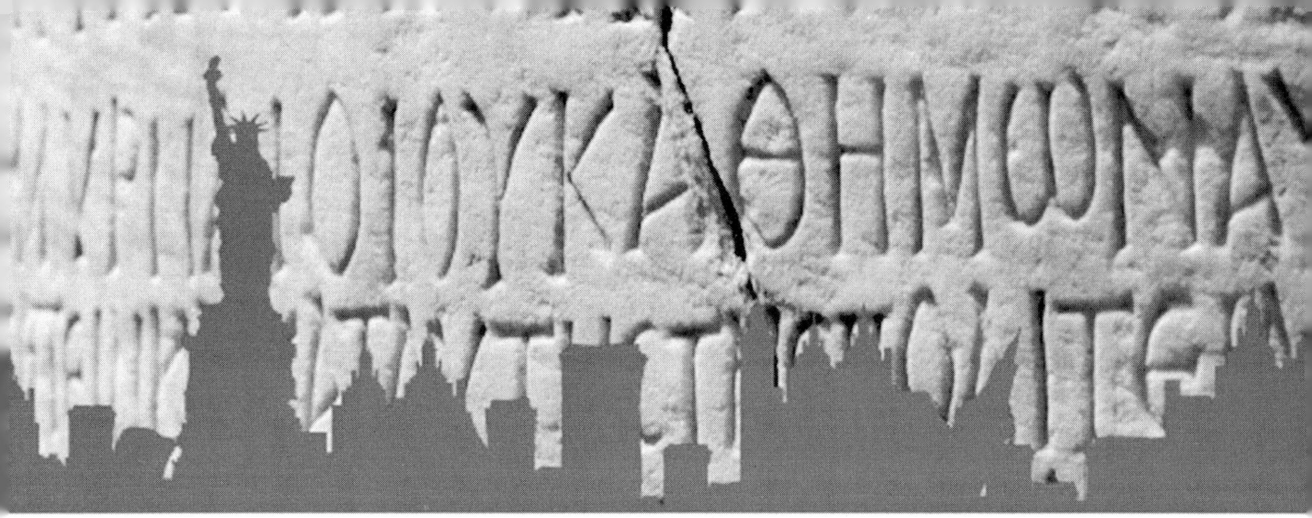

6장

입력, 상호작용, 그리고 제2언어 습득

서론

본 장과 다음 장은 한 쌍으로 구성된다. 본 장은 학습자 **외부에서** 무슨 일이 발생하는지와 이것이 제2언어에 어떻게 영향을 주는지를 고찰하는 반면에, 다음 장은 학습자 **내부에서** 무슨 일이 발생하는지를 조사한다.

본 장의 출발점은 언어 습득에서 입력의 역할에 관한 세 가지 다른 관점에 관한 내용이다. 즉 행동주의, 생득주의, 그리고 상호작용주의 관점이다. 그 다음에, 모국어 습득에서 어머니 말씨에 의해 제공되는 입력에 대한 연구들의 기여도가 간략하게 고찰된다. 그 연구들이 제2언어 습득에서의 입력을 조사하기 위한 교수법과 연구문제를 둘 다 제공했기 때문에, 이것들은 제2언어 습득 연구가 추구했던 방향을 이해하는데 중요하다. 다음 두 개의 부문은 자연스런 환경과 교실수업 환경에서의 입력과 상호작용을 각각 살펴볼 것이다. 여기서 그 목적은 기술적이다−학습자들이 노출된 언어적 환경으로 나타나는 주요한 특징을 확인하기 위한 것이다. 그 후의 부문은 설명적이다: 그것은, 발달경로와 학습 진도 둘 다에 관한, 입력과 상호작용이 제2언어 습득에서의 역할을 고찰한다.

본 장에서 입력, 상호작용, 그리고 흡입은 특정한 의미로 사용될 것이다. **입력**은 모국어 화자 또는 또 다른 제2언어 학습자 둘 중 하나에 의해 제2언어 학습자에게 다루어지는 언어를 설명하기 위해 사용될 것이다. **상호작용**은 학습자와 대화자에 의해 공동으로 만들어지는 담화로 구성된다. 그러므로 입력은 상호작용의 결과물이다. 그것 중의 어떤 것은 이해되지 않거나 또는 주의를 기울이지 않았기 때문에, 모든 이용 가능한 입력이 처리되는 것은 아니다. 처리되거나 또는 '들어 온' 입력의 부분은 **흡입**으로 설명될 것이다.

언어 습득에서 입력에 대한 세 가지 관점

제2언어 습득이 발생하기 위해서는 (1) 입력으로써 학습자에게 이용 가능하게 만들어진 어떤 제2언어 데이터와 (2) 제2언어 데이터가 어떻게 처리되는지를 설명하기 위한 일련의 내적인 학습자 메커니즘이 있어야 한다는 것은 자명한 사실이다. 그러나 제2언어 습득 연구에서 주요 쟁점은 얼마나 (1)과 (2)에 어떤 비중을 두는가를 결정하는 것이었다. 한편으로, 만일 학습자가 올바른 입력 데이터를 얻는다면, 자동적이고 자연적으로 제2언어를 학습하는 '언어-발화 장치'로서의 학습자를 짐작하는 것도 가능하다. 다른 한편으로, 학습자는 '대단한 개시자'로 보일 수도 있다; 즉, 학습자는, 제2언어 데이터가 아무리 질이 떨어진다 할지라도, 제2언어를 발견하는데 필요한 바로 그러한 능력들로 갖추어져 있다. 물론, 또한 학습자가 제2언어 습득에 능동적으로 기여한 것으로 보이지만, 적절한 입력의 제공에 의존하는 중간의 위치가 있다.

제2언어 습득에 대한 **행동주의**의 관점은 학습자를 '언어-발화 장치'로 본다. 언어적 환경이 중요한 결정 요인으로 보여진다. 이러한 학습모델에서, 입력은 언어가 **자극**의 형태로 학습자에게 유용하게 만들어진 언어로 구성되며, 또한 그것은 **피드백**으로서 발생한다. 전자의 경우, 학습자의 대화자는 학습자가 그들을 모방하면서 내재되는 특정한 형태와 유형을 구성한다. 그러므로 적절한 자극의 유용성은 제2언어 습득에서 중요한 결정요인이 된다. 행동주의 이론은 자극을 연속적인 단계로 입력의 등급을 분류함으로써 자극을 조정할 필요성을 강조하며, 그래서 각각의 단계는 학습자가 도달하는 적당한 난이도를 구성한다. 피드백은 두 가지 목적을 제공한다. 그것은 학습자에 의해 생성되는 제2언어 발화가 정확하고 그래서 그것들을 **강화**할 때 나타나며, 그리고 발화가 그것을 **수정**하면서 잘못 형성되었을 때 나타난다. 자극의 조정과 피드백의 준비는 학습이 발생하는 역할을 하고 습관의 형성으로 이어진다.

제2언어 학습에 대한 **생득주의**의 설명은 학습자를 '대단한 개시자'로 본다. 그들은 언어 노출이 습득을 만족스럽게 설명할 수 없다고 주장한다. 입력은 단지 내부적 메커니즘을 활성화하는 촉매제로써 간주된다. Chomsky(1965)는 만일 어린아이가 혼자서 이것을 수행한다면 모국어 습득에서 어머니 말씨 입력의 불완전한 성질이 어린아이가 언어의 규칙체계를 성공적으로 내재화할 수 없을 것 같다고 주장한다. '퇴화한' 입력은 습득에 부적절했다.

1960년대와 1970년대 초기에 두드러진 생득주의 관점들의 결과로써, 연구는, 특히 그들이 말하기와 쓰기에서 만드는 실수인, 제2언어 학습자의 출력에 중점을 두었다. 이것은 출력이 관련된 학습전략의 본질을 밝혀줄 것이라고 믿었기 때문이었다. Larsen-Freeman(1983a: 88)이 관찰한 바와 같이:

> …연구자들은 모두 그들의 연구 범위를 학습자의 언어적 결과물을 조사하는 데 너무 자주 제한하였으며, 따라서 습득 진행과정의 보다 나은 이해를 관철시키는데 대

한 설명을 증명할 수 있는 정보의 중요한 자원(즉, 입력)을 간과하고 있다.

다시 말하면, 생득주의의 관점은 적어도 학습자 출력의 몇몇 측면들이 입력의 특징에 관해 설명될 수 있다는 가능성을 배제한다.

따라서 언어 습득에 대한 행동주의자들의 관점이 학습자의 외부에서 무슨 일이 발생하는지의 관점에서의 진행만을 전적으로 설명하려는 반면에, 생득주의의 관점은 학습자의 내적 요인을 강조한다. 그러나 세 번째 관점이 근거가 충분하다. 이것은 학습자의 정신적인 능력과 언어적 환경 사이에 상호작용의 결과로써 언어 습득을 다룬다. 학습자의 언어처리 메커니즘은 입력의 본질을 결정할 뿐만 아니라 그것에 의해 결정도 된다. 마찬가지로, 입력의 질은 내부 체계본질에 영향을 주기도 하고 받기도 한다. 외부적 요인과 내부적 요인 사이에서의 상호작용은 학습자와 대화자가 참여하는 실제의 언어적 상호작용에서 분명해진다. 그것은 중요한 데이터가 학습자에 의해 생성된 발화만이 아닌, 학습자와 대화자가 함께하는 담화인 언어습득의 **상호작용주의**의 관점에서 나온 것이다.

언어 발달에서 입력의 역할에 관한 세 가지 다른 관점이 논의되었다. 행동주의의 관점은 자극과 반응의 관점에서 취급되는 언어적 환경의 중요성을 강조한다. 생득주의의 관점은 입력의 역할을 최소화하고 학습자의 내부적 처리 메커니즘에 관한 언어 발달을 중요하게 설명한다. 상호작용주의의 관점은 언어발달을 입력 요인뿐만 아니라 선천적 메커니즘에 대한 결과로 언어 발달을 조사한다. 언어 습득은 학습자와 그의 대화자의 협동적 노력에서 파생되며 외부적 요인과 내부적 요인 사이의 역학적인 상호작용을 포함한다.

본 장의 주요 목적인 제2언어 습득에서 언어적 환경의 역할에 대한 논의는 상호작용주의의 체계 내에서 논의될 것이다. 그러나 입력과 상호작용의 초기 연구들은 제2언어보다는 모국어 습득과 관련된 것이다. 그러므로 다음 부문은 어머니가 어린아이들과 대화하는 방법을 살펴본다.

'어머니 말씨'와 모국어 습득

지배적인 생득주의의 관점에 대한 최초의 도전은 모국어 습득연구에서 발생했다. 1970년대 동안 어머니니들이 어린아이들과 어떻게 대화하는지를 조사했던 상당히 많은 경험 연구가 점차적으로 늘어났다(예를 들면, Snow와 Ferguson 1977; Waterson과 Snow 1978). 이러한 연구는 제2언어 습득에서 비슷한 연구의 모델로서 그리고 제2언어 습득의 몇몇 이론을 정의하는데 직접 이용되었고(예를 들면, Krashen, 1981a), 주요 결과물을 고찰해 보는 것이 중요하다. 이것들은 아래에 요약되어 있다.

1. '어머니 말씨'의 본질
   어머니 말씨에 대한 대부분의 초기 연구는, Chomsky가 주장한 바와 같이, 그것이 사실상 '퇴화한' 언어인지를 설명하기 위하여 언어적 속성을 확인하는 것과 관련되어 있다. 경험 연구들은 어머니 말씨의 담화가 비문법적인 발화와 문장을 거의 포함하지 않은 상당히 잘 형성된 발화임을 보여줄 수 있었다. 더욱이 이러한 발화는 성인간의 대화에서 사용되는 발화와 비교하여 많은 형식적인 조정에 의해 특징으로 나타났다. Snow(1976)는 이것들 중의 몇 가지를 열거한다: 더 짧은 길이의 발화, 한정된 범위의 문법적 관련성이 있는 문장 사용, 종속적이고 협동적 구조가 거의 없고, 더 많은 단순한 문장, 개별 지도의 문제들(즉, 어머니가 이미 답을 알고 있는 질문들), 그리고 전반적으로, 더 높은 비율의 말의 중복성이다. 또한 발음에서도 조정이 있다. Sachs(1977)는 어머니들이 음높이, 억양, 그리고 리듬을 어린아이의 지각적 감각에 맞춰 조율한다는 것을 보여준다. 이러한 조정이, **어머니 말씨**라고 알려진, 특별한 언어 사용이나 또는 **사용역**을 구성하는 것으로 여겨졌다.

2. '어머니 말씨'의 기능
   어머니들은 위에서 기술된 방법으로 그들의 대화를 조율한다는 것을 고려해 볼 때, 어머니 말씨가 어떠한 목적을 전달하는지에 대한 문제가 발생한다. Ferguson(1977)은 세 가지 주요 기능이 있다고 제안 한다. 즉 (1) 의사소통의 원조, (2) 언어 교수의 원조, (3) 사회화 기능이다. 그러나 어머니 말씨에 동기를 부여하는 것이 전자이다. 어머니들은 어린아이들과 의사소통을 하려고 하고, 이것은 의미 교환을 촉진시키기 위하여 그들의 대화를 간단히 하도록 어린아이들을 유도한다. 어머니들은 어린아이들의 발화에 대한 형식적인 정확성에는 거의 관심을 두지 않고, 대신에 그들의 발화에 대해 사회적 적절성에 관심을 둔다. Brown(1977)은 '의사소통하고, 이해하고, 이해되고, 같은 주제에 두 마음을 집중하는' 것에 관한 기본적인 동기를 기술한다. 그러므로 만일 어머니 말씨가 또한 언어를 가르치고 어린아이를 부모의 문화로 사회화시키는 역할을 한다면, 그것은 의사소통을 위한 시도의 파생물로서 간접적으로만 그런 역할을 한다.

3. 어머니들에 의해 만들어진 조정의 근거

또 다른 문제는 어머니들이 필요로 하는 수정의 본질과 범위를 어떻게 결정하는지와 관련된 것이다. Gleason과 Weintraub(1978)는 부모가 어린아이들의 언어 능력에 대한, 특히 그들의 이해 능력에 대한 일반적 생각을 가지고 있으나, 그들은 어린아이들이 어떤 특정한 언어적 특성을 익혔는지에 대한 정확한 지식이 부족하다고 주장한다. 부모는 어린아이들의 연령을 고려한 '전형적'인 모델을 내재화할 수 있고 그들의 개별의 어린아이로부터의 반응을 근거로 그들의 대화를 위아래로 조정한다. 그러므로 단연 중요한 것은 어린아이가 그에게 말해지는 것을 **이해하는** 정도와 그가 대화자에 대한 이해 또는 이해의 부족을 표시하는 정도이다. 이러한 결론은 Cross(1977)에 의해 지지되고, 그는 어머니들이 그들 자신과 또는 어린아이들의 통사 수준을 관찰할 수 있었던 증거를 거의 발견할 수 없었다. 그들은 어린아이들이 어머니의 이전의 발화에 대한 이해를 설명할 수 있는 정도를 평가함으로써 상호작용의 의미적 요소에 반응을 보였다.

4. 어머니 말씨의 영향

어머니의 발화 조정이 모국어 습득에 영향을 주는 방법을 논의하는데 있어서, 습득의 **경로**와 **진도** 사이의 구분을 도출할 필요가 있다. 어머니 말씨와 발달경로 사이의 관계에 대해서는 거의 알려지지 않았다. Newport 등(1977)은 입력이 학습되는 언어에 대한 언어의 특정한 특징들(예를 들면, 영어에서 조동사)과 변화하는 개인적인 환경에 개의치 않고 진행되는 보편적인 측면(예를 들면, 기본 문형)에만 영향을 준다고 주장한다. 그러나 다른 연구들은 다소 다른 결과를 보여주었다. Furrow 등(1979)은 어머니의 입력의 척도와 그들의 어린아이들의 발화의 척도 사이에서 아주 강력한 관계를 발견했다. 그들은 '언어적 환경이 언어 학습 진행과정의 모든 측면에서 중요한 원인으로 여겨져야 한다'고 결론을 내렸다. 그러나 Furrow 등의 결과는 되풀이되지 않았고, Gleitman

등(1984)이 제시한 바와 같이, 그들이 추종했던 교수법적인 절차의 반영일 수 있다. 이러한 후자의 연구는, 몇 가지 환경적인 영향이 있음에도 불구하고, 이것들이 학습자 자신의 성향에 따라 조정된다고 주장한다. 일반적으로 유용한 증거는 모국어 습득의 경로가 언어적 환경 차이의 결과로써 어떤 특정 방법으로 변하지 않는다고 주장한다.

그러나 습득의 진도에 관한 영향에 대해 훨씬 더 강력한 증거가 있다. 어머니들이 어린아이들과 대화하는 방법은 얼마나 빨리 그들이 언어를 습득하도록 영향을 미치는지를 제시하기 위하여, 그 중에서도, Cross(1977; 1978), Ellis, Well(1980), Barnes 등(1983)에 의해 수행된 연구로부터 현재 상당한 증거가 있다. 그러나 입력의 주요 특징들은 형식적이기보다는 상호작용적인 것으로 나타난다. 즉, 그것은 어머니의 담화 기능의 선택(예를 들면, 질문보다는 명령)이고 그녀가 발달을 조성하기 위하여 적당한 데이터를 제공하는 대화를 지속시키기 위하여 사용하는 장치들(예를 들면, 설명; 확대; 인정에 대한 요구)이다.

5. 영향 설명

입력은 모국어 습득에 어떻게 영향을 주는가? Wells(1981: 109)는 다음과 같은 설명을 제공한다;

> …관련된 일반적인 원칙은 어린아이가 듣는 발화 신호를 근거로 언어적 표현을 구성하는 것과, 그가 그 발화된 메시지가 적용된다고 믿고 있는 상황에 대해 개념적인 표현과 비교하는 것, 그리고 과업에 따라서 그들 도와주는 어떤 유용한 신호를 사용하는 것 중의 하나인 것으로 보인다.
>
> 따라서 듣기와 그리고 한 가지 감각 양상(청각)을 또 다른 감각(시각)과 연관시키는 것이 가장 중요하다. 이러한 진행과정은 어머니와 어린아이가 참여하는 상호작용적인 일상에 의해 촉진될 수 있다. Ferrier(1978)가 설명하고 있는 바와 같이, 어린아이는 그의 어머니가 일련의 제한된 예측 가능한 발화를 만들어내는 일상의 상호작용적인 맥락 속에 있다는 것을 깨닫는다. 어머니가 의사소통의 어려움을 겪는 어린아이를 관찰할 때마다 대화자의 조정과 함께, 대화자의 발화에 대한 규칙성과 불변성은 양상 일치의 진행과정에 대한 근거로서의 역할을 하는 공동 관심의 활동들을 창출한다. 반대로, 어린아이에게 직접 말을 건넨 것이 아니고 들려진 언어는 도움이 되는 것으로 보이지 않는다.

Clark과 Clark(1977)은 어린아이들이 이해하도록 만드는 진행과정에서, 어머니들은 세 가지 형태의 '축소된 크기로 언어 교습'을 제공한다. 대화 교습은 어른이 어린아이에게 이목을 끄는 것, 관심을 가지는 것, 질문 유도, 그리고 어린아이들의 이번의 발화에 대한 확장으로 대화를 지속하도록 도와줄 때 발생한다. 연결 교습은 어른이 어린아이가 맥락으로 이해할 수 있는 발화를 제공할 때, 또는 어른이 어린아이가 다른 측면의 맥락에 대한 단어를 사용하여 말한 것을 확장시켜 줄 때 발생한다. 분할 교습은 발화가 단어, 구, 또는 절(예를 들면, 새로운 단어를 'There's …'같은 익숙한 구조에 삽입하는 것으로써)로 어떻게 나누어질 수 있는지에 관하여 어른이 부수적인 힌트를 줄 때 발생한다. 물론 이러한 교습은 어린아이를 가르치기 위한 것이 아닌, 어린아이와 의사소통하기 위한 시도의 결과이다.

위의 다섯 가지 쟁점에서 반영된 바와 같이, 어머니 말씨에 대한 연구는 모국어 습득에서 언어적 환경에 대한 역할의 재평가로 이어졌다. 그것은 능동적이고 선천적인 처리과정의 메커니즘에 대한 촉매제 이상의 역할을 하는 것으로 여겨지며 발달의 상호작용주의의 해석으로 이어지게 되었다.

어머니 말씨 연구에 대한 간략한 요약은 제2언어 습득에서 입력과 상호작용 역할을 고찰하기 위한 근거를 제공한다. 그것은 요구하는 질문의 방향을 제시한다. 그러나 일반적으로 제2언어 습득 연구는, 특히 그것이 입력과 상호작용의 영향을 고찰해 볼 때, 모국어 연구까지는 진행하지 못했다. 대부분의 연구는 학습자에 대한 입력과 상호작용에서 어떤 조정이 발생하는지, 그리고 이러한 조정이 왜, 어떻게 발생하는지를 기술하는 것에 관심을 두었다. 다음 두 부문에서는 자연스런 환경에서 그리고 교실환경에서 이러한 쟁점들을 우선 살펴본다.

자연스런 환경에서의 입력과 상호작용

자연스런 언어 환경에서의 연구는 두 가지의 연관된 접근법으로 구성된다. (1) **외국인 말씨**의 연구(즉, 그것이 비모국어 화자에게 대화할 때 모국어 화자에 의해 사용된 사용역)와, (2) 모국어 화자와 제2언어 학습자 사이의 대화를 포함한 **담화**의 연구이다. 이것들을 각각 고찰할 것이다.

외국인 말씨 연구

외국인 말씨에 대한 연구들은 Ferguson(1971)의 단순화된 사용역에 의해 활발하게 이루어졌다. 이것은 어머니 말씨, 외국인 말씨 그리고 또한 중간 언어의 화석화된 상태 사이의 언어적 유사성을 정확히 보여준다. 어머니 말씨의 경우에서처럼, 연구와 논의가 외국인의 말씨에 대한 기술과 설명, 그리고 좀 더 최근에는 제2언어 습득에서 그것이 무슨 역할을 하는지에 관해 중점을 두었다. 본 부문에서 나는, 제2언어 습득에서의 그것의 역할에 대한 고찰은 뒤로 미루어두고, 외국인 말씨에 대한 기술과 설명에 관심을 둘 것이다.

외국인 말씨의 기술

외국인 말씨를 기술하기 위하여, 모국어 화자와 비모국어 화자에 의해 이루어진 발화의 표본을 수집하고 분석하는 것이 필요하다. Long(1981a)은 많은 연구들이 비교를 위한 기초의 역할을 하는 기초 데이터(즉, 모국어 화자 사이에서의 발화)를 얻는데 실패했다고 지적한다. 또한 기초 데이터가 수집된 몇몇 연구들은 두 가지의 데이터가 반드시 동일한 과업에서 추출된 것으로 보기 어렵다고 지적한다. 어떤 다른 사용역에서도 그렇듯이, 외국인 말씨는 대화의 화제, 참여자의 연령(즉, 그들이 어린아이인지 청소년인지, 또는 성인인지), 그리고 특히 학습자의 숙달과 같은 수많은 변이들에 의해 영향을 받는 것 같다. 그러므로 외국인 말씨는 정적이고, 고정된 특성으로 생각될 수 있는 것이 아니고, 역학적인 것으로써, 다양하고 상황적인 요인에 따라 변화하는 것에 의해 영향을 받는 것 같다.

외국인 말씨는 형식적이며 기능적인 특성들 둘 다 가지고 있다. Long(1981a)은 이러한 **입력**과 **상호작용적인** 특성을 각각 표시한다. 입력의 특성은 두 가지 형태이다. (1) 언어의 문법적 규칙 구조 내에서 단순화를 포함하는 것들, 그리고 (2) 비문법적 발화로 이어지는 단순화를 포함하는 것들이다. 상호작용적인 특성은 모국어 화자에 의해 수행되는 특정한 담화 기능들로 이루어진다. 이것들은 단지 모국어 화자만을 참여시킨 대화에서 관찰되는 것들과 성질이 다르지 않지만, 어떠한 특정 기능들이 사용되는 빈도에서는 차이가 있다. 많은 연구(예를 들면, Ferguson과 Debose, 1977; Hatch, Shapira, 그리고 Gough, 1978; Long, 1981a, 1981b, 1983a;

Arthur 등, 1980; Hatch, 1980a)에서 조사된 주요 입력과 상호작용적 조정은 각각 표 6.1과 표 6.2에서 각각 볼 수 있다. 모든 입력과 상호작용적 특성이 모국어 화자와 비모국어 화자 사이의 모든 대화에서 나타나지 않을 것이라고 언급되어야 한다.

입력과 상호작용 특성 사이와 문법적 그리고 비문법적 단순화 사이에서의 구분과 관련하여, 세 가지 형태의 외국인 말씨가 확인될 수 있다.

1. 상호작용적인 조정만으로 이루어지는 외국인 말씨(즉, 형식적 단순화가 없다.);
2. 상호작용이고 문법적인 입력 조정으로 이루어지는 외국인 말씨(즉, 비문법적인 단순화가 없다.);
3. 문법적 그리고 비문법적 입력 조정의 둘 다뿐만 아니라 상호작용적 조정으로 이루어지는 외국인 말씨.

어떤 종류의 외국인 말씨가 발생하는지는 학습자의 숙달과 참여자 사이의 역할 관계와 관련이 있는 다양한 요인들의 결과이다. 일반적으로 (1)은 (2)보다, 그리고 (2)는 (3)보다 더 일반적으로 나타난다.

많은 연구들은 입력과 상호작용적인 조정이 외국인 말씨에 나타나는 정도에 영향을 미치는 요인들을 고찰했다. Scarcella와 Higa(1981)는 어린아이 비모국어 화자와 이루어진 외국인 말씨를 청소년 비모국어 화자와 이루어진 외국인 말씨와 비교했다. 그들은 어린아이 비모국어 화자가 더 도움을 받는 분위기에서 더 단순한 입력을 받는다고 결론짓는다. 따라서 그들과 이루어진 원어민 화자의 발화는, 덜 복잡한 문법구조들, 덜한 말더듬들, 더 단순화된 어휘, 더 많은 명령적인 지시들, 그리고 더 많은 설명 요구들과 관련된, 더 짧은 발화들이 포함되어 있다. Scarcella와 Higa는 "단순화가 언어적 능력보다 연령에 의해 더 영향을 받는다"고 제안한다. 또 조정의 범위에 영향을 미치는 또 다른 요인은 의사소통이 쌍방향(대화에서처럼)인지 또는 일방적(독백에서처럼)인지이다. Long(1981a) 그리고 Varonis와 Gass(1983)는 모국어 화자의 수정이 전자의 경우 더 자주 일어나고, 아마도 대화가 모국어 화자에게 학습자로부터의 피드백을 제공하고, 그러므로 모국어 화자가 더 정확하게 필요한 조정의 양을 측정할 수 있게 하기 때문이라는 것을 발견했다.

외국인 말씨는 어머니 말씨와 아주 비슷하지만, 입력과 상호작용적 특징 모두에서 확연한 차이가 있다. 비문법적인 조정들이 어머니 말씨에서는 거의 일어나지 않지만, 그것들은 외국인 말씨에서 특정한 상황하에서 일어날 수 있다. 또한 Freed

(1980)는 다른 언어기능들의 상대 분포가 같지 않다는 것을 발견했다. 반면에, 어머니 말씨는 지시와 물음의 분포가 높이 나타나는 반면에, 외국인 말씨는 진술의 분포가 높게 나타난다. Freed는 어머니 말씨의 주요 기능적인 의도가 어린아이의 행동을 지시하는 반면에, 외국인 말씨에서는 정보를 교환하는 것이라고 주장한다. 그러나 이것은, 어머니 말씨와 외국인 말씨 사이의 특정한 차이라기보다는, 단순히 어린아이와의 대화와 성인과의 대화 사이에서의 일반적인 차이점의 반영(Scarcella와 Higa의 연구가 제시한 바와 같이)일 수도 있다.

외국인 말씨 설명

외국인 말씨의 설명은 **왜** 조정이 발생하고 또한 **어떻게** 발생하는지를 고찰해 보는 것이 필요하다.

Hatch(1983b)는 외국인 말씨가 어머니 말씨와 같은 기본적인 기능들을 가지고 있다고 주장한다. 즉, (1) 그것은 대화를 촉진하고, (2) 그것은 원어민 화자와 비원어민 화자 사이에 특별한 종류의 정의적인 유대를 형성하며, 그리고 (3) 그것은 암시적인 교수 방식의 역할을 한다. 물론, (1)은 대부분의 조정은 인지하고 이해하기 쉽도록 만들기 위하여 발화들 단순화하거나, 또는 원어민 화자가 무엇을 말하기 원하는 지를 명료화하거나(예를 들면, 낱말들이나 또는 발화를 반복함으로써), 또는 그가 말한 것을 깨닫도록(예를 들면, 설명 확인 또는 설명 요청을 통하여) 조정한다. Hatch는 (2)가 대화가 발생할 때 경험된 성취감 때문에 발생하며, 반면에 (3)은 외국인 말씨가, 비록 그것이 성공적인 대화가 이루어질 때 교수법상의 영향이 있을지라도, 어떤 명시적인 교수법상의 기능을 제공하지 않는다는 점에서 '암시적'이라고 주장한다. 그러나 Naro(1983)는 외국인 말씨가 즉, 특별히 학습가가 학습하는데 도움이 되곤 하는 명시적인 교수 기능과 함께 발생한다고 주장한다.

Hatch가 언급하지 않은 기능은 화자들 간의 역할 관계—'알기 쉽게 말하기' 기능을 표시하기 위한 외국인 말씨의 사용이다. 이것은 문법적 기능과 특정한 어휘(예를 들면, 'savvy')의 생략 같은 비문법적인 단순화의 사용을 포함한다. Long(1983b)은 비문법적인 외국인 말씨 사용은 다음 네 가지 상황에 따른다고 제안한다. (1) 비모국어 화자는 제2언어에서 매우 낮은 숙달을 가지고 있으며, (2) 모국어 화자는 자신이 더 높은 상태에 있다고 생각한다. (3) 모국어 화자는 외국인 말씨에 대해 상당히 앞선 경험을 가지고 있으며, (4) 대화가 동시에 발생한다(즉, 실험실 실험에 대

표 6.1 외국인 말씨에서 입력 조정

단계	기준	비기준
발음	담화를 천천히 함 단어/음절 조음을 분리 더 주의 깊게 발음함 (예를 들면, 마지막 폐쇄음이 풀어짐) 더 강한 강세 중요단어를 더 크게 말함	마지막 자음에 모음을 첨가함 축약된 모음을 더 사용함 과장된 억양
어휘	제한된 어휘의 양 어려운 어휘는 자주 사용되는 어휘로 대체 대명사를 덜 씀 (예를 들면, 명사는 'he', 'she', 'it'을 씀) 단어의 반복 분석적인 재설명의 사용 (예를 들면, 망치: '치는 도구') 행동양식의 사용(예를 들면, 명시적 정의)	수량형용사, 강조어, 양태의 특정 어휘 외국인 혹은 외국인 같은 단어의 사용(예를 들면, 'savvy')
문법	축약을 덜 사용함 전반적으로 짧은 발화의 길이 문법적 관계를 명시적으로 함 (예를 들면, 그가 갈 것을 요청했다 → 그가 갈수 있는지 물었다.) 종속어보다 동의어를 선호함 사역동사 변형을 덜 사용함 주제가 발화의 시작으로 옮겨짐 (예를 들면, 나는 John을 좋아한다 → John, 나는 그를 좋아한다) WH 질문을 덜 사용하고 Yes/no 질문을 더 많이 사용함 도치되지 않은 질문을 더 사용함 (예를 들면, 너 좋아하니 John을?) '혹은-선택' 질문을 더 활용함 부가의문문을 더 활용함 현재를 더 많이 나타냄(반대보다는)	생략: −연사 −'it' −'do' −동사 굴절 중간언어의 형태 사용 (예를 들면, 'no'+verb)

한 부분이 아니다). 그러나 Hatch, Shapira, 그리고 Gough(1978)는 스페인어를 말하는 친구에게 성인 영어 모국어 화자의해 이루어진 발화에서 기능의 빈번한 생략과 중간 언어 형태의 모방(예를 들면, 'no+V')이 있음을 언급한다. 그들은 모국어 화자가 비문법적인 발화를 하는 것으로부터 스스로를 멈출 수 없다는 것을 느꼈다

표 6.2 외국인 말씨에서 상호작용적 조정

유형	설명	예
더 많은 현장 주제	원어민 화자는 근접한 목적이나 화제를 나타낸다.	NS: 당신은 무엇을 입고 있습니까?
더 주제에 가깝게 이동	모국어 화자는 질문이나 언급을 함으로써 대화적 주제를 시작한다.	
더 확실히 확인함	학습자 발화가 정확히 들리는지 혹은 이해되는지 확인하기 위한 발화	NNS: 나는 영화 보러 갔다. NS: 영화?
이해도를 더 확인함	학습자가 잘 이해하고 있는지 확인하는 원어민 화자에 의한 노력	NS: 비가 많이 온다. 이해하고 있니?
더 정확한 요구	학습자가 발화를 이해하는지 명확히 하는 발화	NNS: 그녀는 키가 크다. NS: 네? 뭐라고요?
더 많은 반복	모국어 화자는 그의 이전 발화를 반복한다.	NS: 그가 안에 들어가려다 창문에 끼었다. 그가 끼었다.
더 많은 다른 반복	모국어 화자는 학습자의 이전 발화를 확인 없이 반복한다.	NNS: 나는 영화 보러 갔다. NS: 어. 영화 보러갔구나.
확장	모국어 화자는 의미적 정보 혹은 형식을 제공하며 학습자의 발화를 확장한다.	NNS: 나는 스웨터를 입는다. NS: 어. 너 빨간 스웨터 입고 있네.
더 짧은 대답	모국어 화자는 학습자의 질문이나 말에 대한 대답의 길이를 제한한다.	

고 진술한다. 따라서 비록 비문법적인 조정들이 비모국어 화자가 더 낮은 상태에 있다고 생각될 때 전형적으로 발생할지라도, 이것은 필요조건은 아니다. 그것은, 아마도 Hatch가 말하는 정의적 유대를 결속시키는 방법으로, 동등한 것들 사이에서 발생할 수 있다.

모국어 화자가 그들의 발화를 **어떻게** 조정하는지에 대한 설명은 (1) Corder (1981)는 제2언어 학습자가 초기 발달단계에서 퇴보한다고 주장한 것과 대체로 똑같은 **회귀**(즉, 모국어 화자는 그가 대화를 하고 있는 사람을 위해 적절한 수준에 도달할 때까지 습득의 특징으로 나타나는 발달 단계들을 통하여 무의식적으로 퇴보한다); (2) **정합**(즉, 모국어 화자는 학습자의 언어 체계를 평가하고 그가 그 안에서 확인한 언어형태를 모방한다); 그리고 (3) **교섭**(즉, 모국어 화자는 학습자로부터 얻은 반응에 따라서 단순화하고 명료화한다)을 포함한다. Hatch(1983b)는 이 세 가지 설명을 고찰하고 (3)이 가장 설득력 있다는 결론을 짓는다. 그녀는 회귀가 아주 가능성이 없으며 관찰된 외국인 말씨의 특징들에 의해 입증되지 않는다고 주장한다. 정합은 Bloomfield(1933)에 의해 제시된 설명이지만, 그러나 Hatch가 주장하는 바와 같이, 많은 모국어 화자가 그의 언어적 출력을 조정하기 위하여 충분한 정확성으로 학습자의 음운체계, 어휘, 문법 그리고 담화를 동시에 측정하도록 요청하는 것이다. 교섭은 심리언어학적인 설명보다는 상호작용적인 설명을 제공한다. 그것은 모국어 화자가 그의 발화를 조정하기 위해 어떤 정신적인 진행과정을 작동하는지에 대해 알려주지는 못한다. 한 가지 실행 가능한 심리언어학적 설명이 Meisel(1980)에 의해 제시된다. 그는 외국인 말씨가 언어를 사용하기 위한 화자의 숙달의 요소인 단순화의 일반적 전략을 반영한다고 제안한다. 이러한 전략은 중간언어 발화에서 분명하며 또한 혼성어의 형성에서도 발생한다.

중간 언어, 혼성어 그리고 외국인 말씨의 형식적인 특성은 매우 유사하며(예를 들면, Ferguson과 Debose 1977 참조), 그러므로 단일의 근본적인 진행과정의 결과일 수 있다. 교섭은, 모국어 화자나(외국인 말씨에서) 또는 학습자(제2언어 습득 또는 혼성어에서)가 그의 단순화의 전략을 활성화시키기 위해 필요한 증거를 얻는 수단을 제공함으로써, 이러한 진행 과정에서 중요한 요소가 될 수 있다.

담화 연구

제2언어 데이터는 그가 받아들이는 입력에서 학습자에게 유용하다. 그러나 이러한 입력은 모국어 화자에 의해 단독으로 결정되지는 않는다. 그것은 또한 학습자 자신에 의해서 결정된다. 그가 제공하는 반응은 모국어 화자로부터의 계속되는 입력의 본질에 영향을 준다. 또한, Sharwood-Smith(1981)가 언급한 바와 같이, 학습자의 출력은 학습자 자신의 언어처리 메커니즘에 대한 입력으로서의 역할을 한다. 그러므로 모국어 화자의 기여를 학습자의 기여와 독립적으로 고려하는 것은 의미가 없다. 왜냐하면 한 가지가 다른 것에 영향을 미치기 때문에, 그들이 함께 만드는 **담화**를 살펴봄으로써 모국어 화자와 학습자에 의해 행해진 공동 작업을 살펴보는 것이 더 적합하다. 이것을 수행하기 위한 방법은 **담화 분석**에 나타나 있다.

외국인 말씨보다는 오히려, 담화를 조사하는 데 추가의 이유가 있다. 그것은 제2언어 학습자들이 **어떻게** 학습하는지에 대해 밝혀 줄 수 있다. Hatch(1978c: 403)는 다음과 같이 주장한다:

> 입력과 빈도를 살펴보는 것은 충분하지 않다; 중요한 것은 전체로서 언어 데이터를 살펴보고 상호작용 그 자체가 형태의 빈도를 어떻게 결정하고 그것이 어떻게 언어 기능을 전개시키는지를 알아보기 위해 대화 속에서 발생하는 상호작용을 조사하는 것이다.

다시 말해서, Hatch는 우리가 언어학습이 대화를 수행하는데 사용되는 전략으로부터 어떻게 전개하는지를 연구하기 위하여 담화를 살펴볼 필요가 있다고 제안한다. Harder(1980: 168)는 "한사람의 잠재적인 행동 잠재력을 확장하는 것은 당연히 한사람의 언어를 확장하는" 것이라고 말하면서 비슷한 주장을 밝힌다.

학습자들이 참여하는 담화의 유형은 학습자가 누구인지에 많이 좌우된다. 특히 학습자가 어린아이인지 성인인지에 좌우된다. 어린아이를 포함한 담화는 Hatch (1978c; 1978d), Peck(1978; 1980), 그리고 Wagner-Gough(1975)에 의해 논의되었다. 성인 학습자를 포함한 담화는 Hatch(1978c)와 Schwartz(1980), 그리고 다른 학자들 사이에 논의되었다.

어린아이 학습자를 포함한 대화

Hatch는, 어린아이 학습자의 담화에서, 대화들이 어린아이가 성인의 관심을 필요로 함으로써 '의사소통 경로를 개방하는' 어린아이에 의한 시도로 시작된다는 것을 보여준다(예를 들면, 'oh oh'; 'look it'). 그러면 성인은 어린아이의 관심을 끌기 위하여 나타나는 사물을 확인함으로써 응답하고 어린아이는 그 사물의 이름을 다시 말해준다. 그 연속이 거기서 끝난 다음에 비슷한 '지명하는' 연속이 시작될 수 있다. 그 대신에, 어린아이로부터 지명된 화제에 대해 성인이 어떤 담화를 촉구함으로써 자극받을 때, 대화가 발달 단계로 이동할 수 있다. 이것은 어린아이에 의해 정교화의 시도를 유발할 수 있다. 성인이 추가의 담화를 하거나, 또는 명료화를 요구하든지 간에 추가 발달이 일어날 수 있다. 전체적인 담화 유형이 표 6.1에 요약되었다. 그것은 모국어 습득연구에서 어린아이들과 그들의 어머니들 사이의 대화에서 관찰된 유형과 매우 유사하다(Clark과 Clark 1977; Wells 1979 참조). 이것은, 어린아이 언어 학습자가 관련된 곳에서, 하나의 대화 구축을 진전시키는 일반적인 방법이 될 수 있다고 제시한다.

Hatch는 어린아이-성인 담화의 전반적인 유형을 논의한 반면에, Wagner-Gough

(1975)는 한 어린아이 학습자에 의해 사용된 담화 전략을 살펴보고, Homer는 성인 학습자의 담화를 살펴본다. Homer는, 참여 의식을 제공하는 것, 또는 놀리는 것, 또는 순전히 재미를 위한 것 중의 어느 하나인 성인의 이전 발화를 자주 **모방한다**. Homer는 또한 이전 발화로부터의 개념 단위를 자신의 발화로 **포함한다**. 다양한 삭제를 가지고 있는 질문인 'What is this?'와 대답인 'This is ____'에 관하여, 아래와 같은 독특한 발화를 설명하는 것이 가능하다:

What this is Homer?
What is this is car?

예를 들면, 위의 첫 번째 발화는 질문과 대답이 결합된 유형으로부터 삭제된 'is this'가 있으며, 그리고 두 번째 예에서는 삭제된 'this'만 있다. 일반적으로 이러한 언어행동을 말하면서, Hatch 등은 다음과 같이 기록한다:

> 자주 들은 정형화된 문구를 사용하고 많은 개념 단위의 입력을 반복하기 위한 (어린아이) 학습자의 능력은 그에게 언어 학습의 의사소통적 측면으로의 빠른 침투와 성인 제2언어 학습자에 의해 공유되지 않은 이점을 제공해 준다.(Hatch 등 1979: 274-5)

Hatch와 Wagner-Gough는 어린아이와 성인의 대화를 조사했다. Peck(1978; 1980)은 어린아이-어린아이 그리고 어린아이-성인의 대화를 비교한다. 전자는 많은 '기능들'의 예를 포함하며, 그것은 Keenan(1974)이 어린아이 학습자가 만드는 자신

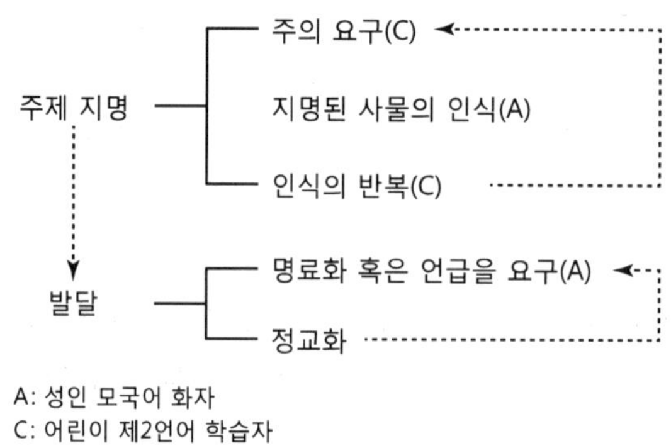

그림 6.1 Hatch(1978b)에 의해 기술된 성인-어린아이 제2언어 대화의 도식 표현

과 또 다른 학습자의 이전의 발화 둘 다에 대한 수정을 기술하기 위하여 사용하는 용어이다. 이전의 순서의 구성 요소들 중의 전체 또는 하나가 되풀이되는 곳에서, 둘 다 '초점 기능'이다.

예를 들면, NS Child: You know why?
L2 Child: You know why?

그리고 이전 발화의 구성 성분들 중의 하나가 같은 문법적 범주의 또 다른 하나로 대체되는 '대체 기능':

예를 들면, NS Child : There on piece.
L2 Child: There different piece.

Peck은, 그러한 '기능들'을 수행하는 것을 통하여, 어린아이가 제2언어 능력의 한계를 개척하고 확장할 수 있다고 제안한다. 반대로, 어린아이-성인의 대화에는 기능들이 거의 나타나지 않는다. 성인들은 어린아이 대화자보다 더 많은 질문과 더 분명한 요구를 표현하는 경향이 있다. 그러나 성인들은 또한 그 자신의 화제를 지명하기 위한 더 많은 기회를 제2언어 어린아이에게 제공해준다.

성인학습자를 포함한 대화

성인-성인 대화는 Hatch(1978c)에 의해 기술된다. 어린아이-성인의 연속들은 '현장' 원리(즉, 그것들은 실제로 존재하는 대상들과 지속중인 활동을 말한다)를 따르는 반면에, 성인의 대화는 회피 행위에 토대를 두는 경향이 있다. 그 결과, 성인 학습자는 화제를 인식하는데 어려움을 갖는다. 그는 해명을 위한 요청의 사용(예를 들면, 'huh?'), 또는 언급 대상의 범위를 설정하기 위하여 원어민 화자의 질문의 일부분을 그대로 따라한다. 수정 전략들도 또한 모국어 화자의 부분에서 일반적이다. 이것들은 화제를 좀 더 핵심적인 문장의 처음이나 끝으로 옮기거나(예를 들면, 'Holidays this summer—where are you going?), 어휘를 단순화하고, 몸짓을 첨가하거나, 그리고 외국인 말씨로 번역하거나 또는 전환하는 것을 포함한다. 수정 전략들은 두 화자 모두가 제2언어 사용자인 성인-성인 대화에서 나타난다. 수정전략은 또한 화자가 모두 제2언어 사용자인 성인-성인 대화에서도 발견된다(Schwartz 1980). 이러한 경우에 대화는 자기 교정을 위하여 조직화된다. Schwartz는 교섭된 수정이 종종 이해를 재조정할 뿐만 아니라, 동시에 문법적으로 더 복잡한 단위를 형성하는데 도움을 준다고 언급한다. Hatch(1978c)는, 모국어 화자들과의 성인과 성인의 대화에서, 원어민 화자들은 학습자가 말하고 싶어 한다고 그들이 생각하는 것의 모델을 만들어 도움을 주려는 협동 진행과정이 종종 있다고 설명한다. 성인-청소년 그리고 성인-어린아이 학습자 담화 사이의 차이점은 Scarcella와 Higa(1981)에 의해 조사되었다. 그들은 원어민 화자와 비원어민 화자 모두가 대화를 지속시키기 위하여 행하는 일을 고찰한다. 어린아이 학습자에게 말할 때, 성인 원어민 화자는 더 많은 책임감을 가지고 종종 빈번한 수사적 질문과 반복을 사용하면서 대화를 지배한다. 반대로, 청소년 학습자는 대화를 지속하는데 더 많은 역할을 할 것이라고 예상된다. 이러한 결론에 기여하는 많은 학습자 전략들은, '회피하기'(즉, 모국어 화자가 화제를 소개하게 하고난 다음 어떤 새롭고 관련 있는 정보를 추가하려는 시도), 반복, 화제 전환, 그리고 'ya know' 같은 대화 보충어의 사용과 같은 것이 언급된다. 이러한 전략들은 어린 학습자들에 의해 좀처럼 사용되지 않았다. Krashen(1982)은 연령이 많은 학습자들은 대화를 지속하는데 더 많이 관련되어 있기 때문에, 그들은 어린 학습자들보다 더 빠르게 배울 수 있다고 추측한다(5장 참조).

의미 교섭

제2언어 학습자를 포함하는 대화의 주요한 특징은 학습자와 모국어 화자가 학습자의 제한된 제2언어 자원들의 결과로 항상 발생할 것 같은 의사소통의 장애를 극복하기 위하여 함께 노력한다는 것이다. 이것은 **의미 교섭**으로 알려져 있다. 모국어 화자의 측면에서 보면 이것은 **전략**과 **전술**의 사용을 포함한다(Long 1983a). 전략은 문제점을 피하기 위하여 사용되는 대화적 장치이다; 예를 들면 화제 지배권을 넘겨주는 것, 핵심적인 화제를 선택하는 것, 그리고 이해 능력을 확인하는 것이다. 전술은 문제점을 수정하기 위한 장치이다; 예를 들면 화제를 전환, 해명을 요청하는 것이다. 느린 속도 사용하기, 발화 반복, 또는 핵심 단어 강조와 같은 다른 장치들은 전술과 전략 모두의 역할을 할 수 있다. 그러나 그것은 공동의 일로서, 학습자도 또한 의미교섭에 기여하는 것을 필요로 한다. 학습자는 그가 이해했거나 또는 이해하지 못했을 때 분명한 신호를 해주고, 그리고 가장 중요한 것은, 포기하지 않고 그렇게 할 수 있다. 의미 교섭의 결과는 즉 특정한 유형의 입력과 상호작용결과이다. 특히, 의미의 교섭이 **이해 가능** 입력을 만든다고 가정되었으며, 제2언어 습득을 촉진하는 이러한 측면으로, 나중에 논의될 것이다.

요약

본 부문은 자연적인 환경에서의 입력(모국어 화자의 참여)와 상호작용(모국어 화자와 학습자 모두의 공동의 참여)의 많은 연구들을 살펴보았다. 입력은 외국인 말씨에 관해 설명되었다. 이것은 모국어 화자의 발화에서 많은 형식적이고 상호작용적인 조정을 포함한다. 몇몇 이러한 조정은 비문법적인 발화로 이어진다. 외국인 말씨의 조정은 성인보다는 어린아이를 포함한 담화에서 더 자주 발생하고, 또한 일방의 의사소통과는 반대로 쌍방의 의사소통에서 더 자주 발생한다. 외국인 말씨의 주요 기능은 비록 그것이 간접적으로 교수 기능의 역할을 할지라도 효과적인 의사소통을 촉진하는 것이다. 비문법적인 외국인 말씨는 모국어 화자가 비모국어 화자보다 높은 위치에 있다고 생각할 때와 같은 특별한 상황하에서 발생한다. 외국인 말씨는 의미를 교섭할 필요가 있기 때문에 발생하며, 또한 제2언어 습득과 혼성어에서 발견된 보편적인 단순화 진행 과정의 결과일 수도 있다. 상호작용은 학습자와 모국어 화자가 참여하는 담화에 관해서 고찰되었다. 어린아이와 청소년/성인 학습자를 포함하는 담화 유형에서 차이점들이 관찰되었다. 성인들은 그들에게 더 나은 의사소통적인 요구를 주문하는 화제에 대처해야 하지만, 그들은 대화를 지속하는 데에 더 많은 역할을 하는 것 같다. 차이점들은 모국어 화자가 어린아이인지 또는 성인인지에 따라 발생한다. 어린아이의 경우에, 언어로 하는 더 많은 놀이가 있으며, 반면에 성인 원어민 화자들과 함께, 학습자는 성인이 지속하도록 도움을 주는 화제를 지명하기 위한 더 많은 기회를 갖는다. 제2언어 학습자들을 포함하는 담화의 연구들은 참여자들이 의사소통적인 실패를 피하고 극복하기 위해 노력할 때 의미 교섭이 있다는 것을 보여준다.

교실수업 환경에서의 입력/상호작용

마지막 부문은 자연적인 환경에서 언어적 환경의 본질을 조사했다. 본 부문은 교실 수업 환경을 고찰할 것이다. 각 환경에서 발생하는 의사소통의 종류가 여러 가지 면에서 다르기 때문에, 두 가지 배경을 구별하는 것이 필요하다.

교실 수업 언어에 대한 관심은 지난 20년 동안 꾸준히 지속되었다. 그것이 과목 수업인지 또는 언어 수업이든지 간에, 성공적인 결과들은 교사에 의해 사용되는 언어 유형과 교실 수업에서 일어나는 상호작용의 유형에 의해 결정될 수 있는 인식에 의해 원인이 되었다. 언어 교실 수업의 경우에, 교사 언어와 상호작용의 분석에 대한 관심의 증가는 성공적인 학습의 주요 결정요인으로서의 언어 교수법에 대한 거부로 인해 활성화되었다. Scherer와 Wertheimer(1964) 그리고 Smith(1970)에 의한 연구들은 문법 번역, 청화 구술, 그리고 인지 규칙 같은 교수법의 비교 효과를 조사하였지만, 그러나 어느 한 가지가 다른 것보다 더 성공적이라고 증명할 수 없었다. 이것에 대한 한 가지 가능한 설명은, 교수법적 원칙에서의 분명한 차이점에도 불구하고, 다양한 방법들이 비슷한 유형의 교실 의사소통으로 이어지고, 언어 학습 결과물이 또한 유사한 결과로 되어 있다는 것이다. 다시 말하면, 교실 수업의 상호작용이 형식적인 환경에서 제2언어 습득에 영향을 주는 중요 변이였다고 가정되었다. 그 다음에 한 갈래의 교수법 비교 연구가 교실 수업으로부터 나온 언어 데이터를 수집함으로써 교실 수업 상호작용의 진행 과정에 연구자들의 관심을 끌게 되었다.

Gaies(1983)는 교실 수업에서의 의사소통 연구라고 칭하는 **교실 수업 진행과정 연구**는 다른 형태들을 취했다. 가장 초기의 것은 교실 수업에서 발생하는 언어 사용의 종류를 기호화하기 위한 여러 가지 범주의 사용으로 이루어지는 **상호작용 분석**이었다. 대안적인 접근은 제2언어 학습자에게 말할 때 교사에 의해 사용되는 언어에만 중점을 두었다. 그것은 **교사 말씨**에서 일어나는 조정을 표로 만들려고 노력했다. 마지막으로, **담화 분석**의 기술이 그곳에서 발생하는 다른 유형의 상호작용을 확인하도록 도와주기 위해 교실 수업에 적용되었다. 나는 자연적인 환경에서 발견되는 것과 비교하여 교실환경에서 발견되는 입력/상호작용의 유형에 대한 일반적인 논평으로 결론을 내리기 전에, 각각의 이 접근법들을 순서대로 살펴볼 것이다.

상호작용 분석

상호작용 분석은 교과교실에서 시작되었다. 1960년대에 Flanders(Flanders 1970 참조)은 교사와 학생들의 의사소통적 언어 사용을 분석하기 위한 범주 체계를 개발했다. 나중에 이 체계는 언어 교실수업용으로 채택되었다(예를 들면, Moskowitz 1971). 더 세련된 체계가 Fanselow(1977)와 Allwright(1980)에 의해 개발되었다. 예를 들면, Allwright는 교실수업의 상호작용이 세 가지 형태의 분석으로 설명될 수 있다고 제안한다. 즉 (1) '차례 잡기'와 '차례 주기'의 일반적인 제목으로 분류된 몇 가지 범주로 이루어지는 차례 잡기 분석, (2) '모델'(예를 들면, 교사는 학습자가 모방하는 어떤 것을 말한다)로서 기본적으로 만들어지는 목표 언어의 사례들과, 목표 언어에 대한 정보와 기본적으로 관련된 의사소통의 사례들 같은 범주들을 활용하는 화제 분석,[1] 그리고 (3) 상세한 범주를 제공하지 않지만, 차례 잡기와 화제 관리의 수준과, 그리고 인지적인 수준에서 과업을 구별하는 과업 분석이다. Allwright의 체계는 연구자가 상호작용에서의 각각의 발화를 기호화하는 것이 필요하다. 그는 언어수업으로부터의 추출물에 관한 사용을 설명하고 학습자들과 교사들이 목표 언어를 어떻게 사용하는지에 대해 상당히 흥미로운 정보 밝힐 수 있다는 것을 보여준다.

Long(1980)은 상호작용 분석 체계에 대한 철저한 비평을 제시한다. 가장 큰 문제점이 관찰된 변이의 선택에 있다(즉, 범주화하기 위한 교실언어의 어떤 특징들). Long은 선택된 그 범주들이 제2언어 습득 연구에 의해 입증되지 않은 단지 '주관적인 예감'에 지나지 않는다고 주장한다. 예를 들면, 위에서 기술된 Allwright의 체계에 따르면, '수용'(즉, 질문 또는 지시에 대한 대답)과 '가로채기'(즉, 다른 사람에게 행해진 질문이나 지시에 대한 대답)에 대한 차례 잡기 범주를 구별하기 위한 언어 학습이론의 기준은 없다. 빈번하게 '수용'과 '가로채기'를 하는 교실 수업 학습자는 하지 않는 학습자보다 더 빠르게 진전을 보일 것이라는 사실이 합리적인 가정일 수 있지만, 그러나 '수용'을 하는 학습자가 '가로채기'를 하거나 또는 반대의 경우인 학습자를 능가한다고 예상될 수 있다는 것은 분명하지 않다. Long이 지적하는 다른 문제는 '일반적으로, 상호작용 분석 체계는 표면적 행동을 기호화하고 그리하

---

1. 적당하게 '화제'라는 용어에 대한 Allwright의 사용은 무엇에 대하여 대화가 이루어지고 있는지뿐만 아니라 상호작용의 목적을 고찰하는 것에 대한 중요성을 반영한다. 언어 교실에서 '화제'는 종종 귀납적으로(즉, '모델'로써) 또는 연역적으로(즉, '규칙'으로써) 다루는 어떤 언어 항목이다.

여 중요한 의사소통적인 말의 가치를 간과한다는 것이다'(앞서 언급한 글에서: 18). 따라서 비록 그런 체계가 신뢰성이 있다 할지라도, 타당성이나 적절성이 의심스럽다.

불가능하지는 않지만, 상호작용 분석들이 언어 교실수업에서 입력/상호작용의 본질에 대하여 무엇을 밝혔는지를 요약한다는 것은 어렵다. 이것은 대체로 그러한 체계들의 확산이, 각각 그것들 자신의 여러 가지 범주들로 인해, 비교와 일반화를 방해하기 때문이다. 많은 체계들이 교사 연수의 목적으로 개발되었고 Allwright(1983)가 언급한 바와 같이, 이것들은 아주 세련되고 적합한 범주들을 필요로 하지 않는다. 그러나 교실수업의 입력/상호작용에 대한 연구는, 그것이 제2언어 습득과 관련되기 때문에, 타당하고 일반적으로 인정된 범주들을 둘 다 필요로 하기 때문에 교차 비교연구가 이루어질 수 있다. 아마 한 가지 유익한 접근법은 개별적인 학습자들에 대한 사례연구의 체계 내에 상호작용 분석 체계를 이용하여, 그래서 사례연구 접근법의 양적인 정보를 가지고 있는 그러한 분석에 의해 유용하게 만들어진 질적인 정보를 통합하는 것이다. 그러나 이것은 아직 착수되지 않았다.

교사 말씨

교사 말씨의 연구는 외국인 말씨의 연구와 유사하다. 교사가 제2언어 학습자에게 말하는 언어는, 자체의 특유한 형식적이고 상호작용적인 속성을 가지고 있는, 하나의 사용역으로서 다루어진다. 교사 말씨의 연구는 교사가 제2언어 학습자들과 관련된 언어 교실수업에서 사용하는 언어의 유형을 조사하는 것과 교과수업(예를 들면, 과학)에서 사용하는 언어의 유형을 조사하는 것으로 구분될 수 있다. 첫 번째 유형의 연구는 Gaies(1977; 1979), Henzl(1979), Long(1983b), Long 그리고 Sato(1983)을 포함한다. 다음은 주요 결과들의 요약이다.

1. 형식적인 조정이 모든 언어 단계에서 발생한다. Gaies는 교사의 발화가 교사들끼리의 대화에서보다 학생들에게 말을 할 때 통사적 복잡성의 척도가 더 간단하다는 것을 발견했다. Henzl은 교사들이 다른 숙달 단계의 학생들을 가르칠 때 사용했던 언어를 비교했다. 그는 발음(예를 들면, 낮은 단계의 학생들과 함께, 교사들은 더욱 정확하고 표준의 발음을 사용했다), 어휘(예를 들면, 교사들은 '여자' 같은 좀 더 일반적인 단어보다는 '젊은 여자' 같은 좀 더 좁은 의

미의 영역인 항목들로 대체했다), 그리고 문법(예를 들면, 교사들은 그들의 평범한 발화 길이를 조정했다)에서 조정들을 관찰했다. 이러한 수정들은 외국인 말씨에서 관찰된 것을 반영한다(표 6.1 참조).

2. 일반적으로, 비문법적인 발화 수정은 발생하지 않는다. 이것은 아마도 표준 언어로부터의 일탈을 허락하는 상황들이 교실수업에서 발생하지 않기 때문이다. 그러나 일탈적인 발화와 관련된 지나친 단순화는 자유토론에서 발생하는 것과 같은 특정한 형태의 교실수업 발화에서 발생할 수 있다(Hatch, Shapira, 그리고 Gough 1978 참조).
3. 상호작용적인 조정들이 발생한다. Gaies는 어머니 말씨(예를 들면, 반복, 설득, 재촉, 확장)에서 관찰된 것들과 유사한 교사 말씨에서의 상호작용적인 장치들을 언급한다. 상호작용적인 조정들이 또한 교사 말씨에서도 발생하는 것 같다. 그러나 또한 차이점이 있는 것 같다. Long(1983b)과 Long 그리고 Sato(1983)는 언어 교실수업에서, 'Are you a student?'와 'Is the clock on the wall?'와 같은 지침서형(또는 전시형)의 질문들은 자연적인 환경에서 훨씬 더 빈번하다고 언급한다. 같은 연구자들은 이해 확인이 교실수업에서 더욱 빈번한 반면에, 해명에 대한 재확인과 요청이 덜 하다고 언급한다. 그들은 교실수업에서 일방적인 의사소통의 우세로 이것을 설명한다. 재확인과 해명 요청(이해 확인과는 달리)은 학습자 발화 후에 피드백으로써 사용되지만, 교실에서 교사들은, 학생들이 말할 기회가 거의 없는 결과가 되어, 대화를 지배한다. 따라서 학생들의 참여를 제한함으로써, 교사들은 또한 그들이 전형적으로 수행하는 담화기능의 범위를 결정한다.

요약하면, 언어수업에서 교사 말씨는 외국인의 대화와 비슷하다. 그러나 특정한 제약들이 교실수업에서 발생하기 때문에, 둘 다 형식적이고 상호작용적인 차이점들이 있다.

제2언어 학습자들과 관련된 교과 수업에서의 교사 말씨에 대한 연구는 Chaudron (1983a)과 Wesche 그리고 Ready(1983)를 포함한다. 이 두 연구들은 대학 교실수업에서 교사 말씨를 살펴보았다. 그 연구들은 위에서 논의된 것과 유사한 발화 적응의 범위를 제시하였다. 예를 들면, 제2언어 화자에게 행해진 대화는(예를 들면, 모국어를 말하는 학생과 비교하여) 문법적으로 더 단순하고(절마다 더 적은 단어들이 들어있다), 더 느리고, 휴지가 더 많고 길었으며, 더 많은 반복이 들어 있다. 그러나 아마도 어휘의 선택이 수업의 주제 내용에 의해 결정되기 때문에 더 적은 조정들이 발생하는 것이 가능하다. 교과 수업에서의 조정들은 제2언어를 가르치기 위한 시도(언어수업에서의 가능성)에 의한 것이 아니라, 정보를 공유하기 위한 시도에 의해 원인이 된다고 언급되어야 한다.

교사의 말씨에서 흥미로운 쟁점은 교사가 어떻게 어떤 조정의 수준을 만들어야 하는지를 결정하는 것이다. 외국인 말씨는 주로 학습자로부터 많은 반응이 있는 일대일의 상호작용에서 발생한다. 교사 말씨는, 학습자들이 숙달의 단계에서 서로 다를 수 있고, 몇몇 학생들로부터 오직 제한된 반응이 있는 것 같은 일 대 다수의 상호작용에서 발생한다. 그러나 교사들은, Henzl이 제시하고 있는 바와 같이, 그들이 가르치고 있는 수업의 언어적 능력을 맞추기 위하여 그들의 조정들을 변화시키는데 성공한다. 조정들은 상급의 학생들보다는 초보의 학생들에게 더 빈번하다. 교사들은 수업에 대한 일반적인 숙달의 수준을 측정하고 수정의 범위를 결정해야 한다. 그들은 이러한 것들을 그 수업의 '평균'에 이르는 것으로 수준을 정할 수 있다. 결과적으로 교사 말씨는 외국인 말씨만큼 학습자의 수준에 의존하는 것 같지는 않다. 이것은 제2언어 습득을 촉진하는데 있어서 그 결과에 영향을 미칠 수도 있다.

담화 분석

상호작용 분석처럼(그러나 교사 말씨 연구와는 달리), 담화 분석은 교사와 학습자 모두의 참여를 고찰한다. 그것은 개별 발화의 기능만이 아니고, 이러한 발화가 어떻게 더 커다란 담화적인 단위들을 형성하기 위하여 결합하는지를 기술하는데 목표를 두는 상호작용 분석과는 다르다. 또한 그것은 어떤 다른 범주들에도 맞지 않는 어색한 발화를 기호화하기 위한 잡다한 범주들을 방지하면서, 모든 데이터를 설명하려고 한다.

교실담화 분석은 한 가지 특정한 유형에 중점을 두었다 — 교사중심의 교실수업에서 일반적인 세 단계의 담화. 이것은 많은 부분이 버밍엄 대학에서 행해진 담화 분석에 관한 연구물 덕택이다(예를 들면, Sinclair와 Coulthard, 1975; Coulthard와 Montgomery, 1981; Sinclair와 Brazil, 1982). 세 단계의 담화는 교사가 개시하고, 학생이 대답하고 교사가 반응을 주는 대화 교환으로 구성되어 있다. 예를 들면,

T: Is the clock on the wall? 개시
P: Yes, the clock is on the wall. 응답
T: Good. The clock is on the wall. 피드백

IRF로 알려진 이런 유형의 대화가 언어수업 그리고 교사가 수업내용을 조정하고 관리하는 교과수업 모두에서 일어난다. Barnes(1976)가 지적하고 있는 바와 같이, 그것들은 교사가 갖추고 있는 지식을 전달하기 위하여(학생들이 갖추지 못한 것으로 가정하고) 그리고 모든 교실수업 행동의 결정권자로서의 역할을 강화하려는 '교육의 전송 방식'과 관련이 있다. 위에서 기술된 결과로 발생하는 그러한 담화는 Burton(1981: 63-4)에 의해 간단히 요약된다:

> 교실 안에서 모든 부분들은, 그 목적을 달성하기 위해서 교사들에 의해 이용되는 정보제공, 도출, 지시 등의 의례적인 구조와 그리고 교사의 목적에 대한 달성을 도와주기 위하여 학생들에 의해 이용되는 일련의 적절한 상호간의 행위와 행동과 더불어, 시간이 교사로부터 학생들까지의 정보의 전송에 사용될 것이라는 데 동의한다.

버밍엄 대학 연구는 일반적인 교실 담화를 살펴보았다. 그러나 같은 담화 구조 내에서 연구하는 다른 연구자들은 언어 교실에서의 담화를 조사하였다. McTear (1975)는 IRF구조 그 자체가 의사소통 경로가 될 때, 자주 수정된다고 제시하였다. 예를 들면, 그는 선택적인 학생의 반응이 교사의 반응 행동 이후에 발생한다고 언급한다. 이것은 수정된 IRF(R)를 만들어낸다.

T: What do you do every morning? 개시
P: I clean my teeth. 응답
T: You clean your teeth every morning? 피드백
P: I clean my teeth every morning. 응답

McTear는 교사가 추가의 응답을 필요로 하는 발화의 모델을 만들고 있다고 학생이 믿고 있을 때 이러한 선택적인 응답이 발생한다. 그러나 모방은 교실 밖의 언어 학습자 담화에서 만연하고(예를 들면, Huang과 Hatch 1978), 그리고 학습자는 연

습할 기회를 간단히 잡게 될 수도 있다.

McTear은 언어 교실의 담화에서 많은 다른 차이가 있음을 언급한다. 그는 네 가지 유형의 언어 사용을 확인한다. (1) 기계적인, 아무런 의미교환이 포함되지 않는 곳에서, (2) 의미 있는, 언어 사용이 맥락과 관련되지만 여전히 실제 정보가 전달되지 않는 곳에서, (3) 허위의 의사소통적인, 정보가 교환되는 곳에서, 그러나 교실 밖에서 발생하지 않을 것 같은 방법으로, 그리고 (4) 실제 의사소통, 그것은 지속적이고 자연스런 발화로 이루어진다. 의사소통의 실패는 교사와 학생이 어떤 유형의 언어 사용이 수행되는지에 대한 충돌이다. 예를 들면, 교사는 구체적이고 형식적인 구조를 연습하기 위하여 만들어진 질문을 할 수 있고, 학생은 마치 그것이 진짜 질문인 것처럼 응답할 수 있다. McTear의 분석은 언어 교실에서의 특별한 담화에 대한 많은 통찰력을 제시한다.

IRF 담화가 제2언어 습득을 위하여 적절한 입력 데이터의 요소를 어느 정도까지 제공하는가? 이 쟁점은 Nancy(예를 들면, Gremmo와 Holec 그리고 Riley 1978; Riley 1977)의 대학으로부터 나온 많은 연구 출판물에서 언급되었다. 이러한 연구자들이 내리는 결론은 즉 교사 중심의 교실수업에서 전형적으로 발생하는 그러한 종류의 담화는 왜곡된다는 것이다. 왜냐하면 교사가 중심적인 역할을 하고, 심지어 한 학생이 다른 학생과 대화하도록 하는 의사소통 활동이 엄격하게 제한되기 때문이다. Gremmo와 Holec 그리고 Riley는 이러한 왜곡이 언어 학습에 대한 기회를 갖지 못하게 한다고 믿고 있다.

> …우리가 교실 담화를 분석할 때, 교사의 존재와 참여는 학습자가 언어능력을 형성할 수 있는 근본 데이터조차도 더 이상 제공하지 못할 정도까지 상호작용을 왜곡한다(1978: 63).

그들은 교실수업에서 오직 대답하는 방법만을 가르치고, 이것은, 그들이 담화를 해야만 하는 교실 밖에서 학습자들에게 상호작용의 준비를 갖추지 못하게 한다고 지적한다.

그러나 IRF 대화 교환이 교실수업에서 일어나는 유일한 종류라고 가정하는 것은 실수일 것이다. Ellis(1980; 1984a)는 다양한 유형의 교실수업 상호작용을 검토한다. 그는 다양한 가능성을 분석하기 위한 체계를 제안한다. 이것은 세 가지 기본적인 종류의 교수 목표를 구별하는데 근거를 둔다. (1) 핵심 목표, 그것은 수업의 명시적인 교수 목표와 관련된다(예를 들면, 제2언어의 구체적인 측면을 가르치고, 구체적인 교과 내용을 전해주고, 학생을 도와주는 것). (2) 체계 목표, 그것은 수업의 구성 조건과 관련된다(예를 들면, 자료를 나눠주고, 학생 행동을 관리하는 것). (3) 사회적 목표, 그것은 좀 더 개인적 목적을 위한 언어 사용과 관련된다(예를 들면, 개인 정보를 전하는 것; 언쟁하는 것). 더불어 Ellis는 호칭의 유형을 구분한다(즉, 누가 화자, 경청자, 청자로서의 역할을 하는지). 교실 담화는 발생하는 목표와 호칭의 유형에 관하여 설명될 수 있다. Elis는, 영어가 교수 목표이며 동시에 수업의 매체인, 초등학교 ESL교실에서 발생되는 담화를 조사한다. 그는 다양한 상호작용들이 발생하는 것을 증명한다. 몇몇 상호작용들은 Gremmo와 Holec 그리고 Riley에 의해 논의된 것과 다른 유형을 가지고 있다. 예를 들면, 교사가 교실수업 활동을 준비하는데 몰두하는 곳에서, 체계 목표를 가진 상호작용들은 학생이 비언어적으로 응답하는 빈번한 지시의 사용으로 나타난다.

예를 들면, T: J … could you collect the scissors for me?
(학생은 자신의 가위만 집어 든다. 교사는 그의 자리로 간다.)
T: In the box.
돌아다니면서 상자 안에 있는 가위를 모은다.
(교사가 상자를 가리킨다. 학생은 가위를 들어 상자 안에 넣는다.)
T: All right. Put the scissors in the box.
(학생은 돌아다니기 시작하고 가위를 모은다.)

이와 같은 상호작용들은 그것들이 많은 지시들이 포함된 초보 학습자에게 잘 맞을 수 있으며, 그것들은 모국어 습득(Ellis와 Wells 1980)과 제2언어 습득(Asher 1977), 즉 맥락에 의존하는 언어, 그리고 많은 반복에 도움을 준다는 가설을 세웠다. 그러나 이와 같은 종류의 담화 빈도는 교실수업의 유형에 따라서 다양한 것 같다. 예를 들면, 그것은 학생들의 모국어가 체계 목표를 달성하기 위하여 사용되는 외국어 교실수업에서는 거의 흔하지 않을 것이다.

제2언어 학습자들과 관련된 교실 담화 분석은 교사의 언어(교사 말씨 연구에서처럼)에만 중점을 두기보다는 교사와 학생들의 공동 참여를 보여준다. 그것은 교실수업 맥락에서 어떤 의미 교섭이 되어야 하는지, 그리고 입력이 어떻게 학습자의 언어처리 메커니즘의 필요조건으로 형성되는지를 밝히는데 도움을 줄 수 있다. 그러나 특히 IRF 대화 교환이 지배적일 때, 충분한 교섭이 교실수업에서 가능한지에 대한 의문이 남아 있다. 일 대 다수의 언어적 환경은 일 대 일의 환경보다는 학습을 촉진시키는 데 그리 적합한 것 같지는 않아 보인다.

자연스런 언어 환경과 교실수업 언어 환경의 비교

나는 교실수업 환경에서의 입력과 상호작용이 자연적인 환경과 다를 수 있다고 제안함으로써 교실수업 환경에 관해 본 부문을 시작했다. 본 장의 마지막 부분에서, 두 가지 환경의 직접적인 비교를 함으로써, 나는 어느 정도까지 이것이 사실인지를 고찰해 볼 것이다.

특히 교실수업 환경이 제2언어의 형식식인 교수를 포함할 때, 자연적인 환경과 교실수업 환경은 상당히 다르다는 일반적인 가정이 종종 있다. 예를 들면, Corder (1976: 68)는 다음과 같이 서술한다.

> …학습자들은 교실환경에서 우리가 '일반적인' 또는 '사실적인' 의사소통 목적이라고 여길 수 있는 것에 대해 교실수업에서 그들의 중간언어를 자주 사용하지 않는다. 교실수업에서 중간언어 데이터의 많은 부분은 형식적인 연습의 결과로써 제시되며 그리고 자발적이고 의사소통적인 언어 사용은 테니스 스트로크의 연습이 테니스를 실제로 치게 하는 것과 같은 관계가 있다.

Corder는 학습자의 출력을 언급하고 있지만, 그의 지적은 입력이 관련된 곳에서 동등하게 유효할 수도 있다. D'Anglejan(1978)은 명시적인 언어 교수가 있는 교실수업의 결과로 발생하는 의사소통이 교실 밖에서 허용가능한 의사사통의 개념과 거의 일치하지 않는다고 언급한다. 그녀는 그러한 교실수업에서 입력이 다양성을 감소시키고 가설형성과 검증에 대한 기회를 제한한다고 주장한다(이러한 논의는 7장 참조). 이렇게 축소된 입력은 의미 교섭에 대한 제한된 기회의 결과로써 보일 수 있다. 교사는 그의 발화에 대한 적절한 조정을 하는데 필요한 피드백에 제약을 받으며, 그리고 학습자는 그가 발화 행동 유형을 제한하는 담화 역할들 수행할 수 있도록 그에게 강요했다. 자연스런 그리고 교실수업 의사소통은 또한 다른 동기적인 방향으로 반영된다. MacNamara(1973)은 교실수업 환경에서 발생하는 그러한 동기는

'거리' 환경에서 발견되는 것과 완전히 다르다고 제안한다. 이전에 교사 또는 학생들 중 한쪽이 서로에게 말을 거는 것이 드물기 때문에 그들이 기꺼이 서로의 의미를 전달하고 추측하는 것이 매우 중요하다. 이것은 교실수업이 의미 교섭을 덜 포함하고 있는지의 또 다른 이유이다.

그러나 비록 자연스런 환경과 교실수업 환경 사이에 명백한 차이가 있음에도 불구하고, 이러한 차이점을 지나치게 강조하는 것은 잘못된 것이다. 자연스런 환경들 그 자체는 그것들이 제공하는 입력 유형에서 대단히 달라질 수 있다. 몇몇 학습자들은 초기에 기술되었던 잠재적으로 가능하게 하는 상호작용에 참여할 수 없을지도 모른다. 또한 교실수업들은 — 내가 이미 제시한 바와 같이 — 그들이 제시하는 담화의 유형과도 다르다. 자연스런 환경과 교실수업 환경을 대조적으로 다루기보다는, 그것들을 다른 각도에서 동일한 담화 유형을 제공하는 것으로써 보는 것이 좀 더 정확할 것이다. 즉, 동일한 유형의 상호작용이 두 가지 환경에서 발생할 수 있지만, 많은 참여자들과 물리적 계획에 관한 기본적인 차이점들 때문에, 몇 가지 유형의 이러한 상호작용들은 하나의 환경에서 더욱 빈번하고, 다른 유형들은 다른 환경에서 더욱 빈번하다. Krashen(1976)이 지적하는 바와 같이, 교실수업은 실제의 의사소통적인 대화 교환의 기회를 제공할 수 있으며, 반면에, Corder가 그것을 '테니스 스트로크를 연습하는' 것으로 표현한 바와 같이, 자연스런 상황에서 학습자들은 형식적인 학습에 참여할 수 있다.

따라서 제2언어 습득을 위한 입력의 요소로서 자연스런 환경과 교실수업 환경 사이의 비교는 각각의 환경에서 발생하는 상호작용에 대한 각기 다른 유형들의 빈도에 의해 결정될 것이다. 특히, 그것은 제2언어 학습자들이 그들 스스로 발견하는 교육적인 환경의 유형에 의해 결정될 것이다. 표 6.3은 많은 이러한 환경들의 주요 특성을 요약한 것이다. 이 표로부터 몰입 교실수업과 또한 경우에 따라서 이중 언어 교실수업은 거기서 관찰된 담화의 종류가 의미 교섭에 의해 더욱 특징이 나타날 수 있는 자연스런 환경과 아주 유사한 것 같다. 그러나 어떤 교실수업 환경은 이러한 종류의 담화에 대한 잠재력을 가지고 있다. 마지막 분석에서, 특히 그것이 교사 중심인지 또는 학습자 중심인지를 인정하는 것은 교사의 방식이다.

표 6.3 다른 유형의 교실환경에서의 입력상호작용의 특성

교실환경의 유형	주요 특징	자연 환경과의 비교
1. 외국어 교실	의미보다는 형식에 중점을 둠. 제2언어는 사회적 목적이나 교실 관리의 목적으로 사용되지 않는다.	의미교섭의 거의 없는－자연스런 환경과 매우 다름
2. 제2언어 교실 (예를 들면, ESL)	많은 상호작용이 의미보다는 형식에 중점을 둔다. 제2언어 기능을 목표와 지도의 매개로－그리하여 (1)에서 보다는 담화기능이 더 많이 사용된다.	자연스런 환경과 비슷－의미 교섭이 조금 있다.
3. 교과 교실 (즉, 제2언어 학습자가 모국어와 제2언어를 통해 수업을 받는)	형태보다는 의미가 중심이다. 제2언어 학습자의 수가 많지 않다면 입력이 조정되지 않을 수 있다. IRF 변화가 지배적이다.	자연스런 환경에서의 '노출'과 비슷하다. (즉, 입력이 조정되지 않는)－하지만 의미의 교섭이 거의 없다.
4. 이중 언어 사용교실 (즉, 제2언어 학습자가 모국어와 제2언어로 수업을 받는)	형태중심과 의미중심의 조합 같은 내용이 모국어와 제2언어로 가르친다면 학습자는 제2언어에 참여할 필요가 없다－그리하여 입력이 없다. 조정된 입력은 제2언어가 다른 과목 내용을 가르치기 위해 사용될 때 나타난다.	잠재적으로 자연스런 환경과 비슷하다－학습자가 제2언어에 참여해야 한다면 아마 의미교섭이 있을 것이다.
5. 몰입교실 제2언어의 도구로 가르치는)	제2언어 과목 수업에서 의미중심이 될 것이다. 입력은 단순화될 수 있다. IRF변화가 지배적이다.	자연스런 환경과 많이 비슷하다. 특히, 학습자 중심의 수업이라면 의미교섭의 기회가 많다.

요약

교실수업에서의 입력과 상호작용은 상호작용 분석, 교사 말씨 연구 그리고 담화 분석으로 조사되었다. 상호작용 분석은 다양한 범주 체계를 만들었고, 어느 정도는 언어교실에서의 사용을 위하여 특별히 만들어졌다. 그러나 일반적으로, 그것은 제2언어 습득의 관점에서 교실수업에서의 입력과 상호작용을 거의 밝히지는 못한다. 교사 말씨의 연구들은, 비록 비문법적인 조정이 거의 흔하지 않더라도, 유사한 종류의 수정이 외국인 말씨에서 관찰된 것들처럼 교사 말씨에서도 발생한다는 것을 나타낸다. 또한 교사들은 일 대 다수의 교실수업 상황에서 그들의 발화를 적절히 조정하지 못할 수도 있다. 담화분석은 많은 교실수업 상호작용이 IRF(개시-응답-피드백)유

형을 따른다는 것을 보여주며, 그것은 의미교섭의 기회를 제한한다. 그러나 담화의 다른 유형들도 제2언어가 일반적인 교실수업 계획과 관리 그리고 사회적 목적을 위하여 사용될 때 또한 발생한다. 자연스런 환경과 교실수업 환경 사이에서의 상당한 차이점들은 특히 언어 수업에서 형태에 중점을 둘 때 발생한다. 이러한 차이점들이 절대적이지는 않다. 그것들은 교실수업의 유형과 교수의 유형에 따라 어느 정도 다르다. 교과 또는 몰입 교실수업에서 학습자 중심의 교수는 자연스런 환경에서 발견되는 것들과 유사한 상호작용의 일례로 이어질 수 있다.

제2언어 습득에서 입력과 상호작용의 역할

지금까지 논의는 다른 유형의 입력과 상호작용을 기술하고 설명하는데 중점을 두었다. 그러나 핵심 문제는 제2언어 습득이 입력과 상호작용의 양과 질에 의해 크게 영향을 받는지, 만일 그렇다면, 어떻게 영향을 받는가 하는 것이다. 본 부문은 이러한 문제를 고찰해 볼 것이다. 그것은 그러한 문제가 제기될 수 있는 다양한 방법의 설명으로 시작할 것이다. 그 다음에 입력과 상호작용이 제2언어 습득의 경로에 어떻게 영향을 미치는지, 이것에 따라, 제2언어 습득 진도에는 얼마나 영향을 미치는지를 고찰해 볼 것이다.

입력과 상호작용의 영향을 조사하는 방법

입력과 상호작용이 제2언어 습득에 영향을 미치는 것을 증명하기 위하여, 학습자에게 이용 가능한 제2언어 데이터와 학습자의 출력 사이의 평범한 관계를 규명하는 것이 필요하다. 여러 가지의 다른 접근법들이 이것을 위해 사용되었다.

1. 선택된 제2언어 입력과 상호작용의 분석
   이것은 자연스런 제2언어 습득에 대한 Hatch와 Long 그리고 교실수업 제2언어 습득에 대한 Ellis에 의해 채택된 접근법이다. 예를 들면, Hatch는 모국어 화자-학습자의 담화를 관찰하고 그들이 어떤 방법으로 제2언어 습득을 제한하는지 추측한다. 비록 이러한 접근법에서 입력과 출력 사이의 관계가 경험적으로 규명되지 않는다 할지라도, 그것은 많은 풍부한 가설들을 제공한다.

2. 모국어 습득에서의 입력과 상호작용의 역할에 대한 연구로부터의 추론

   이것은 Krashen(1981a)의 접근법이다. 그는 연구가 제시했던 어머니 말씨의 그러한 특징들을 열거하고, 제2언어 학습자들과 관련된 입력과 상호작용이 제2언어 습득을 촉진한다고 주장한다. 이러한 접근법은 실질적인 경험연구의 조직에 의존하는 이점을 가지고 있지만, 그것은 환경의 역할이 모국어와 제2언어 습득에서 같다는 가정이 정당화되어야만 지지할 수 있다. 그러한 가정에 대한 충분한 이유가 있다.

3. 상호관계 연구

   상호관계 연구는 입력과 출력 사이의 관계가 어느 정도 의미가 있으며 또는 우연인지를 규명하기 위하여, 입력 특성과 출력 특성을 측정한다. 예를 들면, 입력의 문법적 특성 빈도가 학습자의 출력에서의 동일한 특성 빈도와 연관될 수 있다. 이러한 접근법은 Hatch와 Wagner-Gough(1975), 그리고 Snow와 Hoefnagel-Hohle(1982)에 의해 사용되었다. 주요 문제는 이러한 상관관계의 통계가 평범한 관계를 증명하지는 못한다는 것이다. 이것은 오직 분석의 결과로부터만 추론될 수 있을 뿐이다.

4. 실험 연구

   실험 연구에서, 언어 환경은 구체적인 특징의 영향을 조사하기 위하여 신중하게 통제된다. 하나의 비교는 별개의 그룹에서 입력에 대한 두 개의 다른 종류들의 결과들 사이에서 종종 만들어진다. 실제 상황에서, 이러한 방법으로 언어 환경을 다루는 것은 종종 가능하지도 않으며 또한 도덕적으로 올바르지 못하다. 자연스럽게 발생하는 환경은 이러한 연구를 수행하기 위한 통제된 입력 상황을 수용하지 못한다. 한 가지 타개 방법은 제한된 수의 규칙으로 구성되는 축소되고 인위적인 언어를 사용하는 것이다. 이런 종류의 흥미로운 연구들은 Schachter와 Kimmell(1983) 그리고 Zobl(1983b)에 의해 수행됐지만. 그러나 그들은 관찰되는 언어 행동이 또한 인위적이라는 일반적인 이의 제기의 여지가 있다.

5. 간접 연구

   Long(1983c)은 입력과 상호작용의 영향들이 세 가지 단계의 측면에서 간접적으로 설명될 수 있다고 제시한다.

1단계: (A) 언어적/대화적 조정들은 (B) 이해력을 촉진하는 것으로 나타난다.
2단계: (B) 이해 가능 입력은 (C) 습득을 촉진하는 것으로 나타난다.
3단계: (A) 언어적/대화적 조정들은 (C) 습득을 촉진하는 것으로 추론한다.

이것은 매력적인 생각이다. 그러나 이해 가능 입력이 입력-출력 관계에서의 원인이 되는 변이라는 견해에 기초하고 있다. 입증을 필요로 하는 것이 정확하게 이 부분이다. 일반적으로 신중한 경험 연구보다 제2언어 습득에서 입력과 상호작용의 영향에 대하여 더 많은 이론을 제시하고 있었다. 위에서 나열된 방법 중에서, (1)과 (2)가 가장 일반적이다. 이것은 다음 논의를 고찰할 때 명심해두어야 한다. Hatch (1983b: 83)는 '우리가 결과들을 설명하는데 발생하는 엄청난 비약'이 '혼란시키는' 것이라고 말한다.

제2언어 습득 경로에서 입력과 상호작용의 영향

제2언어 습득에서 문법적 지식의 발달에 대해 '자연스런' 순서가 있을 수 있다고 설명되었다(3장 참조). 표면적으로, 이것은 입력이 제2언어 습득의 경로에 대한 중요한 결정요인이 아니라고 제안한다. 만일 그것이 중요한 요인이라면, 발달 순서에서의 변화들이 이용 가능한 입력 형태의 변화와 함께 동시에 일어나는 것을 예상할 수 있다. 따라서 '자연스런' 순서는 보편적이고 선천적인 진행과정 메커니즘의 관점에서 쉽게 설명될 수 있다. 그러나 입력에 근거를 둔 설명은 여전히 유지된다.

Hatch(1978c; 1978d)는 자연스런 순서가 학습자들과의 대화가 조직화되는 방법의 결과라고 주장한다. 우리가 살펴본 바와 같이, 제2언어 학습자들(특히 어린아이들)이 참여하는 담화의 유형은 예측 가능하다. 그러므로 '자연스런' 순서가 이러한 예측 가능한 대화 교환으로부터 나온 거의 일반적인 입력의 결과이다. 원어민 화자와 학습자 둘 다 화제를 설정하고 유지하려고 한다. 학습자의 제한된 언어적 자료는 이것이 달성되는 방법을 제한하며, 결국 학습자가 받는 입력을 조정한다. 따라서 간접적으로 자연스런 순서는 대화 능력의 반영일 수 있다. Hatch(1978c: 404)는 다음과 같이 말한다:

어떤 학습자는 대화하는 방법을 배우고, 어떤 학습자는 구두로 상호작용하는 방법을 배우며, 이러한 상호작용으로부터 문법적 구조들이 발달한다.

그러나 Hatch가 인정하는 바와 같이, 비록 대화의 화제들이 어린아이들에게 입력을 제한하는 것 같아 보일지라도, 그것들은 성인들에게 같은 방법으로 작용하지 않는 것 같다는 이러한 설명에는 문제가 있다. 그러나 일반적인 습득의 경로는 어린아이들과 성인들에게 동일하다. Hatch는 성인학습자들과의 대화에서 발생하는 상호작용적 교섭이 어린아이들의 경우에 화제의 제한으로부터 나온 유사한 종류의 입력을 초래할 수 있지만, 그러나 이것은 명확하지 않다고 말한다.

만일 Hatch가 옳다면, 그리고 습득의 순서가 대화 증가의 반영이라면, 그것은 여전히 어떤 식으로든 정확하게 증명 되어야 한다. 많은 설명들이 제기되었다. 이것들은 서로 양립할 수 있고 입력과 상호작용이 제2언어 습득의 경로에 어떻게 영향을 주는지에 대해 최선의 설명으로 함께 여겨진다.

1. 일상어 표현

상호작용이 제2언어 습득에 도움을 줄 수 있는 한 가지 방법은 '분석되지 않은 전체'로써 기억될 수 있는 이미 만들어진 발화의 개념단위를 학습자에게 제공하는 것이다. 이것은 학습자가 모국어 화자에 의한 변함없는 발화 형태를 포함하고 있는 일상화된 상호작용에 참여할 때 발생하는 것 같다. Hatch(1983b)는 이러한 입력의 유형을 '준비된 발화'라고 표현한다. 그녀는 성인학습자들이 정형화된 문구의 능숙한 사용으로 화제를 통제할 수 있다고 말한다(즉, 학습자가 언어적으로 다루기에 힘든 분야를 제거하여 대화의 위험을 회피한다). 이러한 방법으로 그들은 즉각적인 의사소통 목적을 전달한다. 나중에 학습자는 화제들을 구성 요소로 분류하고, 그렇게 하면서 중간언어 체계를 늘린다. 그러므로 일상어 표현은 작용하는 학습자의 내재된 메커니즘에 대해 소재를 제공함으로써 제2언어 습득 경로에 간접적으로 영향을 준다. 이러한 진행과정은 7장에서 더 자세히 검토할 것이다.

2. 종적 구조

종적 구조는 이전 담화로부터 발화의 개념단위를 차용하여 구성된 학습자 발화이다. Ellis(1984a)의 다음의 예를 살펴보자.

교사: Take a look at the next picture.
학생: Box.
교사: A box, yes.
학생: A box bananas.

제2언어 학생의 최종 발화는 추가된 명사에 교사의 이전 발화(예를 들면, 'A box')에 대한 반복으로 구성된 것으로 보일 수 있다. 그것은 '수직적'으로 구성되었다. Scollon(1976)은 모국어 습득에서 많은 유사한 구조들을 관찰했다. 그는 그것들이 어린아이가 진행과정의 한계를 처리함으로써 부과된 발화 길이에 관한 제약들을 극복하는 중요한 수단 중의 하나라고 지적한다. 그것들은 제2언어 습득에서도 비슷한 목적을 전달할 수 있다. Wagner-Gough는 또한 제2언어 습득에서 수직적인 구조의 증거를 확인했다. 그녀의 주제는 이전 발화의 개념단위를 그의 발화에 통합시켰다:

모국어 화자 어린아이: Come here.
제2언어 어린아이: No come here. (=I won't come)

그녀는 가끔 하나의 형태가 즉시 통합되지 않았지만, 그러나 이후의 사용을 위하여 저장되었다고 지적한다(즉, 그것은 나중에 두세 차례 나타난다). 게다가 가끔 하나의 형태가 다른 단어들과 결합되기 전에 모방되었다.

Long과 Sato(1984)는 학습자들이 담화 맥락으로 판단하는 약간 다른 사용을 기술한다. 그들은 학습자들이 시간 기준을 세우는 하나의 수단으로써 어떻게 대화자의 이전 발화에 의존하는지를 보여준다. 다시 말하면, 일시적인 기준은 대화자의 발화에 의해 형성되고, 비록 후자가 언어적으로 시간에 대해 표시되지 않는다 할지라도, 학습자의 발화로 '이어지는' 것으로 가정된다. Long과 Sato는 **협력 담화**의 일반적인 진행과정의 다른 예로써 이러한 맥락의 사용을 언급한다.

위에 논의된 바와 같이, 수직구조와 맥락 의존성을 빙자하여 협력 담화는 제2언어 출력의 익숙한 특징들에 대해 강력한 설명을 제공한다. 'A box bananas'의 발화는, 담화에서의 위치가 고려될 때까지, 마치 기능어 'of'의 생략으로 이어지는 단순화의 전략에 대한 결과인 것처럼 볼 수 있다. 또한, 종적 구조는 'no+V' 형태가 왜 초기의 제2언어 습득에서 매우 일반적인지를 설명할 수 있다. 위의 예와 같이, 학습자는 단순히 이전의 언어 개념단위에 'no'를 첨가한다. 종적 구조에 대한 설명력은 '기능'의 개념에 의해 증가된다. 학습자는 이전에 일어나는 개념단위를 첨가하는 것뿐만 아니라, 또한 삭제하고 대체한다. 많은 출력의 특징은 다양한 방법으로 이전 발화(그 자신의 또는 모국어 화자의)에 작용하는 학습자의 결과로써 설명될 수 있다. 출력이 결코 별개로 고려되지 않고, 항상 맥락 안에서 고려되어야만 하는 것이 바로 이 이유 때문이다.

3. 빈도

대화의 구조가 제2언어 습득 진행과정에 영향을 줄 수 있는 또 다른 방법은 학습자에 의해 무의식적으로 습득된 특정한 문법적 형태를 모델로 만드는 것에 의한 것이다. 다시 말하면, 학습자가 습득하는 최초의 구조는 그가 가장 빈번하게 노출된 것들이다. Hatch와 Wagner-Gough(1975)는 습득된 입력과 순서에 있는 다양한 Wh-의문문의 빈도 사이에서의 확실한 연관성을 설명한다. Larsen-Freeman(1976)은 모국어 습득에 대한 Brown의 연구(1973)에 의해 관찰된 부모의 발화에서 나타난 같은 형태소들의 빈도와 제2언어 습득에 대한 일반적인 형태소 순서를 비교했다. 그녀는 분명한 연관성을 찾았다. Larsen-Freeman은 다음과 같이 설명한다:

> 따라서 잠정적인 결론은 즉 모국어 화자의 발화에서 형태소의 발생 빈도는 영어 제2언어 학습자들의 구두 발화 형태소의 정확성 순서에 대한 중요한 결정요소이다 (1976: 378-9).

그러나 그러한 결론은 조심스럽게 다루어져야 한다. Lightbown(1983)은 사용된 통계적 방법이 잘못되었다고 주장한다. 그녀는 캐나다 학교에 있는 6학년 교사들의 발화에서 동사 형태소의 빈도가 의사소통 발화에서 동일한 형태소의 '습득' 순서를 성공적으로 예측하지 못했다는 것을 발견했다. 그러나 Lightbown은 입력 형태들의 빈도가 지연된 영향을 줄 수 있다고 가정한다. 즉, 6학년에서의 입력 빈도가 7학년에서의 출력 빈도에 반영된다는 것이다.

입력과 출력 빈도들 사이의 관계는 부정확한 것이다. 분명한 연관성은 몇 가지 구조들이 다른 구조들보다 더 빈번하고 자연스럽게 발생한다는 사실만을 단순하게 반영할 수 있다; 따라서 입력과 출력 빈도들 사이의 유사성은 우연적일 수 있으며 어떤 의도적인 교수 전략을 나타낼 수는 없다. 게다가, 어떻게 입력 빈도가 출력에서의 다양한 발화 유형들을 설명할 수 있을지는 불분명하다. 학습자들이 외국인 말씨에서 인지하는 비문법성을 모방하는 것은 가능하지만, 그러나 이러한 것이 나타나지는 않았다.

4. 이해 가능 입력

입력 데이터에 대한 단순한 '노출'은 충분하지 않은 것 같다. 학습자들은 **이해 가능 입력**이 필요하다. Krashen(1981a; 1982)과 Long(1983b; 1983c)은 제2언어 습득이 학습자의 내부 진행과정 메커니즘이 작동하기 전에 이해 가능한 입력의 유용성에 의존한다고 강력히 주장한다.

Krashen은 **입력 가설**의 형태에 있는 이해 가능한 입력의 사례를 제시한다. 그는, 제2언어 습득이 발생하기 위하여, 학습자는 자연스런 순서에 따라서 다음에 습득될 예정인 언어 형태의 대표적인 예를 포함하는 입력이 필요하다고 주장한다. 입력은 'i+1'로 구성되어야만 한다. Krashen(1982; 21)은 다음과 같이 설명한다:

> …'i' 단계에서 'i+1'의 단계 이동하기 위하여 필요한 조건(충분하지는 않지만)은, '이해한다'라는 말이 습득자가 의미에 중점을 두고, 메시지의 형태가 아니라는 것을 의미하는, 'i+1'을 포함하는 입력을 이해하는 것이다.

따라서 습득은 학습자가 'i+1'을 포함하는 언어를 이해할 때 발생한다. 이것은 자동적으로 의사소통이 성공적일 때 발생할 것이다. Krashen은 입력이 'i+1'을 포함하기 위해 언어적으로 조정된다는 관점에서 '정교하게 조정될' 필요가 없다고 강조한다. 그것은 단지 개략적인 조정이 필요하며, 그것은 만일 성공적인 의사소통에 초점이 맞추어져 있다면 무의식적이다. Krashen은, 이미 습득된 언어 형태의 구조적 검토를 제공하고 'i+1'이 적용된다는 것을 확신함으로써, 입력이 적정 규모라는 것을 확인하기 위하여 '그물을 던지는' 입력에 대해 말한다. '그물을 던지는 것'은 형태가 아닌 의미에 초점이 맞춰질 필요가 있다.

Long(1983)은 어떻게 입력이 이해 가능하게 만들어지는 지에 대해 좀 더 자세히 살펴본다. 한 가지 방법은 학습자가 이미 알고 있는 구조와 어휘의 사용에 의한 것이다. 그러나 이러한 유형의 입력은 발달을 촉진할 수 없으며, 왜냐하면 그것이 새로운 언어 데이터를 제공하지 못하기 때문이다. 또 다른 방법은 '현장' 지도에 의한 것이며, 그것은 학습자에게 그가 실제로 알지 못하는 언어를 이해하기 위하여 언어적인 맥락과 언어 외적인 맥락 그리고 그의 일반적인 지식을 이용 가능하게 한다(이러한 진행과정에 대한 충분한 논의는 7장 참조). 세 번째 방법은 대화의 상호작용적인 구조에 대한 수정을 통한 것이다. Long은 제2언어 습득을 위해 중요한 부분인 상호작용적인 조정들을 살펴보고 이러한 조정들은 형식적인 수정이 없을 때조차도 발생한다고 주장한다. 상호작용적인 조정들과 함께 '현장' 지도는 이해 가능한 입력의 주요 원천이다. 그것들은 학습자가 새로운 언어 데이터에 노출되는 동안 의사소통이 발달한다고 확신한다. 그림 6.2는 쌍방 의사소통에서의 상호작용적인 조정들이 제2언어 습득을 도와주는 방법을 설명하는 모델을 제시하고 있다.

이해 가능한 입력에 대한 Krashen과 Long의 사례는 강력한 것이다. 그러나 또한 문제점들도 있다. 첫째, 제2언어 습득은 쌍방의 의사소통 없이 발생할 수 있으며 그러므로 상호작용적인 수정이 없어도 발생할 수 있다. Larsen-Freeman(1983a)이 인용한 바와 같이, 단 하나의 입력이 독서를 하거나 또는 텔레비전을 보는 것으로부터 입수될 때 성공적인 제2언어 습득의 사례들이 있다. 그러나 이러한 것들과 반대되는 예들은 입증되지 않고 그러한 입력으로부터 발생하는 학습이, 즉 자연스러운 의사소통에서 어느 정도까지 사용가능한 것인지는 분명하지 않다. 또 다른 반대 의견은 상호작용적 조정들이 항상 이해 가능한 입력의 결과로 발생하지 않는다는 것이다. Chaudron(1983a)은 교사 말씨에서 발생하는 입력 수정의 종류들이 '애매모호한 과잉단순화' 그리고 '혼란스럽게 불필요한 과잉정교화'를 초래할 수 있다고 언급한다. 그러나 Chaudron은 Long이 일방적인 상호작용(즉, 대학 강의)으로서 언급한 것을 조사하였고, 그래서 아마도 교사들이 학생들의 입력을 조정하도록 도와주는데 대해 학생들로부터의 피드백이 거의 없었을 것이다. 그와 같은 어려움들은, 충분한 의미교섭이 있는, 쌍방의 의사소통에서는 발생할 가능성이 거의 없다. Long과

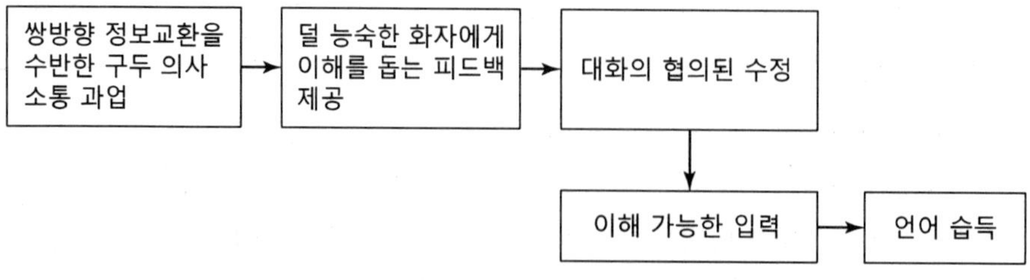

그림 6.2 대화적 과업의 유형과 언어 습득사이의 관계모형(Long 1983c: 214)

Krashen의 입장에 대한 세 번째 그리고 더 진지한 반대 의견이 Swain(1983)에 의해 제기된다. 그녀는 입력 가설이 **이해 가능 출력**의 중요성을 인식하지 못한다고 주장한다. Krashen(1982)은 발화(이해력과는 대조적으로)가 제2언어 습득에 있어서의 어떤 목적에 부합된다는 가능성에 대해 분명히 거부한다. Swain은 출력이 여러 가지 면에서 중요하다고 제시한다: (1) 학습자는 메시지를 정확하게, 일관성 있게, 그리고 적절하게 표현하기 위하여, 의사소통 실패가 있는 곳에서 대체 수단들을 사용하도록 '강요될' 수 있으며; (2) 언어를 사용하는 것(단순히 이해하는 것과는 대조적으로)은 학습자가 제2언어 습득 초기 단계의 특징인 의미 진행과정으로부터 문법적 진행과정(즉, 이해가 단순히 내용어의 의미에 주의를 기울이는 것에 의해 발생하는 반면에, 발화는 형식적인 특징에 초점을 두도록 촉진할 수 있다)으로 옮겨가게 할 수 있다. 그리고 (3) 학습자는 제2언어에 대한 가설을 실험할 기회를 가지고 있다(7장 참조). Larsen-Freeman과 Chaudron, 그리고 무엇보다도 Swain의 주장은, 비록 중요하지만, 이해 가능한 입력이 제2언어 습득이 발생하기에 필요하거나 또는 충분하지 않을 수 있다고 제안한다.

5. 입력과 흡입

입력이 이해될지라도, 그것은 학습자의 내재적인 메커니즘에 의해 처리되지 않을 수도 있다. 그것은 즉 이해 가능한 입력이 제2언어 습득에 대해 충분한 조건이 아니라고 진술했을 때 Krashen이 의도했던 것이다. 그것은 단지 입력이 제2언어 습득이 발생하는 **흡입**이 될 때이다. 입력은 학습자가 듣는 제2언어 데이터이다. 그러므로 흡입은 중간언어 체계로 동화되고 공급되는 제2언어의 일부분이다.

우리는 학습자가 어떻게 그가 받는 입력 데이터로부터 선택하는지에 대해 거의 알지 못한다. 그것은 몇 개의 입력 데이터가 제시되는 방법과 관계가 있는가? 그것은 동기와 같은 사회 정의적 요인들과 관계가 있는가? Krashen은 이러한 것들이, 얼마나 많은 입력이 들어오게 하고 얼마나 많이 제외되는지를 조정하는, '여과장치'로서의 역할을 한다고 주장한다. 그것은 내부의 진행과정 메커니즘 자체의 본질과 관계가 있는가? 제2언어 습득에 대한 생득주의자들의 논점은 이러한 메커니즘이 흡입을 조정한다는 것이다. 학습자들은, 그것을 완전히 이해하거나 또는 그것을 거부하거나 하는 양자택일을 근거로 하여 이용 가능한 데이터에 대해 반응하지 않을지도 모른다. 그들은, 기존의 가설을 공식화하거나 또는 부당성을 입증하기 위하여 어떤 것을 사용하고, 새로운 가설을 세우기 위하여 다른 것들을 사용하고, 그리고 나중에 수행될 수 있는 어떤 '흔적'을 남기기 위하여 다른 것들을 '절약'으로서 보유하는, 입력의 특징을 구별하여 처리할 수 있다(Hatch 1983b).

입력이 어떻게 흡입이 되는지에 대한 논의는 내부적인 메커니즘의 본질에 대한 고찰을 필수적으로 포함한다. 그 자체로 그것은 7장에서 설명할 것이다.

제2언어 습득의 진도에 관한 입력과 상호작용의 영향

입력과 상호작용이 습득의 경로에 영향을 줄 수 있는 다양한 방법을 자세히 살펴보았기 때문에, 나는 지금 그것이 어떻게 발달 **진도**에 영향을 줄 수 있는 지로 방향을 전환할 것이다. 물론, 언어적 환경이 학습 연속의 중요한 결정요인이 아니라고 할지라도, 그것이 학습자들이 배우는 속도를 결정하는데 있어서 주된 요인이라는 것이 전적으로 가능하다.

제2언어 습득의 진도에 관한 입력과 상호작용의 영향을 조사하려고 했던 많은 연구들이 있었다. 이러한 연구들은 모두 교실수업의 제2언어 습득과 관련된 것으로써, 그것들은 교실수업 환경과 제2언어 습득사이의 관계에 대하여 중요한 질문들을 다루기 위한 역할을 한다.

Snow와 Hoefnagel-Hohle(1982)는 3세부터 18세의 연령인 네덜란드의 13명의 영어를 말하는 학습자에 대한 교실수업 입력을 관찰했다. 그들은 교사들과 몇몇 모국어를 말하는 어린아이들(즉, 중학교가 아닌 유치원과 초등학교에 있는 어린아이들)이 제2언어 학습자에게 말을 할 때 그들의 발화를 수정했음에도 불구하고, 학습자들이 노출된 전반적인 발화의 양이나 또는 학습자들에게 특별히 지도된 발화의 양 중에서 그 어느 것도 다른 학습자의 언어 능력에 있어서 차후의 향상을 예측하지 못한다는 것을 알았다. 그러므로 이 연구는 교실에서의 이해 가능한 입력의 양이 제2언어 습득 진도에 영향을 주지 못한다고 주장한다. 그러나 Snow와 Hoefnagel-Hohle가 관찰한 바와 같이, 이것은 입력의 잘못된 측정이 사용되었기 때문일 수 있다. 그들은 입력의 양을 관찰했지만, 중요한 것은 질(즉, 특정한 종류의 상호작용적으로 조정된 입력)일 수 있다. 그러나 성인 교실수업 학습자들의 연구에서 Seliger(1977)는 그 강의의 끝에서 상호작용의 양과 성취점수 사이에 중요한 관계가 있음을 발견했다. 그는 교실수업에서 '높고 입력 생성자'였던 학생들은 또한 교실 밖에서 많은 연습 기회로 활용한다고 가정한다. 따라서 입력의 양에 대한 영향과 관련한 증거가 혼합된다. 명확한 그림이 나오기 까지 더 많은 연구가 필요할 것이다.

Fillmore(1982)는 유치원 교실수업에서 60명의 제2언어 학습자들의 과정을 비교했다. 그녀는 제2언어 습득에서의 성공이 (1) 교실수업 조직이 교사에 의해 통제된 곳에서 아주 많은 제2언어 학습자들과의 수업, 그리고 (2) 제2언어 학습자와 원어민 어린아이가 혼합되어 있지만 개방된 교실수업 조직으로 이루어진 수업에서 발생했다는 것을 알았다. 반대로, 제2언어 습득은 (3) 개방된 교실수업 조직으로 이루어진 아주 많은 제2언어 학습자들과의 수업, 그리고 (4) 제2언어 학습자와 원어민 학습자가 혼합되어 있지만 교사에 의해 통제된 조직으로 이루어진 수업에서는 거의 발생하지 않았다. 다시 말해서, 수업의 구성과 조직의 유형을 포함하는 상호작용적인 영향이 있었다. Fillmore는 다른 교실수업에서 받아들였던 입력의 유형에 관하여 이러한 결과들을 설명한다. (1)에서는 교사가 주요 원천으로써의 역할을 했으며, 그리고 아주 많은 제2언어 학습자들이 있었기 때문에, 그녀는 입력이 이해 가능했다고 확신할 수 있었다. (2)에서 제2언어 학습자들은 교사와 또한 원어민 어린아이들 모두로부터 교섭된 입력을 얻었다. 그러나 (3)에서 학생들은 그리 많은 교사 입력을 받지 못했으며, 그들끼리 대화할 때 모국어를 사용하는 경향이 있었다. (4)에서 교사들은 제2언어 학습자들에게 적합하도록 그들의 언어를 맞춘다는 것이 어렵다는 것을 알았고, 그래서 이해 가능 입력이 거의 유효하지 않았다. Fillmore의 연구는 입력의 양과 질 모두가 제2언어 습득의 진도를 결정하는데 영향력이 없다고 주장한다.

입력과 상호작용의 영향에 대한 경험 연구뿐만 아니라, 모국어와 제2언어 습득에서 입력의 본질과 영향에 관한 연구를 살펴봄으로써 무엇이 '최적의 학습 환경'을 구성하는지를 설명하기 위한 많은 시도가 있었다. Ellis(1984a)는 다음의 특징들이 빠른 발달을 촉진하는 것 같다고 제안한다.

1. 학습자에게 지도되는 많은 입력의 양
2. 제2언어로 의사소통하기 위한 학습자의 인지된 요구
3. 학습자에 의한 계획 내용의 독립적 조정(예를 들면, 주제 선택에 대한 조정)
4. 적어도 초기에, '현장' 원리 고수
5. 원어민 화자/교사 그리고 학습자 모두에 의한 다양한 발화 행동의 수행(즉, 학습자는 다른 언어기능을 수행하기 위하여 사용된 언어를 경청하고 발화할 기

회가 필요하다)
6. 많은 양의 지시에 대한 노출
7. 많은 양의 발화 '확대'에 대한 노출(예를 들면, 명료화, 확인, 바꿔 쓰기, 그리고 확대에 대한 요구)
8. 아무 제약을 받지 않는 '연습'에 대한 기회('새로운' 형태를 사용하는 실험 기회를 제공할 수 있다)

이러한 특징들이 풍부한 학습 환경이 성공적인 제2언어 습득으로 이어질 것이라는 믿음에 대해 강력한 이론적인 영역들이 있지만, 아직 경험적인 증명은 거의 없다.

요약

많은 다른 방법들이 제2언어 습득에서 입력과 상호작용의 영향을 설명하는데 존재한다. 그러나 이것들 중의 다수는 입력 언어의 기술로부터 그것의 영향에 대한 설명까지의 도약을 필요하게 만든다. 입력과 상호작용이 제2언어 습득에 영향을 주는지, 입력과 상호작용의 어떠한 특징들이 중요한지, 그리고 제2언어 습득의 어떠한 측면이 영향을 받는지를 보여주는 명백한 연구는 거의 없다. 제2언어 습득의 경로에 관해서, 입력은 (1) 기억하고 나중에 분석하기 위한 이미 만들어진 언어의 개념단위를 학습자에게 제공하고, (2) 학습자가 종적 구조를 만들도록 도와주고, (3) 특정한 문법적인 형태에 대해 자주 모델을 만들고, (4) 입력은 반드시 학습자의 기존지식보다 앞서는 하나의 단계라는 것을 확실하게 하고(이해 가능한 입력을 제공함으로써), (5) 입력이 흡입이 되도록 올바른 정의적 분위기를 제공함으로써 발달을 촉진할 수 있다. 제2언어 습득의 진도에 관해서, 많은 연구들이, 엇갈리는 성과로, 입력과 상호작용의 영향을 조사하였다. 그러나 입력의 양과 질 모두가 중요하다는 생각하는 영역도 있다. 최적 학습 환경의 특성은 모국어와 제2언어 습득 모두에서 입력과 상호작용의 연구로부터 추론될 수 있다. 이러한 특성의 목록이 위에서 제시되고 있다.

결론

제2언어 습득에서 입력과 상호작용에 대한 연구는 다음의 질문에 답을 찾는다:

1. 제2언어 학습자들과 관련된 입력과 상호작용에 의해 어떤 특성들이 드러나고 있는가?
2. 입력과 상호작용의 특성들이 제2언어 습득에 관계가 있는가, 그리고 그렇다면, 어떤 면에서 관계가 있는가?
3. 한편으로 입력과 상호작용의 차별적인 기여는 무엇이며 다른 한편으로 제2언어 습득에 대한 내부적인 진행과정 메커니즘은 무엇인가?

첫 번째 질문에는 아주 분명한 답이 있다. 우리는 모국어 화자 입력과 그리고 모국어 화자/교사와 제2언어 학습자 사이의 담화에 대해 아주 많이 알고 있다. 우리는 두 번째 질문에 대해서는 훨씬 덜 알고 있다. 제2언어 습득은 이해 가능한 입력이 상호작용적인 조정들의 수단으로 제공되는 쌍방향의 의사소통에 의해 촉진된다는 확고한 주장들이 제기되었다. 그러나 쌍방향의 의사소통은 제2언어 습득에 대한 필요조건은 아니다. 또한 충분조건도 아니다. 질문 (3)이 관련된 곳에서, 우리는 거의 확신조차도 없다. 우리는, 내부적인 메커니즘과는 대조적으로, 언어적인 환경에 어떤 비율의 책임을 할당할지를 모른다. 이 질문은, 제2언어 습득이 학습자 내부와 외부의 요인들에 의해 공동으로 결정되기 때문에, 대답할 수 없다. Hatch(1983a: 180)은 다음과 같이 설명한다:

> 사회적인 상호작용이 학습자에게 효과가 있는 '최상의' 데이터를 줄 수 있는 반면에, 뇌는 결국 그러한 입력의 적합하고 적절한 모델을 수행해야만 한다.

그러기 때문에, 가장 인정할 수 있는 것은, 행동주의나자 생득주의자의 관점이라기보다, 제2언어 습득에 대한 상호작용주의 관점이다.

더 읽을거리

어머니 말씨에 관한 많은 글은 C. Snow와 C. Ferguson에 의한 *Talking to Children*에서 볼 수 있다(Cambridge University Press, 1977). 또한 K. Nelson에 의해 편집된 *Children's Language*, Vol. 1에서, J. Gleason과 S. Weintraub에 의해서 어머니 말씨에 관한 타당한 개요가 있다(Gardener Press, 1978).

입력과 제2언어 습득을 다루는 두 가지 종합적인 글들이 있다. D. Larsen-Freeman에 의해 편집된 *Discourse Analysis in Second Language Research* (Newbury House, 1980)는 최초로 비교실 입력/상호작용을 다루고 있다. H. Seliger와 M. Long에 의해 편집된 *Classroom Oriented Research in Second Language Acquisition* (Newbury House, 1983)은 최초로 교실 입력/상호작용을 다루고 있다(Long, Chaudron, Schinke, Llano, Gaies, Seliger, Long 그리고 Sato에 의해 편집된 글을 참조).

제2언어 습득에서 입력/상호작용의 역할을 위하여 E. Hatch에 의해 편집된 *Second Language Acquisition*에 있는 'Discourse analysis and second language acquisition'인 E. Hatch가 논한 장이 있다(Newbury House, 1978). M. Clarke와 J. Handscombe에 의해 편집된 *On TESOL '82: Pacific Perspectives on Language Learning and Teaching*에 있는, M. Long에 의한 'Native speaker/ non-native speaker conversation in the second language classroom'(TESOL, 1983)은 이해 가능 입력 가설을 검토하고 교실수업에 관하여 고찰한다.

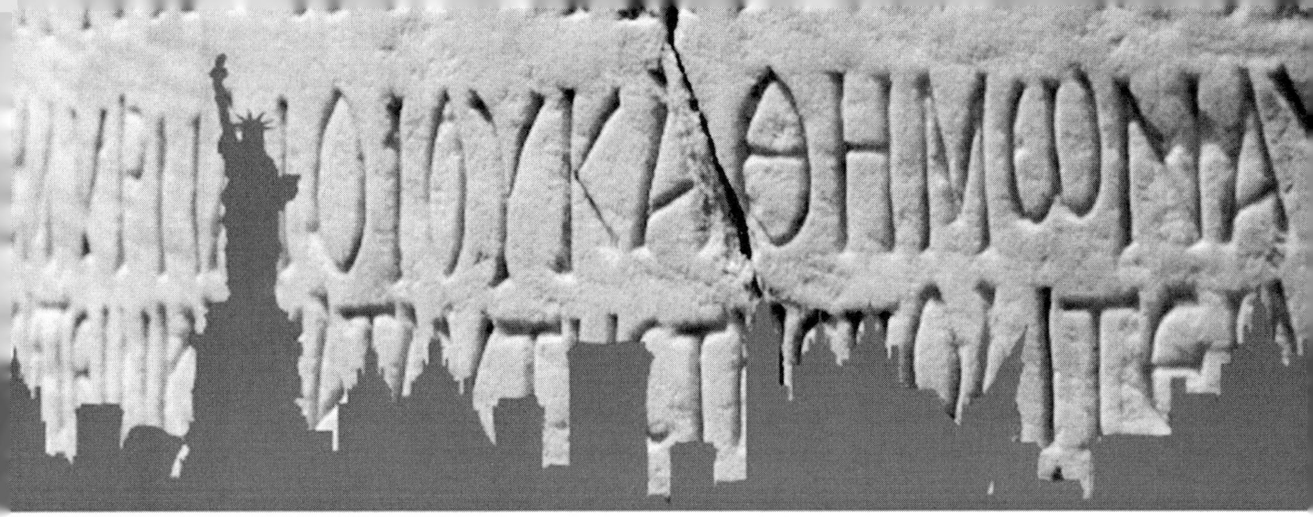

7장

학습자 전략들

서론

본 장은 학습자가 어떻게 입력 데이터를 처리하고 제2언어에서의 메시지 생성에서 제2언어 데이터를 어떻게 사용하는지에 대한 내적 진행과정을 살펴본다. 내부구조 또는 '블랙박스'를 살펴본다. 꼭 그런 것은 아니지만 그것은 앞 장을 보완한다. 제2언어 습득의 완전한 설명은 어떻게 입력이 학습 가능하게 변형되는지와(상호 유기적 조직체의 관점), 학습자가 입력을 어떻게 취하는지 모두를 보여주는 것을 포함한다(내부 유기적 조직체의 관점).

학습자들은 두 가지 유형의 제2언어 지식을 가지고 있다. **선언적** 그리고 **절차적**(Faerch와 Kasper 1983b)이다. 선언적 지식은 '어떤 것을 아는 것'이다; 그것은 내재화된 제2언어 규칙과 기억된 언어지식으로 이루어진다. 절차적 지식은 '어떤지를 아는 것'이다. 즉 그것은 학습자가 제2언어 데이터를 습득과 사용을 위해 거치게 되는 진행과정과 전략으로 이루어진다. 우리가 제2언어 습득에 대하여 이야기할 때, 학습자가 제2언어에 대한 일련의 학습 절차에 이미 접근할 수 있다고 간주됨으로써, 우리는 일반적으로 선언적 지식이라는 뜻으로 말한다. 설명적 지식은 3장과 4장에서 연구되었다. 본 장은 절차적 지식을 조사한다. 앞장에서 제2언어 습득을 **기술**하는 반면 본 장은 그것을 **설명**하는데 중점을 둘 것이다.

절차적 지식은 **사회적** 그리고 **인지적** 부분으로 나뉠 수 있다. 사회적 부분은 학습자가 상호작용적 기회를 사용하는 것에 의해 사용된 행동주의적 전략을 구성한다(즉, 직접 접근을 통한 제2언어 사용 또는 제2언어 문자를 통한 접근). Fillmore(1979)는 모국어 화자 어린아이의 놀이 상황에서 영어를 배우는 다섯 명의 스페인 화자 어린아이에 의해 사용된 몇 가지 사회적인 전략을 기술한다. 우선, 어린아이들은, 그들이 이해하지 못했을 때조차도, 마치 그들은 일이 어떻게 진행되고 있었는지를 이해하고 있는 것처럼 그룹에 참여하고 활동하는 전략을 채택했다. 나중에, 그들은 몇 개의 신중하게 선택된 단어들을 활용하여 언어를 말할 수 있는 인상을 주려고 했다. 그들은 의사소통에 문제가 있을 때 친구들이 도와줄 것을 기대했다. 다른 사회적인 전략은 5장과 6장에서 고찰되었다. 그러므로 본 장에서는 인지적인 전략에 중점을 둘 것이다.

절차적인 지식의 인지적 부분은 새로운 제2언어 지식을 내재화하고 자동화하는 것과 관련된 그리고 제2언어에서 의사소통하기 위해 다른 언어 데이터들과의 접목에서 제2언어 지식을 사용하는 것과 관련된 다양한 정신적 진행과정을 포함한다. 그러므로 이러한 진행과정들은 제2언어 **학습**과 **사용** 두 가지를 모두 포함한다. 학습 진행과정들은 학습자가 어떻게 새로운 제2언어 규칙을 확장하고 기본 지식활용을 통해 입력과 단순화의 진행과정을 어떻게 자동화하는가를 설명해준다. 그것들은 3장에서 설명된 '자연스런' 발달 연속을 설명해 줄 수 있다. 제2언어 지식을 사용하는 것과 관련된 진행과정은 **발화 전략**과 **수용 전략**을 구성하고 또한 **의사소통 전략**을 구성한다. 전자는 최소한의 노력으로 기존의 제2언어 지식을 효과적으로 그리고 분명하게 사용하려는 시도로써 Tarone(1981)에 의해 정의된다. 후자는 화자가 그가 계획했던 방법으로 원래의 의사소통적인 목표를 전달할 수 없을 때 발생하며, 그래서 그것을 표현하기 위하여 목표를 줄이거나 대체 수단을 찾아내게 한다. 그 때, 의사소통 전략들은 발화 계획을 초기에 시행하지 못한 결과이다. 그러므로 언어 사용은 발화와 수용의 두 가지 전략이라는 특징을 지니는데, 그것은 학습자가 이용 가능한 데이터를 쉽고 잠재적으로 활용할 때 작동한다. 그것은 또한 학습자가 불충분한 수단을 보충할 필요가 있을 때 작용하는 의사소통 전략에 의해 특징이 나타나며, 그 결과, 그것들은 더 많은 노력을 수반하고 의식에 더 근접해 있는 것 같다.

다른 학습자 전략의 체계가 그림 7.1에서 제공된다. 이러한 전략들은 학습자에게 특별하지 않은 것으로 인식되어야 한다. 모국어 화자는 같은 전략 **유형**들을 사용하는 것으로 고려되어야 한다. 학습자와 모국어 화자를 구분하는 것은 같은 전략을

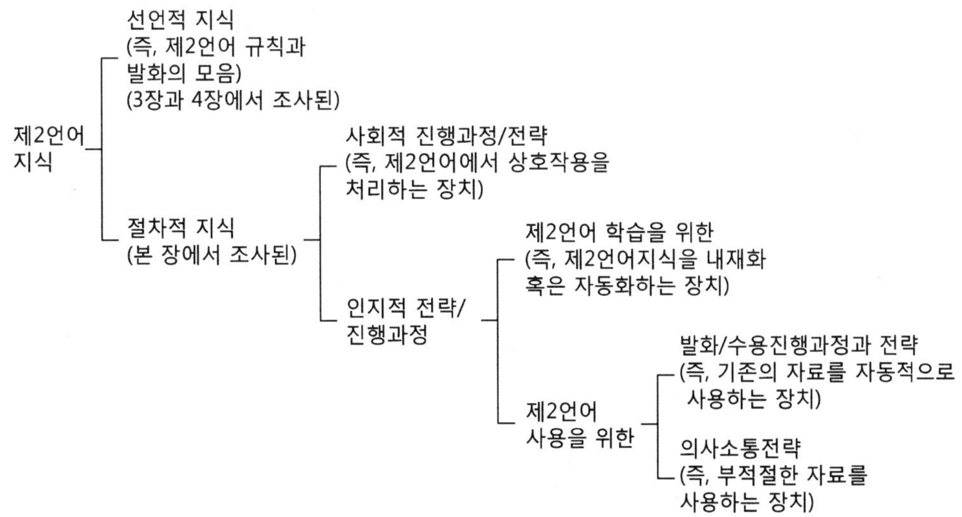

그림 7.1 제2언어 지식의 유형

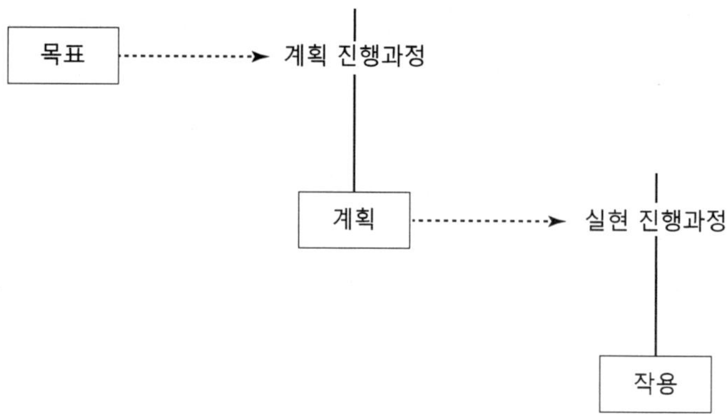

그림 7.2 지적 행동의 계획과 실현(Faerch와 Kasper 1980)

사용하는 빈도이다. 학습자들은 더 많은 전략 **구현**들을 나타낼 것이다.

다른 종류의 절차적인 지식을 조사해 보기 전에 이러한 종류의 정신적 현상을 기술하기 위하여 사용된 메타언어를 고찰해 보는 것이 중요하다. 수반된 추상적인 개념을 고려해 볼 때, 아마도 메타언어가 혼란스럽고 애매하다는 것은 불가피하다. 특히, 연구자들은 '진행과정' '전략', 또는 '원칙'이란 단어를 지속적으로 사용하지 않는다. 가끔은, 그들은 그것을 보통의 정신적인 작용에 대한 유사어로 사용하지만, 가끔은 언어 진행과정에 포함된 작용과 구별하기 위해 사용한다. 예를 들면, Faerch와 Kasper(1980)는 '전략'과 '진행과정'에 명확한 구분을 한다. 그들은 전략을 작용의 연속이 수행되는 순서를 제어하기 위한 계획으로 정의하고, 진행과정을 계획의 발달(계획 진행과정) 또는 계획의 실현과 관련된 작용으로서 정의한다(실현 진행과정, 그림 7.2 참조).

그와 같은 문제가 안고 있는 문제는, '전략'과 대조하여, 행동이 '진행과정'에 속하는지와 관련된 의견일치가 거의 없다는 것이다. 그러나 작용의 연속('발화/수용 진행과정'의 경우에서와 같이)에 생각과 진행과정의 특성과 같은 단순한 작용에 대한 생각('단순화 전략'의 경우에서와 같이)을 구분하는 것이 이치에 맞는다. 그러므로 가능한 범위에서, Faerch와 Kasper의 구분이 고수될 것이다.

본 장은 **학습 전략**을 관찰하는 것으로 시작할 것이다. 그리고 **발화 진행과정**을 살펴볼 것이다. 원칙적으로 그것은 또한 수용 진행과정을 살펴보아야 하지만, 지면상의 이유와 또한 이것이 거의 고려할 가치가 없는 '블랙박스'의 관점이기 때문이다(그러나 Faerch와 Kasper 1980과 1983b; Rivers 1971 참조). 마지막 부문에서는 **의**

사소통 전략을 살펴볼 것이다.

학습전략

절차적 지식의 모든 면에 대한 특징인, 용어와 개념의 증가가 아마 학습전략의 논의에서 가장 분명할 것이다. 암기, 과잉일반화, 추론 그리고 조립된 유형들 같이 각양각색인 전략들은 모두 '학습 전략'의 일반적인 주제 하에 취급되었다. 또한 상당히 불분명한 방법으로 더 많은 특정한 전략들에 대한 작용의 기저를 이루는 가설검증 진행과정에 대한 지속적인 언급이 있다. 나는 이러한 이질성에 대한 약간의 정리를 할 것이지만, 내가 제시하는 체계가 심리학적인 현실을 나타낸다고 주장하려는 것은 아니다. 오히려 학습전략에 대한 논의의 특징이 되는 부족한 정확성을 다룰 수 있는 학습적 장치이다. 그 체계의 기본은 두 가지 유형의 언어적 발화에 대한 구분이다: 일상 담화와 창조적인 담화이다. 이것들은 다음에 정의된다.

일상어 표현

일상어 표현은 6장에서 간단히 설명되었다. 그것은 "분석할 수 없는 전체로서 학습된 표현들 그리고 특별한 경우에 사용되는 표현들…"들로 구성된다(Lyons 1968: b 177). 그것은 학습자뿐 아니라 모국어 화자의 대화에서도 관찰된다. Krashen과 Scarcella(1978)는, 각각 이미 기억된 개면 단위로서 학습된 전체 발화를 각각 언급하고, 부분적으로만 분석되지 않고 하나 이상의 개방된 자리가 있는 발화를 언급하기 위하여, **상투어**와 **모형어**를 구별한다(예를 들면, 'Can I have ______?'). Ellis(1984c)는 또한 일상어 표현이 인사 순서와 같은 전체 **대본**으로 구성될 수 있고, 학습자는 그들이 거의 고정되고 예측할 수 있기 때문에 암기할 수 있다고 주장한다.

일상 담화는, 특히 발달의 초기 단계에서, 제2언어 습득에서 아주 흔하게 관찰되었다. 그것은 자연적인 제2언어 습득에서 어린아이 학습자(Huang과 Hatch 1978 참고)와 성인 학습자(Hellwig 1983 참고) 모두의 발화에서 빈번하게 나타난다. 학습된 특별한 분석되지 않은 개념 단위는 학습자마다 다를 수 있지만, 다음과 같은 경우는 전형적으로 나타난다:

I don't know.

Can I have a ______?

There is no ______.

What's this?

I wanna ______.

This is a ______.

How do you do?

I can't speak English.

각각의 정형화된 문구는 특별한 의사소통적인 목표와 밀접하게 관련이 있다. 예를 들면, Ellis(1984a)는 영어가 의사소통의 매체로써의 기능을 하는 ESL교실에서 교실학습자들은 기본적인 의사소통 요구를 충족시키기 위하여 많은 정형화된 문구들을 빠르게 발달시켰다고 언급한다. 그것은 학습자들이 의사소통의 압력에 대한 반응으로서 정형화된 문구를 발달시킨다고 Krashen과 Scarcella (1978)에 의해 제시되었다. 즉 그들은 창조적인 담화를 구성하기 위한 충분한 제2언어규칙들의 부족함을 보충하기 위하여 다수의 이미 만들어진 표현들을 암기한다. Krashen(1982)은 학습자가 준비하기 전에 말하도록 강요될 때 일상어 표현이 발생한다고 주장한다. 학습자 자신의 방책을 남겨놓은 채, 그가 창의적으로 말하기 위하여 충분한 제2언어 대비하는 동안 '침묵기간'을 사용할 것이다. 그러나 중요한 것은 일상어 표현은 정확한 의미 수행과 밀접하게 관련되고, 그것은 의사소통 능력을 극대화하는 동안 학습 부담을 줄이기 때문에 초기의 제2언어 습득에서 흔하다는 것이다.

일상어 표현을 습득하는데 관여된 학습전략은 무엇인가? 이것들은 창조적인 담화에 원인이 있는 규칙들의 습득에서 관여되는 것들과 같아 보이지는 않는다. 한 가지 제안은 일상 담화가 좌뇌보다는 오른쪽 뇌와 관련한다는 것이다. 우뇌는 대부분의 사람들에서 창조적인 언어기능을 담당한다. 오른쪽 뇌는 일반적으로 전체적인 진행과정과 관련하는 것으로 여겨진다(Seliger 1982). 즉, 학습자는 하나의 독립체를 전체로 만드는 개별 부분들을 마음대로 조정한다는 것이다. 학습자는 그것을 구성하는 요소들보다는 오히려 **게스탈트**로서 전체의 모형어를 인식한다. 그러므로 일상어 표현의 경우에, 학습자는 **모형어 암기** 전략을 운용할 수 있다. 그는 입력을 처리하고, 오른쪽 뇌에 위치한 메커니즘들을 사용하여 그것들이 사용된 맥락의 관점에서 발생하는 많은 전체 발화를 확인한다. (176쪽)그는 이점과 관련하여 다음의 사실들에 의해서 도움을 받는다. (1) 모형어가 아주 빈번하다. (2) 각 모형어는 학습자가 수행하도록 동기 부여된 의사소통적 기능과 연관이 있다. 모형어는 오른쪽 뇌에 저장되고 발화와 반응의 즉각적인 진행과정이 가능하다. 모형어 암기의 전략으로 적용되는 규모는 학습자가 받는 입력의 형태에 대한 결과물이며(즉, 그것이 얼마나 예측할 수 있고 맥락에 의존하는지), 제2언어에서 의사소통을 위한 학습자의 요구에 대한 영향력이다.

모형어 암기는 심리학적인 전략이다. 그것은 학습자가 의식적으로 그것을 활성화시킬 필요 없이 발생하며, 명백한 표시는 없다. 우리는 모형어 암기가 일어나는 것을 보거나 들을 수 없다. 몇몇 연구자들은 학습전략으로 사전에 만들어진 모형어의 사용에 관해 언급하지만, 이것은 결과물과 진행과정을 혼동시키는 것이다. 그 모형어는 모형어 암기의 진행과정에 대한 결과물이다.

그 결과물은 — 모형어 그 자체 — 또한 전략과 관련된, 또 다른 하나의 전략에서 기인한다. **모형어 모방**은 행동주의 모형어 암기와 동등하다. 그것은 보통 의식적으로 나타나고 또한 그것이 나타날 때 관찰될 수 있기 때문에 행동주의적 전략이다. 모형어 모방은 대화 상대자의 발화에서 사용되는 전체적인 발화 또는 부분적 발화의 의도적이고 방법론적인 모방을 수반한다. 그것은 모형어 연습이 행해지는 청화방식의 교실환경에서 흔하다. 그것은 학습자가 의사소통의 적정성에 관계없이 모국어 화자의 이전 발화를 모방하는 자연적인 제2언어 습득에서 또한 나타난다. 이것은 매우 흔하고, 특히 어린아이 학습자에게서 흔하다(Irho와 Hatch 1978). Seliger (1982)는 모형어 모방은 역시 우뇌의 능력을 수반한다고 여긴다.

모국어와 제2언어 습득 모두에서 일상어 표현은 창조적인 담화에 대한 기초로서의 역할을 한다고 제안되었다. 즉, 학습자는 전체로서 처음에 이해되고 사용된 발화가 다양한 규칙 결합의 방법으로 다른 구성요소들과 함께 결합될 수 있는 별개의 구성요소들로 이루진다는 것을 인식하게 된다. Clark(1974)은 모국어 습득에서, 새로운 구조가 두 가지 일상어의 병치로부터 또는 또 다른 구조 내에 한 가지 일상어를 끼워 넣기로부터 어떻게 발생하는지를 분명히 보여준다. Fillmore(1976)은 제2언어 습득에서, 정형화된 문구들은 그것들이 처음에 자리를 잡았던 곳과는 다른 '장소'에서 사용할 수 있도록 구성 요소들을 풀어주는 분석적인 진행과정에 서서히 따랐다고 제안한다. Seliger(1982)는 우뇌의 능력들을 통하여 처음에 학습된 모형어는 좌뇌의 능력으로 옮겨지고, 역할을 분석하기 위하여 모형어를 연습한다. Ellis(1984c)는 'I don't know'의 정형화된 문구가 다른 정형화된 문구들과 조합됨으로써 어떻

게 만들어지는지를 보여준다:

예를 들면, That one I don't know.
I don't know what's this.

그리고 또한 나누어져서, 'don't'는 비슷하지만 다른 표현으로 사용된다:

예를 들면, I don't understand.
I don't like.

'know'는 'don't' 없이 사용된다:

예를 들면, I know this.

그리고 'I'보다는 다른 주어가 나타나기 시작한다:

예를 들면, You don't know where it is.

그러므로 정형화된 문구가 늦게 풀려져서 소중한 정보가 창조적인 규칙 체계로 되돌아올 수 있다는 것이 가능하다.

이러한 분석에 대한 기초는 어떤 부분이 반복되고 어떤 부분이 같은 자리에 머무르는지를 확인하기 위하여 학습자 비교 발화에 존재하여야 한다. 학습자는 상황에 따라서 정형화된 구조 속에 있는 변이를 점차 인식하고 또한 다른 정형화된 문구들의 부분들에서 유사점을 감지한다. 그러므로 정형화된 문구로 학습되고 사용되는 초기 발화는, 정형화된 문구로부터 구성된 후기 발화보다 종종 표면적으로 더 문법적이다. 이러한 진행과정을 설명하기 위하여, **모형어 분석**의 전략이 설명된다. 이것은 정형화된 문구를 비교하여 유사점과 차이점을 찾음으로써 작용한다. 그것은 발화의 구성 구조를 확인하려는 언어학자의 능력에 대한 어떤 것을 학습자의 결과라고 간주한다.

모형어분석에 대한 완벽한 동의는 없다. Krashen과 Scarcella(1978)는 문법적 발화와 규칙적으로 만들어진 발화는 관계가 없다고 주장한다. 그들은 학습자가 정형화된 문구에 포함된 언어적인 정보를 풀지 않고, '자연스런' 발달 진행과정과 함께 입력에 의한 제2언어 규칙을 내재화한다고 주장한다. 그들은 제2언어의 규칙의 '창조적 구성'의 진행과정을 완전히 별개로 본다.

일상어 표현은 제2언어 습득에서 중요한 요인이지만, 아마도 초기의 제2언어 습득에서 유일하게 주요한 요인일 것이다. **모형어 암기**, **모형어 모방**, 그리고 (좀 더 논쟁적으로) **모형어 분석**의 전략들은 창조적인 규칙 체계에 직접 기여하는 것들과 비교해 볼 때 별로 중요하지 않은 학습 전략들이라고 간주되는 것이다.

창조적 담화

창조적 담화는 제2언어 규칙의 결과물이다. 이것들은 제2언어 학습자가 전체적으로 가치 있는 문장을 만들도록 허용하는 Chomsky적인 의미로 '창조적'이다. 그것들은 학습자의 중간언어 체계를 구성하고 '자연스런' 발달 진행과정을 설명하는 규칙들이다(3장 참조). 그것들은 학습자가 언어적인 맥락과 상황적인 맥락 모두에 따라서 그의 언어수행이 달라지도록 허용한다는 면에서 변이적이다.

과다한 전략들이 창조적인 규칙 체계를 설명하기 위해 제안되었다. Faerch와 Kasper(1980; 1983b)는 이러한 전략들을 체계적으로 고찰하기 위해 사용될 수 있는 구조를 제공한다. 그들은 중간언어 규칙들을 **수립하는**데 관여된 전략들과, 중간언어 지식을 **자동화하는**데 관여된 전략들을 구분한다. 전자에서 그들은 또한 두 가지 기본적이고 연관된 진행과정을 구분한다: 가설 형성과 가설 검증이다. 나는 다음 논의에서 이 구조를 사용할 것이지만, Faerch와 Kasper에 의해 확인된 특정한 전략들에 한정하지는 않을 것이다.

가설 형성

Faerch와 Kasper(1983b)는 중간언어규칙에 가설들은 세 가지 방법으로 형성된다고 제안한다:

1. 이전의 언어적 지식을 사용함으로써(즉, 모국어 지식, 기존의 제2언어 지식, 또는 다른 언어에 대한 지식)

2. 입력 데이터로부터 새로운 규칙들을 유발함으로써;
3. (1)과 (2)의 결합으로써

이러한 일반적인 진행과정을 기저로 하여 두 가지 일반적인 전략들, 즉 그것들과 관련된 다수의 더 특정한 전략들로 각각을 확인하는 것이 가능하다.

단순화 많은 초기 중간언어 출판물은 학습자가 다양한 방법으로 학습의 부담을 완화시키려고 한다는 것을 인정했다. Richards(1974)는 학습 부담을 줄이는 시도로서 '동화의 전략'을 정의한다. 하나의 예로써 그가 단순히 학습하기가 더 쉽다고 생각했기 때문에 그는 미래 의미를 표현하기 위해 프랑스어에서 'going to'에 해당하는 형태의 사용을 인용한다. 그 때 단순화는 상대적으로 만들기 쉽고 의사소통을 촉진시킬 것이라는 그러한 가설들로 가설형성을 제한함으로써, 그의 발달에 있는 어떤 단일 단계에서 세우려고 시도하는 다양한 가설들을 조정하기 위한 학습자의 시도들로 이루어진다.

단순화는 많은 전략들의 사용에서 분명히 드러난다. Widdowson(1975b)은 Selinker의 다섯 가지 중간언어 진행과정이 같은 근본적인 단순화 전략에 대한 전술적인 변이라고 주장했다. 따라서 예를 들면, **전이**는 제2언어에 대한 가설을 형성하기 위한 기초로서 학습자의 모국어의 사용을 수반하고, 반면에 **과잉일반화**는 새로운 중간언어 형태로 확장함으로써 제2언어 지식의 사용을 수반한다. 두 가지 전략들은 새로운 학습을 촉진하기 위해 이전의 지식을 필요로 하는 동일한 기본 전략의 분명한 표시로서 간주될 수 있다(Taylor 1975; McLaughlin 1978a). 어느 전략은 부분적으로 개별인적 선호의 문제가 될 수도 있지만, 또한 학습자의 발달단계, 언어적인 제2언어의 속성, 학습 맥락과 같은 요인들에 의해 좌우될 수도 있으며 — 예를 들면, Ervin－Tripp(1974)은 전이가 자연스런 학습 환경에서 보다 교실수업 환경에서 더 흔할 것이라고 주장한다. 그러나 어떠한 전략이 사용되든 간에, 단순화는 학습자가 기존 지식의 기초를 바탕으로 만들어내기 쉽다고 생각하는 임시 규칙들을 받아들임으로서 입력의 증거를 무시하려고 할 때 발생한다. 이러한 면에서 단순화는 입력 데이터에 가깝게 다가감으로써 추론에 대한 대안으로서의 역할을 한다(아래 참조).

모든 연구자들이 단순화가 학습전략이라는데 동의하지는 않는다. 예를 들면, Faerch와 Kasper(1980)는 단순화, 규칙화, 과잉일반화 그리고 중복 축소와 같은 전략들은 사실상 정확한 가설 형성을 방해하는 비학습 전략이라고 주장한다. 그러나 만일 부정확한 가설 형성이 제2언어 습득의 전체적인 진행과정에서 필수적이라는 주장이 받아들여지면, 이러한 주장은 보잘것없다. 학습은 정확한 가설 형성만을 포함하는 것뿐만 아니라, 그것은 또한 최종적으로 정확한 가설이 될 때까지 체계적으로 수정되는 중간 가설도 포함한다. 단순화는 언제든지 입력을 처리함으로써(즉, 간섭현상을 통하여) 형성된 가설 비율의 한계를 제한한다는 면에서 긍정적인 역할을 한다.

단순화의 개념에 대한 또 다른 반대는 학습자가 갖추고 있지 않은 것을 단순화하는 것으로써 학습자를 언급하는 것은 의미가 없다는 것이다. Corder(1981)는 제2언어 습득은 '복잡화'의 진행과정으로서 간주되어야 한다고 주장했다. 그러나 이것은 다시 발화와 진행과정을 혼란시킨다. Corder는 학습자가 자신이 습득한 제2언어규칙을 단순화할 수 없다는 것을 옳다고 주장하는 반면에, 입력을 처리하는데 의존하는 가설 형성을 제한함으로써 학습의 부담을 단순화한다고 주장하는 것은 완전히 실현 가능하다. 우리는 그 결과가 단순화될 수 없다고 할지라도 — 이것은 다음 부문에서 이의가 제기될 것이다 — 진행과정이 단순화된다고 주장하는 것은 여전히 실행 가능하다. 이것은 Meisel(1983)에 의해 채택된 입장이다. 그는, 입력에서 나타난 규칙의 근사치를 형성함으로써, 이전에 습득되었던 것에 지금 막 습득했던 것을 적응하는 것에 대한 학습자 진행과정을 언급하기 위하여 '공들인 단순화'라는 용어를 사용한다.

단순화는 가끔 학습 전략보다는 발화 전략으로서 열거된다(Tarone 1981). 즉, 학습자는 제2언어 규칙들에 귀속되지만 언어 진행과정의 어려움 때문에 그것들을 사용할 수 없다. 그러므로 그것들을 단순화한다(예를 들면, 어떤 것은 사용하지만 다른 것들은 생략함으로써). Meisel은 이것을 '제한적 단순화'라고 한다. 단순화는 분명히 발화의 중요한 측면이고, 나중에 관련 있는 부문에서 고찰될 것이다. 이것은 위에서 논의된 방법으로 학습에 대한 기여를 방해하지 못한다. 단순화는 학습 전략이며 또한 발화 전략이다.

추론 추론한다는 것은 학습자가 입력을 처리함으로써 가설을 형성하는 방법이다. 즉, 제2언어 규칙이 전이 또는 기존의 중간언어 지식에 대한 과잉일반화에 의하여 성공적으로 얻어질 수 없는 경우에, 학습자는 입력으로부터 규칙을 끌어낼 필요가 있을 것이다. 예를 들면, 영어를 배우는 스페인 학습자는 단순화의 근거하에 부정문에 대한 규칙을 습득하는데 성공하지 못할 것이다. 전이 전략은 아마도 'no + 동사' 규칙으로 이끌 것이다(예를 들면, 'No like beer'). 그러한 규칙은 과잉일반화에서 파생될 수도 있다(즉, 'no'는 명사뿐 아니라 동사의 부정어로 과잉일반화된다). 하지만 다음과 같은 문장을 만들어 내기 위한 정확한 규칙에 도달하기 위하여

I don't like beer

스페인 학습자는 제2언어 입력를 처리하고 적절한 가설을 형성하는 것이 필요할 것이다.

추론에 대한 기존의 논의는 내가 제시했던 것으로 완전히 확신하지는 못한다. 예를 들면, Carton(1971)은 세 가지 유형의 특성들에 관해서 추론을 논의했다. 즉 (1) 내부언어(즉, 제2언어의 형태적 그리고 통사적 규칙성으로부터 파생된 특성), (2) 중간언어(즉, 비슷한 형태가 검증되는 언어들의 차용으로부터 파생된 특성), (3) 외부언어 또는 맥락상의 언어(즉, 예측을 가능하게 하는 객관적 세계에서의 규칙성에 바탕 한 특성)이다. Bialystok(1983a)는 세 가지 유형의 전이를 구분한다. 그러나 그것들은 Carton의 것과 같지 않다. (1) 함축적 지식으로부터의 추론(즉, 직관에 의한 제2언어 지식을 명시적으로 만들며), (2) 다른 지식으로부터의 추론(즉, 다른 언어의 지식을 사용함, 특별히 모국어 그리고/또는 다른 언어의 지식), 그리고 (3) 맥락으로부터의 추론이다. 그러나 Carton과 Bialystok의 체계에서, 추론은 내가 추론과 단순화로 불렀던 두 가지를 포함하는 일반적인 진행과정으로 취급된다. 나는 그 개념을 두 가지 유형으로 제한하기를 바란다(언어 내적 추론과 언어 외부 추론).

언어 내적 추론은 일상 담화에 대한 **모형어 분석**의 그것과 비슷한 진행과정을 포함하며, 학습자가 내부적 제2언어 데이터(즉, 저장된 정형화된 문구)보다는 외부적 제2언어 데이터를 사용하는 경우에 있어서의 차이점을 포함한다. 언어 내적 추론은 **흡입 분석**의 결과이다. 그 전략의 사용은 입력의 정확한 특성을 처리하기 위하여 선천적이며 언어적인 또는 인지적인 성향에 의해 지배를 받을 수도 있다. 만일 그것들이 언어적이라면, 그것들이 Chomsky가 모국어 학습자는 선천적이라고 하는 '보편 문법'과 비슷할 것이다. 만일 그것이 인지적이라면, 그것은 Slobin이 '작동 원리'라고 열거한 것과 같은 일반적이고 지각적인 전략의 사용을 포함할 것이다. 흡입 분석에 대한 상세한 작용들은 아직 기술되지 않았고, 그것들에 대한 우리의 이해도 제한적이다.

언어 외적 추론은 외부적 입력으로부터 가설을 설정하는데 학습자에게 유용한 가장 강력한 장치들 중의 하나이다. 그것은 물리적인 환경의 특성들에 관심을 기울이고 이러한 것들을 이해 가능한 제2언어 입력을 만들기 위하여 사용하는 것으로 이루어진다. 발화에 대한 비언어적인 연관성을 관찰함으로써, 학습자는 습득 능력이상의 입력을 흡입으로 전환할 수 있다. MacNamara(1972)는 모국어 학습자가 '의미에 대한 특성으로서의 언어보다는 언어를 위한 특성으로서의 의미'를 사용하는 것을 말한다. 동일한 것은 또한 성인학습자를 포함해 제2언어 학습자에게도 유효하다. 발화의 상황적인 맥락은 학습자가 제2언어 습득의 시작에서부터 알맞은 의미를 수행해 나갈 수 있게 한다. 그러므로 언어 외적 추론은 초보자가 외부적 입력으로부터 가설을 명확히 하는데 사용하는 중요한 방법으로서 역할을 한다. 그것은 제2언어 습득 전반에 걸쳐 중요하다.

가설 검증

가설검증의 개념은 이미 3장에서 소개되었다. 거기서 언어 학습자는 제2언어 규칙체계에 대한 가설을 검증하기 위해 오류를 만들 수도 있다는 것이 지적되었다. 그것은 이것이 어떻게 발생하는지 자세히 관찰하기 위해서 그리고 지금까지 제기되었던 가설 검증에 대한 몇 가지 반대의견을 고찰하기 위하여 조사해보는 것이 남아 있다.

학습자가 가설을 발달시켰을 때, 그는 다양한 방법으로 그것을 검증할 수 있다. Faerch와 Kasper(1983b)가 이런 방법들을 열거한다:

1. 수용적으로(즉, 학습자는 제2언어 입력을 처리하고 제공된 데이터와 그의 가설들을 비교한다 — **흡입 분석**에 의하여);
2. 생산적으로(즉, 학습자는 그가 세웠던 가설들을 나타내는 규칙들을 포함하고 있는 제2언어 발화를 생산하고 그는 받아들인 피드백에 관하여 정확성을 평가한다);
3. 메타 언어적으로(즉, 학습자는 가설의 타당성을 세우기 위하여 모국어 화자, 교사, 문법, 또는 사전을 참고한다);
4. 상호작용적으로(즉, 학습자는 앞장에서 기술된 방법으로 대화 상대자로부터 수정할 부분을 도출한다).

한 가지 또는 그 이상의 방법으로 수행된 가설 검증의 결과로써, 학습자는 초기의 가설을 확인하거나 또는 거부하는 입장에 처한다. 중간언어 규칙들에 대한 지속적인 수정은 가설의 수정을 필요로 하는 증거에 대한 학습자 반응의 결과이다. 제2언어 습득은 학습자가 더 이상 반증을 받아들이지 않거나, 또는 그가 가설 검증을 멈출 때 중단된다(즉, 왜냐하면 그는 기존 능력에 만족하기 때문이다).

제2언어 습득의 가설 검증 견해에 대한 몇 가지 비평이 있었다. 이것들의 대부분은 피드백의 역할과 관계가 있다. 부정적인 피드백의 제공(즉, 수정)은 더 정확한 언어수행으로 이어져서 나타나지 않으며, 적어도 즉시 나타나지 않는다고 관찰되었다. 부정적인 피드백이 일상적인 대화(즉, 명료화에 대한 확인 점검과 요구로서의 역할을 하는 확장과 의역의 형태로)에서 제공될 때조차도, 학습자가 즉시 가설을 수정한다고 주장하는 증거는 아직도 없다. 게다가, Long(1977)이 지적하는 바와 같이, 부정적인 피드백을 능동적으로 찾아 나서는 학습자들에 대하여 이야기하는 것은 거의 이치에 맞지 않는다. '반증의 발상'은 실현 가능하지 않다.

그럼에도 불구하고, 가설검증 모델은 여전히 실행 가능하다. 이러한 비평들은 가설이 거부되는 방법과 관련된다. 그러나 중요한 진행과정은 아마도 가설 확증이다. 학습자는 종종 한 가지 규칙 형태에 관계된 한 가지 또는 그 이상의 가설들을 세운다. 피드백의 역할은 아마도 어떠한 가설들이 최종적으로 수용될 것인가를 결정할 수 있게 한다. 학습자는 각각의 가설을 검증하기 위한 실질적인 피드백을 받을 때까지 결론에 이르지 못할 수도 있다. 그 결과, 대안적인 가설들이 아마도 다른 것(들)보다 오히려 한 가지를 확증하는 점진적인 추세로 당분간 지속된다. 결국 경쟁 가설들 중의 한 가지가 수행해내고 영구적인 제2언어규칙이 된다. 이러한 가설 검증의 견해는 위에서 기술된 반대의 의견을 충족시키며 또한 변이적인 현상으로서의 중간언어에 대해 인정한다. 전체적인 진행과정은 잠재의식적인 것이다; 즉, 학습자는 제2언어를 학습하기 위하여 가설검증을 수행하지 않고, 의사소통 진행과정의 부분으로서 수행한다. 따라서 6장에서 제시하는 바와 같이, 의사소통의 각기 다른 유형들은 진행과정을 방해하거나 또는 촉진시킬 수 있다.

가설 검증의 역할은 또한, 제2언어 습득에서 '보편 가설'이 조사되는, 8장에서 논의된다. 이것은 귀납적 가설 형성이 어떻게 습득이 발생하는지를 적절히 설명할 수 없다는 주장에 기초한다.

자동화 진행과정

중간언어 현상의 변이는 또한 각각 다르게 자동화되었던 규칙들의 반영이다. 가설을 완성하는 것은 다양한 수준의 확실성으로 평가된다. 가설이 덜 확실할수록, 제2언어 발화의 사용에서 덜 사용된다. 학습 진행과정의 일부분은 확실한 증거를 축적함으로써 가설을 통합하는 것을 포함한다. Faerch와 Kasper(1983b)는 이것이 제2언어를 생산적이고 수용적으로 **연습함**으로써 달성할 수 있다고 제안한다. 그들은 제2언어의 형식적 특성에 중점을 두는지 또는 의사소통적 노력에 중점을 두는지에 따라 **형식적인 연습**과 **기능적인 연습**을 구별한다. 자동화는 스타일 연속체의 형식상 끝에 있는 중간언어로 들어가는 제2언어 규칙들의 연습과 '일상어'에서 이미 사용하고 있는 규칙들의 연습 둘 다를 수반한다.

요약

창조적인 발화에 원인이 있는 진행과정들과 전략들은 표 7.1에서 요약된다. 그것들은 전형적으로 잠재의식적인 절차들(즉, 그것들은 학습자가 어떤 의사소통적인 목적에 중점을 두는 동안 학습자에 의하여 무의식적으로 활성화된다)이지만, 또한 의식적일 수도 있다(즉, 그의 제2언어 지식을 증가시키려는 의도로 학습자에 의해 의식적으로 활성화된다). 그러나 몇 가지 절차들은 — 메타 언어 가설 검증과 형식적

표 7.1 창조적 언어학습의 진행과정과 전략

진행과정	전략
가설 형성	단순화
	(1) 과잉일반화
	(2) 전이
	추론
	(1) 내부언어(흡수 분석을 통하여)
	(2) 외부언어
가설 검증	수용(흡수 분석을 통하여)
	발화
	언어 기술 언어
	상호적
자동화	형식적 연습
	기능적 연습

인 연습 — 변함없이 의식적이다.

발화 전략

중간언어 규칙을 활용하는 것은 발화/수용 전략들을 수반하고 그리고, 초기의 계획들이 문제가 있는 것으로 드러날 때, 또한 의사소통 전략들을 수반한다는 것이 생각날 것이다. 본 부문은 문제가 안 되는 제2언어 지식의 사용을 살펴볼 것이다. 발화의 기본적인 모델(이미 언급되었기 때문에, 수용은 고려되지 않는다)을 설명할 것이며, 그러고 나서 이 모델에 대해 계획하고 분명히 표현하는 구성요소들과 관련된 구체적인 전략들을 살펴볼 것이다.

제2언어 발화의 모델

제2언어 발화는 모국어 발화와 같은 모형을 따른다고 가정된다. 아래 요약된 모델은 Clark과 Clark(1977)에 의하여 설명되었다.

그 시작점은 화자의 의사소통 목표이다. 이것은 이야기를 말하는 것일 수도, 강의를 하는 것 또는 질문에 답하는 것일 수도 있다. 의사소통의 목표는 화자가 형성하는 담화 계획의 유형을 결정할 것이다. 이 계획은 의사소통 목표가 대화 또는 독백을 통해 실현될 필요가 있는지를 반영할 것이다. 또한 어느 정도로 담화가 관습적이고 그러므로 '잘 짜인' 것인지, 또는 독특한 계획이 필요한지를 반영할 것이다. 화자가 적절한 담화 계획을 세우면 그는 문장 계획을 구성하기 시작한다. 이러한 것들은, 일반적인 제안 내용과 발화 의미를 결정한 후에, 각각 발화의 구조를 구성하여 나타내는 것을 포함한다. 그러한 담화와 문장의 계획은 함께 '골격'을 구성한다. 그 다음 단계는 그 모델의 실행 구성요소로 이어진다. 그것은 각 구성요소의 구조에 대한 구축 계획으로 구성된다. 그러나 언어 사용자는 제안된 발화의 **모든** 구성요소에 대한 계획을 만드는 것이 필요하지는 않다. 그는 개별의 구성요소와 실행 사이에 교체를 할 수도 있다. 그러므로 구성요소 계획 단계와 조음상의 프로그램 단계는 직선형으로 나오지는 않는다(교차 가능하다). 사용자가 앞뒤로 계획과 실행을 옮기는 증거는 발화에서 나타나는 말의 휴지로 발견될 수 있다. 이것은 전형적

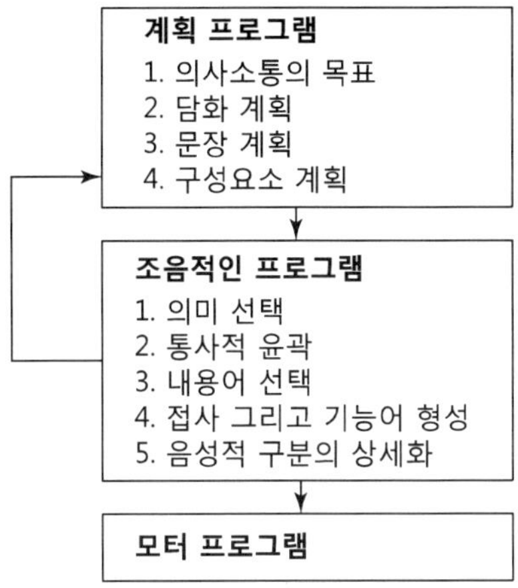

그림 7.3 언어 발화의 '골격과 구성성분' 모델(based on Clark and Clark 1977)

으로 구성요소의 경계에서 나타나며 다음 구성요소를 계획할 시간을 위한 학습자의 요구에 의해 동기가 된다. Clark와 Clark는 조음상의 프로그램이 다섯 가지 단계를 가지고 있다고 제안한다. (1) 각각의 구성요소가 지닐 의미의 선택; (2) 구성요소에 대한 통사의 윤곽에 대한 선택(즉, 실제적 단어 위치를 정함), (3) 내용어 선택(즉, 정확한 위치에 맞는 명사, 동사, 형용사, 그리고 부사 선택), (4) 접사와 기능어 형성(즉, 기능어와 문법적 굴절어 위치) 그리고 (5) 음성적 구분의 상세화이다. 이 모델의 마지막 구성은 모터 프로그램, 즉 실제 발화이다. 그림 7.3은 Clark과 Clark의 '골격과 구성성분'의 모델에 대한 도식적인 표현을 제공한다.

Littlewood(1979)는 제2언어 사용을 설명하기 위해 발화 모델을 특별하게 제안한다. 그의 모델은 Clark와 Clark의 모델을 충실히 따르고 있다. Littlewood는 그 모델에 기초한 두 가지 전략을 구분한다: **최소 전략**과 **최대 전략**이다. 전자는 제2언어 습득 초기 단계의 발화를 나타낸다. 그들은 학습자가 구성계획과 조음적인 단계를 다양한 방법으로 단순화하는 것을 포함한다. 학습자는 문장의 모든 중요한 구성성분에 대한 계획을 발달시키지 못할 수도 있다. 대신 그는 표현되지 않은 상황적인 맥락을 허용하는 최소한의 의미구성에 대해 계획할 수도 있다. Ellis(1982a)는 이것을 **의미 단순화**의 전략이라고 기술한다. 또 다른 단순화의 종류는 학습자가 내용어만을 기호화하고 접사와 기능어를 생략할 때 조음상의 프로그램에서 나타날 수 있다. 이것은 학습자가 제2언어의 측면에서 가설을 아직 구성하지 못했거나 또는 학습자가 언어 데이터를 통해 만들어 낼 수 있는 시간이 허락되지 않는 진행과정상의 압력 때문일 수도 있다. 세 번째로, 간소화는 모터 프로그램에서 나타날 수 있다(즉, 소리가 생략될 수 있다). 최대 전략은 학습자가 충분한 제2언어 지식과 언어적으로 모든 구성요소를 실현하기 위한 이러한 지식에 대한 적절한 조절을 발달시키고, 따라서 공유된 지식에 의존할 필요를 제거할 때 발생한다. 그것들은 또한 정중한 표현과 관련이 있는 것들과 같은 충분한 섬세함으로 이루어진 언어적 선택들을 스타일상의 표지들을 표현하도록 해주는 능력을 포함한다. 그래서 초기의 발화는 **법성 축소**에 의해 표시되는 경향이 있고(Kasper 1979), 나중의 발화는 이러한 문법적 체계의 사용을(예를 들면, 법조동사와 부사적 표현) 법성과 연관된 그러한 문법적인 체계를 사용하는 특징이 있다. 최대 전략은 중간언어 체계의 복잡성에 반영된다.

그 골격과 구성모델은 또한 계획자들과 수정자들 사이에 Seliger(1980)의 재미있는 구분을 해석하기 위한 틀을 마련해준다. 계획자들은 조음상의 프로그램을 시작하기 전에 각각의 구성요소를 주의 깊게 계획한다. 그 결과, 그들의 언어수행은, 적어도 그들의 현재 중간언어 체계의 측면에서, 주저하지만 정확한 것 같다. 반대로, 수정자들은, 그들이 말의 휴지를 거의 만들지 않는 결과로 인하여, 조음상의 프로그램에 착수하기 전에 각각 이 구성요소를 부분적으로만 계획하지지만, 그들이 중간언어체계에 대해 확신하지 못했다고 생각하거나 또는 문제에 직면했을 때 모니터를 하거나 의사소통 전략들을 사용하는 경향이 있다. 계획 전략과 수정 전략의 사용은 아래에서 더 자세히 고찰된다.

계획 전략

두 가지 기본 계획 전략을 확인할 수 있다. 이것은 **의미 단순화**와 **언어 단순화**이다. 그것들은 학습자가 최소의 제2언어 데이터를 가지고 있으며 그것들은 쉽고 효과적인 방법으로 최대한 사용할 필요가 있을 때 그가 제2언어 습득의 초기 단계에서 사용되는 절차들이다.

의미 단순화 의미 단순화는 학습자가 언어적으로 처리된 제안 요소들을 줄임으로써 문장 계획을 단순화할 때 나타난다. 학습자는 말로 표현하기 위한 명확한 구성요소들을 선택하고 다른 부분들은 외부적인 단서들로부터 나오는 청자에 의해 간섭되는 다른 것들을 남겨둔다. 삭제된 구성요소들은 통사적이 아니고 의미적이다; 즉, 그것들은 일반적인 개념적 범주로 생각될 수 있고, 실제생활의 사건과 그들의 언어적 표현의 개념 두 가지로 사용될 수 있는 행위자, 목적어, 여격 등과 같은 격들로 구성된다(Fillmore 1968). A라는 사람이 B라는 사람을 때리고 있는 상황을 상상해보라. 이에 대한 모든 언어적인 표현은(B라는 사람의 관점으로부터) 아래와 같은 격 범주를 수반한 것일 수도 있다:

He is hitting me.

(행위자) (행위 진행과정) (피행위자)

학습자는 다음에 요약된 설명 중의 한 가지를 발화할 수도 있다.

Hitting (=행위 진행과정)
He hitting (=행위자+행위 진행과정)
Hitting me (=행위 진행과정+피행위자)
He me (=행위자+피행위자)

학습자가 선택하는 설명은 (1) 그가 가지고 있는 언어적인 자원이 이용 가능하고(예를 들면, 아마도 단어 'hit'을 모를 수도 있다), 그리고 (2) 그가 느끼는 구성요소들이 그의 언어적 목표와 상황적 맥락에 관하여 최대로 정보적인 것을 반영할 것이다. Ellis(1982a; 1984a)는 의미 단순화가 모국어 그리고 제2언어 습득 모두에 관여된 진행과정의 확고한 설명을 제시한다고 제안했다.

언어 단순화 언어 단순화는 기능어와 접사의 생략을 포함한다. 의미 단순화와 달리 그것은 학습자가 지니고 있지 않은 것을 단순화할 수 없다는 논리적인 반대의견과 충돌한다. 따라서 만일 학습자가 다음과 같이 발화를 만든다면,

He hitting me.

조동사 be가 생략되는 곳에서, 학습자가 그의 중간언어에서 조동사-be의 규칙을 소유하는 것으로 보일 수 있다면 이것은 단지 언어 단순화가 되는 것으로 여겨진다. 사실, 학습자가 그들이 필요한 기능을 습득했을지라도, 조동사-be 같은 기능을 생략

한다고 주장하는 많은 증거가 있다. 그것은 학습자의 제2언어 지식에 대한 변이적인 사용의 공통된 특징이다. Meisel(1983: 127)이 인용하는 바와 같이, 비록 '이 시점에서 '과도기의 언어능력'이 해당하는 단순화되지 않은 구조들을 생성하는 규칙들을 포함한다고 가정될 수 있을지라도, …학습자는 구조적으로 단순화된 발화를 만들어낸다…'. Meisel은 '제한적 단순화'가 제2언어 발화뿐만 아니라, 또한 어머니말씨 외국인 말씨를 설명한다고 주장한다. 그러므로 언어 단순화는 매우 일반적인 언어 발화 전략이다.

수정 전략: 조정 수정을 위한 가장 중요한 전략은 조정이다. 이것은 Krashen(1981)의 제2언어 수행의 모니터 모델의 형식으로 상당한 주목을 받았다. Krashen은 학습자는 두 가지 종류의 지식, 암시적 또는 직관적 지식(Krashen에 의한 '습득'과 관련된)과 명시적 또는 메타 언어적 지식('학습'과 관련된)을 지니고 있다고 주장한다. Krashen에 의하면, 학습자는 암시적 지식만을 사용하는 발화를 시작하지만, 그의 조음 전후에 명시적 지식을 사용하는 언어수행을 관찰할 수 있다.

Krashen의 이론은 상당한 비난을 받았다(10장 참조). 그의 관찰에 대한 개념은 학습자가 명시적 지식뿐만 아니라 암시적 지식을 사용하는 그의 언어수행을 분명하게 수정할 수 있다는 점에서 너무 편협한 것으로 간주된다. 사실, Krashen은 '감각'으로 그의 수정에 대한 논의의 측면에서 이것을 고려하지만, 그러나 이것은 전반적인 이론에서 아주 작은 역할을 담당한다. 내가 여기서 살펴볼 그러한 관찰은, 막 시작된 또는 실제의 출력을 수정하기 위한 어떤 지식의 형태에 대한 사용을 포함하기 때문에, 한층 광범위한 종류이다.

Morrison과 Low(1983)은 조정의 역할을 논의하기 위해 Clark과 Clark's와 매우 유사한 발화 모델을 제안한다. 그들은 후조음조정을 구분하는데, 그것은 조음 프로그램이 보충된 후에 발생하며, 그리고 전조음조정은 조음 프로그램이 진행되는 동안 어떤 단계에서 나타날 수 있다. 학습자가 언어적인 형태들로 구성 계획을 채우는 진행과정을 시작한 후에, 그는 또 다른 선호되는 형태로 처음에 선택된 형태를 대체함으로써 최근에 만들어진 발화를 작동시킬 수 있다. 이러한 종류의 조정은 어휘론, 통사론, 형태론, 그리고 음성 실현에서 수행될 수 있다. 다시 말하자면, 그것은 그림 7.3에 있는 조음 프로그램에 있는 다섯 가지 단계의 어느 곳에서도 발생할 수 있다. 그것이 의사소통적인 목표나 또는 담화 그리고 문장 계획들에 대한 조정으로 이어질 때, 그것은 또한 더 높은 단계에서 발생할 수 있다. 그러나 조정은 어떤 의사소통적인 어려움이나 또는 언어적인 어려움을 경험하지 못할 때 발생할 수 있기 때문에, 쉽고 효율적인 방법으로 기존의 데이터를 최대화하는 도구로써 취급되어야 한다. 그러므로 그것은 의사소통적 전략이기보다는 오히려 발화 전략이다.

요약

발화는 계획, 조음, 조정 프로그램을 포함한 계층적인 진행과정으로 구성된다. 이것은 모국어 화자와 제2언어 사용자들 모두에게 공통적이다. 발화 전략은 발화의 계획에 관련된 전략들과, 그리고 발화의 수정에 관련된 그러한 전략들로 나누어진다. 의미 단순화와 언어 단순화는 제2언어 체계의 쉽고 효과적인 사용을 촉진시키기 위해 사용되는 '최소의 전략'이다. 그것들은 계획 전략이다. 조정은 수정 전략이다. 그것은 조음 전후에 나타날 수 있으며 함축적 그리고 명시적 지식을 활용할 수 있다.

의사소통 전략

'의사소통 전략'이라는 용어는 중간언어에 원인이 있는 진행과정에 대한 설명으로 Selinker(1972)에 의해 만들어졌다. 그때 이후로 학습자의 의사소통 전략에 대한 점진적인 관심이 있어왔다. 그러나 많은 이러한 관심은 정의에 대한 문제를 갖게 되었다. 이것은 내가 우선 검토하는 것은 바로 이것들에 대한 것이다. 이것에 따라, 의사소통 전략의 유형 분류체계가 제공될 것이며 그리고 제2언어 학습자에 의해 착수된 경험적 연구들의 사용에 대한 조사들이 제공될 것이다. 본 장은 제2언어 습득에서 의사소통 전략의 역할에 대한 몇 가지 논평으로 결론을 내릴 것이다.

의사소통전략 정의

두 가지 중요 개념이 의사소통 전략에 대한 대부분의 논의에서 중요한 부분이다. 이것들은 그 전략들이 의식적이고, 문제 지향적이라는 것이다.

Varadi(1973)은 제2언어 오류들은 우연히 또는 고의적으로 나타난다고 지적한다.

전자의 경우에, 그것들은 발화 전략의 결과이고 학습자의 제2언어 지식의 중간 단계를 반영한다. 후자의 경우에, 그것들은 의사소통 전략의 결과로 초기의 계획에서 어떤 의미나 형태의 요소를 줄이거나 대체하기 위하여 학습자에 의해 의식적으로 사용된다. Faerch와 Kasper(1980)는 또한 의사소통 전략의 특징을 정의하는데 의식을 고려하지만, 그러나 그들은 전략이 의식적인지 또는 아닌지를 경험적으로 결정하는 것에 대한 어려움을 인정한다. 학습자가 항상 의사소통 전략 사용을 인식하는 것은 아니기 때문에, 그들은 더 좋은 정의가 '잠재적으로 의식적인' 것으로써 그것들을 언급하는 것이라고 주장한다.

의사소통 전략들은 문제 지향적이다. 그것들은 학습자가 의도된 의미를 표현하기 위하여 필요로 하는 언어 데이터가 부족하거나 또는 접근할 수 없기 때문에 학습자에 의해 사용된다. Corder(1978c)가 인용하는 바와 같이, 수단과 목적 사이에 균형이 부족하다. Faerch와 Kasper(1980)는 의사소통 전략을 초기의 계획이 수행될 수 없을 때 활성화되는 특정한 계획의 일부분으로 분류한다. 학습자는 원래 발화 계획 대신에 '전략적 계획'을 쓰게 되며, 왜냐하면 그는 발화 계획을 보충하기 위한 방법이 충분하지 않다는 것을 발견하기 때문이다. 그림 7.3에서 나타난 담화 발화 모델의 관점에서, 이것은 회로 추가를 수반하며, 그 회로는 문제의 근원으로부터 시작하고, 조음 진행과정에 있는 어떤 지점에 위치할 수 있고, 그래서 조음 프로그램으로 피드백하기 전에 대안적인 계획(담화, 문장, 또는 구성 단계에 놓일 수 있는)을 만들 수 있다. 그러나 의사소통 전략이 문제 지향적인 것만은 아니다. 학습자 전략은 또한 기존의 방법이 불충분하다는 학습자의 인식에 의해 원인이 될 수도 있다. 그러나 의사소통 전략은 문제가 제2언어에서 수행하기 위한 시도의 결과로 발생한다는 점에서 학습전략과 다르고, 그 전략은 긴급한 의사소통적인 요구를 충족시키기 위하여 필요하다. 만일 학습 전략이 문제 해결에 대한 장기적인 해결책이라면, 의사소통 전략은 단기적인 대응책을 제공한다.

의사소통 전략은 **심리언어학적** 용어들로 논의된다. 즉, 그것들은 실제 언어행동의 기저가 되는 정신적인 현상으로 취급된다. 일부 나중의 논의에서(예를 들면, Tarone 1981), **상호작용적인** 관점이 다루어졌다. 여기서, 의사소통 전략들은 제2언어 학습자의 언어적 지식과 실제의 의사소통 상황에서 학습자와 대화상대자의 언어적 지식 사이의 차이를 연결하는 시도로서 간주된다. 그것들은 대화상대자들 사이에서 '의미 일치 교섭'에 의해 특징지어진다(Tarone 1981: 288). 그러므로 Tarone은 의사소통 전략들을 의사소통 문제를 극복하기 위하여 필요한 상호작용적인 과업에 대한 학습자의 기여로서 간주한다. 그러나 Faerch와 Kasper(1983c; 1984)는 이러한 상호작용적인 정의에 여러 가지 어려운 점들이 있다고 지적한다. 첫째, 제2언어 학습자의 대화상대자가 존재하지 않을 때 독백을 적용하는 것이 어렵고, 명백한 의미 교섭도 없다. 그러나 의사소통적인 문제들은 대화에서만큼 독백에서도 많이 나타난다. 둘째, 의사소통 전략의 적용은 이것이 상호작용에서 분명히 나타나지 않고 발생할 수 있다. 학습자는 그가 그것을 수행하는 것을 시작하기 전에 초기의 발화 계획의 실현 불가능을 인식할 수도 있다. 그러므로 대안적 계획의 대체는 아마도 정상적인 발화의 그러한 특징보다는 좀 더 긴 휴지로 나타날 수 있다. 그러나 Tarone의 상호작용적인 정의에서, 학습자 쪽에서는 일부 형태의 간청에 의한 언어수행에서 나타난 그러한 의사소통 전략들이 고려된다. 그러므로 일반적으로 심리언어학적인 정의가 선호된다. 상호작용적인 관점은 담화 분석에 의해 가장 논쟁이 되며, 그것은 개별적인 분석을 위하여 학습자의 활동을 선정하기보다는 학습자와 대화상대자의 공동 기여를 고려한다(6장 참조).

의사소통 전략은 제2언어 학습자에 의해서뿐만 아니라 모국어 화자에 의해서도 사용된다. 다음 부문에서 유형 분류체계에 있는 대부분의 의사소통 전략들은 둘 다에 공통적이다. 그것들은 의사소통 능력의 일부분으로 간주되는 것이다. Canale과 Swain(1980: 25)은, '실제 의사소통 상황에서 대처하는 방법과 의사소통 능력을 유지하는 방법'으로서 정의되고, 언어 사용자의 전반적인 의사소통 능력의 통합적인 부분으로서 정의된, '전략적인 언어능력'을 확인한다.

앞서 말한 논의의 관점에서, 의사소통 전략은 다음과 같이 정의될 수 있다.

> 의사소통 전략은 언어 학습자의 의사소통적인 능력의 일부분으로서 존재하는 심리언어학적인 계획들이다. 그것들은 잠재적으로 의식적이고 학습자가 수행할 수 없는 발화 계획들을 대체한다.

의사소통 전략의 유형

아마도 정의의 문제 때문에, 의사소통 전략에 대한 일반적으로 일치된 유형 분류체계가 없다. 다양한 유형 분류체계들은 Varadi(1973), Tarone 등(1976), Corder (1978c) 그리고 Faerch와 Kasper(1980)에 의해 제안되었다. 또한, 특별히 어휘적 문제들과 관련한 유형 분류체계들은 Blum-Kulka와 Levenston(1978), 그리고 Paribakht(1982)에 의해 증명되었다. 표 7.2에서 제시된 유형 분류체계는 Faerch와 Kasper(1984)에서 제시된 요약이다. 그것은 수용이 아닌 발화와 관련이 있다는 것에 다시 한 번 주목해야 한다.

실제 데이터에서 많은 전략들을 식별하기가 어려울 것이다. 몇 가지(예를 들면, 보상 전략들)는 실제 언어수행에서 전혀 나타나지 않을 것이다. 그러므로 이상적인 의사소통 전략들의 사용에 관한 확인은 발화 데이터의 분석뿐만 아니라 내관적인 연구 기법을 이용하는 것도 필요하다.

경험적 연구

의사소통 전략들에 대한 이론적 논의는 그것들의 사용에 대하여 경험적인 연구보다 우세했다. 이것은 그 전략들의 정의에 대한 불확실성과 그 결과로 일어나는 인식의 문제에 대한 반영이다. 그러나 몇 가지 경험적 연구가 발생했고, 급속히 증가하고 있다.

많은 상당히 다른 접근법들이 수행되었다. 초기연구(예를 들면, Varadi, 1973; Tarone 1977)는 모국어와 제2언어에서 스토리텔링의 역할에 관한 학습자의 언어수행에 대한 비교로 이루어졌다. 그 비교는 만일 기초 모국어 데이터가 이용 가능할 경우에 한해 제2언어 의사소통 전략이 확인될 수 있다는 믿음에 의해 원인이 된다. 예를 들면, 만일 회피가 또한 모국어 언어수행에서 분명하다면 회피가 발생했다고 말해질 수는 없다. 또 다른 상당히 유사한 접근법은 동일한 과업에 대한 제2언어 학습자의 언어수행과 모국어 화자 그룹에 대한 언어수행을 비교하는 것과 관련이 있다(예를 들면, Hamayan과 Tucker 1980; Ellis 1984d). 세 번째 접근법은 특정한 어휘 항목들의 사용에 중점을 두는 것으로 이루어진다. 이것은 그림이야기 재구성 과업(Bialystok 1983b)에서 또는 피험자들에게 그림을 붙이거나 모국어로 해석하도록 요구하여 어휘 항목들을 끼워 넣는 것으로써 이루어질 수 있다. 또 다른 접근법은 제2언어 화자와 모국어 화자 사이에 비디오테이프로 녹화된 대화에 대한 분석과 관련이 있다(Haastrup과 Phillipson 1983).

이용 가능한 연구의 결과는 확정적이라기보다는 암시적이다. 그것들은 의사소통 전략들의 사용에 관한 각기 다른 변이의 영향에 관하여 요약될 수 있다.

표 7.2 의사소통 전략의 유형

유형	설명	예
A. 축소 전략	이것은 문제를 없애기 위한 시도이다. 그들은 학습자가 그의 본래 의사소통적 목표를 포기하는 것을 포함한다.	
1. 형식적 축소 전략	이것은 학습자가 확신하지 못하거나 혹은 학습자가 읽어서 접근하기 힘든 제2언어 규칙의 회피를 포함한다.	He made him to go…→ He asked him to go…
2. 기능적 축소 전략	이것은 학습자가 확실한 발화나 담화 기능을 피하고, 회피 혹은 포기 혹은 확실한 주제로 대체, 그리고 양상표지를 피하는 것을 포함한다.	He plays…→ He does sport
B. 성취 전략	이것은 학습자가 본래의 의사소통적 목표를 지키려고 결정하지만 불충분한 방법을 보상하거나 요구된 부분을 만회하기 위한 노력을 한다.	
1. 보상(보충)전략		
(a) 비협동적 전략	이것은 대화상대자의 도움을 요청하지 않는 보상적 전략이다.	
(i) 모국어/제3언어 기반의 전략	학습자는 제2언어보다는 다른 언어를 사용한다.	
–언어 변환	학습자는 비-제2언어에서의 형태를 사용한다.	I don't have any Geschwester.
–이질화	학습자는 비-제2언어 형태를 사용하지만 그것을 제2언어 형태처럼 나타나게 하려고 적용한다.	Danish 'papirkurv' → 'papercurve'
–직역 번역	학습자는 모국어/제3언어 형태를 번역한다.	Danish 'grøntsager' (=vegetables) → 'green things'
(ii) 제2언어 기반의 전략	학습자는 대안적인 제2언어 형태를 사용한다.	
–대체	학습자는 다른 형태로 제2언어 형태를 대체한다.	'rabbit' → 'animal'
–부연	학습자는 그것을 기술나 예시함으로써 제2언어를 대체한다.	He cleaned the house with a… → it sucks in air
–낱말의 신조	학습자는 제2언어 형태로부터 만들어진 형태로 제2언어를 대체한다.	'gallery' → 'picture place'
–재구조화	학습자는 대안적 대체 계획을 발달시킨다.	'I have two…' 'I have a brother and sister'
(iii) 비언어적 전략	학습자는 마임이나 행동 같은 비언어적 방법을 사용하여 보충한다.	

(b) 협동 전략	이것은 학습자와 대화상대자에 의한 문제 해결 노력을 포함한다.	
(ⅰ) 직접적 요청	학습자는 도움을 요청한다.	'What's this?'
(ⅱ) 간접적 요청	학습자는 도움을 요청하지는 않지만 중지, 눈 주시 등으로 도움이 필요함을 표현한다.	
2. 회복전략	이것은 학습자가 보충적 전략을 사용하기보다는 문제를 발견하지만 기다릴 때 사용된다.	
(a) 기다림	학습자는 그에게 항목이 오기를 기다린다.	
(b) 의미론 분야 사용	학습자는 항목이 포함된 의미론적 분야를 인식하고 그가 항목을 발견할 때까지 이 분야에 속한 항목들을 살펴본다.	
(c) 다른 언어 사용	학습자는 다른 언어로 그 항목의 형태를 생각하고 제2언어로 그것을 번역한다.	

1. 숙달 수준의 영향

학습자의 숙달 수준은 전략의 선택에 영향을 미친다. Tarone(1977)은 그녀가 조사했던 능력이 낮은 학생들이 성취 전략들에 대한 축소를 더 선호했다고 언급한다. Ellis(1983)는 또한 그의 장기적 연구에서 학습자들 중 한 명이 초기의 단계에서는 축소 유형의 행동을 택했지만, 점차적으로 그가 발달하면서 성취 유형의 행동으로 변화했다고 여겼다. Ellis(1984d)는 당연히 ESL어린아이들과 모국어 영어 화자 어린아이들의 전략 사용 사이에 질적인 차이가 아닌 양적인 차이가 있다고 여겼다. 전자는 회피에 더 많이 의존했고, 후자는 바꿔쓰기에 더 의존했다. Bialystok(1983b)는 상급 학습자들이 덜 발달된 학습자들보다 더 많은 제2언어를 기본으로 한 전략을 사용했고 상당히 더 적은 모국어를 기본으로 한 전략을 사용했다고 여겼다. 그러므로 일반적으로 더 상급 학습자들이 부연 같은 제2언어 기초의 성취 전략을 선호하는 반면에 숙달이 부족한 학습자들은 모국어 기초의 성취전략 또는 축소 전략을 선호했다.

2. 근거 문제의 영향

전략 선택이 문제의 특정한 본질에 의해 영향을 받는다고 증명하는 증거는 거의 없지만, 이것은 그럴듯하게 보인다. Tarone(1977)는 언어 변환이 모국어와 제2언어가 동족 언어일 때 더 가능한 것 같다고 언급한다. Hamayan과 Tucker(1980)은 제2언어 어린아이 학습자들이 회피를 나타냈던 정도가 관련된 문법적 구조를 신뢰했다고 여겼다.

3. 성격의 영향

Tarone(1977)은 그녀의 학습자들의 스토리텔링에 대한 전반적인 접근에 있어서 확연한 차이점들을 관찰한다. 어떤 학습자는 모국어 또는 제2언어 수행에서 빨리 말하고 세부사항을 거의 준비하지 않았으며, 이와 달리 다른 학습자는 정교하게 말했고 빈번하게 도움을 요청했다. 그녀는 성격 요인들이 전략 선호와 높은 상관관계가 있다고 제안했다.

4. 학습 상황의 영향

학습자의 의사소통전략의 사용은 유용한 상황에 의해 영향을 받는 것 같아 보인다. 예를 들면, 특히 만일 교수법이 유창한 의사소통보다는 정확한 제2언어 사용에 집중한다면, 학습자는 자연스런 환경에서보다는 교실수업 환경에서 전략을 거의 사용하지 않을 수도 있다. 그 상황은 또한 사용되는 전략의 유형에 영향을 줄 수도 있다. Piranian(1979)는 러시아어를 배우는 미국대학 학생들이 회피에 더욱 의존하는 반면, 자연스런 노출이 주어진 학습자들은 바꿔 쓰기를 사용했다는 것을 발견했다.

그러나 의사소통 전략의 연구에서 중요한 점은 제2언어 의사소통을 촉진하는데 있어서의 효과에 대한 것이다. 이것은 거의 관심을 받지 못했다. Bialystok (1983b)는 최상의 전략 사용자들은 특정한 개념이 전달되어 적합하도록 전략을 수정하는 적절하고 형식적인 숙달을 가지고 있는 사람들이라고 제안한다. Haastrup과 Phillipson(1983)은 모국어를 기반으로 한 전략들이 가장 덜 효과적이고 제2언어를 기반으로 한 전략이 가장 효과적이라고 주장한다. 그들은 모국어를 기반으로 한 전략들은 거의 항상 부분적이거나 또는 완전한 이해력의 부족의 결과를 초래한다고 여겼다. 그러나 바꿔 쓰기는 아마도 성공적인 것 같은 전략이라고 제안했다. 그러나 처음 한 가지 전략을 시도하고(예를 들면, 모국어 기반의 전략), 그러고 나서 첫 번째 선택을 보충하기 위하여 또 다른 전략(예를 들면, 제2언어 기반 전략)으로 전환하고 또는 만일 실패하면 다시 시도하면서, 학습자가 자주 여러 가지 의사소통 전략을 함께 사용기 때문에, 대안적 전략들의 우열에 대하여 논의한다는 것은 적당하지 않을 수도 있다.

제2언어 습득에서 의사소통 전략의 역할

정의에 따른 의사소통 전략들은 제2언어 발화와 관계가 있다. 그러나 중요한 쟁점은 그것들이 어느 정도까지, 그리고 어떤 방법으로 제2언어 학습에 기여하는가이다.

사실, 의사소통 전략들은 제2언어 습득에서 구성요소의 역할에 해당되었다. 예를 들면, Corder(1978c)는 축소 전략들을 '위험 회피'로 그리고 성취 전략을 '모험 시도'로서 특징짓는다. Faerch와 Kasper(1980)는 잠재적인 학습 효과를 가지기 위한 의사소통 전략들의 기본 조건은 그 전략들이 축소 행동보다는 오히려 성취 행동에 속하는 것이라고 주장한다. 그들은 이러한 견해를 오직 성취 행동만이 가설 형성을 조장하고 위험은 자동화에 필수적이라는 이유에 근거를 둔다. 그러나 Tarone(1980)은 이러한 견해에 이의를 제기한다. 그녀는 일반적으로 의사소통 전략의 대화적 영향은 모국어 화자가 제2언어 학습자가 원하는 것을 말하는데 올바른 형식을 사용하도록 도와줄 수 있게 한다고 주장한다. 따라서 모든 전략들은 언어자원을 확장하는데 도움을 줄 수 있다. 이러한 관점을 강화하는 또 다른 주장은 의사소통 전략들의 주된 기여가 채널을 계속 열어둔다는 것이다. 따라서 학습자가 그가 필요한 특정한 구조를 제공받지 못하더라고 그는 다른 많은 구조들에 노출되고, 그것들은 작동중인 그의 학습 전략들에 대해 적당한 흡입이 될 수 있다. Hatch(1878c: 434)가 주장하는 바와 같이, '모든 것 중에서 가장 중요한 것은 "포기하지 마라"이어야 한다.' 의사소통 전략은 지속하는 것에 대한 주된 방법들 중의 하나이다.

그러나 또한 의사소통 전략들의 성공적인 사용이 습득을 방해할 것이라고 주장할 수도 있다. 학습자는 다양한 의사소통 전략을 사용함으로써 언어적 지식의 부족을 채울 수도 있으므로 가설 형성이나 검증이 필요 없게 된다. 그러한 학습자들은 입증되지 않은 제2언어 습득의 설명에 익숙하지는 않지만, 엄밀하게 조사되지는 않았다.

제2언어 습득에서 의사소통 전략들의 역할과 관계가 있는 또 다른 쟁점은 중간언어 발달의 어떤 측면이 영향을 받는가이다. 특히, 의사소통 전략의 사용이 어휘의 습득 및 또는 문법적 규칙의 습득을 촉진하는지를 아는 것이 중요하다. 그것들의 영향을 언어에만 제한하는 것에 대한 주장이 제기될 수도 있다. 그 전략들은 학습자와 모국어 화자의 언어수행 모두에 공통적이라는 것이 관찰되었다. 모국어 화자의 경우에, 그 전략들은 어휘적 지식이 확장될 수 있는 방법을 제공한다고 주장하는 것은 실현 가능하지만, 그것들이 새로운 문법적 규칙의 습득의 결과를 초래한다는 주장은 직관에 반대될 것이다. 그러면 만약 제2언어 학습자들이 전략 전개를 통하여 어휘적이며 그리고 문법적인 발달 모두를 강화한다고 주장된다면, 의사소통 전략들이 원어민 화자들보다 학습자들에게 각각 다른 영향을 미친다고 주장하는 것이 필요하다. 의사소통 전략들이 문법보다는 어휘의 습득에 도움을 줄 수도 있다.

제2언어 습득에서 의사소통 전략들의 역할에 대한 논의는, 명백한 연구가 거의 없기 때문에, 어쩔 수 없이 추론적이다. 그러므로 지금은 어떠한 확실한 결론에 이르기가 어렵다.

요약

의사소통 전략들은 제2언어 학습자들이 발화 문제에 직면했을 때 그들(그리고 모국어 화자)에 의해 사용된다. 그것들은 대체 계획을 구성되며 잠재적으로 의식적이다. 의사소통 전략들의 유형 분류체계는 문제를 피하기 위해 사용되는 축소 전략과, 문제를 극복하기 위해 사용되는 성취전략으로 구분된다. 후자는 보상 전략(모국어와 제2언어를 기본으로 한 전략을 포함하는)과 복구 전략으로 더 나누어질 수 있다. 의사소통 전략들에 대한 제한된 경험적 연구만 있었지만, 그것들의 사용은 학습자의 숙달 수준, 근거 문제의 본질, 그리고 학습자의 성격과 학습상황에 의해 영향을 받는다고 주장하는 증거가 있다. 만약에 있다면, 의사소통 전략들이 언어적인 발달에 어떤 영향을 미치는 지에 대한 것은 아직 명확하지 않다. 그 쟁점들은 (1) 어느 전략들이 촉진적인가(예를 들면, 제2언어 또는 제2언어 기반의 전략) 그리고 (2) 제2언어 습득의 어떤 측면이 영향을 받는가(예를 들면, 어휘 또는 문법)이다.

결론

제2언어 습득에서 각기 다른 학습자 전략을 구별하기 위하여 '블랙박스'를 자세히 들여다보는 것은 마치 숨겨진 물체를 찾기 위해 방 주변을 눈을 가리고 보는 것과 같다. 아마도 그 시도에 대한 두 가지 주요한 결과들이 있을 것이다. 첫째, 연구자는 그의 의문을 풀기 위하여 학습자의 실제 발화가 필요할 때, 아마도 관심의 중점이 수용보다는 발화였다는 것이 불가피했을 것이다. 그러므로 수용에 관련된 진행 과정들과 전략들이 무시되었다. 둘째, 단단한 개념적 체제로 전략을 세우는 것은 어느 정도까지 임의적일 것이다. 학습자 전략들은 본 장에서 제시된 것처럼 학습, 발화, 그리고 의사소통으로 간결하게 구분될 수 있는지가 의심스럽다. 이것은 일반적인 학습 전략과 발화의 전략 두 가지로 분류되었던 단순화의 논의에서 분명하게 드러난다. 그것은 또한 의사소통 전략이라고 간주될 수 있다. 예를 들면, 의미 단순화는 학습자가 초기 발화 계획이 가지고 있는 문제를 겪을 때 나타날 수 있다. 연구자들은 학습과 사용의 기저를 이루는 심리언어학적 사건들을 확인하고 분류하는 문제 때문에 그들이 제공하는 구조에서 다르다. 그들은 같은 이유로, 정의의 문제들에 대해 상당한 노력을 기울인다. 점차적으로 그들은 더 나은 통찰력을 얻는 한 가지 방법으로서의 제2언어 습득 연구에 대해 내관적인 방법으로 전환하고 있다(Chaudron 1983b 참조). 그러나 언어학습자 언어를 이해하는 것은 '블랙박스'의 설명 없이는 완전하지 않다. 본 장은 습자의 절차적 지식에 대한 설명을 제공하기 위하여 습득과 사용의 다양한 심리언어학적인 설명을 재검토하려고 시도했다.

더 읽을거리

C. Faerch와 G. Kasper에 의해 편집된 *Strategies in Interlanguage Communication* (Longman, 1983)은 몇 가지 가장 중요하고 이론적이며 경험적인 전략 연구를 함께 모았다.

A. Davis와 C. Criper에 의해 편집된 *Interlanguage: Proceeding of the Seminar in Honour of S. Pit Corder*에 있는, C. Faerch에 의한 'Strategies in Production and Reception'(Edinburgh University Press, 1984)은 전략 사용의 경험적인 연구에 대해 훌륭한 개요를 제공한다.

J. Richards와 R. Schmidt에 의해 편집된 *Language and Communication*에 있는, D. Morrison과 G. Low에 의한 'Monitoring and the second language learner' (Longman, 1983)는 한 발화 전략의 흥미로운 논문이다.

8장

보편가설과 제2언어 습득

서론

우리는 지금까지 제2언어 습득의 수많은 결정요인들, 즉 학습자의 모국어, 입력/상호작용, 학습자 전략 등을 검토해 왔다. 지금까지 검토되지 않은 한 가지 가능성은 제2언어 습득이 즉, 목표 언어와 모국어와 관련된 두 언어의 특성에 의하여 지배된다는 것이다. 예를 들면, Wode(1980b)는, 언어 습득이란 그가 목표 언어의 언어적 특성이란 용어로 정의를 내린 '발달 원리'를 구체화시킨다고 제의하고 있다. 그는 발달의 순서가 습득되어야 하는 언어규칙의 특성에 의하여 결정된다고 주장한다.

이 제안은 앞 장에서 논의한 내용과는 상당히 다른 것이다. 앞 장에서는 발달경로가 입력된 데이터에 따라 작동하는 귀납적 전략의 결과로 설명되었다. 비록 이들 전략이 제2언어 습득에 대한 구체적인 언급으로 정의되었다고 하지만, 그럼에도 불구하고 이들 전략들은 언어와는 상당히 동떨어진 다른 종류의 발달에 관여될 일반적인 인지절차로 보아야만 한다. 그러나 Wode는 언어 습득에 관련된 하나의 독자적인 언어적 자질이 있다고 제안했다. 그가 주장하는 발달원리들은 일반적인 유도능력보다는 오히려 **언어-인지**능력으로부터 나온다. Wode(1984)는 이 점을 다음과 같이 명백하게 설명하고 있다.

> …언어를 배울 때 필요로 하는 그런 종류의 인지는 일반적인 인지나 또는 문제해결 역량이나 또는 Piaget 학설의 발달 심리학 유형에서 중요시 다루는 그런 종류의 작용 등과는 다름에 틀림없다.

언어 습득은 — 제1 또는 제2 — 모든 인간이 누구나 갖고 있는 별개의 언어능력에 의존한다는 주장은 이미 제3장에서 논의되었다. 본 논의의 목적은 중간언어 보편성 연구에 대한 배경을 제시하고자 함에 있다. 그러나 이들 보편성은 목표 언어의 형식적인 언어장치들을 고려하기 보다는 '인지적 조직기능'(Dulay와 Burt 1977)을 가정함으로써 설명이 되었다. 즉, 제2언어 습득의 규칙성은 독립적인 언어능력의 결과물이라기보다는 오히려 귀납적 절차의 결과물로 여겨졌다. 본 장의 목적은 이들 규칙들이 어느 정도까지 중간언어 발달에 영향을 미치는 순수한 언어적 자질을 설명할 수 있는지에 관하여 탐구하는 것이다. 본 장의 핵심 개념은 **언어 보편성**이다.

언어 보편성 연구는 다음과 같이 두 가지 면에서 제2언어 습득의 이론적인 설명에 기여했다. 첫째, 목표 언어의 언어적 자질이 보편성을 띠느냐 아니면 해당 언어만이 갖는 특수성을 갖느냐에 따라서 학습자가 그 언어를 습득할 때 난이도가 각기 다르다는 점이 그 동안 계속해서 거론되었다. 즉 모든 언어 또는 많은 언어에 공통적으로 들어 있는 목표 언어의 속성들은 극히 일부 언어 또는 목표 언어에서만 발견되는 그러한 속성들과 비교해 볼 때 배우기가 쉽다는 것이다. 이와 같은 접근법은 단지 목표 언어에 대한 고려 사항만을 포함한다. 두 번째 접근법은 목표 언어와 자신의 모국어를 비교해 보는 것이다. 그것은 언어의 보편성에 대한 연구가, 말하자면 모국어와 목표 언어 간의 모든 언어적 차이점들이 학습의 어려움을 초래하는 것이 아니라는, 대조분석가설의 주요 문제 중의 하나를 극복하는데 도움이 될 수 있다고 주장했다(2장 참조). 언어적 보편성은 어느 차이점들이 어려움을 초래하고, 어느 차이점들이 어려움을 초래하지 않는지를 예측하는데 도움을 주기 위하여 사용될 수 있다. 따라서 언어의 보편성에 대한 연구는 전이 이론을 수정하는데 도움을 주었다.

본 장은 Chomsky의 보편문법 이론 및 유형적 보편성에 비중을 둘 것이다. 이런 것들은 다음에 이어지는 부문에서 설명된다. 다음 부문은, 선구적인 연구가 이루어진 현 시점에서, 모국어 습득에서 보편성의 역할을 고찰할 것이다. 그 다음 제2언어 습득에서 언어적 보편성의 역할이 문법 형성과 모국어 전이에 미치는 영향에 관하여 조사할 것이다. 끝으로 몇 가지 보편성 가설의 문제점들을 논의할 것이다.

언어 보편성

언어 보편성을 기술하는 것에 대한 두 가지 상당히 다른 접근법이 채택되었다. Chomsky는(예를 들면, 1965, 1980, 1981) 단일 언어에 대한 심도 있는 연구로 언어 보편성을 찾아내려고 모색한다. 그는 이런 방법만으로 어떤 특정한 문법 형태를 제한하는 추상적인 문법 원리들을 발견한다는 것이 가능하다고 주장한다. 그는 이런 원리들을 보편문법이라고 언급한다. 반대로 Greenberg(1966)와 그를 답습하는 사람들은(예를 들면, Comrie 1981) 언어가 공통으로 갖고 있는 특성들을 발견하기 위하여 각기 다른 어족들로부터 광범위한 언어들을 조사함으로써 보편성을 찾아보기 시작했다. 이런 방식으로 구축된 보편성은 **유형적 보편성**이라고 불린다.

보편 문법

보편 문법에 대한 Chomsky 학파의 견해를 알기 쉽게 명쾌한 해석을 한 Cook(1985)은 다음과 같이 쓰고 있다.

> 인간의 마음속에 천부적으로 타고난 언어의 특성은 어떤 특정의 언어 규칙이나 특정의 언어로 구성된 것이 아니라 모든 언어에 적용할 수 있는 일반원리의 한 세트로 구성된 '보편 문법'을 형성하고 있다는 점이다.

이 정의로부터 다음과 같은 두 가지 의문점이 야기된다. 즉 (1) 왜 이런 특성이 인간의 마음속에 천부적으로 존재하는가? 그리고 (2) 모든 언어에 적용되는 '일반원리'란 정확히 무엇인가? 등의 의문점이 생긴다.

보편 문법의 천부성에 대한 Chomsky의 논리는 천부성이 없다면 어린아이가 모국어의 문법을 배운다는 것은 불가능하다는 것이다. 이것은 어린아이에게는 어떤 언어규칙을 발견하기엔 입력 정보가 너무나 불충분하기 때문이다. Chomsky 학파의 이론에 따르면 어린아이의 문법지식은 입력 정보로는 결정될 수 없다는 것이다. Felix(1984)는 이러한 데이터가 세 가지 방법에서 불충분하다고 제시한다. 첫째, 일부 구조들은 너무나 희귀하고 한계성이 있기 때문에 어린아이가 그런 드문 구조에 충분히 노출될 시간적 여유가 있을 수 없다. 둘째, 사실, 그것은 그렇지는 않지만, 만일 입력이 부정적 환류를 제공하는 것이라면, 잘못된 가설을 버릴 수 있는 유일한 방법이 될 수 있다. 셋째, 어느 것이든 문법규칙이란 상당히 추상적이며 그래서 언어의 표면적 속성들이 나타나지 않는다.

유전적으로 프로그램화된 보편 문법의 존재를 정당화시키는데 사용된 한 가지 예로서, 다음 두 문장을 들 수 있다;

1. We gave the book to the girl.
2. We explained the answer to the girl.

이 문장들은 표면구조는 동일하지만 (1)은 간접목적어를 갖고 있고, 아래 (3)과 같이 다시 쓸 수 있다.

3. We gave the girl the book.

(2)는 하나의 전치사 구를 갖고 있으며 아래 (4)와 같이 쓸 수 없다.

4.* We explained the girl the answer.

그러면 어린아이가 동사 'give'는 간접목적어를 취하고, 동사 'explain'은 전치사구를 취한다는 사실을 어떻게 알게 되는가? (4)가 비문법적이라는 점은 어린아이가 어떻게 해서 식별하는가? 이런 질문에 대한 답의 한 가지 가능성은 어린아이가 부정적인 증거를 얻는다는 것이다; 즉, 성인이 어린아이에게 (4)는 비문법적이며 동사 'explain'은 전치사구만 취할 수 있다고 말을 해주는 것이다. 그러나 연구결과에 따르면 부모가 어린아이에게 이런 정보를 제공하지도 않으며, 어린아이의 오류를 교정해 주는 사례도 별로 없다는 것이다. 그러므로 어린아이가 위 (4)와 같은 비문법적 문장의 발화를 막아주는 몇 가지 천부적인 원리가 있다고 가정하는 것이 논리적인 것 같다. 어린아이는 간접목적어나 전치사 구를 취하는 'give'와 'explain' 등을 동일범주의 동사로 분류하는데 오류를 범하지 않게 되어 있다.

보편 문법은 각기 다른 종류의 보편성으로 구성되어 있다. Chomsky(1965)는 두 가지 유형들을 확인한다: **실질적 보편성**과 **형식적 보편성**이다. 실질적 보편성은 발음을 만들어내는 변별적 음운자질, 명사, 동사, 주어, 목적어 등등과 같은 통사 범주 등 고정된 자질로 구성되어 있다. 형식적 보편성은 이보다는 더 추상적이다. 이것은 문법 규칙이 가능하냐에 대한 언급이다. 예를 들면 의문문을 만들 때 어순변형을 시키는 원리를 공식화하는 것이 가능할 것이다. Chomsky 언어학의 상당 부분은 형식적 보편성 연구에 매달리고 있다.

보편 문법은 개인적인 언어의 문법이 취할 수 있는 형태를 제한한다. 그러나 그것은 어린아이가 자기 문법에 통합시킬 수 있는 기존의 규칙을 그에게 제공함으로써 이것을 즉시 취하지는 못한다. 더 정확하게 말하자면 그것은 어린아이가 획득하는 특정의 입력 데이터에 따라서 정해져야 하는 매개변항을 설정한다. 바꾸어 말하자면 형식적인 보편성과 실질적인 보편성은 어린아이가 발달시킬 수 있는 그러한 문법에 관한 제약들이 된다. 그 제약들은 어린아이가 탐색할 필요가 있는 수많은 선택의 범위를 정한다. 그러나 어린아이는 그 수많은 선택 앞에서 어느 것이 목표언어에 부합하는 것인지를 스스로 찾아내야 한다. 이것은 환경이 간섭하는 곳에서,

어린아이는 적절한 취사선택에 의해 매개변항을 정하기 위한 입력 데이터를 필요로 하는 것이다.

보편 문법의 도움으로 어린아이가 발견하게 되는 규칙들은 어린아이 자신의 언어에 대한 **핵심** 문법을 형성한다. 그러나 모든 규칙들이 핵심규칙은 아니다. 모든 언어는 또한 보편 문법에 제한되지 않는 요소들도 포함하고 있다. 이런 것들을 **주변적인 것**이라고 칭한다. Cook(1985)은 이런 주변적인 것들의 몇 가지 예를 들었다. 주변적 언어규칙들은 언어의 역사로부터 온 것들(예를 들면, 영어 고어에서 온 'the more the merrier'와 같은 표현), 또는 다른 언어에서 차용해 온 것들(예를 들면, 'police'의 발음은 불어에서 차용한 것임), 또는 우발적으로 발생한 것들이 있다. 따라서 어린아이의 모국어 지식은 보편 문법에 의하여 결정된 규칙들과 보편 문법의 도움 없이 배워야만 하는 규칙들(즉, 앞에서 언급한 주변적인 규칙들)로 이루어져 있다.

핵심 문법과 주변적 문법의 개념과 관련이 있는 것인 바로 Chomsky의 **유표**이론이다. 핵심 규칙들은 **무표**; 즉 언어 일반성에 부합하는 것들이다. 주변적 규칙들은 **유표**; 즉, 해당 언어에만 나타나는 특수한 것으로 매우 예외적인 특성을 갖는다. 그러나 유표 및 무표 규칙들은 연속선상에서는 서로 양끝에 대칭적으로 위치하는 것이며, 규칙들은 다소 유표가 있게 마련이다. 핵심/주변 그리고 무표/유표 사이의 관계는 그림 8.1에서 도식화하여 보여준다. Rutherford(1982)는 영어에 유표 규칙과 무표 규칙의 수많은 예를 보여주고 있다. 그가 적용하는 유표의 기준은 한 쌍의 규칙들이나 자질들 중의 하나가 다른 것들 보다 문법적으로 더 제한되는가이다. 따라서 형용사 'big', 'long', 'fast' 등은 'small', 'short', 'slow' 등과 관련하여 무표 규칙이고, 이들이 둘 다 서술문과 의문문에 쓰이기 때문이며, 반면에 후자는 서술문에서만 사용된다(즉, 'How slow can he run?'처럼 의문문에서 사용될 수 없다). 통사

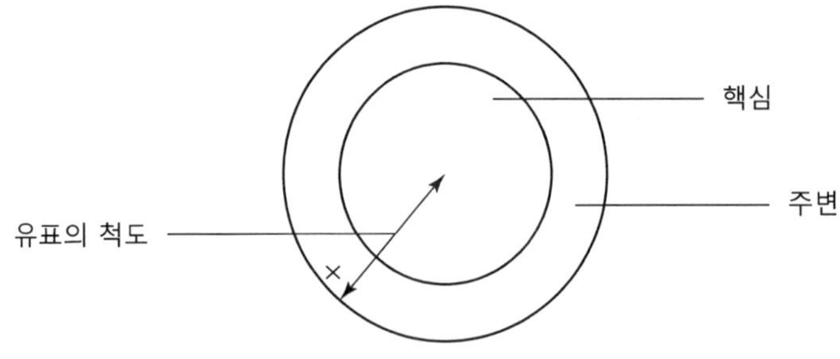

그림 8.1 핵심 문법과 주변 문법

론이 관련된 곳에서, 또 다른 실례가 서술문 대 의문문에서 나타난다. 전자는 서술문과 의문문 둘 다 형성하는데 사용할 수 있기 때문에 무표 규칙이라고 여겨진다:

He can run fast.
He can run fast? (문장 뒤를 올리는 억양으로 발음함)

후자는 단지 의문문만을 형성할 수 있다. 일반적으로 무표 규칙은 유표 규칙보다 덜 복잡하다고 여겨진다.

요약하자면, 보편 문법은 어린아이가 모국어를 배울 때 결정해야만 하는 취사선택을 제약하는 일련의 원리들로 구성되어 있다. 보편 문법의 근거는 '자극의 결핍'으로 알려진 것에서 찾을 수 있다. 즉, 어린아이는 아마 단순히 입력 데이터에만 근거하여 목표 언어의 문법에 도달할 수는 없다. 보편 문법은 형식적인 보편성과 실질적인 보편성으로 구성되어 있다. 이것들은 어린아이가 무표 규칙으로 형성된 핵심 문법을 구축하는데 도움을 준다. 그러나 보편 문법이 결정하지 못하는 다른 규칙들도 있다. 그것들은 주변적 규칙을 형성하고, 여러 가지 다양한 수준에서 유표 규칙이다.

유형적 보편성

유형적 보편성은, 그 표본이 하나의 언어 또는 어족에 집중된 결과일 수 도 있다는 편견으로부터 반드시 벗어난다고 주의하면서, 자연스런 언어의 대표적인 표본을 검토함으로써 확인된다.

세 가지 유형의 보편성은 실질적 보편성, 형식적 보편성, 암시적 보편성이라고 이미 기술되었다. 전자의 두 가지는 보편문법의 보편성에 관한 것이라고, 이미 고찰된 바 있다. **암시적 보편성**은 하나의 언어적 속성의 존재가 몇 가지 다른 속성 또는 여러 개의 속성들의 존재와 연결된다. 즉, 만일 주어진 언어에 속성 x가 있다면 그 언어에는 속성 y, z…n의 다른 속성들도 있다고 볼 수 있다. 관련 속성들이 다발로 산재하거나 또는 위계구조를 이루고 있느냐 여부에 따라 두 개 이상의 암시적 보편성이 나타나게 된다. 다발로 나타난 경우 속성들은 그중의 아무거나 한 개가 다른 속성의 존재를 암시하는 그런 방식으로 상호관련성을 갖고 있다. 하나의 좋은 실례가 바로 동사-주어-목적어의 어순 및 형용사 다음에 명사가 오는 그런 구도의 다발들이다. 한 언어가 이들 중 어느 하나의 속성을 갖고 있다면, 이는 또 다른 속성도 갖고 있을 수 있음을 암시한다. 위계구조에서 보면 관련된 속성들을 보면, 하나의 속성이 존재한다면 그 위에 상위 속성들이 위계구조를 이루면서 존재함을 유추할 수 있다. 계층구조의 한 예는 관계절의 **접근성 계층**(Comrie와 keenan 1979 참조)이 있다. 이것은 관계대명사의 문법적 기능에 따라 관계절의 어순이 결정된다.

주어 > 직접목적 > 간접목적 > 사격 > 속격 > 비교급의 목적

아래 표 8.1은 위에 제시한 기호의 풀이를 제시하며, 대명사가 여러 가지 기능을 하는 관계절의 한 실례가 된다. 이 위계구조는 만일 한 언어가 주어진 문법기능을(예를 들면, DO) 갖는 관계대명사를 허용한다면 위계구조상 상위의 모든 대명사 기능을 갖는 관계대명사도 허용하게 될 것이다(예를 들면, SU). 이 세상의 언어들은 관계사절화가 발생할 수 있는 최저 위치에 따라 다르다.

표 8.1 관계절의 유형

기호	관계대명사의 기능	예 문
SU	Subject(주어)	The man that kicked the dog…
DO	Direct Object(직접목적어)	The tree that the man cut down…
IO	Indirect Object(간접목적어)	The man that she cooked the cake for…
OBL	Oblique(사격, 영어의 경우 전치사의 목적어)	The house that she lives in…
GEN	Genetive(속격/소유격)	The dog whose owner has died…
O COMP	Object of comparative (비교급의 목적어)	The man that I am richer than…

보편성은 그것이 **절대적**이냐 아니면 **선택적**이냐에 따라 구별된다.[1] 이들 두 범주는 — 실질적 보편성, 형식적 보편성, 암시적 보편성 — 세 가지 유형에 적용된다. 절대적 보편성은 예외가 없다. 예를 들면, 동사-주어-목적어의 어순을 갖는 언어는 모두 전치사를 갖고 있다. 언어적 보편성의 통계적 확률이 발견되는 경우에 선택적

1. 절대적 보편성과 경향성의 구분은 Chomsky에 의하여 인정되고 있다. 그러므로 이제는 보편성에 대한 Greenberg식 접근법과 Chomsky식 접근법을 구분하지 않는다.

보편성이 나타나게 되지만 예외가 있다. 예를 들면 주어-목적어-동사의 기본 어순을 갖는 대부분의 언어는 동사가 문장의 뒤에 오지만, 페르시아어는 예외이다. 물론 하나의 보편적 취향성은 그 강도가 다양할 수 있다.

Chomsky는 언어 보편성이 천부적인 것이라고 주장했지만, 유형적 보편성을 연구하는 언어학자들은 유형론으로 수많은 가능성 있는 설명을 준비하고 있다. Comrie (1981: 23)는 아래와 같이 서술한다.

> … 많은 사례에서, 심지어 잘 확립된 보편성에 대한 입증할 수 있는 설명이 없는 것 같아 보인다. 다른 사례에서, 각기 다른 보편성은 각기 다른 종류의 설명이 필요한 것 같아 보이며, 인간의 인지와 행동의 많은 다른 측면과 아주 밀접하게 상호작용하는 언어 같은 현상을 검토하는데 있어서 분명 놀랄 일은 아니다.

Comrie는 끊임없이 이 문제에 대한 설명을 고안해내고 있다. 세계 모든 언어(일원발생설)에 하나의 유전적인 공통 기원이 있을 수 있고, 언어 보편성은 천부적일 수 있으며(Chomsky의 견해), 어떤 보편성은 언어가 입력되는 의사소통적 사용으로부터 유래되는 것일지도 모른다.

요약하자면, 유형적 보편성은 언어 및 어족에 대한 폭넓은 연구로부터 파생된다. 그 동안 연구 끝에 실질적 보편성, 형식적 보편성, 암시적 보편성 등이 확인되었다. 마지막으로 언급하고 싶은 것은 언어적 특성들이 무리들 또는 위계구조를 형성하는 방법, 또는 하나의 특성이 나머지 특성에 대하여 암시를 주거나 단순히 상하관계로 서로 얽혀 있는 것을 조사해 보는 것이 있다. 언어적 보편성은 절대적일 수도 있고, 확률의 정도가 다양한 단순히 어떤 경향성만 갖는 경우도 있다. 유형적 보편성의 존재에 대한 수없이 다양한 설명은 아직 흥미로운 단계에 있다고 볼 수 있다.

언어적 보편성과 모국어 습득

언어적 보편성과 모국어 습득 간의 관계는 그 동안 보편 문법이란 용어로 아주 철저히 탐구되어 왔다. 보편 문법은 어린아이가 모국어를 어떻게 배우는가를 설명할 수 있는 유일한 방법을 제공하는 것이라고 Chomsky가 정당화시킨 것처럼, 보편 문법과 모국어 습득 간의 관계는 필수적인 것이다.

그렇다면, 보편 문법은 '언어 습득의 논리적인 문제'라는 것을 풀 수 있는 해결책인 셈이다. 어린아이들은 부정확한 가설형성으로부터 제약받을 필요가 있다. 이와 같은 제약들은 입력 데이터에 의해 제공되지 않으며, 그래서 그 제약들은 어린이의 생물학적으로 결정된 자질의 일부분임에 틀림없다. White(1981: 242)는 다음과 같이 말하고 있다.

> 어린아이의 문법구축은 보편문법에 의하여 제약을 받기 때문에 논리적으로 가능성이 있는 완전한 문법이라고 평가될 수 없으며 그 문법은 귀납적 원리 하나만으로 작동하는 것이라고 보는 것이 논리에 맞는다.

보편 문법 없이 어린아이가 언어를 성공적으로 습득할 수 있다고 보는 것은 가능성이 없는 이야기이다.

이와 같은 맥락에서 볼 때 모국어 습득을 가설검증 진행과정으로 본 초기의 입장은(제3장 참조) 재고할 필요가 있다. Cook(1985)은 가설검증에 대한 두 가지 해석을 제시하고 있다. 첫째, 어린아이는 귀납적 절차를 통하여 가설을 설정하고 주변 환경으로부터의 피드백에 따라서 그 가설을 수정한다. Cook은, 어린아이가 긍정적인 피드백뿐만 아니라 부정적인 피드백을 받을 필요가 있기 때문에, 가설 검증의 이러한 견해가 지지될 수 없으며, 이러한 가설 검증은 발생하지 않는다고 주장한다. 두 번째 해석은 가설의 가능성 범위가 보편문법에 의하여 정해진다는 점이다. 어린아이의 과업은 그에게 이용 가능한 선택사항들을 시험적으로 사용해 보고, 환경에 의해 제공된 긍정적인 증거와 일치하는 것을 선택한다는 것이다. 이에 대하여 Cook은 다음과 같이 결론을 내리고 있다.

> 가설검증은 어린아이의 가설이 수적 제한을 받고, 환경적인 요인이 부정적인 증거보다는 오히려 촉진제 역할을 할 경우라는 조건하에서만 언어 습득을 설명할 수 있는 것이다.

그러나 Cook은 계속해서 말하기를, 학습자의 과업이 적절한 순간에 올바른 증거의 제시로 탐색될 수 있는 가능성이 존재할 때, 이와 같은 견해가 사소하지 않은 환경의 역할에 대한 결과로 보고 있다.

습득의 논리적 문제와 더불어 또한 발달적인 문제도 있다. Felix(1984)는 이런 문제와 관련된 다음과 같은 두 가지 질문을 하고 있다. (1) 제2언어 습득의 특성이 되는 그 독특한 구조들은 어디로부터 유래되는가? (2) 언어발달 단계상 왜 어린아이가 한 단계로부터 다음 단계로 이동해 가는가? 이런 의문에 답을 생각하기 위해서는, 우선 Chomsky가 **습득**과 **발달** 사이에서 이루고 있는 구분을 검토하는 것이 중요하다.

'발달'은 언어의 실제학습이다. 발달은 보편문법뿐만 아니라 암기력 및 일반 인지능력(**채널 역량**을 함께 구성하는)으로써 언어 외적 요인에도 영향을 받는다. 그런데 '습득'이란 성숙도에 영향을 받지 않는 언어학습이며, 전적으로 학습자 언어능력에 달린 문제이다. 달리 말하자면, 만일 어린아이가 암기와 진행과정의 한계 그리고 개념의 미숙함에 의해 제한되지 않았다면, 그 어린아이가 나타냈던 언어는 순수한 습득이라고 생각할 수 있다. 그러나 어린아이가 나타냈던 언어는 결국 이들 제약조건들의 적용을 받기 때문에 말하자면 모순이 발생하는 것이다. '습득'과 '발달'이란 용어는 이보다 더 널리 알려진 '언어능력'과 '언어수행'에 원인이 되는 한 쌍을 이루고 있다. 습득은 어린아이의 서서히 전개되는 언어능력을 말한다. 그리고 발달은 성숙의 결과물이다; 어린아이의 인지적인 능력이 발달함으로써, 그의 언어능력을 수행할 수 있는 능력도 발달한다. 따라서 Chomsky의 견해에서 습득은 이상화된 것이다. 그는 언어란 하나의 독자적인 정신기관이지만, 동시에 그 동안 모국어 습득을 연구한 학자들이 기술했던 발달순서를 함께 결정하는 다른 정신기관들과도 관련이 있다고 주장한다. 그러나 그는 이와 같은 발달경로의 연구는 '습득'에 관해서는 그다지 빛을 발하지 못했다고 말한다. 그러므로 Chomsky의 경우 발달문제에 관한 한 적어도 언어능력에 속하지 않는 자질연구에 집중된 연구는 발달에 관한 연구라기보다는 오히려 논리의 문제일 뿐이라는 것이다.

발달 문제에 관한 White(1981)의 해법은 Chomsky의 견해와 일치했다. 그녀는 보편문법의 전부는 어린아이에게 처음부터 이용 가능한 것이지만 보편적 원리와 발달의 각기 다른 관점과 관련이 있는 어떤 특정의 원리들과 같은 어린아이의 발달인지능력 사이에 하나의 상호작용이 있다고 주장했다. 어린아이의 인지는 그가 처리할 수 있는 어떤 입력 데이터의 특성들을 조절할 수 있다. 어린아이들은 입력 신호를 감지하기 위하여 그의 능력 변화에 따라서 발달단계에 맞는 데이터를 준비한다. 그 다음에 이러한 데이터는 보편 문법에 따른 매개변항을 설정하는데 사용된다. 어린아이가 구축하는 임시적인 문법은 그가 인지할 수 있는 데이터로부터 구축할 수 있는 최선의 문법이라는 면에서 최적의 문법이 되는 것이다.

Felix(1984)는 발달문제에 대하여 이와는 다른 해법을 제시한다. 그는 White의 설명이 습득의 단계별 이동현상을 인지발달의 영역 내에 둠으로써 이를 문법이론 영역에서 분리시켰다고 분석했다. 그는 만일 White의 기본전제가 부정된다면(즉, 모든 보편 문법은 어린아이에게 즉시 이용 가능한 것), 발달은 언어적 능력이란 말로 설명될 수 있다고 주장했다. Felix는 '보편 문법의 원리 전체가 천부적으로 구체화된 발달경로에 따라 변화될 수 있다'고 제안하고 있다. 즉 보편 문법의 원리는 서서히 치아가 자라는 것처럼 시간이 경과함에 따라 펼쳐져 나온다는 것이다. 개개의 원리들은 해당원리가 활동 시점이 되는 순간까지 계속해서 배워야 할 것들이다. 어린아이가 구축한 문법을 재구성하게 만드는 것은 기존의 문법을 몇 가지 방식으로 깨뜨리거나 어기게 되는 새로운 원리의 탄생이다.

White의 견해는 언어능력을 시각, 청각, 작동체계 등에 원인이 되는 다른 기관들과 비슷한 정신 기관으로서 간주하는 Chomsky의 견해에 더 가까운 것으로 보인다. 언어는 '발달'이라기보다는 '성장'이다. 그러므로 그것이 처음부터 나타난다고는 하지만 보편 문법의 전체가 즉각적으로 구체화되지는 못한다. 비언어적 요인들이 특정의 문장 유형을 감지하고 발화해 낼 수 있는 어린아이의 능력을 제한하고 있다. 예를 들면, 처음부터 어린아이는 이 단계에서 복잡한 문장을 발화할 수 있는 채널 역량을 갖고 있지 못하기 때문에 언어학자들이 식별해낸 수많은 원리들을 적용하지 못한다. Felix의 입장은 언어능력이 처음부터 완벽한 것이 아니고 다른 인지능력과 함께 발달한다는 Chomsky의 견해와는 다르다.

그러나 Chomsky 언어 이론의 전통에서 그러한 작용은 습득의 과도 단계 특성들을 전적으로 채널역량의 결과물로 치부한다고 주장한다면 잘못된 것이다. 그것들은 부분적으로는 언어능력 그 자체에 의하여 결정된다고 주장한다. 예를 들면 White(1981)는 유표가 비교적 적은 문법이 정교한 유발 경험을 거의 필요로 하지 않기 때문에 유표가 많은 문법보다 습득하기 훨씬 쉬운 것이라고 주장한다. 바꾸어 말하자면 어린아이가 주변적인 특성을 형성하는 유표 규칙보다는 모국어의 핵심 문법과 맞는 무표 규칙을 습득하기 쉽다는 점을 알게 된다. 이것은 무표 규칙은 어린아이에게 즉시 이용 가능한 것으로 여겨지고, 유표 규칙은 입력으로부터 더 많고 다양한 긍정적인 증거를 필요로 하기 때문이다. Cook(1985)은 다음과 같은 방식으로 유표 이론을 습득과 연관시킨다.

…어린아이는 그것과 적합하지 않은 유표 규칙보다는 보편 문법에 부합하는 무표

규칙을 배우기를 더 선호한다. …핵심 문법과 주변 문법은 어린아이의 마음속에 그 비중을 달리한다.

이어서 Cook은 아마도 핵심 학습과 주변 학습 등 두 가지 타입의 학습이 있지 않겠느냐고 제안하고 있다. 전자는 보편 문법의 원리와 일치할 때 일어난다. 후자는 다른 정신능력과 관련이 있고, 보편 문법 원리가 완화될 때 발생한다.

성숙 진행과정이 '발달' 간섭현상과 관련되기 때문에, 비록 학습 결과가 전적으로 유표라는 척도를 따르지 않는다 해도, 적어도 몇 가지 잠정적 특성들은 유표 이론으로 설명될 수 있다고 기대해 볼 수 있다. White(1981)는 유표의 정도를 인식함으로써 습득 순서를 예측할 수 있다고 지적한다. 그 보기로서 그녀는 아래와 같이 C. Chomsky(1969)가 조사한 많은 문장들을 고찰한다:

5. John told Bill to leave.
6. John promised Bill to leave.
7. John asked Bill to leave.
8. John asked Bill what to do.

이들 문장들은 최단거리 추구 원리로 논의된다.[2] 이것은 부정사 보어의 주어가 부정사의 바로 왼쪽에 명사구를 위치시킨다는 것이다. 이 원리와 부합하는 것으로 (5)에서 (8)까지의 문장에서 부정사의 주어가 각각 'Bill'이 되어야 한다. 사실 이 원리는 (5)와 (7)에 해당한다. (6)과 (8)에서 부정사의 주어는 명사구 'John'이다. 유표이론은 (5)와 (7)이 (6)과 (8) 이전에 습득될 것이라고 예측하며, 그것들이 보편 문법의 원리와 일치하기 때문이다. Chomsky의 연구는 이것이 바로 그런 경우임을 잘 보여주고 있다.

유표 측정과 관련된 것은 또 다른 흥미로운 가능성을 제시해 주는 것이다. 하나의 보편 문법 규칙의 습득은 그 규칙에 내포된 또 다른 규칙을 자동적으로 습득할 수 있는 자동습득의 '기폭제' 역할을 할 것이다. 예를 들면, 만일 어린아이가 목표 언어의 어순이 동사-주어-목적어라는 사실을 발견하면 그 언어가 전치사를 가질 것

2. 최단거리 추구 원리(Minimal Distance Principle)의 효과도 Chomsky의 연구에서와 같은 문장을 이용해서 제2언어 습득에서도 조사되어왔다. Cook(1973), d'Anglejan 그리고 Tucker(1975)는 성인 제2언어 학습자들도 일치하는 문장 다음에 그 원리를 어기는 문장들을 습득할 수 있다.

이라는 사실도 '알게' 될 것임을 상상해 볼 수 있다. Zoble(1983c, 1984)은 '언어 습득 장치' 속에 이와 같은 기폭제 효과가 있다는 생각에 전적으로 동의했다. 그는 이것이 두 가지 구성요소로 이루어졌다고 주장했다. 즉 첫째, 자연언어라면 어느 언어든지 생물학적으로 이와 같은 구속력을 갖고 있다(즉, 보편 문법). 둘째, 일단 하나의 집단이나 계층구조상에 암시적인 규칙을 활성화시키는 기폭제 역할을 습득하고 나면 다른 것은 잘 받아들이지 않는 **투사 장치**가 있다.

Zoble이 말하는 투사 장치의 일부분도 입력에 근거하여 새로운 규칙을 계산해 내는 능력이라고 볼 수 있다. 이것은 비록 입력이 의문시되는 규칙에 아무런 본보기나 예를 제공하지 못하고, 새로운 규칙은 또 다른 것에 의하여 실제적으로 암시되지 않는다 할지라도 말이다. Zoble은 전반적인 학습 진행과정이 모든 목표 언어 규 규칙의 원천으로써의 입력에만 의존한다면 시간이 너무 오래 걸리기 때문에 어린아이는 스스로 투사 역량을 갖고 있다는 것이다. Zoble의 무표 규칙에 관한 정의는 그것이 입력에 직접적으로 상징처럼 나타나지 않고 습득능력으로 유도될 수 있는 규칙들이라는 것이다. 반대로 유표 규칙은 어린아이 문법에 고정되기 이전에 데이터를 필요로 하는 것이다.

Zoble은 주로 제2언어 습득에 관심을 가졌지만 모국어 습득을 그의 연구의 출발점으로 삼았던 것이 매우 중요하다고 생각했다. 모국어 습득에서 언어 보편성에 대한 수많은 주장들은 습득 유형 전반에 걸쳐서 사실로 드러날 것이다. 그러므로 제2언어 습득에서 보편성의 역할을 고려해 보는 유익한 출발점은 모국어 습득에 관하여 연구하면서 야기되었던 다양한 관점들을 아래와 같이 목록으로 제시해 보는 일 일 것이다.

1. 문법구축은 어린아이가 선택해야만 하는 선택, 즉 천부적 원리에 구속되는 가설형성을 통제하는 보편 문법의 작동에 의하여 제한을 받는다.
2. 발달순서의 규칙성은 보편 문법 및 채널 역량 등 두 가지로 설명될 수 있다. 다만 '발달'(실제 진척사항)과 '습득'(보편문법의 결과로 나온 이상화된 학습) 간에 구분은 있을 수 있다.
3. 보편 문법은 Felix(1984)가 제안한 바와 같이 성숙 계획에 따라 전개 되거나 또는 White(1981)가 제안한 바와 같이 어린아이가 각기 다른 발달단계에서 인지할 수 있는 데이터에 따라 조금씩 활성화될 수 있다.
4. 어린아이들의 유표 규칙에 앞서서 우선 먼저 무표 규칙을 배울 수 있을 것이

다. 즉 주변문법보다는 먼저 핵심 문법을 배우게 될 것이다.

5. 어린아이는 투사적 능력을 갖고 있다. 이는 하나의 규칙이 암암리에 연결된 또 다른 규칙과 연결 또는 분리시킬 수 있으며 또한 입력에 의하여 그에 대한 아무런 직접적인 증거가 공급되지 않을 때도 규칙을 습득할 수 있게 되는 것이다.

언어적 보편성과 제2언어 습득

Chomsky는 거의 모든 것을 어린아이의 관점에서 습득의 논리적 문제를 논의했다. 그러나 언어 습득 장치가 연령과 함께 수축된다고 볼 아무런 이유가 없다. 보편 문법이 몇 가지 면에서 모국어 습득 진행과정상 '고갈된다'는 사실을 믿게끔 보여줄 수 있다면 우리는 보편 가설을 어린아이에게로 국한시킬 수 있을 것이다. 그런데 지금까지 나타난 증거들로 볼 때 언어 습득에 관한 결정적 시기 가설은 바람직하다고 볼 수 없음을 알 수 있다(제5장 참조). 어린아이들만큼은 안 된다 치더라고 어른의 경우도 습득이 잘 이루어지고 있는 것 같으며, 더욱 중요한 것은 성인들도 제2언어 습득에서 어린아이들과 비슷한 발달경로를 보여주고 있다는 점이다. 그러므로 보편 문법의 원리는 성인에게도 여전히 효용성이 있고, 제2언어 습득과도 밀접한 관계가 있다. 그래서 Wode(1984)는 학습능력이란 말도 개념을 새로 정리하여 연령, 습득유형 및 습득상황에 구애받지 않도록 해야 한다고 주장했다. '언어학습에는 단 한 개의 메커니즘'이 있다고 보아야 할 것이다.

제2언어 습득에서 언어적 보편성의 역할은 모국어보다 훨씬 더 복잡하다. 이것은 제2언어 습득에 목표 언어와 학습자의 모국어 등 두 가지 언어가 내포되어 있기 때문이다. 그러므로 제2언어 학습자들을 제2언어 습득의 과업을 위하여 두 가지 유형의 언어지식, 즉 언어적 보편성과 모국어의 구체적인 문법 등을 필요로 한다. 뿐만 아니라 자기 모국어의 어떤 규칙이 핵심 문법에 속하고, 어떤 문법이 주변 문법에 속하는지 알아야 할 것이다. 그러므로 상호관련이 있는 두 가지 질문을 해볼 수 있는 가능성이 있다. 즉 첫째, 제2언어 학습자가 언어 보편성에 관한 지식을 무엇에 이용하는가? 둘째, 제2언어 학습자가 모국어 지식을 사용할 때 핵심 문법과 주변 문법의 구분이 무슨 소용이 있는가? 이들 두 질문은 각각 별개로 분류하여 고찰해 보기로 한다.

중간언어 발달에서의 언어적 보편성

본 장의 목적은 언어적 보편성이 중간언어 발달에 어떻게 그리고 어느 정도로 기여하는가를 고찰하는 것이다. 그러기 위하여 우선 많은 이론적 문제점을 고찰하고, 이어서 많은 실험연구들을 검토하기로 한다.

첫 번째 이론적 문제점은 제2언어 습득에서의 언어적 보편성과 채널 역량 간의 관계에 관한 것이다. Chomsky가 보편문법은 모국어 습득에서의 채널 역량에 원인이 있는 기타 많은 능력들과 상호작용을 한다고 주장했던 점을 상기해보자. 그러나 제2언어 습득에서는 학습자가 어린아이의 경우와 마찬가지로 성숙의 제약을 받는 것인지는 분명치 않다. Gass와 Ard(1980)는 인지발달과 지각발달이 어린아이의 언어능력에 영향을 미치지만, 성인의 제2언어 학습에도 똑같이 적용되는 것은 아니라고 다음과 같이 주장했다.

> …모국어 습득에서의 유형이 제2언어 습득에 있는 유형들보다 언어 외적인 요인들에 의해 훨씬 더 수정될 수 있다(1980; 445).

그러므로 제2언어 습득은 순수형태에서 보편 문법을 반영하는 범위 내에서 '습득빼기 성숙도'라고 그 특성을 규명해 볼 수 있다(Cook 1985). 제2언어 습득의 자연스런 순서는 모국어 습득의 자연스런 순서보다 진정한 '습득' 순서에 더 가까울지도 모른다. 두 순서 간에 의미 있는 상관관계의 결여는 모국어의 습득의 성숙요인에 대한 방해효과의 결과로 설명될 수 있다.

그러나 인지 진행과정이 제2언어 습득에 포함되지 않는다는 가정은 정당화될 수 없을 것이다. 채널 역량은 여전히 제2언어 습득의 일정한 범위 내에서 일부분으로 그 기능을 발휘하는 것 같다. 예를 들면 비록 제2언어 학습자들이 제2언어 습득의 초기부터 상당히 긴 발화를 옳게 발화할 능력이 있음을 보여준다고 해도, 그들은 의미 단순화(Ellis 1982a, 7장 참조), 특히 자연스러운 대화에서 의미 단순화를 택하는 수가 많은 것 같다. 두 가지 형태의 학습자 발화는 전치사와 서법동사의 삭제 같은 전신약어가 되는 것이다. Cook(1975)은 발화 처리 메모리는 모국어 습득 시 관계절에서처럼 제2언어 습득에서도 작용하는데, 일반 언어원리들은 학습자가 일정한 발달시점에 도달했을 때만 적용된다. Cook(1985)은 이 점에 관하여 다음과 같이 지적하고 있다.

> 방법론적 문제는 인지 진행과정이 제2언어로 재편될 필요가 있으며 또한 전이되었는지를 발견하고 있다.

이 문제를 어떻게 해결될 수 있는지 현재로선 분명치 않다.

두 번째 이론적 쟁점은 가설 검증과 관련이 있다. 제3장과 7장에서 가설 검증은 중간언어 발달의 중심 진행과정 중의 하나로 보았다. 그러나 Cook(1985)가 지적한 바와 같이 이런 관점은 보편 가설에 의하여 도전을 받고 있다. 제2언어 습득의 가설 검증에 반대하는 논리는 모국어 습득에서와 꼭 같다. 자연스런 환경에서 학습자는 부정적인 피드백을 접하지 않는 것 같기 때문에 가용한 데이터로부터 유도해낼 수 도 있는 어떤 가설들과 불일치될 수는 없을 것이다. 교실수업 환경에서만큼은 부정적인 피드백이 충분히 일어나고 있기 때문에 이런 경우 그것이 오류가 되거나 일관성이 없을 수 있다(Allwright 1975; Long 1977 참조). 그러나 비록 부정적인 피드백이 있다 해도 습득에 영향을 주지 않는다고 주장한다면 제2언어 습득 경로는 교실수업 환경에서나 자연스런 환경에서나 동일하게 나타날 수 있다(9장 참조). Cook의 결론은 제2언어 습득에서 가설 검증은 학습자가 보편 문법에 의하여 설정된 매개변항을 고정시킬 수 있는 긍정적인 증거를 사용한다는 의미에서만 받아들일 수 있다는 것이다.

실험적 연구들은 중간언어 발달에 보편성의 효과와 관련된 세 가지 가설을 검증해 왔다. 이들 세 가지는 다음과 같이 요약할 수 있다.

1. 다른 자연스런 언어와 마찬가지로 중간언어는 언어적 보편성에 의하여 야기된 조건에 따라 변할 수 있다.
2. 암시적 보편성은 제2언어 특성이 중간언어에 나타날 대 그 순서를 예측하기 위하여 이용할 수 있다.
3. 제2언어 학습자들은 목표언어를 배울 때 유표특성보다 무표특성을 먼저 배운다.

그러나 언어적 보편성이 중간언어에 어떻게 영향을 미치는가에 대한 연구가 그동안 매우 적었다는 점에 우선 주목할 필요가 있다. 그러므로 연구결과를 신중하게 다루어야 한다.

표 8.2 영어 등위절에서의 생략의 유형

생략/삭제의 유형	예문
1. 등위절에서 주어 생략	John sang a song and played a guitar.
2. 등위절에서 동사 생략	John plays the piano and Mary the violin.
3. 주절에서 목적어 생략	John typed and Mary mailed the letter.

Schmidt(1980)는 중간언어가 언어 보편성에 구속을 받는지 여부에 대하여 연구를 시작했다. 그녀는 다섯 가지의 각기 다른 모국어 배경의 제2언어 학습자들이 영어에서 등위 구조의 요소들을 어떻게 삭제했는지를 살펴보았다. 영어에서 삭제의 기본적인 유형은 아래의 표 8.2에 나타난 바와 같다. 데이터 수집은 네 가지 각기 다른 과업을 사용했다. 학습자의 어떤 발화도 부자연스런 생략모형을 보인 것은 없었다(즉 이 지구상의 언어에서 발견되지 않는 것). 그 중에서 가장 어려운 생략형은 아래 그림 (3)이었다. Schmidt는 이것은 목적어 생략이 주어생략이나 동사생략보다 유표가 더 많았기 때문이라는 주장이다. 자연스런 언어가 주절에서 주어나 동사생략을 허용하지 않지만, 자연스런 언어는 종속절의 목적어 생략을 하는 다른 언어(예를 들면, 중국어)에서와 마찬가지로 영어의 경우는 주절의 목적어 생략이 나타나는지 알아내야만 한다. 그리고 학습자가 그런 것을 알아낼 때까지는 더 많은 오류를 범할 수 있음을 예상해야 한다. Schmidt의 연구는 위에 언급한 제1, 제3의 가설에 맞는 증거를 제시해 주고 있다. 즉 중간언어는 보편성에 구속을 받으며 유표가 더 많은 모형이 그렇지 않은 것보다 배우기가 더 어렵다는 사실을 알 수 있다.

Gass(1979)는 성인 제2언어 학습자로서 영어를 배우는 사람들의 관계사절 습득을 조사했다. 그녀는 관계대명사의 정확성 순위를 Comrie와 Keenan(1979)의 접근성 계층을 비교해보고, 이들 간에 밀접한 상관관계가 있다고 여겼다. 즉 관계사화하기 위한 가장 용이한 위치는 주어이고, 그 다음이 목적어 등의 순서이었다. 단 한 가지 예외는 계층구조상 그 위치에 의하여 예측이 보다 쉽다는 사실이 증명된 소유격이었다. Gass는 이것은 'whose'가 가장 눈에 띄는 대명사이기 때문이거나 'whose+명사'가 감지되어 하나의 단위로 사용되기 때문일 것이라고 주장한다. Gass의 연구는 두 번째 가설을 지지하고 있다. 규칙의 암시적 순서는 관계대명사 기능의 정확한 순서(그리고 아마도 습득)를 예측한다.[3]

3. Kellerman(1984)은 관계절의 다양한 현상들을 조사 연구했던 Gass의 연구를 포함해서 수많은 연구에 대하여 훌륭한 검토를 했다. 그래서 그는 접근성 계층이 제2언어 습득의 관계대명사 기능의 빈도를 예측할 수 있는

계층구조상 아래로 내려가는 하나의 특성 습득이 다른 특성 습득으로 상승하는 기폭제가 될 수 있는지를 알아보는 것은 참으로 흥미로운 일일 것이다. Gass의 연구는 이 문제에 관하여 아무런 언급을 하지 않고 있다. 그러나 Gass(1982)는 이 가능성을 알아보기 위한 실험적인 연구를 실시했다. 그래서 그는 학생들에게 관계대명사 계층구조상 비교적 어려운 것을 가르치고 학생들이 어려운 것을 배우고 그 지식을 더 쉬운 것에도 일반화시킬 수 있는지 시험해 보았다. 시험결과는 '그렇다'라고 나왔다. 그러나 또 다른 실험집단에서는 그렇지가 못했다. Gass의 연구는 비록 난이도 순서의 변경이 가능하지 않다고 해도, 그 정도는 '피할' 수 있을 것이라고 주장한다. 그러나 이와 같은 가설이 인정받기까지는 아직 더 많은 연구를 필요로 한다. 이런 연구들은 암시적인 **계층구조**와 습득간의 관계뿐만 아니라 하나의 암시적인 **집단**과 습득 간의 관계도 조사해 보아야 한다. 이상적으로는 이러한 연구들은 정확도/난이도 순서가 습득순서와 동일한지 여부의 문제를 배제하기 위하여 종적연구도 또한 수반되어야 한다.

유표척도가 제2언어 습득의 발달순서를 예측할 수 있는지 여부를 조사했던 몇몇 연구가 있었다. Rutherford(1982)와 Gass(1984)는 이런 점들을 수없이 검토했다. 저자는 그 동안 진행된 그런 종류의 연구와 이들 연구가 주장하는 바를 몇 가지 선택하여 소개하고자 한다.

Wode(1984)는 다음과 같은 그의 주장을 정당화하고자 제2언어 부정문의 습득을 인용하고 있다.

> 발달 연속은 구조의 내적 복잡성 또는 배워야 할 구조적 체계 그리고 더 나아가서 유표의 정도 등을 반영하는 것 같다. 무표 품사 또는 유표가 비교적 낮은 품사는 비교적 초기에 배우고 유표품사는 나중에 배우는 것 같다.

Wode는 주어+부정어+동사구(즉 부정어가 동사 앞에 위치함) 모형이 무표 부정어 유형 또는 유표의 정도가 매우 낮은 것들이라고 주장한다. 이와 같은 주장의 주요 배경은 동사 앞에 부정어가 위치하는 유형은 가장 빈도수가 높고 지역적으로도 가장 광범하게 펼쳐져 있다(부정어의 보편적 속성을 설명하고 있는 Dahl, 1979 참조). Wode는 부정어가 동사 앞에 위치하는 것은 제2언어가 영어이고 모국어가 독일어인 예와 같이 그것이 목표 언어든 모국어든 현재 나타나지 않았다 하더라고

좋은 가늠자라고 결론을 내렸다.

발달 순서에 나타난다는 것이다. 그러므로 주어+부정어+동사구와 같은 확고한 유형적 보편성은 언어의 형식적 특성과는 상관없이 제2언어 습득에 나타날 수도 있다.[4]

Rutherford(1982)는 유표 요인들이 제2언어 습득에 어떻게 영향을 미치는가에 대한 재미있는 실례를 들고 있다. 그는 다음과 같이 Burt와 Dulay(1980)가 보고한 WH-의문문의 습득순서가 유표 이론으로 설명될 수 있음을 보여주고 있다.

9. What's that?
10. What are those?
11. I don't know what those are.
12. I don't know what this is.

즉 단순 질문인 (9)와 (10)은 내포문인 (11), (12)와 비교하여 무표문장으로 볼 수 있고, 따라서 먼저 학습된다. 단수인 (9)가 복수인 (10)과 비교하여 무표이고, 따라서 먼저 학습된다. 그러나 (12)와 같은 복수 내포문은 (13)과 같은 단수 내포문보다 먼저 학습되는데 그 이유는 단순 의문문의 어순 도치규칙에 대한 '학습해소'가 마지막에 학습되는(복수) 의문문 형식으로 먼저 발생하기 때문이다.

제2언어 의미론의 습득에서 유표의 효과를 보여주는 몇 가지 흥미로운 연구도 있다. 그 중 가장 잘 알려진 것은 Kellerman(1979)이다. 이 연구는 문장 내에서 핵심적 의미의 내용범위가 어디까지인지 다음과 같이 조사하고 있다.

13. I broke the glass.
14. The bookcase broke by falling.

Kellerman은 모국어 배경이 각기 다른 학습자들이 (13)을 (14)보다 더 쉽게 받아들일 만한 것으로 판단했다고 여겼다. 그는 (13)이 'break'의 핵심의미를 반영하고 있기 때문에 비교적 기본형이라고 볼 수 있다고 주장한다. Gass와 Ard(1984)도 다음과 같은 예문으로 연구한 결과 이와 유사한 결론에 도달했다.

4. 'no+동사' 단계도 다른 방식으로 예를 들면 수직구조로 설명될 수 있다. 동일한 중간언어 현상에 대하여 경쟁적으로 설명하는 문제점은 결론 부분에서 다룰 것이다.

15. I am driving a car now.
16. I an flying to New York tomorrow.

여기서 (15)는 진행형의 핵심 기능을 보여주고 있으며, (16)은 훨씬 더 주변적인 기능을 보여주는 예이다. 학습자들은 다시 한 번 (15)와 같은 문장을 (16)문장보다 더 쉽게 받아들일 수 있는 것으로 판단했다.[5]

이들 모두 연구들은 언어 보편성이 제2언어 문법형성 방법에 영향을 받음을 보여준다. 보편성이 중간언어에 구속력을 발휘한다는 증거가 있는데, 이는 습득이 특성들의 계층 구조적 순서를 따르고, 무표 또는 덜 유표적인 자질들이 유표 또는 더 유표적인 특성들보다 먼저 습득됨을 증명해주는 것이다. 그러나 아직은 유용한 연구가 부족하고 또한 이론적으로도 문제가 많기 때문에 이 정도로 최종 결론을 내리기에는 아직 시기상조라고 볼 수 있다(본 장의 마지막 장에서 논의된). 게다가 이것은 너무나 단순해서 언어적 보편성과 제2언어 습득 간에 상관관계가 있다고 곧바로 단언할 수가 없다. Gass(1984)가 지적한 바와 같이 우리는 언어적 보편성의 효과가 획일적이라고 간주해서도 안 될 것이다. 그녀는 다음과 같이 언급하고 있다.

> …절대적인 제약과 전반적 모양 형성 요인을 구분할 필요가 있을 것이다.

그러나 그와 같은 구분이 어떻게 이끌려 나오는 것인지는 아직 명확하지 않다.

언어적 보편성과 모국어 전이

유표 이론은 대조분석가설(제2장 참조)의 몇 가지 문제점을 해결할 수 있는 기반을 제공한다. 다른 차이는 그렇지 않은데 왜 모국어와 목표 언어 간의 차이는 언어학습의 어려움을 낳게 하는지 그 이유를 설명하는데 도움이 될 수 있다.

5. 어휘적 또는 문법적 의미는 유형론적으로 결정되는 방법을 알아보기가 매우 어렵기 때문에 이들의 유표관계를 알아보기도 상당히 어렵다. Kellerman, Gass, Ard 등이 호소하는 '핵심'의 의미는 언어와 언어 사이에서 결정되는 것 같다. 즉 하나의 언어에서 두 가지 의미가 하나의 의미와 연결될 때 하나는 '핵심'이고 또 다른 것은 '주변적'인 것이 된다. 그러나 어느 것이 '핵심'이고 어느 것이 '주변적'인 것인지 그 증거가 무엇이란 말인가? 만일 그 증거가 제2언어 학습자의 언어행위라면 순환논리의 모순에 빠지게 된다. '핵심'이란 말의 의미는 첫 번째로 배운 것을 말하지만, 유표의 개념은 학습순서를 설명할 때 사용된다.

표 8.3은 유표 이론과 모국어 전이 간의 관계에 관하여 일반적으로 행해져왔던 다양한 주장들을 요약하고 있다(Hyltenstam 1982b).[6] 기본 가정은 비록 제2언어가 유표 환경의 증거를 제공(4의 경우에서처럼)할지라도, 매개변항의 무표 환경은 유표 환경 이전의 중간언어에서 나타날 것이다. 그러므로 모국어가 유표 환경(즉 표 8.3의 3번과 4번)일 경우, 모국어에서 목표 언어로 아무런 전이도 일어나지 않을 것이라고 예측해 볼 수 있다. 가장 전이가 분명한 경우는 아래 표의 2번이다. 여기서는 모국어가 무표 환경이고, 목표 언어는 유표 환경이다. 그러나 초기 중간언어에 무표 환경의 존재는 아래 표 4개 항 모두에서 무표 환경이 나타날 것이라고 예측되기 때문에 전이의 결과일 필요가 없다. 바꾸어 말하자면 무표 환경은 만일 학습자가 보편문법을 따르고 있다면 일어날 수 있는 것으로 기대할 수 있다. 그러나 아래에서 주장하는 바와 같이 적어도 전이효과가 2번에서 나타날 수 있는 경우가 있다.

표 8.3 유표이론과 제2언어 전이

	모국어(모국어)	목표 언어(제2언어)	중간언어
1	무표	무표	무표
2	무표	유표	무표
3	유표	무표	무표
4	유표	유표	무표

다음 항은 두 가지 주장을 상세하게 검토할 것이다: (1) 무표 모국어 유형이 중간언어로 전이되며, 그리고 (2) 유표 모국어 유형이 중간언어로 전이되지 않는 등 두 가지 주장에 대하여 상세히 고찰해 보고자 한다.

모국어 무표 유형의 전이

Zobl(1983c, 1984)은 전이가 단지 하나의 '보조적 평가수단'으로 전이된다고 주장한다. 즉 투사장치(이것이 제1차 평가 수단을 형성할 경우)가 문법의 특수한 매개변항을 만들 수 없거나 어려움을 발견하게 될 때, 이것이 대신 들어서게 된다. 다른

6. 유표이론과 모국어 전이와의 관계에 대한 Hyltenstam의 요약은 유표와 무표를 반대개념으로 본 이분법적 분류법에 기초를 두고 있음을 주목해야 한다. 그러나 유표성이란 것이 하나의 연속체라고 볼 때 유표, 무표의 이분법보다는 유표의 정도가 '좀더 많은가', '좀 덜한가'로 구분하는 것이 더 정확할 것 같다.

방식으로 표현하자면 학습자는 제2언어 규칙이 애매할 경우 자신의 모국어 지식에 의존한다. Zobl은 애매성이 일어나는 데는 두 가지 방법이 있다고 기술하고 있다. 첫째는 제2언어가 유형상 일정하지 않을 경우이다. 이런 경우 규칙간의 정상적(즉, 보편성) 암시관계는 학습자가 '보편적' 암시모형이 제2언어 데이터에 의하여 잘못이 지적될 것이라는 기대를 하게 되는 투사의 결과 때문에 제2언어에 나타나지 않는다. 학습자는 이런 문제를 자기의 모국어 특히 이에 상응하는 모국어 규칙이 무표일 경우 즉각 모국어로 돌아가 문제를 해결한다. Zobl이 설명하는 애매성의 두 번째 이유는 유형적 비결정성이다. 이것은 특정 매개변항의 설정이 이질적일 때 나타난다. 매개변항 설정은 언어에 따라 매우 다양하므로 설정의 가능성은 상당히 많다. 한 가지 예로는 언어에 따라 그 위치가 매우 다양한 부사의 위치를 들 수 있다. 다시 학습자는 학습 가능성의 문제를 해결하기 위하여 자신의 모국어 데이터를 다시 골라낼 것이다. Zobl의 경우 모국어의 영향은 보편성이 없거나 경향성이 매우 낮은 경우의 주변적 규칙으로밖에 볼 수 없게 된다.

모국어를 보조적 평가수단으로 보는 것은 제2언어 습득에 전이되는 역할을 매우 협소하게 보는 입장이다. 전이는 모국어 구조가 무표일 때 나타날 수 있지만, Zobl의 이론도 유표형 전이를 허용한다. 즉 어떤 특정의 제2언어 규칙이 애매하다면(즉 유표), 학습자의 투사장치를 수단으로 쉽게 유도되어 나올 수 없고, 학습자는 자신의 모국어로 회귀하며, 학습자 자신의 학습 가능성 문제를 해결하기 위하여 심지어 유표 규칙을 전이할 준비를 할 수도 있다. 전이가 발생할 전제조건은 모국어가 아니고 제2언어가 유표구조를 갖느냐 하는 것이다.

그러나 Eckman(1977)은 전이효과가 모국어 설정이 무표이고 제2언어 설정이 유표(즉, 그림 8.3의 (2)번)일 때 가장 많이 나타난다는 증거를 찾을 수 있다고 주장한다. 그는 소위 말하는 유표성 차이 가설을 개발해냈다. 이것은 목표 언어의 상당히 어려울 것 같은 부분들은 모국어와 그리고 모국어보다 유표의 정도가 상대적으로 높은 것과 다른 분야들이다. 그는 이것을 영어와 독일어의 /t/와 /d/ 등 대조적인 음의 쌍들의 분포를 예로 들고 있다. 영어의 경우 이들 대조는 첫음(예를 들면, tin－din). 중간 음(예를 들면, betting－bedding), 끝음(예를 들면, bet－bed) 등에서 관찰될 수 있다. 독일어의 경우 이런 현상이 첫 음과 중간 음에서만 나타나지 끝 음에서는 찾아 볼 수 없다. 전통적인 대조분석은 이 대조에 관한 한 독일의 영어화자가 미국의 독일어화자보다 어려움이 클 것이라고 예측하게 된다. 그러나 Eckman은 실제로는 이와 반대라는 사실을 보여주었다. 이것은 음대조가 끝자리에서 유표되는 것으로 간주된다면 설명이 될 수 있다. 독일의 영어화자는(표 8.3의 (3)번) 끝 음에서 무표 형태를 완벽하게 이해하는데 아무런 어려움이 없겠지만 미국의 독일어화자(표 8.3의 (2)번)는 목표 언어의 유표적 대조를 이해하는데 곤란을 겪을 것이다.

무표 모국어 유형의 가정적인 전이에 관하여 고려해 볼 수 있는 또 다른 가능성이 있다. Kellerman(1984)은 모국어 모형이 제2언어 습득의 보편적 발달단계와 일치할 경우, 학습자는 모국어에 그와 같은 모형이 없는 학습자보다 그 단계를 훨씬 빨리 통과할 수 있다고 제안했다. 그는 제2언어로 영어를 배우는 스웨덴 사람은 스웨덴어에 이와 같은 모형이 없기 때문에 동사 앞에 부정어를 두는 단계를 이해하지 못하고 지나칠 수 있다고 주장한 Hammarberg(1979)의 말을 인용하고 있다. 그러므로 Kellerman이 주장하는 바와 같이 학습자는 자신의 모국어의 도움을 받아서 언어발달의 사다리를 '올라가는 것'으로 볼 수 있다. 그 반대도 가능성이 있다. 만일 모국어가 초기 발달 유형과 일치하는 자연스럽지 못한 모형을 갖고 있다면, 진보는 그 진도가 매우 늦을 것이다. 그와 같은 경우가 영어를 배우는 스페인인이 될텐데, 스페인어에는 동사 앞에 부정어를 놓는 구조이므로 여기서 더 이상 앞으로 발달하지 못 하고 있다.

모국어 유표형태의 비전이

비록 모국어 유표형태의 비전이가 결정적인 것은 아니지만 모국어 유표형태의 비전이를 주장하고 맞는다고 증거를 제시하는 경우가 있다. Kellerman(1979)은 학습자가 비록 결과적으로 오류가 나올 수 있다 할지라도, 의미가 원형과 거리가 멀다고 생각될 때 모국어와 제2언어 간에 일대일 대응을 회피하려는 경향이 있다고 주장한다. 앞에서 보았던 동사 'break'의 의미론에 관한 그의 작업은 좋은 예를 제공한다. 네덜란드어와 영어는 동사 'break'의 타동사와 자동사적 사용을 모두 공유하고 있다. 제2언어로서 영어를 배우는 네덜란드인은 언어발달 초기단계에서 이 동사의 자동사 및 타동사적 용법을 모두 받아들이고 있다. 이것은 네덜란드어로부터 전이되었거나 제2언어 데이터에 이런 종류의 사용증거에 부합하기 때문일 것이다. 그러나 나중에 그들은 동사 'break'의 유표, 무표적 사용 둘 다를 또다시 받아들이게 된다. 이것은 언어발달이 진행되면서 저-고-저로 오류확률이 변화해가는 현상을 보이는데, 이를 Kellerman은 'U자형 행동'이라고 명명했다. 이 연구는 학습자들이 처음부터 유표, 무표 특성 둘 다를 전이시킬 수 있음을 보여준다. 한편 고급단계의 중간언어에서는 그들이 유표 특성의 전이는 거부한다. 그러므로 모국어의 주변적 특성의 수용 또는 거부는 발달요인에 따라 그 양상이 달라진다고 볼 수 있다.

모국어 전이 면에서 유표형태의 회피를 볼 수 있는 비교적 애매성이 적은 증거는 Zobl(1984)에 의하여 제시되고 있다. 그는 모국어 불어/제2언어 영어학습자의 'How many…' 구문의 사용을 조사했다. 불어는 'combien'에 의하여 수식되는 명사구의 추출을 다음과 같이 허용한다.

Combien voulez-vous d' oranges?
Combien d' oranges voules-vous?

그런데 영어의 경우는 그렇지 않다.

*How many do you want oranges?
How many oranges do you want?

Zobl은 추출이 없는 형이 무표이고, 추출이 있는 것이 유표라고 주장한다. 영어를 배우는 초급단계의 프랑스 학습자 집단은 추출이 없는 형태의 영어를 강하게 선호하고 있음을 보여 주었다. 바꾸어 말하자면, 그들은 유표의 모국어 규칙을 전이시킬 가능성에 대하여 강하게 잘 견뎠던 것이다.

그러나 이에 못지않게 여기에 반하는 증거도 있다. Liceras(1983)는 제2언어로 스페인어를 배우는 영국 학습자들이 발하는 전치사 고정(예를 들면, Who did John give the book to?)에 관하여 연구했다. 비록 영어에서도 전치사 고정이 있을 수 있기는 하지만, 이것이 스페인어에는 없는 것이다. Liceras는 영어를 말하는 실험대상의 43%가 초급단계에서 스페인어에 고정현상을 받아들였다(즉 모국어의 유표형태를 전이시킬 준비가 되어 있었다). 그러다가 중급, 고급단계가 되면 서서히 유표구조의 문장은 거부되었다.

유표형의 비전이 증거는 뒤섞여 있다. White(1984)는 학습자가 제2언어를 배울 때, 모국어에 있는 '불안정한' 유표 매개변항에서 어려움을 겪게 될 것이라고 강하게 주장했다. 그녀는 학습자가 모국어로부터 제2언어로 유표구조를 이끌어 온다고 주장했다. 그뿐만 아니라 중간언어에 일단 모국어 형태가 형성된 다음엔 화석화 현상 때문에 이를 떼어내기가 어렵다는 것이다.

모국어 내에 동일한 매개변항의 무표 세팅과 유표 세팅 둘 다가 있는 경우가 종종 있다. 불어에 있는 'Combien' 추출이 바로 그것이다. Kellerman(1979)은 이와 같은 경우가 바로 가장 명확한 모국어 구조가 될 것이며 따라서 전이될 최소 유표일 것이라고 제안하고 있다. Zobl의 연구는 바로 이것을 해석한 예라고 볼 수 있다. 한편 Kellerman은 아래와 같이 좀 다른 예를 들고 있다.

17. He claims that he knows it.
18. He claims to know it.

(17)은 (18)보다는 더 많은 문법정보를 보유하고 있기 때문에 훨씬 더 명사적이다(즉. 주어가 있고 동사가 시제를 나타내고 있다). 영어가 모국어인 제2언어 학습자는 (17)과 (18) 중에선 (17)을 더 전이시키는 경향이 있다. 이것은 제2언어가 유표구조만 갖고 있을 경우에도 나타날 수 있다.

결론적으로 말해서, 유표 이론은 제2언어 습득에서의 전이의 역할에 관하여 흥미롭고 환영할 만한 가설을 많이 제시하고 있지만, 현재로선 언어학적 관점에서 본다면 모국어와 제2언어 특성 간의 상호작용의 정확한 본질이 무엇인지 학자 간 의견일치가 없는 상태이다. 다음에 열거하는 바와 같이 이 분야에 관해서 견해가 분분하지만 몇몇 증거가 발견될 수 있다면 하나의 대안이 될 수 있는 정도일 뿐이다.

1. 모국어에 상응하는 제2언어 형태가 보다 많은 유표가 있을 때 학습자들은 무표의 모국어 형태를 전이한다.
2. 모국어의 효과는 제2언어의 주변적 규칙이 관련되어 있을 경우 더 강하게 관찰될 것이다.
3. 일반적으로 유표형태는 중간언어에 전이되지 않는다. 특히 모국어가 무표형태 및 유표형태 등 두 가지를 다 보유하고 있을 경우 그렇다.
4. 유표형태는 제2언어 습득의 초기단계에서 전이될 수 있다.
5. 중간언어 보편성에 맞는 모국어의 모형은 상응 정도가 초기에 발생하느냐 또는 후기에 발생하는 발달 유형이냐에 따라 제2언어 습득을 가속시킬 수도 있고 지연시킬 수도 있다.

보편 가설의 몇 가지 문제점

제2언어 습득은 모국어, 제2언어와 관련된 순수 언어학적 요인에 의하여 — 적어도 부분적으로는 — 결정된다는 것은 육감적으로 보아도 맞는 것 같다. 보편 가설은 이런 요인들이 중간언어에서 어떻게 작동되는지를 설명하려는 시도라고 볼 수 있다. 언어 보편성(보편 문법적 관점에서 또는 유형적 보편성 관점에서 본)과 보편성이 있거나 보편적 성향이 강하게 보이는 특성이 배우기 쉽고, 또한 조기에 배울 수 있다는 제2언어 습득 사이에 어떤 관계가 있다는 것은 우선 전제된다.

그러나 지금까지 제2언어 습득에 언어적 보편성의 적용은 그다지 많지 않았다. 그러므로 보편 가설을 입증된 것으로 이해해서는 안 된다. 아직 이 점을 입증하려는 주장과 실험적 연구가 계속 진행되고 있는 것이 현실이다. 이제 저자의 주장과 견해로 지금까지 전개했던 내용들을 정리하면 다음과 같은 문제점들이 있다고 요약할 수 있다.

1. 언어적 보편성은 그것이 제2언어 습득의 결정인자로서 관련이 있다면 심리언어학적 타당성을 가진 것으로 볼 수 있다. 즉 언어 보편성은 인간의 마음이 작용하기 때문에 존재한다고 보아야 한다. 이것은 마음속에 천부적으로 인간이 갖고 있는 재능이라고 본 보편문법에 대한 Chomsky의 개념을 기저로 하고 있는 것이다. 언어 보편성을 천부성으로 설명할 때 따르는 문제점은 타당성면에서 이와 동일한 수준에 있을 수 있는 다른 이론적 설명을 모두 배타적으로 취급한다는 데 있다. 특히 Halliday(1978)에 의하여 제안된 매우 실용성이 높은 설명마저도 배제한다. 대부분 언어발달(Halliday는 언어 습득이란 용어보다 이 말을 더 좋아한다)은 사람 간에 얼굴을 맞대고 의사소통하는 방법학습의 결과물이라고 주장을 하는데 반해서, Halliday는 언어적 보편성을 언어 사용 유형의 한 가지 표시라고 보고 있다. 그렇다면 언어적 보편성을 이와 같이 보는 입장에서는 보편성을 천부적인 것으로 볼 필요가 없어지게 된다. 무엇이든 천부적인 것이라면 그것은 의사소통의 잠재력인 것이다.

   보편 문법은 의사소통으로서의 근본적인 기능으로부터 언어를 분리시킨다. Cook(1985)이 그것을 표현한 것처럼, Chomsky의 천부성 이론은 현실 세계에 대한 장벽을 만든다.

언어능력은 언어수행으로부터 분리되고, 문법적 능력은 화용적 능력과 분리되고, 습득은 발달과 분리되고, 핵심은 주변적인 것과 분리되고, 개개의 추상적인 것은 언어 사용과 분리된다.

수많은 제2언어 습득 연구 학자들은 이 '언어 사용과 분리된 추상적인 것'은 받아들이지 않는다.

2. 상기 (1)과 관련된 한 가지 문제는 '습득'과 '발달'의 구분 문제이다. 이 문제는 다음과 같이 두 가지 점을 짚고 넘어가야 한다. 첫째, 언어학습의 어느 측면이 언어능력에 예속되는 것인지, 어떤 측면들이 인지능력에 예속되는 것인지를 결정할 신뢰할 만한 수단이 없기 때문에 이들 둘을 어떻게 분리할 수 있는 것인지 분명치 않다. 둘째, 적어도 현재까지는 발달심리학자들의 연구로 볼 때 '발달'보다는 '습득'으로 보려는 것에 분명한 이유가 없는 것 같다. 만약 제2언어 습득을 기술하고 설명하려는 것이 목적이라면 종합적인 그림을 그려 보기 위해서도 결정인자를 **모두** 고려해 보는 것은 중요하다. 언어적 보편성을 조사하는데 제한을 두어야 할 것은 전체를 조망하는데 단 한 부분이라도 학자 간에 의견 일치를 볼 수 있는 이론을 제시해야 할 것이다.

3. Chomsky의 보편 문법 이론은 '자극의 빈곤'이라는 논거에 의존한다. 처음부터 Chomsky는 입력을 분리된 것으로 보고 따라서 한 언어의 매개변항 환경에 적절한 데이터베이스를 제공할 수 없는 것이라고 주장하고 있다. 이 주장은 실험을 통하여 입증된 것은 아니다(제6장 참조). 그러므로 최근에 Chomsky는 부정적 환류의 부재 때문에 데이터 위주의 가설은 언어 습득을 설명할 수 없다고 주장한다. 학습자는 자신이 잘못된 가설을 형성했음을 발견할 방법이 없다. 그러므로 Chomsky는 학습자가 부정적인 피드백을 필요로 하는 가설형성을 예방하기 위하여 어떤 가설이 형성될 수 있느냐에 대한 제약이 있어야 한다고 주장한다. 이와 같은 논리의 문제점은 학습자가 다음 예문과 같은 종류의 오류를 범하지 않는다는 가정이다.

*We explained the girl the answer.

이것은 실험적인 문제이지만 적어도 제2언어 학습자가 이런 오류를 발화할 개연성은 있다고 본다. 만일 학습자는 데이터 지원의 부재가 가설들이 사실일 것 같지 않다고 받아들인 이후에 가설들을 포기할 준비가 된다면, 학습자가 개연성에 의거하여 작동되는 장치를 갖게 함으로써 학습자가 혼자서 확실한 증거를 기초로 하여 부정확한 가설의 부당성을 증명한다는 것이(그리 경제적이지는 않지만) 또한 불가능할 것이다. 이 논의가 수용된다면 입력을 그렇게 무용지물로 처리할 필요가 없다.

4. Kellerman(1984)은 '유표에 대한 무신경한 태도'를 지적하고 있다 — 핵심 대 주변, 유표적 빈도, 복잡성, 단순성, 명시성 등 유표를 설명하기 위하여 여러 가지 기준들이 이용되었다. 동일한 현상들이 한 학자에 의하여 무표로, 그리고 또 다른 학자에 의해서는 유표로 분류되기도 하는 것은 아마도 크게 놀랄 만한 일은 아닐 것이다. 예를 들면 White(1984)는 삭제 문장 내에서 주어로 쓰이는 대명사의 생략을 유표형태로 보는데, Hyams(1983)는 무표형태로 보고 있다. 여기엔 순환논리의 위험성도 있다. 즉 하나의 무표 매개변항은 초기에 정착된 것이며, 초기에 정착된 매개변항은 무표라는 식의 순환논리에 빠지게 된다. 신뢰할 만하고 일반적으로 수용된 수단은 두 개 이상의 형태가 무표와 유표로 속은 다소간 유표를 가진 것으로 구축되어 가고 있음을 발견하게 될 때까지 유표성의 전체 구조는 여전히 더 많은 실험을 통하여 확인해 보아야 할 의문성을 갖고 있다고 보아야 할 것이다.

5. 끝으로 언급하지 않을 수 없는 문제는 방법론상의 문제이다. Chomsky는 **언어능력**을 기술, 설명하고 있다. 제2언어 습득 연구 학자들은 이따금씩 **언어수행**이 포함된 실험연구를 수행하고 있다(제1장 참조). 어떤 유형의 언어수행이 언어능력을 들여다 볼 수 있는 최고의 창문을 제공하는 것인지 의문이 생긴다. 앞에서 언급한 대부분의 연구는 문법성 판단에 기초를 두고 있다. 그러나 제4장에서 분명히 나타난 바와 같이, 이와 같은 경우의 오류 유형은 자연스런 발화시의 오류 유형과 분명히 다르게 나타났다. 따라서 결과는 언어수행 스타일의 차이 때문에 매우 혼란스럽고 일관성이 없는 것으로 나왔다. 그런데 언어능력 자체가 Tarone(1983)이 주장하는 바와 같이 이질적인 것이라면 이것이 문제가 되지는 않지만, Chomsky가 제안한 바와 같이 언어능력이 동질적인 것

이라면 여기엔 심각한 방법론상의 문제점이 있다.[7] 어떤 종류의 언어수행이 동질적인 언어능력을 가장 잘 반영하는 것인지가 분명치 않다.

이와 같이 수많은 비판들이 보편성 가설을 무력화시키지는 않는다. 이들 비판들은 현재 설명력이 매우 제한적이고, 실험적으로 그 보편 가설을 검증하는데 있어서 방법론적인 어려움을 지적하고 있다고 제시한다.

요약 및 결론

보편 가설은 다음과 같이 제2언어 습득 진행과정을 결정하는 언어적 보편성이 있다고 언급한다.

1. 언어적 보편성은 중간언어가 취하는 형식적 제약 위에 노출된다.
2. 학습자들은 언어적 보편성에 부합하는 모형이 그렇지 않은 것보다 쉽게 습득된다는 사실을 알게 된다.
3. 모국어가 언어적 보편성을 명백히 할 경우, 이것은 전이를 통한 중간언어 발달을 지원하는 경향이 있다.

언어적 보편성은 한 개의 언어를 놓고 심도 있는 연구를 해왔다. 이와 같이 전통적인 연구는 학습자가 형성할 수 있는 그런 종류의 가설을 규제하는, 그리고 천부적인 보편 문법이 있다고 주장한다. 언어적 보편성을 조사하는 또 다른 연구방법은 유형적 보편성을 발견하기 위하여 어족이 다른 언어에 속하는 많은 언어를 연구해 보는 방법이 있다.[8] 보편성에 대한 이론적 설명의 수많은 가능성은 화용적 설명을 포함해서 이런 전통적인 작업에 의하여 이루어지고 있다.

모국어와 제2언어 습득 둘 다 언어적 보편성의 효과는 그 동안 주로 유표 이론으로 연구되어 왔다. 이것은 일부 규칙들이 무표로 되거나 유표가 매우 약하고 다른 것들은 유표이거나 비교적 강하게 유표 된다는 말이다. 여러 가지 다양한 기준들은

7. 동질능력과 이질능력의 구분은 제4장에서 상세하게 다루었다.
8. 언어의 수평적 비교를 위해서 우리는 무엇이 보편성에 속하는지에 대하여 가설적 가정을 세워 볼 필요는 물론 있다.

하나의 규칙의 유표성을 결정하기 위하여 제안되어 왔다. Chomsky는 무표 규칙은 환경으로부터 아무것도 필요하지 않거나 또는 최소한의 '기폭제'를 요구하는 것이라고 주장한다. 유형적 보편성 또는 확고한 보편성향은 무표로 볼 수 있다. 언어 습득은 보다 어려운 유표자질보다는 보다 쉬운 무표 자질을 먼저 습득하면서 앞으로 발달해 나간다고 주장할 만한 몇 가지 증거가 있다. 제2언어 습득의 경우 제2언어 규칙들이 유표일 때 학습자는 자기의 모국어로 특히 자기 모국어에 이와 유사한 무표 규칙이 있을 경우에 모국어로 회귀한다고 주장할 만한 몇 가지 증거도 있다.

지금까지 보편 가설을 지지할 만한 증거들은 그렇게 결정적인 것들이 되지 못한다. 여전히 이론적, 방법론적 문제점이 남아 있는 것이다. 특히 가설은 화용적 설명을 깎아내리는 경향이 있고 중간언어의 타당성을 무시하는 경향도 있다.

더 읽을거리

제2언어 습득에서 보편 가설에 관한 책은 비교적 출판된 것이 미흡한 편이다. 그러므로 우선은 모국어 습득에 관한 것부터 보는 것이 좋은 출발일 것 같다. N. Hornstein과 D. Lightfood가 편집하고 1981년 Longman에서 출판한 *Explanation in Linguistics*란 책 속에 L. White가 쓴 'The responsibility of grammatical theory to acquisitional data'는 기본적으로 Chomsky적 입장에서 비교적 명료하게 논리를 전개하고 있다.

1981년에 Basil Blackwell에서 출판한 *Language Universals and Linguistic Typology*에서 B. Comrie는 유형적 보편성에 관하여 설명하고 예를 잘 들고 있다.

제2언어 습득에 관한 보편성 가설을 다루고 있는 개론적 성격의 논문으로는 W. Rutherford의(*Language Learning* 32/1) 'Markedness in second language acquisition', 그리고 V. Cook의 글(*Applied Linguistics* 6/1) 'Universal Grammar and second language learning' 등 두 편이 있다. 전자는 유표성의 다양한 정의를 살펴보고 그 중에서 중요한 몇 편을 소개하고 있다. 후자는 Chomsky의 견해를 매우 훌륭하게 요약하고, 제2언어 습득에서의 이용 가능성을 논하고 있다.

9장

제2언어 습득에서 정규 교육의 역할

서론

본 장은 교실수업 환경에서의 제2언어 습득을 살펴본다. 정규 교육이 제2언어 습득에 차이를 만들고 있는지를 고찰한다. 이것은, 중요한 쟁점이며, 왜냐하면 그것이 제2언어 습득에서 환경적 요인들에 의한 역할에 대한 문제를 다루기 때문이다. 그것은, 언어 교수법이 문법을 가르칠 수 있다는 가정하에 운용되었기 때문에, 또한 중요한 교육적인 쟁점이다.

제2언어 습득에 대한 두 가지의 광범위한 유형들은 습득 환경에 의하여 확인될 수 있다. 즉 (1) 자연적인 제2언어 습득, 그리고 (2) 교실수업 제2언어 습득(1장 참조)이다. 6장에서 이들 두 가지 환경과 연관된 입력/상호작용의 형태에서의 몇 가지 차이점들이 고찰되었다. 그것은 교실수업 담화가, 자연스럽게 발생하는 담화와의 비교로, 왜곡될 수 있다고 지적되었다. 그러므로 중요한 문제는 어떤 면에서 이러한 왜곡이 있으며, 그것은 대화를 나누는 것보다는 가르치려는 시도에 의해서 주로 발생되며, 교실수업에서 제2언어 습득의 경로와 진도에 영향을 준다. 정규 교육이 제2언어 습득에 어떻게 영향을 주는지를 살펴봄으로써, 환경적 요인들의 역할에 대한 폭넓은 쟁점을 다루는 것이 가능하다.

언어 정규 교육은 많은 목적을 가질 수 있다. 이러한 목적들 중의 한 가지는, 비록 음운론과 어휘가 또한 주목받았지만, 특정한 문법으로, 학습자에게 제2언어에 대한 형식적인 체계를 전통적으로 가르치는 것이었다. 본 장은 오로지 제2언어 문법 습득에서 교육의 역할에만 관심을 둘 것이다. 그것은 정규 교육이라고 생각한다.[1]

많은 교육 방법들에서 한 가지 가정은 언어의 형태에 관한 집중이 문법 지식의 습득을 도와주고, 또는, 또 다른 방법을 말하자면, 목표 언어 규칙들의 본질에 대한 학습자의 의식을 고취하는 것이 학습자가 그것들을 내재화하는데 도움을 주는 것으로 이루어진다. 연역적 방법들에 관하여 말하면 이것은 자명하게 사실이다. 그러나 그것은 또한, 제공된 연습의 목적이 특정한 언어의 형태에 관해 집중될 때, 청화 구술 교수법과 같은 '습관 형성' 방법들에서는 사실이며. 그것은 학습자가 유발할 수 있도록 조장하고 그는 궁극적으로 다소간의 의식적이고 정신적인 표현을 형성할 것

1. 문법에 대한 교육은 직접적일 수 있으며 오직 형식적인 특성들과 관련될 수 있으며(청화 구술 연습에서처럼), 또는 그것은 간접적일 수 있으며 언어 기능과 관련될 수 있다(상황에 따른 연습과 또는 개념적/기능적인 교수요목에 근거한 연습과 같은).

이다. 물론, 교수로부터 생기는 습득이 즉각적일 수는 없다. 대부분의 방법들은 '능력 습득'과 '능력 사용'을 구별한다(Rivers와 Temperley 1978). 습득은 이런저런 연습을 필요로 한다.

정규 교육의 또 다른 가정은 학습된 문법적 특징들을 가르치는 순서가 그들이 배우게 되는 순서를 지배한다. 언어 교수요목은 교수 순서와 학습 순서 사이의 상관관계를 가능하게 하는 그와 같은 방법으로 조직된다. 그러나 이 두 가지의 가정들은, 학습자들이 제2언어에서 의사소통하는 방법에 대한 학습의 결과로써 자연스런 습득 경로를 따르는, 자연적인 제2언어 습득에 대하여 알려진 것에 비춰보면 의문시될 수 있다(3장 참조). 그러나 비록 자연스런 제2언어 학습으로부터의 증거가 전통적 언어 교수법의 가정에 의구심을 두더라도, 그것에 이의를 제기하지는 못한다. 판단을 통하여 요구되는 것은 교실수업 제2언어 습득 그 자체에 관한 증거이다.

정규 교육의 역할에 대한 조사는 두 가지 방법으로 수행될 수 있다. 첫째, '정규 교육이 제2언어 습득에 도움이 되는가?'의 질문에 대한 대답을 찾을 수 있다. 둘째, '어떤 종류의 정규 교육이 제2언어 습득을 가장 가능하게 하는가?'라는 질문을 다룰 수 있다. 첫 번째 질문에서는 모든 유형의 정규 교육들이 특정 기본 전제를 공유하고 있다는 가정이 있고, 그러므로 그것은 '정규 교육'에 대해 총칭적으로 말하는 것이 가능하다. 두 번째 질문에서는 일반적으로 정규 교육이 촉진적이며 그 중요한 쟁점이 최소한의 성공적인 형태들로부터 더 성공적인 형태들을 구분하는 것이라는 가정이 있다.

정규 교육이 대단히 달라질 수 있다는 것에는 거의 의심의 여지가 있을 수 없다. 엘리스(1984a)는 이러한 변화에 대한 몇 가지 주요한 관점들을 고찰한다. 의식 고취는, 하나의 규칙이 표현되는 명시성의 정도와 또한 관련된 정교화의 정도에 따라서 달라질 수 있다(Sharwood-Smith 1981). 문법 구조에 대한 연습도 또한 사용되는 특정한 연습과 기술의 강도에 따라 달라 질 수 있다. 목표 규칙의 본질도 또한 잠재적으로 의미 있는 요인이다－몇 가지 규칙들은 가르치고 배우기 위한 다른 것들보다도 더 쉬울 수 있다.[2] 교수 목표는 규칙 내재화 또는 공식 암기일 수 있으며, 후자가 전자보다 덜한 학습 부담을 내포하고 있다. 그러나 훨씬 더 중요한 것은 학습자의 관점이다; 교사에 의해 문법 규칙을 연습하는 시도로서 의도되는 것은, 언어 학습 전략이 아닌 적당한 정답을 구하기 위한 절차를 요구하는, 학습자에 의한 인

2. Krashen(1982) 3인칭 단수 '-s'와 같은 '쉬운' 규칙들과 WH 의문문에서의 주어-동사의 변환과 같은 '어려운' 규칙들 사이의 많은 차이를 둔다. 그는 오직 '쉬운' 규칙만이 학습될 수 있다고 주장한다.

지적인 퍼즐로 보일 수 있다(Hosenfeld 1976 참조).[3]

정규 교육에서 존재할 수 있는 변화를 고려해 볼 때, 그것의 효과에 관련한 조사들이 비교 연구로 이루어졌고, 가장 효과적인 몇 가지 형태들을 규명하는데 목적을 두었다는 사실은 아마도 놀랄만한 일이 아닐 것이다. 그러나 6장에서 지적한 바와 같이, 이들 비교 연구는 한 가지 교육 방법이 또 다른 교육 방법보다 더 효과적이라는 것을 보여주는 데 성공하지 못했다. 그 결과, 관심이 두 가지 질문 중의 첫 번째로 변경되었다－정규 교육 그 자체가 제2언어 습득을 도울 수 있는지이다. 각기 다른 정규 교육 방법들이 공통적으로 가졌던 것은, 예를 들면 형식적인 오류들을 수정하기 위하여 교사에 의한 피드백 제공에서 나타나는, 형태에 중점을 두는 것이었다(Krashen과 Seliger 1975). 따라서 그것은 일반적으로 교수법의 역할에 대하여 언급하는 것이 가능할 뿐만 아니라, 이러한 쟁점은 교육의 다른 형태들이 다른 결과들을 만들어내는지에 대한 고려사항보다 논리적으로 앞선다고 논의되고 있다. 비교 연구들은, 일반적으로 보면, 정규 교육이 제2언어 습득에서 어떤 역할을 하는지의 조사에 대한 방법을 제시했다.

그러면 정규 교육의 핵심 요소는 무엇인가? 나는 두 가지를 제시하고 싶다(비록 그것은 당연히 다른 것들이 있다고 인식이 될 수 있지만). 이것들은 (1) 학습자의 집중을 위하여 특정한 문법적 특성들이 선택되고, 그리고 (2) 이러한 집중이 문법적인 특성들 중의 형식적인 특징들에 관해 중점 두는 것으로 나타난다. 이들 두 가지 속성들과 관련하여, 정규 교육은 인지 규칙 교수법 같은 연역적 방법들, 청화 구술 교수법과 같은 귀납적 방법에 기인한 교육과, 그리고 또한 다양한 발화 행동이나 또는 의미-문법적 범주를 인식하기 위한 특정한 언어 수단들이 도입되거나 실행되는 개념적/기능적인 데이터들에 근거한 교육을 포함하는 것으로 간주된다. 그것은 학습자가 소유한 언어학적 데이터가 무엇이든지 사용하는 자연스런 의사소통에 참여하도록 자신감을 갖게 하는 교육을 포함하는 것으로 간주되지 **않는다**(예를 들면, 방갈로르 프로젝트에서 분명히 보여주는 바와 같이－Johnson 1982 참조).[4]

교수법의 효과를 연구하기 위하여, 제2언어 습득에 대한 다른 측면들을 구별하는

3. Hosenfeld(1976)는 일반적인 언어 교육 연습을 완성하기 위해 학습자들에 의해 사용되는 전략의 종류들을 조사했다. 결론은 그러한 연습들이 그들이 연습하도록 만들어진 목표 구조들보다 오히려 정확한 해답들을 얻기 위하여 필요한 전략을 발달시키는데 도움을 줄 수도 있다는 것이었다.

4. 방갈로르 프로젝트는 언어학적으로 조직된 교수요목을 따르는 시도가 아닌 교수 계획으로 구성되어 있다. 대신에 교실수업에서 수행되는 많은 분류된 활동들(예를 들면, 지도 만들기)이 있다. 교사는 오직 각 활동을 수행하는데 필요한 언어만을 가르친다.

것이 중요하다. 제2언어 습득에서 교육의 역할은 교육이 발달 경로에 끼치는 효과(즉, 습득의 일반적인 연속 또는 특정한 순서)와 그리고 교육이 발달 진도에 끼치는 효과(즉, 학습이 이루어지는 진도) 또는 발달의 성공(즉, 마지막으로 성취되는 숙달 수준)에 관하여 각기 고려되어야 한다. 한편으로는 경로와 다른 한편으로는 진도와 성공 사이의 이러한 구분은 또한 5장에서 고찰되었다. 그것은 교육이 경로 그리고 진도/성공 둘 다, 또는 단지 이것들 중의 한 가지를 결정할 수 있다는 것이 가능하기 때문에 정규 교육을 고려할 때 중요한 구분이다.

요약하자면, 제2언어 습득에서 정규 교육의 역할을 연구하는 것은 제2언어 습득의 이론적인 이해를 발달시키기 위하여 그리고 언어 교수법을 위하여 모두 중요하다. 전자의 경우에, 그것은 환경적인 조건에서의 차이점들이 어떻게 제2언어 습득에 영향을 주는지에 실마리를 주고 있으며, 후자의 경우에, 그것은 문법적 구조들이 나타난 순서가 그들이 학습한 순서와 부합하는지와 같은 기본적인 교수법상의 가정을 점증하는데 도움을 줄 수 있다. 교육은 많은 다른 형태를 취할 수 있지만, 본 장의 목적을 위하여, 조사되어야 할 쟁점은 어떤 형태의 교육이 가장 효과적인지가 아니라, 정규 교육 그 자체에 어떤 효과가 있는지이다. 이것 때문에 교육은, 특정한 언어 특성들을 목표로 하는, 의식 고취라는 어떤 형태를 암시하는 것으로 간주된다. 그것의 효과는 제2언어 습득의 경로 및 또는 제2언어 습득의 진도/성공에서 분명해질 수 있다.

본 장은 네 개의 부문들이 있다. 첫 번째는 제2언어 습득의 경로에서 교육의 효과를 조사한다. 두 번째는 제2언어 습득의 진도/성공에서 교육의 효과를 조사한다. 세 번째 부문에서는, 앞선 두 개의 부문들에서 보고된 결과에 대한 설명이 재검토될 것이다. 마지막으로, 결론이 제2언어 습득 이론과 언어 교수법 둘 다에 대한 결과를 고찰할 것이다.

제2언어 습득의 경로에서 정규 교육의 효과

3장에서 제2언어습득의 경로는 특정 문법적 특징들이 습득된 일반적인 발달의 **연속**과 **순서**라는 관점에서 고찰되었다. 연속에 대해 알려진 보편성과 순서에서의 작은 차이점들에 대한 증거는 (1) 형태소 연구 그리고 (2) 종적 연구로부터 비롯되었다. 그러나 이러한 연구들은 순수한 자연적인 제2언어 습득 또는 혼합된 제2언어 습득에 대한 것이었다(즉, 자연스런 노출과 교육이 있었던). 본 장은 이제 교실수업 제2언어 습득에 대한 유사한 연구들을 살펴볼 것이다. 그러나 상대적으로 그러한 연구들이 상대적으로 거의 없기 때문에, 이끌어 낼 수 있는 결론은 필연적으로 잠정적임에 틀림없다. 형태소와 종적 연구는 따로 다시 고찰될 것이다.

교실수업 제2언어 습득의 형태소 연구

형태소 연구는 두 그룹으로 나누어질 수 있다. 첫 번째 그룹에서는 **제2언어** 학습자들을 조사했던 다섯 가지 연구들이 있다. 다른 그룹에는 **외국어** 학습자들을 조사했던 네 가지의 연구들이 있다.

제2언어 학습자들에 연구들 중의 세 가지는 자연적인 제2언어 습득에서처럼 교실수업 제2언어 습득에서도 동일한 형태소 순서를 발견했다. Fathman(1975)은, 다양한 배경으로부터, 6세에서 15세까지 200명의 어린아이들의 문법 지식을 평가하기 위하여 구술 발화 시험을 사용했다. 몇 명의 학생들은 언어교육을 받고 있었으며, 반면에 다른 어린아이들은 일반적인 교실수업에 배치되었다. Fathman은 두 그룹의 학습자들의 형태소 순서 사이에서 의미 있는 상관관계를 발견했으며, 그리고 교육과 상관이 없이, 습득의 순서가 변함없이 남아 있었다고 결론지었다. Perkins와 Larsen-Freeman(1975)은 12명의 베네수엘라 대학생들이 미국에 도착하여 두 달간의 언어교육을 받은 후에 형태소 순서들을 조사했다. 그들은 데이터를 수집하기 위하여 두 가지 과업을 사용했다. 즉 (1) 번역 평가, 그리고 (2) 대화 없는 영화를 근거로 한 설명 과업이다. (1)에서는 정규 교육 이전과 이후에서의 형태소 순서가 현저하게 달랐으나, (2)에서는 의미 있는 차이가 없었다. 그 연구자들은 자발적인 발화가 관련된 곳에서, 정규 교육은 발달에 영향을 주지 않는다고 결론지었다. Turner (1978)는 세 명의 제2언어 학습자들을 조사하였으며 그리고 하나의 문법 형태소에 대한 교육의 순서가 그들의 습득 순서와 크게 연관이 없었다고 여겼다. 다시 말하자면, 교수와 학습 순서가 달랐다. 합쳐서 생각해 볼 때, 이러한 연구들은 정규 교육이 학습자가 언어 사용에 참여하고 의미에 집중할 때 문법 형태소의 습득 순서를 바꾸지 않는다고 제안한다(그러나 증명하지는 못한다).

제2언어 학습자들의 두 가지 다른 연구들은, 비록 그 효과가 상대적으로 작고 오래 지속하지 않을지라도, 교육이 형태소 순서에 영향을 줄 수 있다고 제안한다.

Lightbown 등(1980)은 (1) 문법성 판단 평가, 그리고 (2) 그림 설명을 포함하는 의사소통 과업으로 175명의 프랑스어를 하는 학생들의 영어에 대한 언어수행을 조사했다. 그들은 (1)에 관한 점수가 교육의 결과로 개선되었지만, 전반적인 점수가 나중에는 떨어졌다는(즉, 학생들이 평가된 문법 특성들에 관한 교육을 더 이상 받지 않았을 때) 것을 발견했다. (2)에서 그들은 다양한 명사의 순서와 동사 형태소들이 '자연스런' 순서와 다르다는 것을 발견했다. 이것은 학생들이 진행형의 형태소보다 복수 형태소에 대해 더 심각했기 때문이며, 아마도 그들의 모국어에 대한 영향 때문이었다(즉, 프랑스어에서의 복수형 접미사 '-s'는 쓰기에서만 나타난다). 그러나 동사와 명사 형태소들이 따로 고찰되었을 때, 그 순서들은 자연스럽게 발생하는 순서들과 일치했다.[5] Lightbown(1983)은 첫 번째 연구에 있는 학생들과 비슷한 집단의 학생들은 그들의 발달중의 한 단계에서 진행형 '-ing'을 '과잉학습'했음을 발견했다. Lightbown은 이것이 초기 단계에서 이러한 형태소의 집중적이고 형식적인 연습의 결과로 인한 것일 수도 있으며 매우 집중된 연습이 지연 효과를 나타낼 수 있다는 것을 발견했다. 그러나 학생들은 적절하게 '-ing'을 사용하지 못했지만, 그러나 학생들은 3인칭 단수 형태소 '-s'를 필요로 하는 맥락에서 지나치게 확대되어 사용되었다. 나중에, '-ing'에 대한 빈도는 학습자들이 '-s'와 '-ing'에 대한 각각의 사용을 정리하기 시작함으로써 감소되었다. 그러므로 다시 한 번, 자연스런 순서에서의 혼란은 단지 일시적적인 것으로 증명되었다.

제2언어 학습자들에 대한 모든 다섯 가지 교실수업 형태소 연구들이 가지고 있는 문제점들 중의 하나는 학습자들이 교실수업 밖에서 제2언어에 대한 노출을 가지는 것이 가능했던 환경에서 교육을 받고 있었다는 것이다. 다시 말하자면, 그 연구들은 순수한 교실수업 학습의 효과를 활용하지 않았을 수도 있다. 그러나 Pica(1983)는 그와 같은 노출이 혼란스러운 변이일 가능성이 적은 다수의 연구들을 언급한다. Fathman(1978)은 독일에서의 여러 수업에서 외국어로서의 영어 학습자들에 대한 '장애 순서'라고 부르는 것을 미국에 있는 여러 학교에서 제2외국어로서의 영어 학습자들에 대한 그것과 비교했다. 전자의 경우에서, 제공된 교육은 이미 언급된 두 가지 기준과 일치했다: 즉, 그것은 형태에 대한 중점이 구조화되고 요구되었다. 후자의 경우에, 형식적인 교육이 거의 제공되지 않았다. 그럼에도 불구하고, Fathman은, 비록 그녀가 다수의 작은 차이점들을 확인한다 할지라도, 두 그룹의 학습자들에

5. Lightbown의 발견(1983)은 근본적으로 다른 문법적인 특성들에 대한 습득을 비교하는 것이 어불성설이라는 결과에 대한 3장에서 이루어진 형태소 연구들의 비판을 지지한다.

의해 만들어진 순서에 긍정적 상관관계가 있다고 알려준다.

Pica가 재검토하는 순수한 교실수업 학습에 대한 두 번째 연구는 Makino(1979)에 의한 것이다. Makino(1979)는 일본의 중등학교에서 외국어로서 영어를 배우는 777명의 피험자들에 의한 쓰기 과업에서 표현된 아홉 개의 형태소를 조사했다. 그 결과들은 초래된 형태소 순서가 Dulay와 Burt 그리고 다른 형태소 연구자들에 의해 보고된 순서와 상당히 연관성이 있다고 제시했다(Hakuta 1974는 예외).

Pica가 살펴 본 세 번째 연구는 Sajavaara(1981a)이다. 그는 외국어로서 영어를 말하는 핀란드 학습자들로부터의 자발적인 발화를 수집했고 불안한 순서를 발견했다. 주요한 차이점들 중의 하나는 관사의 자리 위치에서였다. Pica는 핀란드어와 일본어의 관사 체계가 둘 다 영어와 다르지만, Sajavaara의 연구에 있는 핀란드 학습자들만이 자연적인 순서에서 벗어난다고 언급했다.

Pica는 형태소 순서에 관한 교육의 효과에 대한 연구를 수행했다. 그녀는 멕시코시에서 정규 교육을 받고 있는 외국어로서의 6명의 영어 학습자들을 필라델피아에 있는 자연적인 학습자 그룹과 혼합된 그룹(즉, 노출과 교육을 둘 다 받고 있는 그룹)과 비교했다. Pica는 여덟 개의 형태소를 살펴보았고 세 그룹 사이에서 그리고 Krashen의 자연스런 순서를 가진 의미 있는 상관관계를 발견하였다.

언급된 아홉 개의 형태소 연구들은 표 9.1에 요약되어 있다. 어떤 결론이 도출될 수 있을까? 일반적으로, 정규 교육은 자연적인 또는 혼합된 제2언어 습득에 대하여 알려진 형태소 순서에 어떤 유표적인 효과가 미치는 것으로 나타나지 않는다. 오직 형태소 순서를 산출하기 위하여 사용된 데이터가 아주 많이 관찰될 때만(예를 들면, Perkins와 Larsen-Freeman에 의한 연구에서처럼)차이점들이 나타난다. 제2언어에 대한 의사소통적인 사용을 반영하는 데이터가 수집될 때, 형태소 순서는 자연스런 순서와 같거나, 또는 단기적으로만 그리고 '과잉 학습될' 수 있었을지도 모르는 한두 가지의 특성들에 있어서만이 자연스런 순서와 다르다. 이 일반적인 결론은 학습자들이 어린아이들인지 또는 성인들인지 상관없이 그리고, 매우 흥미롭게도, 학습자들이 외국에 있는지 또는 제2언어 환경에 있는지 상관없이 사실이다. 한 가지 예외가 Sajavaara의 연구이다.

그러면 정규 교육은 자연스런 언어 사용에서 나타나는 형태소 순서에 무시해도 될 정도의 효과만 있는 것으로 나타난다. 그러나 3장에서 지적했던 바와 같이, 형태소 순서는 습득보다는 정확성을 측정한다. 제2언어 발달에서 정규 교육의 효과에 대한 좀 더 믿을 만한 그림을 얻기 위하여, 전이 구조들에 대한 종적 연구로 전환하는 것이 필요하다.

교실수업 제2언어 습득의 종적 연구

Allwright(1980: 165)는 다음과 같이 관찰한다.

> 이상하게도 모국어와 제2언어 습득 연구자들의 방법론적인 부담에 매우 중심이 되는 사례연구 접근법은, 전형적으로 수업 중에 있는 학습자들에게 합리적이라고 생각되지 않는다.

교실수업 제2언어 습득에 대해 매우 적은 종적 연구들이 있다. 여기서 논의되는 3명은 Felix(1981), Ellis(1984a), 그리고 Schumann(1978b)이다. 그러므로 유용한 종적 연구 증거는 형태소 연구에 의해 제시되는 것보다 훨씬 더 빈약하다.

Felix의 연구는 특정한 관심에 대한 것이며, 왜냐하면 그의 피험자들이 순수한 교실수업 학습자들, 즉 그들은 제2언어 입력에 대해 전적으로 정규 교육에 의존하고 있었기 때문이다. 그들은 독일의 고등학교에서 5년 동안 영어를 공부하는 10세부터 11세까지의 34명의 독일 학생들이었다. 일반적인 교수 방법은 전통적인 청화 구술 교수법이었다. 학생들은 일주일에 5일 동안 한 번에 45분씩의 영어 수업을 받았다. 모든 학습에 있어서 8개월이 지속되었다.

Felix가 보고한 문법적 구조는 부정문, 의문문, 문장 형태, 그리고 발음이었다. 각 구문에 대해, 지도된 제2언어 습득과 자연스런 제2언어 습득 사이에 유사점이 발견되었다. 예를 들면, 부정문 생략 문장(예를 들면, ‘It isn’t’)들을 매일 연습했음에도 불구하고, 학생들은 ‘not’ 또는 ‘n’t’를 사용하는 정확한 문장을 만들어 낼 수 없었으며, 반면에 이 기간 동안 몇 가지 자연스런 부정문 발화들은 ‘no’ 기능어를 포함했다(예를 들면, ‘It’s no my comb’). 본동사의 부정이 소개되었을 때(예를 들면, ‘don’t/doesn’t’ 사용), 많은 어린아이들의 부정문 발화들은 문장 여분의 외부에 부정문 조동사를 취했다(예를 들면, ‘Doesn’t she eat apples’=She doesn’t eat apples). 다시 말하자면, 어린아이들은 ‘no’에 대해 자연적인 학습자의 사용과 동일한 방법으로 아주 많이 연습된 ‘don’t/doesn’t’를 사용하였다. 자연적인 제2언어 습득에서 관찰된 유사한 형태의 예들이 Felix에 의해 조사된 다른 구조들에서도 보고된다.

Felix는 지도된 제2언어 습득과 자연적인 제2언어 습득이 동일한 학습 진행과정을 포함한다고 결론을 내린다.

> …교실수업에서 학생들의 언어적 행동을 조작하고 통제하는 것에 대한 가능성은 실제로는 아주 제한적이다(Felix 1981: 109).

교육이 매유 정규적인 교실수업에서, 학습자들은 그들이 준비하지 않은 구조를 만들도록 끊임없이 강요되고 있다. Felix는 이것은 그들에게 제기하는 문제를 그들이 두 가지 방법 중의 하나로 해결한다고 제시한다. 그들은, 통사적 또는 의미론적 적절성과는 상관없이, 그들이 축적하고 있는 구조들로부터 무작위로 선택하거나, 또는 그들은 자연적인 언어 습득 초기 단계의 특성을 나타내는 동일한 규칙들을 따른다.

Ellis는 10세에서부터 13세까지 세 명의 제2언어 학습자를 조사했다. 그들은 온종일 틀어박힌 상황(즉, 원어민 어린아이들에 대한 어떤 노출도 없이)에서 교육을 받았다. 그러나 영어 즉, 제2언어가 교사와 학생 그리고 학생 간에 의사소통에 대한 일반적인 매개체로 사용되었다는 것을 유념해야 한다. 따라서 교실수업과 학교 환경 둘 다 의사소통적인 영어 사용을 위한 기회를 제공하였다.[6] 언어 교육 그 자체는, 기본적으로 청화 구술 형태는 제외하고, 다양했다. 그 연구는 9개월의 기간을 거쳤다. 시작점에서, 어린아이들 중의 두 명은 완전히 초보자였고, 다른 어린아이들도 거의 비슷했다(즉, 그들은 오직 몇 개의 영어 단어만 알고 있었다).

Ellis는 부정문, 의문문, 그리고 다수의 동사 구문 형태소를 조사했다. 이러한 구조들 모두가 9개월 동안 한 번쯤은—어떤 경우에는 몇 번 형식적으로 학습되었다. 교실수업에 있는 학습자들에 의해 이루어진 의사소통적인 발화가 분석되었을 때, 그것은 자연적인 제2언어 습득에서 관찰된 다소간의 동일한 발달 유형을 나타낸다고 제시되었다. 이것은 모든 조사된 모든 구조들에서 사실이었다. 예를 들면, 어린아이들의 첫 번째 부정문 발화는 앞서 나온 어구를 가리키는 부정(즉, 'no' 그 자체

6. Ellis의 연구(1984a)에서 세 명의 학습자들은, 비록 이것이 그들 중의 두 명에서 흔히 있는 일이 아닌 것으로 말할 수 있다고 하지만, 교실 밖에서 영어에 노출될 수도 있다는 것이다. 이 사람들은 펀자브 언어를 쓰는 지역에서 배타적으로 살았고 원어민 영어 화자들과 접촉이 전혀 없었다. 그들은 심지어 텔레비전에서도 펀자비 비디오들을 보았다!

만으로 또는 'no'+분리된 표현)으로 이루어져 있다. 외부에서 작용하는 부정은 동사가 없는 발화에서 먼저 일어났고 그리고 나중에 동사를 포함하는 발화에서 일어났다. 내적으로 부정된 발화에 의해 외부에서 작용하는 부정에 대한 점진적인 대체가 이루어졌다. 동시에 'not'은 주된 부정어로서의 'no'를 대신하였다. Ellis는 Felix처럼 자연적인 제2언어 습득에서 발견된 동일한 진행과정이 작용했다고 결론지었다. 관찰될 수 있었던 자연적인 제2언어 습득과 교실수업 제2언어 습득 사이의 유일한 차이점은 몇 가지 전이유형들이 연장되었고(예를 들면, 도치되지 않은 yes/no 의문문의 사용), 그리고 몇 가지 다른 구조들은 서서히 나타난다(예를 들면, 과거 시제 형태들)는 것이었다.[7] Ellis는 교실수업에서 일어나는 왜곡된 의사소통 유형의 결과라고 이것을 설명한다. 이러한 설명에 대한 추가적인 증거는 Long과 Sato(1983)로부터 비롯되며, 예를 들면 그들은 교실수업 입력의 특성이 즉 일시적인 참고사항이 지배적이라고 여겼다.

Schumann의 연구에서 성인 제2언어 학습자들에게 부정하는 방법을 가르치는 의도적인 시도가 이루어졌다. 이것은 자연적인 제2언어 습득에서와는 달리 무엇이었는지에 대한 종적 연구의 맥락에서 일어난다. 교육상의 실험에 앞서 학습자의 부정적 발화들은 주로 'no+동사'의 형태였다. 교육은 7개월을 거쳤고, 그 기간 동안 유도된 부정적 발화와 자연스러운 부정적 발화 둘 다 수집되었다. 유도된 발화들은 현저한 발달을 보여주었다(64%가 교육 이전의 22%와는 대조적으로 수정한다). 그러나 자연스러운 발화들은 의미 있는 발달을 보여주지 못했다(20%가 교육 이전의 22%와는 대조적으로 수정한다). Schumann은 교육이 시험과 같은 상황에서만 학습자들의 발화에 영향을 주었고, 반면에 일반적인 의사소통은 계속 영향을 받지 않았다고 결론지었다.

이러한 연구들을 종합해 보면(그것들은 표 9.1에 요약되어 있다), 다음과 같은 가설이 만들어질 수 있다.

1. 교육은 자연적인 제2언어 습득에서 부정문이나 의문문과 같은 전이 구조에서

7. 세 명의 학습자들은 Ellis의 연구 기간 내내 많은 전환되지 않은 억양 의문문을 계속 만들었다. 따라서 이러한 초가 발달 의문문 형태는 대체로 변하지 않았다. 이것에 대한 한 가지 설명은 즉, 교실수업 환경에서, 그들이 수행하는데 필요한 과업들을 정해주기 위한 학생들의 요구 때문에, 억양 의문문을 써서 늘 하던 식으로 깨닫게 되는 절차상의 문제들(예를 들면, 확인과 설명에 대한 요청)들이 빈번하다. 마찬가지로, 학습자들의 발화로부터 과거형에 대한 거의 완전한 공백은 과거 시간 언급이 의사소통 수업의 발화에서 많이 필요하지 않다는 사실에 의하여 설명될 수 있다.

드러난 발달의 연속에 원인이 되는 진행과정을 피해가지 못한다.

2. 교실수업 학습자들이 그들의 능력 밖의 구조를 만드는 것이 요구될 때, 특유한 형태가 생길 수 있다.
3. 왜곡된 입력은 발달의 특정 단계를 지연시키고 몇몇 문법 특성들의 발생을 더디게 할 수 있다.
4. 교실수업 학습자들은 그들이 형태에 집중될 때 정규 교육을 통하여 습득된 지식을 이용할 수 있다(예를 들면, 별개의 항목 평가에서).

표 9.1 제2언어 습득 진행과정에서 정규 교육의 효과에 대한 경험적 연구

유형	연구자	교실 유형	주제	숙달 정도	항목	결과
형태소	Fathman (1975)	ESL United States	260명의 어린이 6~15세 제1언어 그룹과 혼합	초급과 중급	구두발표 평가	정규 교육 받은 학생들은 그렇지 않은 학생들과 비교하여 형태소 순서에 심각한 관련이 있음
형태소	Perkins와 Larsen-Freeman (1975)	ESL United States	스페인어를 쓰는 12명의 최근 도착 대학생	중급	1. 번역평가 2. 그림에 대한 자연스런 발화	1에 대해서는 정규 교육 이전과 이후 형태소 순서가 달랐으나 2에서는 그렇지 않음
형태소	Turner (1978)	ESL United States	영어가 제2언어인 3명의 학생	초급	1. 자연발화 샘플 2. 문법 진단 평가	1에서 자연스런 발화에서의 형태소 순서로부터 정규 교육 순서는 다름 하지만 평가 데이터는 관련이 있음
형태소	Lightbown 등(1980)	ESL Canada	6학년의 75명 학생(7, 8학년에서 공부하는 36명 포함)	주로 중급 (혼합된 능력 정도)	1. 문법 판정 평가 2. 그림에 대한 자연스런 발화	1에서 단기간에 관찰하여 얻음. 하지만 2에서는 자연순서로부터의 다른 순서, 하지만 동사와 명사 형태소가 고려되면 달라짐
형태소	Lightbown (1983)	ESL Canada	6학년 75명(36명은 7, 8학년생)	주로 중하급 정도	그림에 대한 자연스런 발화	다수, 형태소들(예를 들면, '-ing')의 자연스런 순서로부터의 다른 점 그리고 일시적 방해
형태소	Fathman (1978)	EFL Germany	방언 조절, 숙련, 문법 학습을 받은 청소년들	혼합된 능력 정도	구두 발화 평가	(지도를 받지 않은) 미국의 ESL 청소년 학습자들의 발화 순서와 관련하여 '심각한 형태소 순서의 어려움'
형태소	Makino (1979)	EFL Japan	정규 교실 수업을 받는 777명의 청소년과 어린이	혼합된 능력 정도	짧은 받아쓰기 평가	Krashen(1977)에 의하여 보고된 주제의 형태소 순서와 자연스런 순서 간의 특징적 상이점이 없었음

형태소	Sajavaara (1981)	EFL Finland	정규 교실 수업을 받는 청소년	?	자연스럽게 이끌어낸 척도	자연스런 형태소 순서가 방해됨-특히 하위에 있는 조항
형태소	Pica (1983)	EFL Mexico	스페인어를 모국어로 쓰는 성인 6명(18~50세), 문법정규 교육과 언어 연습을 통한 의사소통 정규 교육을 받음	혼합된 능력 정도	연구자와 한 시간 정도의 테이프로 녹음된 대화	형태소 순서들은 (1) 자연스런 그룹과 (2) 혼합된 그룹, 그리고 Krashen의 자연스런 순서들과 중요한 연관
종적	Felix (1981)	EFL Germany	독일어가 모국어인 10에서 11세의 34명의 어린이들	초보자	교실에서의 발화와 소리 녹음	학습자들은 (1) 과제들로부터 자유롭게 어떤 구조를 선택했고 (2) 자연스런 제2언어 습득의 규칙을 따라서 발화
종적	Ellis (1984a)	ESL Britain	10세에서 13세의 3명의 어린이들-모국어는 펀자브어와 포르투갈어	초보자	의사소통의 교실 대화–예를 들면, 의미에 초점을 맞춤	자연스런 제2언어 습득의 모든 발달 진행과정과 같음. 왜곡된 입력의 결과와 같은 순서의 약간의 다른점
종적	Schumann (1978)	ESL United States	스페인어가 모국어인 1명의 성인	초보단계에서 고착된	1. 끌어내기 평가 2. 자연스럽게 일어나는 발화	1의 부정 발화의 전체적 정확도의 현저한 개선 2에서는 그렇지 않음

그러나 이러한 가설들을 입증하기 위하여 더 많은 연구가 필요하다.

요약

제2언어 습득에 대한 형태소 연구와 종적 연구들은 모두 비록 정규 교육이 제2언어를 발달시킬 수 있을지라도, 이러한 지식이 학습자가 형태를 사용하는 언어 사용에서만 나타난다고 지적한다. 그러므로 그것은, 비교적 사소한 방법을 제외하고는, 의사소통적인 발화에서 드러난 제2언어 습득의 경로에 영향을 미치지 않는다. 3장에서 언급된 발달의 **연속**과 **순서** 사이의 구분을 사용하기 위하여, 우리는 전체적인 발달의 연속이 정규 교육에 의해 영향을 받지 않고, 반면에 발달의 순서 또한 거의 방해 받지 않는다고 말할 수 있다. 정규 교육은 **일상적인** 부문이 아닌, 중간 언어 스타일 연속체의 **신중한** 부문에만 영향을 준다. 그러나 이러한 결론들은 교실수업 제2언어 습득 연구가 거의 없었고, 특히 종적 연구가 없었기 때문에 어쩔 수 없이 잠정적이다.

제2언어 습득의 진도/성공에서 정규 교육의 효과

제2언어 습득 정도/성공에서의 정규 교육의 효과에 관한 연구들은 매우 많았다. Long(1984d)은, 관련 연구들에 대한 재검토를 통하여, 열 한가지의 연구들을 열거하였다. 그러나 이 연구들 모두가 교육의 '상대적 유용성'을 검증했다. 즉, 그것들은 자연스런 환경에서 제2언어에 대한 단순한 노출의 효과와 관련된 제2언어 숙달에 관한 전반적인 교육의 효과와 관련되었다는 것이었다. 따라서 그 연구들 중의 어떤 것도, 즉 교육이 특정한 문법 구조의 습득에 속도를 올릴 수 있었는지 어떻게 됐든, 정규 교육의 '절대적 효과'를 검증하지는 못했다. 또한, 그 연구들이 혼합된 제2언어 학습자들을 조사했던 바와 같이(즉, 노출과 교육 둘 다를 받았던 사람들), 그 연구들은 정규 교육 자체가 노출 그 자체보다 더 효과적인지, 아니면 교육+노출이 노출 그 자체보다 더 나은지, 또는 더 많은 양의 교육+노출이 적은 양의 교육+노출보다 더 나은지에 대하여 말해줄 수 없었다. 이것은 수많은 분야에 걸쳐 전적으로 만족시키지 못한다. 그것들은 두 그룹으로 나누어질 것이다. 첫 번째 그룹은 Long에 의하여 고찰된 열 한가지의 연구들로 이루어져 있다. 위에서 언급한 바와 같이, 이것들은 상대적 유용성을 살펴본다. 다음 그룹은 절대적 효과를 살펴본 Ellis(1984a)에 의한 한 가지 연구로 이루어져 있다. 모든 연구들은 문법적 발달에 관한 효과만을 고찰한다.

정규 교육의 상대적 유용성

이러한 형태의 연구들은 다음과 같이 세분된다. (1) 그 연구들은 교육의 긍정적인 효과를 보여준다. (2) 그 연구들은 애매모호하다. (3) 그 연구들은 교육의 효과를 보여주지 못한다.

Long(1983a)은 정규 교육의 긍정적 효과를 보여주는 여섯 가지 연구들을 논의한다. 이것들 중의 두 가지는 동일한 양의 노출을 받았던 학생들에 대한 각기 다른 양의 교육 효과를 비교한다. 다른 네 가지는 각기 다른 양의 교육과 노출 그리고 학생들의 숙달 수준 사이의 관계를 조사한다. 전적으로 그 연구들은 어린아이들과 성인들, 숙달 수준의 범위, 그리고 각기 다른 목표 언어들을 다룬다. 또한 숙달 수준을 측정하는 시험들은 분리(예를 들면, 복수 선택)와 통합(예를 들면, 빈칸 채우기)형 둘 다에 대한 것이었다.

Krashen과 Seliger(1976), 그리고 Krashen, Seliger, 그리고 Hartnett(1974)에 의해 채택된 절차는 정규 교육의 각기 다른 기간이지만 동일한 양의 노출을 가졌던 여러 쌍의 학생들을 연결시키는 것이었다(즉, 교육 요인의 효과를 측정을 하기 위하여 노출 요소를 지속적으로 유지하는). 두 연구들은 더 많은 양의 교육을 받은 학생들이 적은 양의 교육을 받은 학생들보다 숙달 평가에서 더 높은 점수를 얻은 것을 발견하였다. 그러나 Long이 지적한 바와 같이, 그 학생들이 제2언어와 전체적으로 더 많은 접촉을 가졌다고 가정할 뿐이므로, 더 많은 양의 교육을 받은 학생이 정규 교육 그 자체로 효과를 갖는다고 확신하는 것은 가능하지 않다. 따라서 얻어진 결과는 전체적인 접촉의 양의 관점에서 설명될 수 있다(즉, 전체 교육 시간+전체 노출 시간). 정규 교육에 대한 긍정적인 효과를 주장하기 위하여, 학생들이 교육과 연결되지만 노출에서는 다를 때(즉, 교육 요인이 노출 요인을 조사하기 위하여 지속적으로 유지된다), 노출에 대해 상응하는 긍정적인 효과는 없다는 것을 보여주는 것이 필요하다. 두 연구에서, 교육에 대해서 관찰된 긍정적인 효과가 단지 더 많은 전체 접촉 시간에 대한 결과만이 아니었다고 제안하면서, 이것은 사실상 그 사례가 있는 것으로 알려졌다. 그러나 Martin(1980)의 연구는 교육이 조정될 때 노출에 대한 긍정적인 효과를 발견했다.[8] 그러므로 결론적으로, Krashen과 Sliger(1976)에 의한 그리고 Krashen, Seliger, 그리고 Hartnett(1974)에 의한 연구들은 교육이 도움이 되지만, 증거는 불확실하다고 제안한다.

또한 교육에 대한 긍정적인 효과를 보여주었던 다른 네 가지 연구들에서 사용된 절차들(Krashen 등, 1978; Brière 1978; Carroll, 1967; Chihara와 Oller 1978)은 한편으로는 각기 다른 학생들에 의해 경험된 교육과 노출의 양과 그리고 다른 한편으로는 숙달 점수 사이의 적합도를 통계적으로 측정하는 것이었다. 네 개의 논문 모두는 교육과 숙달 사이의 긍정적인 관계를 발견했지만, 세 개의 연구에서만 노출과 숙달 사이의 유사한 관계를 발견했다. 또한 교육과의 관계에 대한 영향력은 두 연구에서 더 강했고, 나머지 하나에서만 더 약했다. 그 다음에, 일반적으로 교육은 노출보다 숙달 수준에 대해 더 나은 예측 변수였다. 그러나 다시 한 번 이러한 형태

---

8. Long(1983d)은 Martin(1983)의 결과와 그리고 더 진보된 단계는 아닌, 노출이 제2언어 습득의 초기 단계에서 중요할 수도 있다고 제안함으로써 다른 연구들에 대한 결과(Martin의 주제들은 초보자들을 위한 것이었다) 사이에서의 차이를 설명하기 위한 시도를 한다.

의 연구에서 교육과 노출의 효과를 분리해 내는 것은 어렵다.

Long은 애매모호한 결과로 두 연구들을 논의한다(Hale와 Budar 1970; 그리고 Fathman 1976). 두 가지 경우에서 그 연구들 자체는 지시된 교육이 도움이 되지 못한다는 결과를 낳았다. 예를 들면, Halle와 Budar가 다음과 같이 기록했다:

> 특별한 TESOL 수업에서 6일의 기간 중 2~3일을 보냈던 그들(학생들)은 도움이 되고 있었던 것보다 더 피해를 입고 있었던 것으로 나타난다(Hale와 Budar 1970: 297).

그들은 가능한 가장 짧은 시간 내에 가장 높은 숙달을 이룬 학생들이 영어와 문화에 완전한 몰입을 진행하는 사람이라고 주장했다. 그러나 Long은 Hale와 Budar의 연구의 계획 때문에, 교육, 사회-경제적 배경, 노출의 양, 그리고 부모의 태도 같은 변이들이 하나로 합쳐져서 관찰된 숙달 수준에서의 차이점들에 대에 어느 것이 원인이 되는지를 확실히 결정하는 것이 가능하지 않다고 제대로 지적한다. Long은 또한 방법론적인 문제들이 Fathman의 결과에 의문을 던진다는 것을 제시하고 있다.

세 가지 연구들(Upshur 1968; Mason 1971; Fathman 1975)은 교육에 대한 장점이 없다고 제시한다. 각각의 경우에 만들어진 비교는, 전체적인 접촉 시간이 유지되어, 교육+노출과 노출 사이에서 이루어졌다. Long은 부정적 결과임에도 불구하고, 비록 그 결과가 충분하게 만족할 만한 취지에 도달하지는 못했을지라도, 교육이 도움을 주었다는 몇 가지 암시들이 있다고 주장한다.

이들 연구를 종합해 볼 때(그것들은 표 9.2에 요약되어 있다), Long은 '제2언어 교육이 차이를 만들어내는 것을 나타내는 상당한 증거가 있다'고 주장한다(1983d: 374). 그는 그 효과들이 (1) 성인들뿐만 아니라 어린아이들에 대해 (2) 초보자들뿐만 아니라 중급과 고급 학습자들에게 (3) 분리 평가뿐만 아니라 통합평가에 대해 (4) 습득이 빈약한 환경뿐만 아니라 풍부한 환경에 대해 유지된다고 주장한다. (3)은, 교육이 의사소통적인 언어수행을 도와주고, 통합 평가가 측정되어야하고, 게다가 분리 평가로 관찰된 그와 같은 언어수행을 확인했다고 제시하기 때문에, 특별한 의미가 있다. (4)는 교육이 학습자가 노출을 통하여 적당한 입력을 얻을 수 없는 습득이 빈약한 환경에서 가치가 있지만, 충분한 이해 가능 입력이 있는 습득이 풍부한 환경에서는 특별히 의미 있는 가치가 없을 것이라는 효과에 대한 Krashen에 의해 제안된 가설의 반대 주장이다. 유용한 연구에 대한 Long의 평가에서, 정규 교육 효과는 포괄적이다.

정규 교육의 절대적인 효과

위에서 보고된 그와 같은 연구들은 정규 교육이 이루어질 때 실제로 무슨 일이 일어나는지에 대해 어떤 것도 밝히지 못한다. 만일 그것이 제2언어 습득을 실제로 도와준다면, 어떻게 그렇게 될까? Ellis(1984e)는 이것을 조사하기 시작했다. 그는 10세에서 15세 사이의 13명의 초등학생 제2언어 학습자 그룹에 WH 의문문의 형태와 의미에 대하여 세 시간의 교육 효과를 측정하였다. 그 피험자들 중의 2명은 초기에 논의된 종적 연구들에서 조사된 학습자들이었다. 이것은 정규 교육이 이루어지는 시간에, WH 의문사가 그들의 의사소통 발화로 나타나기 시작했다는 것을 보여주었다. 이 두 어린아이들이 전체적인 평균에서 약간 아래로 측정됨으로서, WH 의문사가 피험자의 '근접 발달 영역' 내에 있었다고 추측할 수 있다(Vygotsky, 1962); 즉, 학습자들은 발달적으로 WH 의문문을 '준비'한다는 것이다. 그러나 그 결과들은 전체적인 그룹에 대하여 교육의 경과로서 의미적으로 적절하고 문법적으로 잘 만들어진 WH 의문문을 사용하는 어린아이들의 능력에 대한 의미 있는 향상이 없었다는 것을 보여주었다. 그렇지만 몇 명의 어린아이들은 각각 뚜렷한 발달을 보여주었다. 이것은 그들이 받은 교육의 영향인지를 측정하기 위하여, Ellis는 수업들 중의 하나에서 각 학생의 교육상의 대화교환에 대한 참여도를 측정했다. 그는 이 수업의 목표였던 WH 의문문을 사용하는 능력에 진전을 보였던 것은 상위의 상호작용자들 보다는 오히려 하위의 상호작용자들이라는 것을 발견했다. 따라서 정규 언어교육의 능동적인 참여가 제2언어 습득을 촉진시키는 것으로 보이지는 않았다.

이 연구는 정규 교육이 절대적 효과가 없다는 것을 보여준다고 주장할 수는 없다—훨씬 더 많은 확증적인 연구들이 그러한 결론을 도출하기 위하여 필요할 것이다—그러나 그것은 정규 교육의 상대적인 유용성이 수업의 교수법적 목표를 구성하는 그러한 구조의 습득이 원인이 될 수 없다는 것을 실제로 보여준다. 이 점은 나중에 다룰 것이다.

표 9.2 제2언어 습득의 진도/성공에 관하여 정규교육의 효과에 대한 경험적 연구들

유형	연구	교실유형	대상	숙달	자료	결과
상대적 유용성	Carrroll(1967)	미국에서 외국어 학습(해외 노출)	성인-모국어 영어	모든 숙달 레벨	통합평가	정규 교육과 노출 모두 도움을 주지만, 노출이 가장 도움을 줌
상대적 유용성	Chihara and Oller (1978)	일본의 EFL	성인-모국어 일본어	모든 숙달 레벨	1. 분리평가 2. 통합평가	정규 교육이 도움을 주지만, 노출은 그렇지 못함
상대적 유용성	Krashen, Seliger and Hartnett(1974)	미국의 ESL	성인-혼합된 모국어	모든 숙달 레벨	분리평가	정규 교육이 도움을 주지만, 노출은 그렇지 못함
상대적 유용성	Briere(1978)	멕시코에서 제2언어로의 스페인어	어린이-지역 인도어가 모국어	초급레벨	분리평가	정규 교육과 노출 모두 도움을 주지만, 정규 교육이 가장 도움을 줌
상대적 유용성	Krashen and Seliger(1976)	미국의 ESL	성인-혼합된 모국어	중급과 상급레벨	통합평가	정규 교육이 도움을 주지만, 노출은 그렇지 못함
상대적 유용성	Krashen et al (1978)	미국의 ESL	성인-혼합된 모국어	모든 숙달 레벨	1. 분리평가 2. 통합평가	정규 교육과 노출 모두 도움을 주지만, 정규 교육이 가장 도움을 줌
상대적 유용성	Hale and Budar (1970)	미국의 ESL	청소년-혼합된 모국어	모든 숙달 레벨	1. 분리평가 2. 통합평가	노출이 도움을 주지만 정규 교육은 그렇지 못함, 그러나 결과가 의구심이 듬
상대적 유용성	Farhman(1976)	미국의 ESL	어린이-혼합된 모국어	모든 숙달 레벨	통합평가	노출이 도움을 주지만 정규 교육은 그렇지 못함, 그러나 결과가 의구심이 듬
상대적 유용성	Upshur(1968)	미국의 ESL	어른-혼합된 모국어	중급과 상급	분리평가	정규 교육이 도움을 주지 못함
상대적 유용성	Mason(1971)	미국의 ESL	어른-혼합된 모국어	중급과 상급	1. 분리평가 2. 통합평가	정규 교육이 도움을 주지 못함
상대적 유용성	Farhman(1975)	미국의 ESL	어린이-혼합된 모국어	모든 숙달 레벨	통합평가	정규 교육이 도움을 주지 못함
절대적 효과	Ellis(1984a)	영국의 ESL	어린이-혼합된 모국어	초보자 레벨	그림 과업으로부터의 자연스런 발화	정규 교육이 WH의문문 생성에 전반적인 영향을 주지 못함 — 개별인적 발달은 정규 교육기회와 연관이 없음

논의

본 부문에서 보고된 연구들에 많은 문제점들이 있으며, 그것들은 정규 교육에 대한 긍정적인 효과에 대하여 Long의 낙관적인 결론에 의구심을 던져준다. 교육이 도움이 된다는 여섯 가지 연구들에서 이미 살펴본 바와 같이, 관찰된 그 효과가 정규 교육 그 자체의 효과의 결과인지, 또는 단순히 더 많은 접촉 기회의 효과인지를 결정하는 것에 대한 문제가 있다. 또한 학습자의 동기에 대한 문제도 있다. 이것은 여러 방법으로 그 결과에 영향을 줄 수 있다. 예를 들면, 높게 동기 부여된 학습자들은 그렇지 않은 학습자들보다 정규 교육(또는 더 많은 교육)을 더 주의 깊게 찾는 것 같다. 따라서 동기 부여의 효과가 교육의 효과와 혼동될 것이다. 몇몇 연구들에서(예를 들면, Hale와 Budar 1970) 학습자들은 그들이 교육을 받아야만 하는지에 대한 어떠한 선택도 주어지지 않았다.

그와 같은 예로 인해, 그들이 교육으로부터 혜택을 덜 받을 수 있다는 결과로 인해, 그들이 교육을 싫어할 수도 있다(Hale와 Budar가 이것만을 보고한다). 마지막으로, 교육이 어떤 방법으로 제2언어 습득을 당연히 도와주는지는 분명하지 않다. Ellis의 연구는 예외로 하고, 교실수업 그 자체에서 무엇이 일어나는지에 대한 설명은 없었다.

그러나 교육이 학습자들에게 제2언어를 습득하도록 도와줄 수 있다는 것을 부정하는 것은 직관에 반대될 뿐만 아니라, 무수히 많은 교사들과 학생들의 개인적인 경험에 대한 반대이다. 그러므로 넓은 개념으로, 그 연구에 대한 Long의 재검토는 상식적인 가설만을 확인한다. 그러나 흥미로운 것은 정규 교육이 제2언어 습득의 진도/성공을 촉진시키는**지 아닌지** 또는 **어떻게** 촉진시키는지에 대한 것은 그리 많지 않다. 이것으로 보아 그 연구들은 도움이 되지 못한다. 그 결과 경험적인 해답보다는 이론적인 해답을 찾아보려는 것이 필요하다. 이것은 다음 부문에서의 목표이다.

요약

정규 교육의 상대적인 효율성에 대한 연구들은 엇갈리는 결론들을 제시하고 있었지만, 그러나 일반적으로 정규 교육이 제2언어 습득의 진도/성공을 도와준다는 가설에 찬성한다. 그렇지만 그것이 정규 교육 그 자체인지 또는 관찰된 효과의 원인이 되는 동기와 같은—긍정적이고 또한 부정적인—몇 가지 연관되는 요인들인지는 분명하지 않다. 특히 정규 교육이 어떤 절대적인 효과를 나타낼 수 없다고 제시하는 몇 가지 증거가 있으므로, 교육이 어떻게 더 빠른 발달을 이끄는지도 또한 분명하지 않다.

정규 교육의 역할 설명

제2언어 습득에서의 정규 교육의 효과에 관한 경험적 연구의 재검토는 비록 교육이 발달 연속에 분명한 영향을 갖지 않으며 발달 순서에도 거의 영향이 없을지라도, 그것은 실제로 제2언어 습득의 진도/성공이 관련된 곳에서 상대적인 유용성이 있다는 것으로 나타났다. 본 부문은 이전 부문에서 보고된 경험적인 연구의 관점에 대해 세 가지의 가능한 설명을 살펴볼 것이다. 이것들은 (1) 비상호작용적 입장, (2) 상호작용적 입장, 그리고 (3) 변이의 입장이다.

비상호작용적 입장

비상호작용적 입장은 Krashen(1982)에 의하여 가장 강력하게 제기되었다. Krashen이 제2언어 습득에서 두 가지의 언어학적인 지식을 확인한다는 것을 기억할 것이다. '습득'은 학습자가 의미에 집중하고 이해 가능한 입력이 있는 자연스런 의사소통에 참여할 때 자동적으로 발생한다. '학습'은 학습자가 제2언어에 대한 형식적인 속성이 집중되는 정규적인 공부의 결과로써 발생한다. '습득된' 지식은 학습자들이 자동적으로 끌어낼 수 있는 잠재의식적인 제2언어 규칙으로 이루어져있다; '학습된' 지식은 오직 '습득된' 지식의 도움으로 생성된 출력을 관찰하기 위해 사용될 수 있는 메타언어 지식으로 이루어져있다. Krashen은 두 가지 지식 유형이 완전히 분리되어 있고 서로 관련이 없다고 주장한다. 특히 그는 '학습된' 지식이 '습득된' 지식으로 전환된다는 견해에 이의를 제기한다. 그는 다음과 같이 서술한다:

> 또한 언급될 필요가 있는 매우 중요한 점은 학습이 습득으로 '변하지' 않는다는 것

> 이다. 우리가 새로운 규칙을 처음 배우고 결국 연습을 통하여 그것을 습득한다는 생각은 광범위하며 어떤 사람들에게는 직관적으로 분명하게 보일 수 있다… 언어 습득은… 습득자가 습득할 예정인 구조를 포함하는 입력을 이해할 때, 그의 'i+1' 이라는 한 가지 방법으로 일어난다.(1982: 83-4)

이것이 비상호작용적 입장이다.

Krashen은 '습득된'과 '학습된' 지식의 분리성에 대하여 여러 가지 추론을 제기한다.

1. '학습'이 일어나지 않는 곳에서 '습득'의 많은 경우들이 있다. 이것들은 자연적인 제2언어 습득의 연구에서 폭넓게 보고된다.
2. '학습'이 일어나지만 그것이 '습득'이 되는데 실패로 이루어졌던 경우들이 있다. Krashen은, 3인칭 단수 '-s'와 같은 규칙들을 '학습'했지만 그러나 아직 그것들을 '습득'하지 못했기 때문에 일상 대화에서 그것들을 사용할 수 없었던 'P'의 경우(Krashen과 Pon 1975)를 언급한다.
3. 최고의 '학습자들'조차도 제2언어에 대한 문법적 규칙들의 작은 부류만을 터득할 수 있다. 이것은 대부분의 규칙들이 보편적인 '학습자'가 다룬다는 것이 훨씬 어렵기 때문이다. Krashen은 언어학자들이 쉽게 '습득되는' 규칙을 성공적으로 기술하는 데는 몇 년이 걸린다고 지적한다.

Krashen은 때때로 규칙이 '습득'되기 전에 '학습될' 수 있다고 인정한다. 그러나 그는 이것은 학습이 습득의 필수 요소라는 것을 규명하지는 못한다고 주장한다. Krashen의 견해에서, 규칙을 '학습'하는 것은 나중에 '습득'하는 것을 방해하지 않는다는 것이다.

학습자들이 형식적인 문법 규칙을 종종 분명히 설명할 수 있지만 자연스러운 의사소통에서 그것들을 정확하게 사용할 수 없다는 것을 보여주는 증거가 비상호작용적 입장에 대해 약간의 신빙성을 더해 준다. Seliger(1979)는 이것이 실제로 그러한 경우였는지를 조사하기 위하여 흥미로운 연구를 수행하였다. 그는 여러 명의 성인 교실수업 학습자들에서 몇 장의 그림들을 설명해보라고 요청했고 그리고 나서 그들이 만들었던 발화에서 'a/an'의 사용을 분석했다. 그 결과는 실제의 언어수행과 규칙에 대해 알고 있는 지식 사이에 어떤 관련도 없었다는 것을 명확히 보여주었다.

많은 학습자들이 규칙에 대한 그들의 지식이 그들의 언어수행을 이끌었다고 믿고 있었다는 사실에도 불구하고, 그 결과는 그러했다. Seliger의 연구에 대한 한 가지 해석은, 비록 나중에 더 분명해져서 다른 설명들이 또한 가능할지라도, '학습'과 '습득'이 확실히 별개라는 것이다.

비상호작용적 입장이 경험적 연구의 결과를 어떻게 설명하는가? 그것은 정규 교육이 제2언어 습득의 경로에 상당한 효과를 주는데 실패하는 이유에 대한 명확한 설명을 제공한다. 이 경로는 '습득'의 반영이며 자연스러운 발화로부터 이루어진 데이터에서만 분명해질 것이다. 정규 교육은 의식 고취를 겨냥한 것이며 그래서 추측컨대 '학습'에만 영향을 준다. 따라서 비록 교실수업 학습자들이 규칙들을 '학습'할지라도, 그들이 규칙들을 '습득'할 때까지 자연스런 대화에 그것들을 드러내지 못한다. '습득'과 '학습'이 완전히 분리된다는 사실을 받아들임으로써, Krashen은 정규 교육이 자연스런 발달의 연속을 전혀 반전시킬 수 없는지에 대한 이유를 설명할 수 있다. 교사들의 교수요목은 '학습' 교수요목이다. 그러므로 학습자들 자신이 만든 교수요목은 '습득' 교수요목이다.

그러나 비상호작용적 입장은 정규 교육이 제2언어 습득의 진도/성공에 미치는 긍정적 효과를 어떻게 설명할 수 있는지는 직접적으로 그리 분명하게 드러나지 않는다. 정규 교육이 오로지 '학습'을 도와주는 것을 고려하면, 교실수업 환경이 제2언어 습득을 촉진하기보다는 오히려 늦출 수 있다고 예상될 것이다. 그러나 Krashen은 그러한 비평에 대해 그의 이론을 보호하기 위한 논의들을 발달시킨다.

실제로, Krashen(1982)은, 경험적 연구에서 보여주는 것처럼, 교실수업이 비형식적 환경보다 더 낫다고 주장한다. 그는 이것이 특히 성인 초보자의 경우에서 그렇다고 주장한다. 초보자들은 자연스런 환경에서 이해 가능한 입력('습득'의 원천)을 얻는데 어려움을 경험할 수 있지만, 교실수업에서 훨씬 더 많이 이해 가능한 입력을 얻을 수 있다고 주장한다. 따라서 비록 외부 세계가 학습자들에게 많은 입력을 부여할 수 있더라도, 교실수업은 '습득'에 필요한 적당한 종류의 질적인 입력이 이용 가능하도록 하기 위해 보다 잘 갖추어져 있다. 이러한 논의들은, 그 구분이 '노출 형태'와 '흡입 형태'의 환경들 사이에서 만들어진, Krashen(1976)의 발달이다. 많은 성인들은 오직 자연스런 상태의 '노출 형태'의 환경을 경험하는 것 같으며, 따라서 이해를 가능하도록 하기 위해 조정되는 필수적인 입력을 얻지 못할 것이다. 반대로, 교실수업은 '흡입 형태' 환경이 일어나도록 훨씬 더 가능하게 하는 것 같으며, 따라서 '습득'이 일어날 수 있는 조건을 만족시킨다. 그러나 교실수업 환경의 기여는 정규 교육의 결과물이라기보다는 성공적인 의사소통이 일어나는 결과로써의 이해 가능한 입력에 대한 대책이다. Krashen(1982)은 교실수업에서의 역할에 관한 그의 입장을 요약한다:

> 그러면 제2언어 수업의 가치는 문법 교육에만 있는 것뿐만 아니라, 또한 '교사 말씨', 즉 이해 가능한 입력에도 있다. 그것은, 수업의 초점이 습득에 대한 입력을 제공하고 있는 한, 적어도 중급 수준을 빠르게 성취하기 위한 효과적인 장소가 될 수 있다.(1982: 59)

'습득'이 교실수업에서 일어날 수 있는 어떤 증거가 있는가? Terrell 등(1980)은 교실수업 학습자들이 분명한 교수요목의 부분이 아닌 구조들을 '들어서 익힐' 수 있었는지를 조사하기 위한 연구를 수행했다. 그들은 제2언어로서 스페인어를 배우는 중학생들이 어떤 직접적인 교수를 하지 않고 의문문 형태를 성공적으로 습득했다는 것을 발견했다. Terrell 등은 이러한 결과는 다른 구조들을 연습하기 위하여 사용된 많은 교사의 질문에 대답하는 것에 대한 결과로써 스페인어 의문문의 통사론을 내재화했던 학생들에 의해서만이 설명될 수 있다고 지적한다. 다시 말하자면, Terrell 등의 연구가 한 가지 언어 규칙에 대한 '습득'은 교육이 다른 언어 규칙을 '학습'하는 것으로 향할 때 발생할 수 있다는 것을 보여준다. 그들의 연구는 정규 교육이 절대적 효과가 아닌 오직 상대적인 효과만을 이룰 수 있는 한 가지 이유를 제공한다. Krashen은 정규 교육이 형식적이지 않을 때(즉, 의사소통하기 위하여 맞추어져 있는), '습득'이 교실에서 훨씬 더 많이 일어날 수 있는 것 같다고 주장한다.

요약하면, 비상호작용적 입장은 전혀 관련이 없는 두 가지 형태의 언어 지식이 있다고 가정함으로써 제2언어 습득에 관한 정규 교육의 효과를 조사했던 경험적 연구들의 결과를 설명한다. 정규 교육은, 그것이 만들어 내는 '학습'이 '습득'을 통하여 발생하는 발달의 연속을 전혀 달라지게 할 수 없기 때문에, 발달경로에 영향을 주지 않는다. 그러나 교실수업들은 '흡입 환경'을 구성하기 때문에 더 빠른 발달을 조성하며, 반면에 많은 학습자들에게, 특히 성인들에게, 자연스런 환경은 오직 '노출 환경'만을 제공하고 따라서 '습득'이 발생할 수 있도록 하지 못한다. 그러나 발달을 강화하는 것은 정규 교육 그 자체가 아니다.

표면상으로, Krashen의 비상호작용적 입장은 경험적 연구의 결과를 설명하는 것으로 보인다. 그러나 다수의 문제점들이 있다:

1. 첫 번째 문제는 이전의 부문에서 논의된 경험적 연구가 대부분의 교육이 의사소통적인 것보다는 아마 형식적인 교실수업의 효과를 조사했을 것이라는 사실과 관계가 있다. 이것이 그렇게 됨으로써, Krashen은 발생되는 것으로 보이는 제2언어 습득의 진도/성공에 관한 긍정적인 효과가 정규 교육과 아무런 관련이 없다고 주장해야 하는 입장에 처해 있으나, Terrell 등에 의한 연구에서 분명히 보여주는 바와 같이, 교육의 진행과정에서 일어나는 교실수업 입력으로부터 구조들을 '들어서 익히는' 것에 대한 부수적인 결과이다. Krashen은 형식적인 것보다 오히려 의사소통적인 교육이 더 빠른 발달로 이끌 것이라고 주장한다. 그러나 이것은 비교 방법 연구들에 의해서만 입증될 수 있다. Krashen은 그 연구들이 이해 가능한 입력을 어느 정도까지 제공하는지를 결정하기 위하여 많은 각기 다른 방법들을 재검토하며, 그리고 발달을 도와주는 정규 교육보다는 오히려 그것이 이해 가능한 입력이라는 그의 주장을 지지하기 위하여 각기 다른 방법들의 비교 효과에 대한 유용한 경험적인 연구의 결과를 사용한다(예를 들면 청화 구술 교수법, 인지 규칙 교수법, 전신 반응 교수법, 자연 교수법과 같은). 그러나 Krashen은 이런저런 것에 대한 형식적인 문법 교수에 근거한 방법들과 그리고 정확한 의사소통을 위한 기회를 제공하는 것에 근거한 방법들을 직접 비교했던 그 어떤 연구들에 대해 언급을 하지 않는다. 실로, Krashen(1981a)-Palmer(1978)의 주해에서 언급된 그 연구 중 하나는 Krashen의 주장을 지지하지 못하는 결과들을 제시했다. 그와 같은 연구들이 더 많이 수행되기까지, Krashen의 입장은 추론적인 것으로 취급되어야 한다. 많은 교사들과 연구자들에게 정규 교육에서 발견되는 긍정적인 효과에 대한 더 직관적으로 만족하는 설명은 즉 단지 원인이 되는 '흡입 환경'이라기보다는 오히려, 그것이 형태에 초점을 두고 있다는 사실일 것이다.
2. Long(1983d)은 어린아이들이 '학습하는' 것으로 여기지 않고 습득하는 것으로만 여겨질 때, 그들은 성인들보다 정규 교육으로부터 얻는 혜택이 없어야 한다고 지적했다. 그러나 그 연구는 어린아이들이 성인들과 같이 정규 교육으로부터 이익을 얻는다고 명시한다. 다시 한 번 교실수업 환경의 장점이 '학습'보다는 오히려 '습득'을 위한 기회의 제공으로 이루어진다고 주장함으로써 (Krashen이 주장한 바와 같이) 비상호작용적 입장을 '무력하게 하는' 것이 가능할 수도 있다. 그러나 어린아이들은 교실수업 밖에서 이해 가능한 입력을 얻는데 있어서 성인들보다 문제들이 거의 없다고 여겨질 때, 그들은 '습득'을

위해 교실 수업에 덜 의지해야 하며, 그래서 그 연구는 어린아이들의 교육보다는 성인들의 교육에 대한 더 많은 효과를 제시해 주어야 한다. 그러나 이러한 예상은 입증되지 않는다. 따라서, Krashen은 교육이 성인들과 어린아이들에게 차별적인 효과가 있을 것이라고 예상하는 반면에, 이러한 일은 사실상 발생하지 않는다.

3. Long(1983d)은, Krashen이 오직 쉬운 문법 규칙들을 '학습하는' 것이 가능하다고 주장하는 것처럼, 교육이 상급 학습자들보다는 초보자들에게 더 많은 효과를 보여주어야 한다고 언급한다. 그러나 다시 한 번, 그 연구는 그와 같은 주장을 지지하지 못한다. 상급 학습자들은 또한 정규 교육으로부터 이익을 얻는 것으로 보인다. '습득'이 관련된 곳에서, Krashen은 또한, 상급 학습자는 교실수업 밖에서 이해 가능한 입력을 얻기 위해 더 나은 입장에 있으므로, 교실수업이 상급 학습자보다 초보자를 더 많이 도와준다고 주장한다. 그러나 상급 학습자들이 또한 교육으로부터 이익을 얻는다는 발견은, 심지어 습득이 풍부한 환경이 자연스런 장소에서 유용할 때, Krashen의 예측과 상반된다.
4. Long에 의해 제기된 또 다른 점은 교실수업 '학습'의 효과가 분리 평가에서만 관찰되어야만 한다는 것이지만, 그 연구는 교육이 또한 통합 평가에서 향상된 점수로 이어지며, Krashen의 용어로 '습득된' 지식을 이용해야 한다고 제시하고 있다는 것이다

이것들은 비상호작용적 입장의 진지한 비평들이다. 만일, Long이 제시하는 바와 같이, 큰 영향력이 '쉬운' 규칙들보다 더 많은 것을 포함하고 그것이 분리 평가뿐만 아니라 통합 평가에 관한 언어수행을 도와줄 수 있다는 것을 수용할 때 그것을 재정립함으로써 '학습'에 기인한다고 여겨진다면, 그것들은 기본적 입장을 포기하지 않고 해결될 수 있다. 그러나 또 다른 해결책은 '습득/학습'의 분리를 거부하고 상호작용적 입장을 취하는데 있다.

상호작용적 입장

상호작용적 입장은 비록 학습자가 각기 다른 종류의 제2언어 지식을 지니고 있더라도, 한 가지의 지식 형태가 다른 형태로 '침투'가 발생하는 결과로 인해, 이것들은

완전히 분리된 것이 아니다. 설득력이 부족한 상호작용적 입장과 확고한 상호작용적 입장을 구분하는 것이 가능하다.

설득력이 부족한 상호작용적 입장은 Seliger(1979)에 의하여 제의되고 있다. Seliger는, 각기 다른 학습자들이 그들이 학습해 온 규칙들에 대해 결국 각기 다른 표현으로 마무리하는 것에 대해, 학습자들이 정규 교육의 결과로 '학습하는' 의식적인 규칙들이 변칙적이라고 주장한다. '학습된' 규칙들은 자연스런 의사소통에서 요구되는 내적 지식으로 기술하지 않고, 그러므로 당연히 그것들은 실제 언어 행동에 대한 역할을 할 수는 없다. 그러나 교수법적인 규칙들은 실제로 목적의 역할을 한다. 그것들은, '유발되어야만 하는 실제 언어 개념에 대한 중대한 속성'에 대해 학습자의 관심이 집중됨으로서, '습득 촉진자'로서의 역할을 한다(Seliger 1979: 368). 따라서 그것들은 귀납적 가설 검증 과정을 더 유효하게 만드는데 도움을 준다. Seliger는 또한 교수법적인 규칙들이 학습자에 의하여 흔치않게 사용되는 내적 규칙의 특성들을 회상하기 위한 연상기호로서의 역할을 한다고 제안한다. 다시 말하자면, Seliger는 규칙들에 대한 내재화가 교수법적 규칙들을 학습하는 것과 관련된 것과는 다른 진행과정이라고 받아들이지만, 그러나 교수법적 규칙에 대한 지식은 (1) 학습자가 이것을 수행할 '준비'가 될 때 규칙의 내재화를 더 쉽게 만들 수 있으며, 그리고 (2) 비록 습득되지만, 여전히 '수용되는', 특성들에 대한 사용을 촉진시킬 수 있다고 믿는다. 그러나 Seliger는 '학습된' 지식(또는 교수법적 규칙)이 '습득된'(또는 내재화된) 지식으로 전환된다고 제시하지 않는다.

그에 반해서 Stevick(1980)은 '학습'에서 '습득' 등으로 지식의 흐름을 실제로 감안한 제2언어 습득의 모델(그가 Levertov 기계라고 부르는)을 발달시킨다. 그는 '학습'이 2차 기억(자료가 때때로 사용되지 않으면 점차 잊게 되는, 2분 이상 자료를 보유할 수 있는)과, 그리고 '습득'은 3차 기억(사용되지 않더라도, 절대로 지워지지 않는 자료를 포함하는)과 관련이 있다고 제안한다. Stevick은 Krashen처럼, '습득'을 의사소통 경험의 결과물로 보고 있지만, 이것은 최근에 기억되고 있는 자료를 이용할 수 있고 2차 기억의 일부분이라고 주장한다. 이러한 일이 발생할 때, 자료는 3차 기억으로 전이될 가능성이 있으며, 즉, '학습'은 '습득'이 된다.

Bialystok(Bialystok과 Fröhlich 1977; Bialystok 1979, 1981 참조)은 또한 상호작용할 수 있는 두 가지 지식 유형들에 근거한 제2언어 습득 모델을 발달시키다. 그녀는 이 지식 유형들을 '암시적'과 '명시적'으로 부르는데, 그녀의 그것들에 대한 기술이 Krashen의 '습득된/학습된' 유형에 아주 근접하게 일치한다는 것이 분명하다. Bialystok은 **연습**이 명시적 지식이 함축적 지식으로 변하는 메커니즘으로서의 역할을 한다고 제안한다. 따라서 명시적 지식은 두 가지 방법으로 형성될 수 있다; (1) 1차적인 방법은 '무의식적인 습득'이며, 그리고 (2) 2차적인 방법은 연습에 의한 명시적 지식의 자동화를 통한 방법이다.

그러면 연결될 수 있는 '획득된' 그리고 '학습된' 한 가지 방법이 자동성의 측면에 있다. 이것은 Krashen의 비상호작용적인 입장에 대한 반박을 한 McLaughlin (1978b)에 의하여 발달된 견해이다. McLaughlin은 '조정된' 그리고 '자동적인' 처리과정 사이에 대한 Schneider와 Shriffin(1977)의 구분을 언급한다. 조정된 진행과정은 제한된 수의 특성들만이 간섭현상이 일어나지 않고 한 번에 조정될 수 있도록 하기 위하여 능동적인 집중을 필요로 한다. '자동적인' 처리과정은 능동적인 조정이나 또는 집중 없이 발생한다. 중요한 점은 즉, '자동적인 처리과정이 조정된 처리과정의 초기 사용을 따라서 학습된다'는 것이다(McLaughlin 1978b: 319). 따라서 제2언어 습득은 조정된 것으로부터 자동적인 운용 방식을 계속 필요로 한다. 그러므로 '습득된/학습된'의 구분과 같은 두 가지의 연결되지 않은 지식 유형들을 전제로 하는 것은 불필요하다.

Sharwood-Smith(1981)는 Bialystok와 McLaughlin의 연구를 구축하고, 제2언어 습득에서 정규 교육의 역할을 설명하기 위하여 완전한 상호작용 모델을 발달시킨다. 그는 그러한 정규 교육이 의식 고취가 일어날 수 있는 수단으로써의 역할을 하며, 그 결과로 발생한 명시적 지식은 자동화 될 때까지 연습된다고 주장한다. 그는 다음과 같이 서술한다:

> 제2언어 학습에서의 기본적인 진행과정에 대한 관점이 무엇이든지… 가장 자연스러운 언어수행이 연습에 의하여 얻어진다고 말한다는 것은 아주 확실하고 역설적이지 않다. 실제로 목표 언어로 수행하는 과정에서, 학습자는 그가 심사숙고하지 않고 그것들을 사용할 수 있는 것처럼 목표언어의 구조들에 대해 필요한 조정능력을 얻는다(1981: 166).

그림 9.1은 Sharwood-Smith의 모델을 재현한 것이다. 학습자는 세 가지의 각기 다른 방법으로 제2언어 출력을 만들어낸다. (1) 암시적 지식만을 사용, (2) 명시적 지식만을 사용, (3) 암시적, 명시적 지식 모두를 사용하는 것이다. 학습자 자신의 발화는 학습자의 언어 학습 메커니즘에 대한 입력의 일부분을 구성한다. 입력의 다른

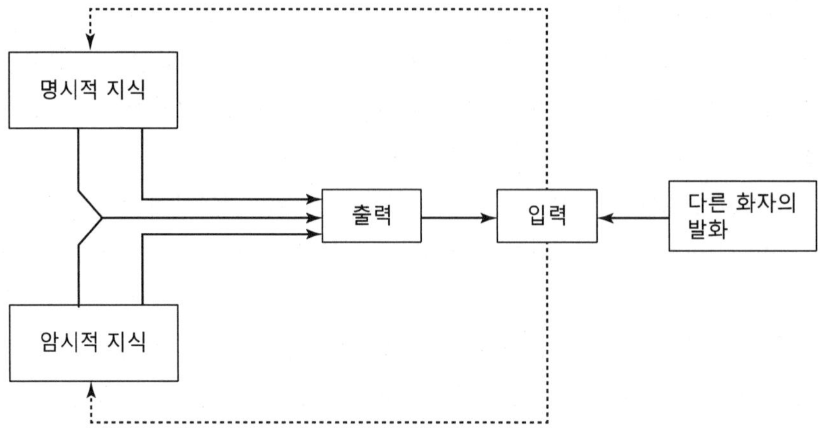

그림 9.1 언어학적 입력과 출력: 세 가지 잠재적인 피드백의 원천(Sharwood-Smith 1981: 166)

부분은 다른 화자의 발화로 이루어진다. 총체적인 입력은 학습자를 그의 암시적 또는 명시적 지식, 또는 둘 다의 지식에 대한 구성요소들을 바꾸도록 이어줄 수 있는 정보를 제공한다. 그것은 자동성이 결여된 명시적 지식의 기초 위에 전적으로 혹은 부분적으로 계획된 언어수행이 암시적 지식으로 피드백을 줄 수 있다는 이러한 모델로부터 기인하는 것이다: 만일 이것이 종종 충분히 일어난다면(즉, 연습을 통하여), 명시적 지식은 내재적 지식의 일부분으로서 충분히 자동화될 수 있다.

설득력이 부족한 상호작용과 확고한 상호작용이 정규 교육의 효과에 대한 경험적 연구의 결과들을 얼마나 잘 설명하는가? 설득력이 부족한 입장은 제2언어 습득의 경로에 미치는 어떤 긍정적인 효과도 전혀 발견하지 못하고 그리고 정규 교육이 발달의 진도/성공에 영향을 주는 결과를 둘 다 문제없이 설명할 수 있다. 확고한 입장은 진도/성공의 결과를 설명해주지만, 과정 결과에 대한 설명은 만족스럽지 않다.

Seliger가 전개한 바와 같이, 설득력이 부족한 입장은, 그 규칙들의 효과는 학습자가 그 규칙들을 습득할 '준비가 될' 때만 느껴지기 때문에, 교수법적 규칙들은 제2언어 규칙들이 자연적으로 '습득되는' 연속을 바꾸지 못할 것이라고 인정한다. 그러나 교수법적 규칙들은 그것들이 '습득의' 진행과정을 더 짧게 만들기 때문에, 발달 속도를 향상시킨다. 왜냐하면 학습자가 교수법적 규칙에 대한 그의 지식에 의해 '준비되기' 때문에 그는 규칙의 가장 중요한 특성들을 자각하고 내재화하는데 시간이 덜 걸린다.

Stevick, Bialystok, McLaughlin과 Sharwood-Smith에 의해 지지된 확고한 입장은, 언어수행의 척도가 '습득'을 뒷받침해야 한다는 것일 때조차도(즉, 통합 평가),

교실 학습자들이 자연적인 학습자들을 왜 앞서가는지에 대한 믿을 만한 설명을 제공한다. 교실수업 학습자들은 두 가지 방법들로, (1) 직접적으로, 교실수업에 의해 제공된 '흡입 환경'에 의하여, (2) 간접적으로, 연습을 통하여 명시적 지식을 자동화하는 것에 의하여 암시적이거나 또는 '습득'된 지식을 증가시킬 수 있는 장점을 가지고 있다. 이에 반하여, 자연적인 학습자들은 (1)에 대해 거의 전적으로 신뢰할 수 있을 것이다. 그러나 확고한 입장은 제2언어 습득의 경로에서 교육에 어떠한 주요한 효과가 없을 경우에 어떻게 설명할 수 있는지 명확하지 않다. 만일, 제시된 바와 같이, 명시적 지식이 자동화될 때 암시적 지식으로 바뀔 수 있다면, 특정한 언어 형태들을 연습하는 정규 교육을 받은 학습자들은, 그것들이 나중까지 '자연스럽게' 발생하지 않을지라도, 습득 순서에서 분명히 나타나야만 한다. 이것이 실제로 발생하지는 않지만('과잉 학습된' 형태들이 자연스런 순서 안으로 침범할 수 있다는 Lightbown(1983)의 관찰을 상기해라), 그러나 그 결과는 제한된 범위지만, 아무것도 Sharwood-smith의 모델만큼 예측하는 것 같아 보이지 않는다고 제시하는 일부 증거가 있다.

상호작용적 위치에 대한 문제들 중의 하나는 제2언어 지식이 여전히 '습득된/학습된', 또는 암시적/명시적으로 양분될 수 있다고 가정하는 것이다. 그것은 또한 '습득된' 지식이 어떤 점에서는 1차적이며 '학습된' 지식은 2차적이라는 것이라는 Krashen의 견해를 수용한다. 대안적인 견해는 학습자의 지식을 변이로 취급하는 것이다. 학습자가 내재화하는 지식의 종류는 상호작용적인 맥락의 본질에 의해 결정된다. 제2언어수행 역시 변이적이다. 학습자에 의해 사용되는 지식의 종류는 과업의 본질에 의해 결정된다. 거의 틀림없이 이러한 관점은 상호작용적 입장의 일부이지만 아주 분명하게 설명되지 않는다. 이런 이유로 비상호작용적인 입장과 상호작용적인 입장의 대안으로써, 세 번째 입장—변이의 입장—을 고찰해보는 것이 편리할 것이다.

변이의 입장

변이의 입장은 이미 4장에서 기술되었다. 간략하게 요약하자면, 학습자의 중간 언어는 비체계적이며 체계적인 변이를 둘 다 포함하고 있다. 체계적인 변이는 언어적이고 상황적인 맥락 모두에 대한 결과물이다. 학습자는 신중한 스타일에서 일상어 스타일까지 이르는 많은 각기 다른 종류의 스타일로 이루어진다. 그가 사용하는 어떤 스타일이 그가 그의 발화에서 사용할 수 있는 집중의 양에 대한 기능이다(Tarone 1983).

변이의 입장은 사용과 습득 사이의 상관관계를 강조한다. 학습자가 참여하는 언어 사용은 그가 습득하는 지식의 종류를 결정한다. 마찬가지로, 각기 다른 종류의 지식은 각기 다른 유형들의 언어수행에 사용된다. 따라서 한 가지 활동을 수행하기 위한 필수적인 언어지식을 습득하는 것이 각기 다른 종류의 활동을 수행하기 위한 능력을 보장해주지는 않는다. 예를 들면, 연습의 효과는 연습되고 있는 그러한 종류의 행동에 한정될 수 있다.

Bialystok(1982, 1984)는 다양한 언어 상황들에 의하여 강요된 제약들을 검증함으로써 제2언어 체계에 대한 학습자의 변이 조정을 설명하려고 한다. 그러기 위하여, 그녀는 분석된 요인과 조정 요인을 포함하는 두 연속체를 구분한다. 분석된 요인은 '학습자가 그것의 내용에 따라서 지식 구조를 재현할 수 있는 규모를 언급한다'(Bialystok 1984). 분석된 지식을 얻은 학습자는 문제를 해결하기 위하여 그것을 변형하고, 비교하고, 그리고 사용함으로써 그것을 활용할 수 있다. 대략적으로 말하자면, 분석된 요인은 초기의 명시적/암시적 구분과 일치한다. 조정 요인은 학습자가 다른 언어 지식의 각기 다른 항목들로의 접근에 대한 상대적인 용이성과 관련이 있다. 즉 그것은 자동화와의 관련이 있다. Bialystok은 이러한 요인들이 양분된 것이 아닌 연속체이며, 분석성과 자동성이 있다는 것을 강조한다. 그러나 그림 9.2에에서 보이는 바와 같이, 지식에 대한 네 가지의 기본 유형들을 확인하는 것이 편리하다. 이 체계를 이용하여, Bialystok은 두 가지의 기본적인 주장을 한다. (1) 각기 다른 과업들은 각기 다른 유형의 지식을 필요로 한다. 가장 어려운 과업들은 두 요인에서 나타난 지식을 필요로 하는 것들이며(즉, 그림 9.2의 C), 최소의 어려운 과업은

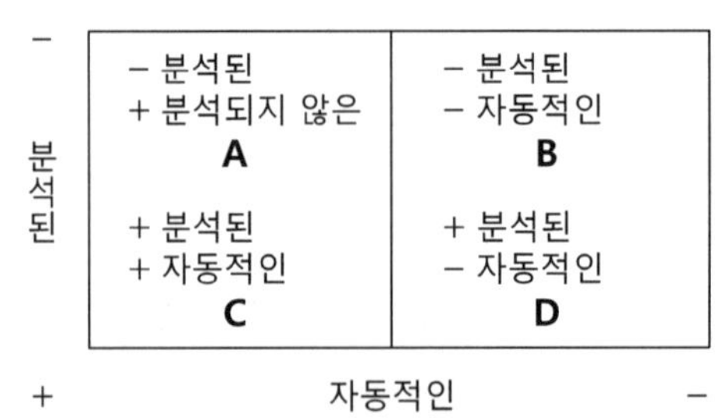

그림 9.2 변이적인 제2언어 체계에서 지식의 유형(Bialystok 1982에 근거한)

두 요인에 나타나지 않은 것들이며(즉, B), 반면에 하나의 요인에만 나타나고 다른 것에는 나타나지 않은 지식을 요구하는 과업들(즉, A 또는 B)은 중간이다. (2) 각기 다른 종류의 학습자들은 그들이 어떤 종류의 지식을 지니고 있는가에 의해서 확인될 수 있다. 예를 들면, 어린아이 학습자들과 성인 비정규 교육 학습자들은 초기 단계에서는 B형의 지식으로, 그리고 나중에는 A형의 지식으로 특징이 나타난다. 정규 교육 제2언어 학습자들은 초기에 D형의 지식으로, 나중에 C형의 지식으로 특징지어진다. Bialystok은 '질적인 차이들이 가치 판단을 의미하지지 않는다'라고 조심스럽게 주장한다(Bialustok 1982: 205).

Bialystok(1982) 또는 Tarone(1983)의 설명에 의해 기술된 그와 같은 변이적인 입장이 정규 교육 효과로 경험적 연구 결과들을 어떻게 설명해 주는가? 자연스런 발달 연속이 하나의 특정한 언어 사용의 유형에 대한 반영 — 자연스러운 의사소통 — 이기 때문에, 그것은 절대로 변하지 않을 것이다. Tarone의 모델에서 소위 자연스런 경로는 학습자의 일상어 스타일의 결과물이다: Bialystok의 모델에서 그것은 A형의 지식에 대한 결과물이다. 각기 다른 순서는 학습자가 각기 다른 종류의 지식을 필요로 하는 과업과 마주칠 때만 드러날 것이다. 따라서 학습자의 신중한 스타일(또는 표 9.2에 있는 C형의 지식)을 발달시키는 정규 교육은 이것이 일상어 스타일을 요구하는 과업들을 사용하여 측정되는 한 제2언어 습득의 경로에 전혀 영향을 미칠 수 없을 것이다. 정규 교육이 성취할 수 있는 것은 학습했던 분석된 지식에 대한 학습자의 조정을 증가시키는 것이다: 즉, 연습을 통하여 그것을 자동화하는 것이다. 변이의 입장에 대한 관점으로부터, 소위 '습득의' 순서가 오직 언어수행의 특정한 유형에 대한 반영이기 때문에, 대안적인 발달 순서에 대한 의문이 발생하지 않는다.

변이의 입장은 또한 왜 교실수업 학습자들이 분리 평가에서 자연적인 학습자들을 능가하는지에 대한 설명을 할 수 있다. 정규 교육은 아마 이 평가에서 제기된 이 같은 과업을 수행하는데 필요한 지식의 유형(Bialystok의 체계에서 C의 유형)을 발달시킨다. 자연스런 환경은 아마 이러한 지식의 유형을 발달시키지 못할 것이다. 변이의 입장이 교실 수업 학습자들이 통합 평가에서 자연스런 학습자들을 능가하는지에 대한 이유를 어떻게 설명할 수 있는지는 분명하지 않다. 많은 가능성들이 있다. 먼저, 통합 평가들은 분석되지 않은 지식보다 분석된 지식이 필요할 수 있다; 다시 말하자면, 그것들은 자동적인 요인에 대해서만 다른, 분석된 요인이 관련된 어느 정도까지는 분리 평가와 같은 유형의 지식을 다소 필요로 한다. 두 번째, Tarone(1983)에 의해 제시된 바와 같이, 시간이 흐르면서 스타일 연속체를 따라 지식의 이동이 있다는 것이 가능하다. Dickerson (Tarone 1982에서 인용된)은 정규 교육 스타일에서의 지속적인 발전이 무심한 스타일에 '끌어들이기 효과'가 있을 수 있다고 제안한다. 이러한 설명이 가지고 있는 하나의 문제는, '끌어들이기 효과'가 학습자를 드러날 '준비가 된' 일상어 형태들에 대해 민감하게 만드는 것으로써만 보이지 않는다면, 만일 이것이 그러한 경우라면, 각기 다른 자연스런 순서가 정규 교육이 원인이어야 한다는 것이다(Seliger 1979에 의해 제시된 바와 같이). 셋째, 정규 교육은 신중한 스타일에서 사용할 수 있는 분석된 지식을 발달시키는 그 이상의 것이다; 그것은 또한 분석되지 않은 지식을 일상어 스타일로 내재화될 수 있게 한다. 이러한 관점은 신중한 설명을 요구한다.

정규 교육이 오로지 학습자들의 신중한 스타일에만 영향을 주는 것이라고 가정될 수는 없다. 정규 교육의 모형을 이루는 교실수업 상호작용은 또한 학습자의 일상어 스타일의 입력으로서의 역할을 할 수도 있다. 이것에 대한 증거가 Terrell 등(1980)에 의한 연구에서 이미 인용되었다. 6장에서 또한 심지어 정규 교육이 여러 가지 다른 종류의 상호작용을 포함할 수 있는 것 같다고 제시되었으며, Bialystok(1981: 65)에 의해 강력히 제기된 주장은 다음과 같다:

> …형식적 학습 상황은 주제와 관련 없는 대화, 학습이 일어나는 사회적 맥락 등과 같은 수업 목표로서 분명하게 지정된 것들보다 훨씬 더 많은 특성들을 포함하며, 그리고 많은 이러한 특성들은 암시적 언어 지식으로 함께 동화될 수도 있다.

초기에 언급했던 연구에서 Ellis(1984e)는 또한 의사소통적인 상호작용을 위한 기회들이 정규 교육의 맥락에서 일어날 수 있다고 제안한다. 학생들이 얼마나 자주 교육적인 대화 교환에 참여했는지의 관점에서, Ellis가 어떤 학생들은 WH-의문문 사용에서 교육으로부터 도움을 얻었고 반면에 다른 학생들은 그렇지 않았는지에 대한 이유를 설명할 수 없었던 것이 상기될 것이다. 그러나 그는, 연구를 위한 데이터가 수집된 교실수업 그 자체나 또는 답변유도 시간에서, 진보된 학생들은 어떤 의미교섭이 발생한 상호작용에 참여했던 학생들이라고 주장하는 질적인 증거를 제시한다. 그러나 그것은 단지 학습자들의 일상어 스타일을 발달시키는데 도움을 주는 의사소통적인 상호작용이 아니다. 비록 교사들이 예상하는 방법으로는 아닐지라도, 형태에 대한 집중하는 상호작용이 또한 도움을 줄 수 있다는 한 가지 주장이 제시될 수 있다. 예를 들면, 복수형의 표시를 연습하기 위하여 학생들에게 'This is a pencil'과 'These are pencils'와 같은 문장들을 발화하도록 요구하는 수업을 생각해 보라. 그러한 문장들이 수업의 목표인 문법 정보의 모형을 만드는 것은 사실이지만, 그 문장들은 또한 의도적인 관심을 나타내지 않은 다른 문법 정보를 포함한다. 그와 같은 문장들을 발화하고 듣는 학생들은 복수 표시에 집중을 할 수도 있지만, 동시에 그들은 연계사가 등식 관계의 문장에서 어떻게 사용되는지에 노출되고 있다. 그러한 문장들의 발화를 연습하는 것은 복수 표시들이 관련된 분석된 지식의 발달을 촉진시킬 수 있지만, 또한 연계사의 사용이 관련된 분석되지 않은 지식의 발달을 부수적으로 촉진시킬 수도 있다(즉, 그것은 학습자들이 'This is a…' 형태를 내재화하도록 도와줄 수도 있다). 따라서 비록 정규 교육이 특정한 제2언어 형태의 숙달을 목표로 두고 있다 할지라도, 그것은 또한, 위에서 제기된 이유 때문에, 수업의 목표로서의 교사의 관점에서 지정되지 않은, 다른 제2언어 형태의 숙달로 이어질 수도 있다.

그러나 정규 교육이 다양한 수준의 분석으로 제2언어 지식을 촉진함으로써 다양한 중간 언어 스타일로 입력하는 역할을 한다고 받아들여진다 할지라도, 이러한 입력이 자연적인 학습자들보다 교실 수업 학습자들이 더 빨리 발달시키도록 가능하게 하는지에 대한 이유를 설명하는 것이 여전히 남아 있다. 한 가지 강력한 가능성은, 자연적인 입력이 주로 분석되지 않은 지식만을 활성화시키는 반면에, 다양한 지식 유형들의 발달을 활성화시키는 역할을 한다는 면에서, 교실수업 입력이 풍부하다는 것이다. 다양한 유형에 접근하는 학습자는 숙달을 측정하는 수단인 분리 평가와 통합 평가 둘 다에서 성공적으로 수행할 수 있는 준비를 갖추게 된다. 대부분의 경우에서, 학습자들은 분석되지 않은 지식과 분석된 지식 둘 다 접근하는 것으로 도움이 될 것이며, 이것은 그들이 각기 다른 과업을 수행하도록 가능하게 할 것이다.

요약

본 부문은 정규 교육이 왜 제2언어 습득의 자연스런 연속에 영향을 주지 않지만 더 빠른 발달을 촉진하는지에 대한 설명을 제시하는 세 가지 이론적 입장들을 검토했다. Krashen에 의해 제기된 비상호작용적 입장은 '습득'과 '학습'이 별개라는 것을 주장한다. 왜냐하면 '습득'은 자연스런 연속의 역할을 하고, 정규 교육으로부터 기인한 '학습'은 자연스런 연속에 영향을 줄 수 없기 때문이다. 그러나 이해 가능한 입력에 대한 기회를 주는 교실수업은 '습득'을 가속화할 것이다. 상호작용적 입장은 또한 제2언어 지식의 두 가지 유형을 가정하지만, 그것들은, 충분하게 연습이 이루어질 때, '학습'(또는 명시적 지식)이 '습득'(또는 암시적 지식)이 될 수 있도록 관련되어 있다고 주장한다. 그러나 이러한 입장의 설득력이 없는 견해는, '학습'이 학습자가 '준비되었을' 때 그것을 촉진시킴으로써 '습득'으로 그리 많이 변하지 않는다고 주장한다. 변이의 입장은, 분석성과 자동성의 측면에서 변화하는 지식 유형들을 각각 요구함으로써, 다양한 각기 다른 '유형'을 인식하는 다른 두 가지 입장과 다르다. 각기 다른 과업들은 각기 다른 종류의 지식들에 대한 사용을 필요로 한다. 정규 교육은 이러한 각기 다른 지식 유형을 내재화하고 자연적인 학습자들보다는 교실 학습자들이 보다 넓은 범위의 언어수행을 가능하게 하는데 직접적 또는 간접적으로 기여한다.

세 가지의 모든 입장들은 정규 교육의 효과에 대한 경험적 연구의 결과를 설명하는 논의들을 제공한다. 이것들은 어느 정도 자세하게 고찰되었다. 지금 그러한 논의들 사이에서 명확한 선택을 하기에는 증거가 불충분하다. 그러한 증거는 정규 교육으로부터 기인한 교실 담화와 그리고 그러한 담화가 유도하는 언어 발달에 대한 더 많은 질적인 연구가 있을 때까지는 충분할 것 같지 않다.

결론: 몇 가지 의미 함축

이번 장은 제2언어 습득에서 정규 교육의 역할에 대한 조사가 제2언어 습득 이론과 언어 교수법 모두에서 중요하다고 주장하면서 시작했다. 이러한 결론으로 나는 몇 가지 의미 함축들을 간략하게 살펴볼 것이다.

제2언어 습득 이론

정규 교육의 역할에 대한 연구는 제2언어 습득에서 환경적 요인의 영향에 대한 애매한 문제를 밝힐 수 있다. 교실수업 환경은 자연스런 환경으로부터 다른 종류의 입력을 제공한다. 만일 환경적 요인들이 제2언어 습득을 위하여 중요하다면, (1) 두 가지 환경에서의 습득 경로가 다를 것이며, (2) 두 가지 환경에서 의 제2언어 습득에 대한 진도/성공도 역시 다를 것이라고 예상될 수 있다. 앞선 부문들에서 재검토된 연구는 (1)은 발생하지 않으며, 반년에 (2)는 발생할 수 있다는 것을 제시한다. 제2언어 습득의 경로에 영향을 주는 교실수업 환경에 대한 실패는 두 가지 측면으로 설명될 수 있다. 우선, 제2언어 습득에 대한 실질적인 결정요인은 환경적 요인들보다는 학습자 내부적인 요인들이다. 즉, 입력에 있어서 차이가 있음에도 불구하고, 제2언어 학습자가 그가 그렇게 하도록 프로그램되었기 때문에 같은 경로를 따른다는 것이다. 두 번째 설명은 유지되는 입력/상호작용에 대해 더 중심적인 역할을 가능하게 한다. 교실수업 제2언어 습득과 자연적인 제2언어 습득은, 비록 각각의 환경에서 발견되는 입력의 유형이 다를지라도, 또한 유사성이 있기 때문에, 같은 발달경로를 따른다. 자연스런 연속은, 비록 교실 수업 맥락에서 제한적일지라도, 한 가지 유형의 언어 사용에 대한 결과물—자연스러운 의사소통—이다. 첫 번째 설명은 제2언어 습득에 대한 생득주의적인 해석을 따르고, 두 번째는 상호작용적 해석(6장 참조)을 따른다. 아주 분명한 것은, 어떤 해석을 채택하든, 제2언어 습득이 교실수업 환경과 자연스런 환경에서의 환경적인 차이를 무력하게 하는 확실한 구조적 속성을 지닌다는 것이다. 환경적 요인들의 효과는 학습자가 얼마나 빨리 그리고 얼마나 많은 제2언어를 습득하는지에 대해 대체로 제한적인 것으로 나타난다.

언어 교수법

교사보다는 오히려 학습자의 관점에서 교육을 살펴보는 것이 효과적이다. 만일 교육이 타당한 교수요목에 근거하고 동기 유발 기술을 사용한다면, 습득이 이루어질 것이라는 관점을 넓게 수용하여 보아야 한다. 만일 제2언어 습득의 구조적인 속성에 대한 설명이 없다면, 성공은 결코 확실하지 않다.

그러나 제2언어 습득 연구결과에 근거한 확고한 추천에 도달하는 것이 쉽지 않다. Huge(1983: 1-2)가 다음과 같이 서술한다:

> 현재 제2언어 학습에 대한 연구로부터 도출된 언어교육의 분명한 의미 함축이 있다는 것이 전혀 확실하지 않다고 처음부터 말해져야 한다.

조심해야 될 점은 두 가지 이유로 되어 있다. 우선, 교수가 학습과 같지 않다고 인식되어야 한다. 교수 계획을 구안하는데 있어서 학습자가 어떻게 학습하는지를 고려하는 것이 분명히 바람직하지만, 비학습자요인들을 고려하는 것은 필요하지 않다. 예를 들면, Brumfit(1984)은, 교사가 논리적으로 허용할 수 있다고 생각하는 교수요목으로부터 진행하는 것이 훨씬 더 중요하기 때문에, 비록 학습자들이 정해진 경로를 따를지라도, 교사는 그의 교수가 또한 그것을 따라야 한다고 당연하게 여겨서는 안 된다고 지적한다. Brumfit은 언어 교수는 교사가 하는 것을 지시하고 조직하는 잘 만들어진 계획을 따를 때 가장 성공적이 될 것이라고 논의한다. 두 번째 조심해야 할 이유는, 즉 비록 제2언어 습득에서 무슨 일이 발생하는지와 관련하여 제2언어 습득 연구자들 사이에 명확한 의견 일치가 있음에도 불구하고, **왜** 발생하는지에 대해서는 명확한 의견 일치가 없다는 것이다. 이것은 정규 교육 효과에 대한 연구의 결과들을 설명하기 위하여 채택된 다른 입장들에서는 분명하다. 그러나 제2언어 습득 연구로부터 언어 교수법에 대한 의미 함축을 찾는데 있어서 잠정적인 것이 현명한 반면에, 이러한 연구들을 전체적으로 무시하는 것은 어리석은 일이 될 수 있다. Corder(1980: 1)가 '우리는 항상 가장 좋은 유용한 지식을 고려하여 실질적인 질문에 대답하려는 시도에 대한 의무가 있다'고 인용한다.

오직 한 가지 쟁점이— Stern(1983)이 언어 교수법에서 부호체계와 의사소통간의 괴리로서 언급한 것 — 여기에서 고찰될 것이다.[9] 핵심 문제는 바로 이것이다: 교육은, 학습자들이 자연스런 의사소통에 참여할 수 있는 기회를 제공하는 것과는 반대로, 제2언어 습득에 대한 형식적인 속성들에 대하여 학습자들의 의식 고취에 어느 정도까지 목표를 두어야만 하는가? 이것은 역설적인 쟁점이다. 한편으로는, Widdowson (1984: 23)이 '순수한 교육…그리고 불간섭현상에 대해 허용적인 교수법과 연관된' 이라고 부르는 것에 대한 지지자들이 있다. 다른 한편으로는 분석적이 되기 위한 학습자들을 가르치는 것이 발달에 기여한다는 주장을 하는 사람들이 있다. 나는 이전 부문에서 고찰되었던 세 가지 입장들 중 각각에 대한 옹호자들에 의해 지지된 부호체계와 의사소통간의 괴리에 대한 태도를 간략히 설명할 것이다.

1. 비상호작용적 입장

Krashen(1982)은 제2언어 습득 교실에서의 문법 교육의 역할에 대하여 깊은 관심을 기울인다. 그는 그것에 대한 두 가지 사용을 살펴본다. 먼저, '학습'을

9. 부호체계와 의사소통 대조는 다양한 방법으로 언급되었다. 예를 들면, 각기 다른 전통적인 교육상의 연습들이 양자택일에 집중했다고 제안하면서, Brumfit(1979)은 '정확성' 대 '유창도'를 구분한다.

준비함으로써 모니터의 역할을 가능하게 한다. 그러나 모니터 사용은 학습자가 그의 '학습된' 지식에 접근할 시간이 있을 경우에 제한되고, 또한 제2언어의 전체적인 규칙들에 대한 작은 세부 항목만이 '학습할 수' 있다는 사실에 의해 제한된다. 문법 교육의 두 번째 사용은 제2언어 문법 체계의 속성 —Krashen이 이른바, '문법 인식' — 에 대한 학습자들의 호기심을 만족시키기 위하여 사용한다. Krashen(1982)은 다음과 같이 결론짓는다:

> 의식적인 문법의 사용은 제한적이다. 누구나 다 모니터하는 것은 아니다. 어느 정도의 시간을 모니터만 하고 문법에 대한 세부 항목만을 위하여 모니터를 사용하는 사람들은…정확성에 관한 자동 수정의 효과는 그리 대단하지 않다. 제2언어수행자들은, 의도적으로 형태에 중점을 두었을 때조차…우리가 오직 문법의 가장 쉬운 측면을 고려할 때조차도, 그들의 대부분의 오류만을 전형적으로 자동 수정할 수 있다.(1982: 112)

그러므로 Krashen은 교육의 역할이 제2언어 부호체계에 대한 관심을 끄는 것보다는 오히려 의사소통을 위한 기회를 부여하는 것이라고 믿는다. Krashen(1981b)은 효과적인 교수 계획을 고려하는 것에 대해 정의하는 특징들을 열거한다. (1) 교실수업 입력은 반드시 이해 가능해야 한다; (2) 계획은, 입력이 흥미롭고 적절하다는 확신을 줄 수 있는 것으로써, '의사소통적인 활동들'로 구성되어야만 한다; (3) 문법적으로 연속된 계획을 따르는 시도는 없어야 한다; (4) 입력은 충분한 양이어야 한다(그러므로 다독의 중요성). Krashen과 Terrell(1983)은, '자연적인 접근법'이라 부르는, 이러한 원칙들에 따르는 계획의 개요를 서술한다.

2. 상호작용 입장

비상호작용적인 입장은 의사소통의 중요성을 강조하고 부호체계의 중요성을 최소화하는 반면에, 상호작용적인 입장은 부호체계의 영향을 강조한다. Sharwood-Smith(1981)는 문법 교육을 의사소통 능력의 지름길로 보고 있다. 즉, 부호체계의 특성들에 관한 관심을 갖는 성인 학습자는, 교실수업의 안과 밖에서, 성인 학습자가 유창한 의사소통적인 발화에서 그것들을 잠재의식적으로 사용할 수 있을 때까지, 이것들을 연습할 수 있다. Sharwood-Smith는 문법 교육(또는 소위, '의식 고취')이 많은 다른 유형을 갖는다고 강조한다. 그는 두 가지 기본적인 측면들을 구분한다: 공들이기(즉, 교육이 간단한 서술 또는 매우 구조적 설명만을 제공하는)와 명료함(즉, 간접적 실마리 또는 일반적인 교수법상의 규칙들)이다. 그러므로 의식 고취는 학습자가 학습했던 규칙들을 말로 표현할 수 있다는 것을 필요로 하지 않는다. 게다가, Sharwood-Smith에게 있어서 중요한 쟁점은 그 코드가 가르쳐져야 하는지에 대한 것이 아니고, 어떤 방법으로 가르쳐져야 하는지 이다.

3. 변이의 입장

변이의 입장은 학습 진행과정을 교육 유형과 대조해 보는 것에 대한 중요성을 강조한다. Bialystok(1982: 205)는 다음과 같이 지적한다:

> … 교육은 학습자의 특정한 목표들과 그러한 목표들을 성취하기 위하여 적절한 지식의 형태를 제공하기 위한 시도를 고려해야만 한다.

그 '목표들'은 학습자가 참여하기를 필요로 하는(또는 원하는) 언어 사용 유형과 관련이 있다. 만일 그 목표가 자연스런 대화에 참여하는 것이라면, 학습자는 자동적이지만 비분석적인 제2언어 지식을 습득함으로써 그의 일상어 스타일을 발달시키는 것이 필요할 것이다. 이것은 교실수업에서의 의사소통을 강조하는 교육의 도움으로 직접 성취될 수 있다. 만일 신중한 스타일로부터 일상어 스타일까지 지식의 흐름을 유발하는 충분한 연습 기회가 있다면, 그것은 또한 부호체계에 집중하는 교육에 의해 간접적으로 성취될 수도 있다. 만일 학습자의 목표가 신중하고 의식적인 계획을 요구하는 담화에 참여하는 것이라면, 그는 자동화되고 분석된 제2언어 지식을 습득함으로써 신중한 스타일을 발달시키는 것이 필요할 것이다. 이것은 제2언어 부호체계에 중점을 둔 정규 교육에 의하여 가장 잘 성취될 수 있다.

어느 입장이 교실수업 제2언어 습득의 경험적 연구 결과에 대한 가장 좋은 설명을 제공했는지에 관하여 명확한 선택을 한다는 것이 가능하지 않았던 것처럼, 그래서 언어 교수법에서 부호체계와 의사소통간의 괴리에 대한 해결책을 제시하는 것은 시기상조이다. 그러나 제2언어 습득 연구들에 대한 한 가지 효과는 부호체계를 가르치는 것이 이전에 생각했던 것보다 더 작은 역할을 할 수도 있다고 일반적으로 제안하는 것이었다. Coder(1980)가 지적하는 바와 같이, 이러한 제안은 현재의 교육 방향들과 일치되는 것이다. 그러므로 제2언어 습득 연구는 급진적으로 새로운 접근법들에 대해 논쟁하는 것보다는 기존의 추세들을 강화하는 것으로 보일 수도 있다.

요약

제2언어 습득에서 교육의 역할을 조사하기 위하여, 정규 교육이 제2언어 습득의 경로와 그리고 제2언어 습득의 진도/성공에 미치는 효과를 구분하는 것이 필요하다. 경로가 관련된 곳에서, 정규 교육은 큰 효과가 없는 것으로 나타난다. 자연스런 의사소통 언어 사용과 연관된 전반적인 발달의 연속은 변하지 않으며, 반면에 특정한 문법 특성들의 습득에서에서의 약간 사소하고 일시적 차이만 관찰되었다. 따라서 교실수업 제2언어 습득은 자연적인 제2언어 습득과 같은 진행과정 전략을 포함하는 것으로 보인다. 비록 절대적 효과의 측면이 아니고, 상대적인 유용성의 측면에서만 일지라도, 진도도/성공이 관련된 곳에서, 교육은 촉진적이다. 이러한 결과들은, 경험적인 연구가 거의 없으므로, 잠정적으로 취급되어야 한다.

세 가지 각기 다른 입장들은 교실수업 제2언어 습득을 설명하기 위하여 제기되었다. Krashen(1982)과 연관된 비상호작용적 입장은, '습득된'과 학습된' 지식을 구분하고 그것들이 별개라고 주장한다. 이 입장은 정규 교육이, '습득'의 반영으로서, 제2언어 습득의 자연스런 경로에 영향을 주는데 실패하는 이유에 대해 설득력 있는 설명을 제공한다. 그러나 왜 정규 교육이 제2언어 습득의 진도/성공을 돕는지에 대해 제시하는 설명은 명확하지 않다. Stevik(1980)과 다른 사람들 중에서 Sharwood-Smith(1981)와 연관된 상호작용적인 입장은, 만일 충분한 연습이 있다면, '학습된' 또는 명시적인 지식이 '습득된' 또는 암시적인 지식으로 전환된다고 주장한다. 이 입장은 진도/성공의 결과에 대한 설명을 제공하지만, 경로의 결과에 대하여 거의 설득력이 없다. Tarone(1983)과 Bialystok (1982)과 연관된 변이의 입장은 각기 다른 언어 유형들이 각기 다른 언어 과업들에 대한 수행으로부터 발생하고 그리고 그것이 요구되는 그와 같은 것과 밀접하게 연결된 것으로 보인다. 이러한 입장은 만일 다양하고 각기 다른 지식 유형에 접근하는 학습자가 한 가지 종류의 지식에 더 의존하는 학습자보다 더 좋은 결과를 낸다고 가정한다면 경로의 결과(특정한 종류의 언어수행에서 발생하는)를 수월하게 다루고 진도/성공의 결과를 설명할 수 있다. 그러나 이러한 입장들 사이로부터의 선택을 한다는 것은 시기상조이다.

제2언어 습득에서 교육의 역할에 대한 연구는 제2언어 습득 이론과 언어 교수법 둘 다에서 의미 함축을 지니고 있다. 전자의 경우에서, 그것은 환경적인 차이에 대해 상대적으로 무력한 제2언어 습득의 구조적인 속성들을 인정하는 중요성을 강조한다. 언어 교수법이 관련된 곳에서, 비록 다시 한 번 문법 교육의 효과에 대하여 어떤 확실한 결론을 내는 것이 시기상조이지만, 그것은 부호체계와 의사소통간의 괴리를 밝히는 것이다.

더 읽을거리

교실에서의 제2언어 습득 연구는 거의 관심을 받지 못했다. 대부분의 이용 가능한 연구는 *TESOL Quarterly* 17/3에서, M Long에 의한, 'Does second language instruction make a difference?' 그리고 R. Ellis에 의한 *Classroom Second Language Development*에서 요약된다(Pergamon, 1984)(특히 2~4장 참조).

S. D. Krashen은, *Principles and Practice in Second Language Acquisition* (Pergamon)에서, 그의 일반적인 습득 이론의 견해로부터 교실 제2언어 습득을 고찰하고 있으며, 그리고 문법의 역할에 대해 상세히 살펴보고 있다. 5장은 본 장에서 간략하게만 언급하고 있는 비교 방법 연구에 대해 재검토를 제공한다.

M. Sharwood-Smith에 의한, 'Consciousness-raising and the second language learner'을 읽어보는 것이 중요하며(*Applied Linguistics* Ⅱ/2: 159-68), 이것이 Krashen의 위치에 대해 강하게 주장된 대안을 제시하고 있기 때문이다.

S. P. Corder에 의한, 'Second language acquisition research and the teaching of grammar'는 교수에 대한 제2언어 습득의 의미 함축을 고찰한다.

10장

제2언어 습득의 이론들

서론

지금까지 제2언어 습득에 관한 이론을 세우는데 있어서 부족함은 없었다. 그 연구 문헌에는 개론, 이론, 모델, 규칙, 그리고 원리들이 풍부하다. 이론을 세우는데 있어서 너무 도가 지나쳤다는 논의의 여지가 있다. 예를 들면, Schouten(1974: 4)이 주장한다.

> 제2언어 학습에 있어서 너무 많은 모델들이 내세워졌고 너무나도 빨리 당연한 일로 여겨졌으며 이것은 관련된 연구를 막아왔다.

그는 이론을 세우는 것은 오직 포괄적이고 근거 있는 경험적인 연구를 따라서 해야만 한다고 믿는다. 그러나 검증하려고 하는 특정한 가설을 안내함으로써, 그것은 이론을 세우는 것이 보다 우선되어야 하고, 실험에 의거한 연구를 알려야 한다고 논의될 수 있다. 이러한 방법론적인 논쟁들에 개의치 않고, 제2언어 습득연구는 앞서서 나아갔고 이론들의 과잉을 불러일으켰다.

본 장의 주된 목표는 제2언어 습득의 수많은 이론들을 복습하는 것이다. 토론을 위해 선택되었던 것들은 제2언어 습득의 연구에서 중심이 된다고 가정되었다. 그것들은 제2언어 습득 연구에서 다양한 견해를 반영하고 있다.

1. 문화변용 모델(그리고 토착화 모델과 밀접하게 연관된)
2. 조절 이론
3. 담화 이론
4. 조정 모델[1]
5. 변이 능력모델
6. 보편 가설
7. 신경 기능적인 이론

각각 이론들은 비판적인 평가 이후에 중심 전제에 대한 설명의 형태를 취하여 토

---

1. Krashen의 조정 모델과 Dulay의 창조적 구성 이론은, 많은 전제를 공유하면서, 밀접하게 관련되어 있다. 전자는, 제2언어 습득 연구에서 불러일으킨 상당한 관심에 대한 이식으로서, 본 장에서 고찰된다.

론할 것이다. 이 토론들은 이전의 장에서 상세히 고려되었던 문제들을 반영한다.

제2언어 습득에서 이론의 역할

제2언어 습득연구에서 이론들의 역할은 무엇인가? Hakuta(1981: 1)는 제2언어 습득의 주된 목표는 다음과 같다고 보았다.

언어 습득연구의 게임은 학습자들의 규칙 체계를 위한 기술의 적합한 수준을 검색하는 것으로써 설명될 수 있다. 다시 말해서, 제2언어 습득이론의 주된 목표는 **기술**이다 — 즉 발달의 어떤 시점에서든 학습자들의 중간언어를 구성하고 있는 언어학적 범주들의 본질의 특성에 대한 기술이다. 그러나 대부분의 다른 연구자들은 단순히 기술 이외의 더 많은 것에 목표를 두고 있다. 그들은 왜 학습자가 그가 하는 특정한 언어학적 범주들을 발달시키는지 알아내려고 노력했다. Rutherford(1982: 85)가 말하고 있는 바와 같이:

> 우리는 **무엇을, 언제, 어떻게** 습득되는지 알기를 원한다. 그러나 우리는 이러한 질문들에 대한 답을 이미 알고 있더라도 여전히 그 **이유**를 알고자 할 것이다…

다시 말해서, 이론 성립은 기술뿐만 아니라 **설명**과도 관련이 있다.

그러나 '설명'이란 용어는 애매모호하다. 우선, 이것은 학습자가 입력 데이터 표본들을 학습하고, 그것들을 수용으로 전환하고, 그 지식을 이용하여 출력하는 방법이라고 말할 수 있다. 이런 의미에서의 설명은 습득 연속과 순서 그리고 그것을 책임질 수 있는 진행과정들을 다룬다. 두 번째로 '설명'이란 용어는 또한 학습자가 배우는 동기는 무엇이며, 그가 학습을 그만두는 원인은 무엇인지에 대해서도 적용될 수 있다(즉, 화석화한다). Schumann(1976)은 설명을 이렇게 두 가지 유형으로 구분하고, 그는 제2언어 습득이 발생하는 **방법**에 원인이 되는 '인지 진행과정'과 그리고 제2언어 습득이 발생하는 **이유**에 원인이 되는 '개시 요인'이라고 각각 언급한다. Ellis(1984a) 두 가지 유형을 '조립 메커니즘'과 '동력 메커니즘'으로 간주한다. 이 구분은 제2언어 습득 이론화가 고려될 때 중요한 구분 중 하나이다. 왜냐하면 어떤 학설들은 방법에 중점을 두고 다른 학설들은 **이유**에 중점을 두기 때문이다. 그들이 제공하는 설명의 종류는 그러므로 다른 종류이다. 제2언어 습득의 포괄적인 이론들은 '조립 메커니즘'과 '동력 메커니즘'을 둘 다 설명하는 것을 필요로 할 것이다.

연구자들은 제2언어 습득이 일어나는 방법과 이유에 대한 설명을 세우는 것을 어떻게 시작하는가? Reynolds(1971)의 연구에서 영향을 받은 Long(1983e)은 이론 설립을 다음의 두 가지 접근법으로 구분한다: **이론 후 조사** 접근법과 **연구 후 이론** 접근법. 이 접근법들은 간략하게 논의될 것이다.

이론 후 조사 접근법에는 다섯 가지 단계가 있다.

1. 명백한 이론을 개발해라.
2. 이론으로부터 시험할 수 있는 예측을 끌어내라.
3. 예측을 시험할 수 있는 연구를 행하라.
4. 만일 예측을 확증할 수 없다면 이론을 변경해라.
5. 만일 첫 번째 예측이 확증되면 새로운 예측을 시험해라.

이 접근법의 시작점은 육감과 관련된 연구들을 사용해서 이론을 만들어 내는 것이다. 이 이론은 Popper(1976)가 '독단적인 생각'이라고 부르는 것으로 이루어진다. 그 이론이 그와 같이 왜곡되는 방법으로 표현된다는 것이 중요하다. 즉, 연구자는 상상 가능한 일을 이론의 입증으로써 해석해서는 안 되며, 또한 Popper가 말한 것처럼 몇 가지 '면제'는 배제시켜야만 한다. 이 학설의 강점은 둘 다 연구를 하면서 나타나는 현상에 대해서 이미 알려진 것을 **'다루는'** 능력뿐만 아니라 미래에 관찰될 것을 미리 예측하는 능력에 원인이 있다. 이 예측은 이론의 검증이다. 이론을 실험하고 수정하는 진행과정은 Popper의 관점에서는 결코 끝나지 않는 계속되는 실험이다. 그러므로 모든 가능한 사실들을 설명하기 위한 포괄적인 이론에 대해 논하는 것이 가능하다. 그러나 정확한 이론을 설명하기는 불가능하다. 어떤 이론이든 수정을 위해서 확정되지 않은 채로 남아 있어야 하기 때문이다.

연구 후 이론 접근법에는 네 가지 단계가 있다.

1. 조사를 위한 현상들을 선택해라.
2. 그것의 특징들을 측정해라.
3. 데이터를 수집하고 체계적인 모형을 찾아라.
4. 자연적인 사건들을 설명하는 규칙들과 같은 중요한 모형들을 형식화해라.

이 접근법의 시작점은 이론이 아니라 '연구 질문'—즉 연구자가 조사하기를 원하는 흥미 있는 분야이다. 이 분야는 육감 또는 관련 연구읽기의 결과에 따라서 결정된 것 같다. 그러나 연구 질문은 시험할 수 있는 예측을 제공하는 그러한 방식으로 명확한 형태로 나타나지 않는다. 연구 후 이론 접근법은 결코 포괄적인 학설을 유도하지 않는다. 이 학설은 행동에 동기 부여를 해주는 일련의 통찰력인, 제2언어 습득에 대한 '잡동사니' 견해를 만들 수 있다.

제2언어 습득연구는 두 개의 접근법에 관련되어 있다. 캐나다인 연구자들(Gardner와 Lambert 1972)의 동기부여와 태도의 효과에 대한 실험적인 연구들은 이론 후 연구 접근법의 예들이다. 마지막 장에서 논의된 보편 가설을 조사하는 실험적인 연구들은 이 접근법의 예로 볼 수도 있다. 그와 반대로 3장과 9장에서 간주된 개별 제2언어 학습자들의 종적 연구들은 연구 후 이론 접근법을 따른다. 그들의 목표는 포괄적인 학설을 형성하기보다는 오히려 제2언어 습득의 특별한 양상을 상세하게 조사하기 위한 것이었다.

Long은 이 두 접근법에는 각각 강점과 약점이 있다고 지적한다. 이론 후 연구 접근법은 전체적인 학설의 양상을 체계적으로 시험하기 위해서 대략적인 대답과 근거를 제공한다. 그러나 연구자들이 심지어 상당히 불일치한 증거에 직면해 있어도, 이 학설을 단념하기 위해 항상 준비되어 있지는 않다. 연구 후 이론 접근법은 연구자는 언제라도 더 적게 틀릴 수 있고, 연구가 진행되는 전체 진행과정의 선택된 양상들에 대한 가치 있는 통찰력들을 제공할 수 있다는 것을 의미한다. 그러나 이 접근법에서 파생된 주장들은 어쩔 수 없이 한정되어 있고 한 주장이 다른 주장과 어떻게 관련되는지 항상 분명하지는 않다.

Long은 이론 후 연구 접근법이 다음과 같은 이유 때문에 더 효과적인 연구를 이끈다고 주장한다.

> … 결국 어떤 점에서든지 연구를 관리하는 학설은 연구자에게 관련된 데이터는 무엇이고 어떤 것이 진행하기에 결정적인 실험인지를 말해준다(1983e: 22).

그러나 제2언어 습득연구에 있어서는 이 두 가지 접근법이 다 필요하다. 첫째, 실험적인 가설 검증 접근법에 동기를 부여하기 위해 합의된 초기의 학설이 없으며, 가까운 미래에 그런 학설이 나올지도 의심스럽다. 연구 후 이론 접근법에 의해서 제시된 인식은 학설을 세우기 위한 근거를 제공한다. 둘째, 제2언어 습득에 대한 일반적인 설명하기 위해서는 학설들을 세우기 위한 인식된 요구가 있다. Long이 제안한 것처럼 다른 연구자들이 다른 접근법들을 사용했다는 사실은 그들의 다른 성격의 반영일지도 모른다. 그러나 이것은 아마도 또한 제2언어 습득 분야가 각각 다른 연구 시각을 요구한다는 인식의 반영일 수도 있다.

본 장의 다음 부문은 수많은 제2언어 습득학설들의 복습이다. 그것들은 설명하기 위해 무엇을 시도하는지 그 방법이 다를 뿐이다. 제2언어 습득이 어떻게 발생하는지 다루는 '조립 메커니즘'이거나, 제2언어 습득이 왜 발생하는지 설명하기 위한 '동력 메커니즘', 또는 둘 다를 다룰 수 있다. 그것들은 어떻게 그 학설들이 도달했는가가 다르다. 어떤 것은 이론 후 연구 접근법 결과에 의존하는 반면 다른 것들은 연구 후 이론 접근법에 의존하고 있다. 제2언어 습득의 정돈되고 철저한 설명을 찾는 독자는 실망할 수도 있다. Selinker와 Lamendella(1978b: 168)는 '각각의 관점'은 각기 다른 것에는 없는 장점들을 가지고 있는 반면에, 동시에 단점들을 포함하고 있다고 말했듯이, 이 이론들은 '상호 보충적인 대안'을 제공한다.

제2언어 습득의 일곱 가지 이론

1. 문화 변용 모델

문화 변용은 '새로운 문화에 적응되어 가는 진행과정'이라고 Brown(1980a: 129)에 의해서 정의된다. 이것은 제2언어 습득의 중요한 측면으로서 여겨진다. 왜냐하면 언어가 문화의 표현들 중에서 가장 주목할 만한 것 중에 하나이며, 제2언어(외국어와 대조적으로) 환경에서 새로운 언어의 습득은 학습자의 언어공동체와 목표 언어 공동체가 서로를 세심히 살펴보는 방법에 의존하기 때문이다. 문화 변용이 제2언어 습득에 어떻게 영향을 미치는가에 대한 하나의 견해는 이미 5장에서 설명하였다. 다음에 오는 설명은 John Schumann (Schumann 1978a; 1978b; 1978c 참조)의 연구에 기초를 두고 있다. 더욱이 Andersen(1980; 1981; 1983b)을 참고로 하여, 자세히 설명된 견해인 Schumann의 모델 — 토착화 모델 — 이 논의된다.

문화 변용 모델의 중심 전제는 다음과 같다.

…제2언어 습득은 단지 문화 변용의 한 양상이고, 학습자가 목표 언어 그룹에 동

화되는 정도는 그가 제2언어를 습득하는 정도를 조정할 것이다(Schumann 1978c: 34).

이런 이유로, 문화 변용과 제2언어 습득은 문화변용 학습자와 목표 언어문화 사이에서 **사회적인** 그리고 **심리적인 거리**의 정도에 의해서 결정된다. 사회적인 거리는 목표 언어 그룹과 접촉을 하면서 사회 구성원으로서 학습자들에게 영향을 주는 수많은 요인들의 결과이다. 심리적인 거리는 학습자를 개체로 간주하는 다양한 감정적인 요인들의 결과이다. 사회적 요인들이 기본적이다. 심리적인 요인들은 비록 그 요인들이 특정한 사회적 상황에 결합하여 학습의 형식상의 수준을 수정할 수 있음에도 불구하고, 사회적인 거리가 불분명할 경우(즉, 사회적인 요인들은 문화 변용에 대해 분명하게 긍정적이지도 또한 부정적이지도 않은 영향력을 이루고 있는 곳에서)에만 작용된다.

Schumann(1978b)은 사회적 심리·거리를 결정하는 다양한 요인들을 열거한다. 사회적인 변수들은 전체적인 학습의 상황이 '좋은지' 또는 '나쁜지'에 따라서 결정된다. 좋은 학습 상황의 예는 (1) 목표 언어와 제2언어 그룹들이 서로를 사회적으로 동등하게 세심히 살펴본다. (2) 목표 언어 제2언어 그룹들이 둘 다 제2언어 그룹이 동화하기를 바란다. (3) 목표 언어와 제2언어 그룹이 둘 다 목표 언어 그룹과 함께 사회 시설들을 공유하기 위하여 제2언어 그룹을 기대한다(즉, 낮은 울타리가 있다). (4) 제2언어 그룹이 작고 그렇게 화합적이지는 않다. (5) 제2언어 그룹의 문화가 목표 언어 그룹의 문화와 일치한다. (6) 두 그룹이 서로에게 긍정적인 태도를 가진다. (7) 제2언어 그룹이 장기간 동안 목표 언어 영역에서 머물기를 예상한다. '나쁜' 학습 상황의 예는 상황들이 위에서 설명한 것들과 반대가 되었을 때이다.[2] 물론, 사회적인 거리의 시시각각 변화하는 정도들을 가지는 것은 가능하다.

심리적인 요인들은 본질적으로 정의적이다. 그것들은 (1) 언어 충격(즉, 학습자는 제2언어를 사용할 때 의문과 발생 가능한 혼란을 경험한다, (2) 문화 충격(즉, 학습자는 그들 문화와 목표 언어 공동체간 사이에서의 차이점에 대한 결과로써, 감각 상실, 스트레스, 공포 등을 경험한다, (3) 동기부여, 그리고 (4) 자아경계(5장 참조)이다.

---

2. 한 가지 유형의 '나쁜' 학습 상황보다도 더 많은 것이, 많은 변이가 세 가지 방법의 대안을 허용함으로써, 가능하다. 예를 들면, '나쁜' 상황은 목표 언어 집단이 그 자체를 지배적이거나 또는 종속된 것으로 볼 때 발생한다.

사회적이며 심리적인 거리는 학습자가 경험하는 목표 언어와 수없이 접촉을 하면서 결정되고, 그리고 또 학습자가 이용할 수 있는 입력이 공개되어 있는 정도에 따라 제2언어 습득에 영향을 준다. 그러므로 나쁜 상황에 있는 학습자들은 매우 적은 제2언어 입력을 받아들일 것이다. 또한 심리적인 거리가 크면 학습자는 입력을 수용으로 전환하는데 실패를 할 것이다.

Schumann은 또한 발생하는 학습의 종류도 기술하였다. 그는 제2언어 습득 초기 단계는 혼성언어들의 형성에 원인이 되는 이와 같은 진행과정으로 특징이 나타날 것이라고 제안한다. 사회적 또는 심리적 거리감이 크면, 학습자는 그의 언어가 혼성어화 되는 결과와 함께, 초기단계에서 진행하는데 실패한다. Schumann은 이 제2언어 습득의 설명을 **혼성어화 가설**이라고 언급한다. 그는 미국에서 한 스페인 화자의 제2언어 영어의 습득을 특색 있게 나타내는 혼성어화를 상세하게 기록한다. 학습자 Alberto는 사회적인 거리감이 높은 등급에 해당되었으며 영어 학습에서도 진행에 실패를 했다. 그의 영어는 혼성언어에서 관찰되는 많은 형태들에 의해서 특징으로 나타났다. 예를 들면, 'no+V' 부정어들, 순서를 바꾸지 않은 의문사들, 소유격과 복수형 어형 변화의 부재와 그리고 제한된 동사 구조들이다. Schumann은 "혼성어화가 모든 초기의 제2언어 습득과… 그것이 존속하는 사회적 심리적 거리의 조건하에서" 특징을 나타날 수 있다고 제안한다(1978a: 110). 학습자가 화석화되는 것은 혼성어화가 지속되는 때이다. 즉, 그는 더 이상 목표 언어의 방향에서 그의 중간언어 체계를 수정하지 않는다. 이와 같이 초기의 화석화와 혼성어화는 동일한 진행과정들이다.[3]

따라서 계속되는 혼성어화는 사회적 심리적 거리의 결과이다. 문화 변용의 정도는 두 가지 방법으로 혼성언어와 같은 언어를 낳는다. 첫째는, 위에서 제시했듯이, 학습자가 받아들이는 입력의 수준을 조정한다. 둘째는, 학습자가 제2언어를 사용하기를 바라는 기능들을 반영한다. Smith(1972)에 따르면, Schumann은 세 가지의 폭넓은 언어 기능들을 구분하였다. (1) 의사소통적 기능은 순수하게 참고적이고 지시적인 정보의 전달에 관한 것이다. (2) 통합적 기능은 특정한 사회 그룹의 구성원으로서의 화자를 나타내기 위한 언어 사용에 관한 것이다. (3) 표현적 기능은 언어학적 기교(즉, 문학적인 사용에)를 보여주기 위한 언어의 사용으로 구성된다. 처음에

3. Alberto에 대한 Schumann의(1978a) 연구는 10개월 동안 지속되었다. 이것은 아마도 너무 짧은 기간이어서 화석화가 발생한다는 결론을 내릴 수 없었을 것이다. Ellis(1984a)는 비슷한 기간 동안 3명의 교실 학습자에서 통사적 발달을 거의 관찰하지 못했지만, 또 다른 12개월은 상당한 발달의 증거를 보여주었다.

제2언어 학습자들은 의사소통적 기능을 위해 제2언어를 사용하려고 노력할 것이다. 발달의 초기 단계에서 화석화되는 혼성어와 중간언어는 의사소통 기능을 위해 제한된 채로 남는다. 목표 언어의 모국어 화자들은, 초기에 화석화되지 않은 제2언어 학습자들처럼, 의사소통과 통합 기능을 둘 다 사용하며, 그러나 많은 모국어 화자들과 제2언어 학습자들은 결코 언어의 표현적인 사용을 완전히 익히려고 열망하지는 않을 것이다.

토착화 모델

Andersen은, 특히 Schumann이 고려하지 않은 인지적 차원을 만들어 냄으로써 Schumann의 문화 변용 모델을 기반으로 한다. Schumann에 의하면, 제2언어 습득은 입력과 그리고 학습자가 제2언어 사용을 원하는 일반적인 기능의 측면에서 간단하게 설명될 수 있다. 그는 학습자의 내재적인 진행과정의 메커니즘에는 관심을 두지 않았다. Andersen은 더 확장을 해서 학습 진행과정에 관심을 두었다.

Andersen은 제2언어 습득을 두 가지 일반적인 영향력의 결과로 보는데, 그는 그것을 **토착화**와 **비토착화**로 분류했다. 토착화는 동화로 구성된다. 학습자가 입력을 제2언어 체계를 구성하는 자기 자신의 내재적인 견해에 순응하게 한다. 7장에서 기술된 학습자 전략 유형론에 관해서, 학습자는 그가 이미 소유하고 있는 지식을 근거로(예를 들면, 모국어의 지식; 세상의 지식) 가설들을 세우면서 학습 과업을 단순하게 한다. 그 다음, 학습자는 '내재적인 규범'에 따른다. 토착화는 혼성언어와 초기 단계의 모국어 및 제2언어 습득에서 뚜렷하게 나타난다. 비토착화는 조정을(Piaget의 관점에서) 수반한다. 학습자가 입력에 적합하도록 하기 위해 그의 내재적인 체계를 조정하는 것이다. 7장에서 사용된 전문용어와 관련하여, 학습자는 '외부적인 규범'에 따라 자신의 중간언어를 재편성할 수 있게 하는 추론 전략들을 이용한다(예를 들면, 입력 언어 속에서 나타난 언어학적 특징들과 같은). 비토착화는 혼성어화(즉, 외적 언어의 근원으로부터 점진적인 혼성의 형태를 통하여 발생하는 혼성어의 정교화)와 모국어와 제2언어의 후기 습득에서 뚜렷이 보인다. 그림 10.1은 Andersen의 토착화 모델을 간략하게 요약한다.

평가

문화 변용과 생득주의 모델들은 제2언어 습득의 동력 메커니즘에 초점을 맞춘다. 그것들은 모국어 학습자들과 달리, 제2언어 학습자들이 왜 모국어와 같은 능력을

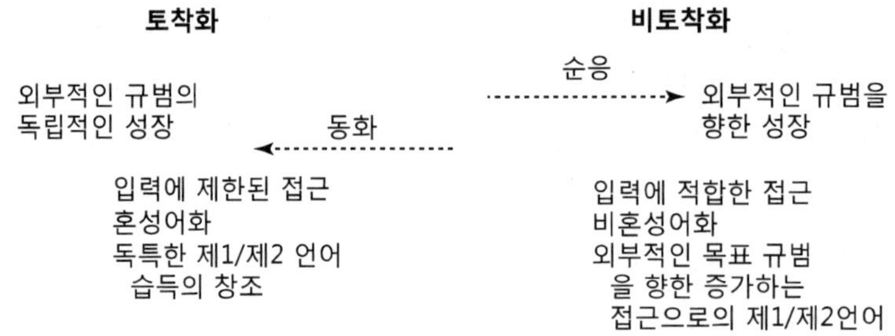

그림 10.1 Anderson의 토착화 모델(Anderson 1983: 11로부터 약간 단순화된)

성취하는데 실패를 하는지에 대한 설명을 제시한다. 제2언어 학습자들은 사회적인 거리감의 결과로써 필요한 입력을 삭제할 수도 있거나, 또는 그들이 심리적인 거리의 결과로써 언어수행을 하는데 실패할 수도 있다. 이러한 모델들은 제2언어 습득이 또한 혼성언어의 형성과 정교화에서 발견되는 매우 일반적인 종류의 진행과정들에 관여한다는 것을 말해준다. '내적' 그리고 '외적 규범'의 개념들은 중간언어의 초기체계와 후기체계가 왜 그렇게 다른지 설명하기 위한 고상한 장치들이다. 내적인 규범으로부터 외적인 규범으로 주의를 점차적으로 변화시키는 제2언어 습득의 특징을 나타내는 것은 제2언어 습득에서 관찰되는 발달 연속과(3장 참조), 학습자들이 단순화의 의존으로부터 추론 전략의 의존으로 만드는 전환을 설명한다(7장 참조).

어떤 모델도 제2언어 지식이 어떻게 내재화되고 사용되어 빛을 발산하는지를 모른다. 다시 말해서 학습자의 조립 메커니즘의 명확한 설명은 없다. 이것은 문화 변용 모델에서 거의 명백하다. 이것은 또한 토착화 모델의 진리이다. 이 모델이 내재적인 요인들(동화/조절 구분의 형태에서)을 고려함에도 불구하고, 어떻게 이런 것들이 작용되는지의 논의는 없다. 초기의 언어학 데이터와 내재적인 진행과정 사이의 관계는 복잡한 것이며, 어떻게 학습자가 전략들을 입력에 영향을 미쳐서 출력을 발화하는지에 대한 자세한 설명을 필요로 한다. 이와 같이 최종적인 분석에서 제2언어 습득은 입력을 수용으로 변환하기 위한 학습자의 입력과 준비에 좌우된다는 사실을 받아들이며, 반면에 제2언어 습득의 포괄적인 이론은 또한 **어떻게** 입력이 수용되며, **어떻게** 이것이 기존의 중간언어에 통합되는지 고려할 필요가 있을 것이다. 특히 그것은 입력이 학습자와 다른 화자들이 관여하는 상호작용에 구체화되는 방법에 의해서 수용을 통제하는지 또는 내재적인 진행과정 메커니즘 자체들 — 환경과 '블랙박스'의 변별적인 기여 — 의 구조에 의해서 수용을 통제하는지 숙고해 볼 필요가 있다. Andersen의 '내재적'이고 '외재적인 규범들'은 내재적인 메커니즘이 아주 중요한 역할을 하지만 이것은 상세한 설명은 아니라고 제안한다. 그리고 Andersen과 Schumann 둘 다, Hatch와 Long의 연구(6장 참조)에서 설명된 바와 같이, 입력과 상호작용에 대한 잠재적 촉진 효과들에 관심을 집중하지 않았다. 간략히 말하자면, 이러한 모델들에서 빠트린 것은 상황과 학습자 사이의 상호작용 역할에 대한 설명이다.

문화 변용과 토착화 모델들은 제2언어 학습자가 목표 언어 지역과 접촉을 하는 자연주의적인 제2언어 습득을 설명한다. 이것은 이 모델들이 또한 이러한 접촉이 가능하지 않은 제2언어 습득 교실(외국어를 지도하는)에 적합한 것인지는 분명하지 않다. 비록 그런 것들이 심리적인 거리의 원인이 됨에도 불구하고, 아마도 사회적인 거리의 원인이 되는 요인들이 외국어 학습에 관련되어 있는 것 같지는 않다.[4]

2. 조절 이론

조절 이론은 Giles의 연구에서 파생하고 영국 같은 다중언어 사회에서 집단 간의 언어 사용과 연관된다. Giles는, 캐나다의 맥락에서 Lambert와 Gardner의 연구에 의존함으로써, 사회 심리학적 체계 내에서 다룬다. 그의 주된 관심은 민족간 의사소통에서 집단 상호간의 언어 사용이 기본적인 사회 심리적인 태도들에 어떻게 반영되는지를 조사하는 것이다. 이것의 하나의 파생물로서, 그는 또한 집단 간의 위치로부터 나온 제2언어 습득을 고찰해 왔고(Giles와 Byrne 1982 참조) 이것은 조절 이론으로 알려지게 된 제2언어 습득의 결과로 초래된 견해이다.

조절 이론은 문화 변용 이론을 가진 어떤 전제들을 공유하지만, 그것은 또한 많은 유의미한 측면에서 그것과는 다르다. Schumann처럼 Giles도 성공적인 언어 습득에 대한 설명에 관심을 가지고 있다. 둘 다 학습자의 사회적 그룹('내집단'이라고 칭하는)과 목표 언어 지역 사회('외집단'이라고 칭하는) 사이에 유지되고 있는 관계에서 해답을 찾으려 한다. 그러나 Schumann이 이러한 관계들을 **실제의** 사회적 거리를 만드는 변수들에 의하여 설명하고 있는 반면에, Giles는 인지된 사회적 거리에 의해서 설명을 한다.[5] Giles는 어떻게 내집단이 외집단과의 관계에서 자기 자신을

4. 내가 알기로는, Shumann과 Anderson 둘 다 교실 제2언어 습득에 대한 그들 이론의 적용을 논의하지 않았다. Schumann이 고찰한 심리적 요인들은, 동기와 태도에 관한 Gardner와 Lambert의(1972) 연구가 보여주고 있는 것처럼, 교실과 관련이 있는 것 같다(6장 참조).

5. Brown은(1980a) 사실 실제적인 사회적 거리를 측정하는 객관적인 수단이 없는 분야에 관한 Schumann의 이

정의하는지가 제2언어 습득을 위해서 중요한다고 주장한다. 또한 Schumann이 학습자와 모국어 화자 사이의 상호작용의 수준을 결정하는 절대적인 현상으로서의 사회적 그리고 심리적인 거리를 다루는 반면에, Giles는 각각의 상호관계 진행 동안에 지속되는 교섭을 조건으로 집단 간의 관계들을 살펴본다. 그러므로 Schumann의 사회·심리적 거리에 대해서는 고정되어 있는 반면에(또는 적어도 시간이 지나면서 오직 천천히 변화한다), Giles의 집단 간의 관계는 역동적이고, 다른 것과 비교하여 각 집단에 따르는 정체성에 대한 변화에 따라서 변동을 거듭한다. 후에 논의되겠지만 이것은 언어학습자 언어에서 타고난 변이 또는 모국어 화자의 입력을 설명하는 조절 이론을 가능하게 한다.

Giles는 동기부여가 제2언어의 숙달을 결정하는 요소라고 주장하는 Gardner(1979)의 의견에 동의한다. 그는 동기부여의 수준을 개별인 학습자들이 어떻게 민족 언어로 그들 자신들을 나타내는지에 대한 반사 작용으로 여기고 있다. 차례로 이것은 많은 핵심 변이들에 의해 통제된다.

1. 그의 민족 내집단과 함께 개별인 학습자의 동일시:
   학습자가 특정한 내집단의 멤버로서 그 자신을 살펴보는 정도가 외집단으로부터 분리한다.
2. 민족 상호간의 비교:
   학습자가 그 자신의 내집단과 외집단 사이에서 호의적이거나 비호의적인 비교를 하든지 상관없다. 예를 들면 그가 내집단 상황을 불공평한 것으로 인식할 때, 자신의 집단의 상태에 대한 지위에 관하여 학습자의 '인지적 대안' 의식에 의해서 영향을 받을 것이다.
3. 민족 언어학적 활력에 대한 인식:
   학습자가 그의 내집단을 낮은 지위나 또는 높은 지위, 그리고 기관 권력으로부터 공유하거나 또는 배제하는 것으로 보든지 상관없다.
4. 내집단 경계의 인식:
   학습자가 그의 내집단을 문화적 언어학적으로 외집단(=굳은 경계)으로부터 분리하여 살펴보든지, 또는 문화적 언어학적으로 관련된(=유연한 경계) 것으로부터 분리하여 살펴보든지 상관없다.

론을 비판하였다. 그는 학습자가 제2언어 습득에 영향을 주는 목표 언어 공동체의 문화에 관하여 자신의 문화를 어떻게 살펴보는지를 지적하고 있다.

5. 다른 내집단 사회적 범주들과의 동일시:
   학습자가 다른 내집단과 몇몇 사회적 범주들(예를 들면, 직업적, 종교적, 성별)과 동일시되든지 그리고 하나의 결과로써 그가 그룹 내에서 적합하거나 적합하지 않은 지위를 유지하든지 상관없다.

표 10.1에서 A란은 개별인 학습자가 제2언어를 배우기 위하여 매우 동기부여된 것 같고 그러므로 높은 수준의 능력을 습득하는 것을 보여준다. 반대로 B란은 동기부여가 되지 않아서 오직 낮은 수준의 능력을 보여준다. 호의적인 사회 심리적 태도들의 결과로써 동기부여가 높은 것은(표 10.1 A란에 설명된 것처럼), 학습자가 제2언어에서 공식적인 교육에 의해서만 혜택을 얻은 것이 아닐 테지만, 이것은 또한 학습자 자신이 비공식적인 습득을 위한 기회들을 이용하는 것 같다(Seliger 1977)에 따르면, 교실에서의 고입력생성자들은 외부에서도 상당한 수준의 입력을 얻을 수 있을 것이다). 대조적으로, 비호의적인 사회 심리적 태도들의 결과로써(표 10.1 B란에 설명된 것처럼) 동기부여가 낮을 때는 학습자가 공식적인 언어 상황에서 성공하든 상관없이 그 대신에 지능과 적성에 의존을 할 것이다. 왜냐하면 그는 비공식적인 습득 상황을 이용할 가능성이 더 적기 때문이다.

제2언어 습득에서 성취된 전체적인 숙달 수준을 결정하는 것과 더불어 조절 이론은 학습자들의 다양한 언어학적 출력에 대해 설명한다. Giles 등(1977)은 다음과 같이 기술한다.

표 10.1 조절이론에 따른 성공적 그리고 비성공적 학습 결정 요인들

주요 변이들	A 높은 동기부여, 높은 수준의 숙달	B 낮은 동기부여 낮은 수준의 숙달
1. 집단 내의 동일시	약한 동일시	강한 동일시
2. 민족상호간 비교	호의적이거나, 또는 비교 없음. 즉, 내집단이 하위 등급으로 보이지 않음	부정적 비교가 있음 즉, 내집단이 하위 등급으로 보임
3. 민족 언어학적 활력의 인식	낮은 인식	높은 인식
4. 내집단 경계 인식	유동적이고 개방적	고정되고 폐쇄적
5. 다른 사회 범주와의 동일시	강한 동일시 −내집단 지위에 만족	약한 동일시 −내집단 지위에 불만족

> … 사람들은 그들이 상호작용하는 상황에 대한 인식에 의존하는 사이에 언어학적 (그리고 이런 이유로) 사회적인 차이를 줄이거나 강조하기 위하여 자신들의 언어를 지속적으로 수정하고 있다.

Giles(1979)는 제2언어 화자의 '민족 담화 표지'(예를 들면, 화자의 내집단 구성원을 표시하는 언어학적 특징들)의 사용으로 발생하는 두 가지 형태의 변화를 구분한다.[6] **상향 수렴**은 내집단 담화 표기의 감쇠를 수반한다. 이것은 학습자가 외집단 공동체를 향해 긍정적으로 동기가 부여되었을 때 발생한다(예를 들면, 사회 심리적 집단이 호의적일 때). **하향 분산**은 민족 언어 표기의 강조를 포함한다. 이것은 학습자가 외집단을 향한 긍정적이지 않은 동기가 부여될 때 발생한다(예를 들면, 자신의 사회 심리적 집단이 호의적이지 않을 때). 언어 **사용**에 있어 상향 수렴 또는 하향 분산의 발생은 학습자 자신의 집단과 외집단 공동체에 관하여 스스로 제2언어 학습자의 진행 평가의 결과로써 변동을 거듭할 수 있다. 그러므로 그것은 학습자가 그의 변화하는 사회심리학적 집단에 따라서 선택하는 스타일상의 목록을 소유하고 있으며, 그리고 어떤 하나의 상황에서 학습자가 내집단으로서의 그의 담화를 표시하기 위해서 선택하는 정도에 따라서 다른 언어학적 형태를 채택할 수도 있다는 결론이 나온다. 언어 **습득**에서 진행과정은 비록 모든 사용의 예에서 분명할 필요는 없지만, 학습자의 전체적인 성향이 상향 집중일 때 발생한다. 바꾸어 말하자면, 화석화는 학습자의 전체적인 성향이 하향 확산으로 향할 때 일어난다.

평가

조절 이론은 문화 변용 이론처럼 조립 메커니즘을 설명하지 않는다. 이것은 발달 연속을 설명하지 않는다. 그것은 이런 면에서 또 하나의 '블랙박스'이다. 조절 이론의 장점은 그것이 언어 습득과 언어 사용을 하나의 체제 속에 내포하고 있다는 것이다. 그것은 또한 새로운 방언이나 억양의 습득을 제2언어의 습득에 결부시키고 있는 한편, 이 둘은 자신의 사회 집단과 목표 언어/방언 그룹에 관해서는 학습자 스스로의 인식에 대한 반영으로 간주된다.

---

6. Gails는 또한 세 가지 유형의 발화 표지를 확인한다 — **상향 분산** — 그것은 외집단 화자가 내집단 화자로부터 그를 구별하는 발화 표지를 강조할 때 발생한다. 그렇게 하면서 외집단 화자는 그의 언어의 표준 형태로부터 벗어날 수도 있다. 이와 같이 제2언어 학습자는 '항상 이동하는 목표'인 품격 있는 방언을 찾을지도 모른다 (Giles와 Byrne 1982: 22).

조절 이론은 언어학습자 언어의 변이에 관한 설명을 제공한다. 변이적인 언어 사용은 다른 상황에서 사회 심리적 태도들이 대립되는 결과이다. 사용의 변이는, 같은 집단의 요인들이 둘 다에 원인이 된다는 의미에서 습득과 관련이 있다. 이러한 변이의 설명은 Tarone의 과업을 참고로 하는 4장에서 개요를 서술했던 것과 호환된다. Tarone은 형태에 대한 다양한 관심이라는 면에서 변이를 설명하지만, 그러나 그녀는 무엇이 이것에 동기부여시키는지를 설명하지 않는다. 형태에 대한 관심은 Giles가 고찰한 요인들과 같은 결과로 볼 수도 있다. 즉, 학습자가 대면상호작용 속에 있는 공동체가 형태에 주의를 기울일 때 통제하는 목표 언어에 대한 학습자 스스로의 인식이다. 상향 수렴은 형태와 신중한 스타일의 사용에 의해 특징으로 나타날 것이다. 하향 분산은, 학습자가 내집단 구성원의 흔적을 드러내는 것을 통하여, 형태에 대한 관심의 부재와 일상어 스타일에 대한 의존에 의해 특징으로 나타날 것이다. 이와 같이 확산 또는 집중은 일상어 — 신중한 스타일 연속체를 포함하는 스타일 변경의 양상을 표현할지도 모른다. 그러나 내집단 간의 관계가 명백한 문제가 아닐 때, 순응 이론이 외국어 학습에 적용될 수 있는지가 의심스럽다. 외국어 학습자들의 방식도 또한 바뀐다. 비록 민족의 정체성이 제2언어 습득에서 변이의 중요한 측면일지라도, 그것이 전체의 변이를 설명하지 못한다는 것을 알 수 있다.

3. 담화 이론

담화 이론은 의사소통이 언어학적 지식의 모체로서 다루어지고(의사소통 능력에 대한 Hymes의 설명에 있는 예시에서 제시된 바와 같이), 언어 발달이 학습자가 의사소통에 참여함으로써 언어의 잠재적 의미를 어떻게 발견하는지에 관하여 고찰되어야만 하는 언어 사용의 이론으로부터 나온다. 이것은 Halliday(1975)가 모국어 습득을 살펴본 방법이다. 어린아이가 어떻게 언어를 습득했는지에 대한 연구에서 Halliday는 기본적인 언어 기능을 깨닫기 위한 공식적인 언어학적 장치들의 발달이 언어가 입력되는 대인관계와 관련된 사용으로부터 성장한다는 것을 보여준다. 왜냐하면 언어 구조는 그것이 제공하는 기능들의 반영 그 자체이기 때문에, 그것은 의사소통으로 학습될 수 있다. Cherry가 말하는 바와 같이(1979: 122),

> 다른 사람들과의 의사소통을 통하여, 어린아이들은 세상에서 행동들을 완성하고 언어 구조의 규칙과 사용을 발달시킨다.

그것은 제2언어 학습자가 모국어와 제2언어 습득의 유사점을 보여주는 '행동을 완수'하기 위하여(적어도 일상적인 제2언어 습득에서) 유사한 동기가 부여되기 때문이다. 제2언어 습득에서 발달이 발생하는 방법에 대한 이러한 견해는 담화 이론으로 알려지게 된다.

Hatch(1978c; 1978d)에 의해 제안된 담화 이론은 6장에 상세히 기술되어 있다. 여기에서는 주요 원리들만 살펴본다.

1. 제2언어 습득은 통사적 발달에서 '자연스런' 경로를 따른다.
2. 모국어 화자들은 모국어 화자가 아닌 화자들과 의미를 교섭하기 위하여 그들의 담화를 조정한다.
3. 의사소통 전략들은 의미를 교섭했으며, 그 결과는 입력을 조정했으며, 수많은 방법으로 제2언어 습득의 진도와 경로에 영향을 주곤 했다.
   (a) 학습자는 입력에서 다양한 특징들에 대한 빈도 순서로서 제2언어의 문법을 배운다.
   (b) 학습자는 일반적으로 발생하는 공식을 습득하고 나서, 나중에 구성요소로 분석한다.
   (c) 학습자들은 문장들을 종적으로 구성하기 위하여 도움을 받는다. 종적 구조들은 횡적 구조들의 전조이다.
4. 그러므로 '자연스런' 방식은 의사소통을 유지하는 방법을 학습하는 것에 대한 결과이다.

평가

Schumann과 Giles는 제2언어 습득의 진도와 성취되는 숙달의 수준을 설명하는데 관심이 있는 반면에, Hatch는 제2언어 습득이 발생하는 **방법**을 설명하는데 관심이 있었다. Hatch는 다음과 같이 말한다.

> 제2언어 습득에 관한 연구를 다루는데 있어서 기본이 되는 질문은 우리가 제2언어를 습득하는 **진행과정**을 어떻게 설명할 수 있는가 하는 것이다(Hatch 1980: 177).

Hatch는 제2언어 학습자들을 포함하고 있는 대면상호작용의 질적인 분석에 의해 이 질문에 대한 대답을 제공하려고 한다. 발달의 경로가 이러한 상호작용들의 속성들이라는 면에서 설명된다. Hatch의 접근 방식의 강점은 그것이 담화를 구성하는 진행과정이 중간언어를 만드는 진행과정에 기여하는 방법을 제공하는 상세한 통찰력에서 찾을 수 있다.

그것은 논의의 여지가 있지만, 이러한 통찰력에도 불구하고, Hatch는 입력의 교섭이 제2언어 습득의 필수적이고 충분한 조건이라는 것을 결정적으로 증명할 수 없었다. Hatch는 이렇게 언급하고 있다.

> 우리는 어떻게 메시지를 더 단순하게 하거나 또는 더 알기 쉽게 만드는 것이 언어습득을 촉진시키는지를 보여줄 수 없었다(노력도 하지 않았다)(1980: 181).

Hatch는 '저추론 기술'에서 '고추론 설명'으로 만들어진 상당한 도약에 대해 잘 알고 있다. 그러므로 교섭된 입력과 제2언어 습득 사이의 관계는 입증될 것 같지 않다. 제2언어 습득 연구는 모국어 습득연구에서 발생했고 발달의 진도가 어디와 관련되는지를 입증하고, 적어도 몇 가지 담화의 특징을 촉진하는 경험적인 연구들을 여전히 수행할 필요가 있다(예를 들면, Cross 1978; Ellis와 Wells 1980). 게다가 담화 이론은 Larsen-Freeman(1983a)이 관찰한 것처럼 성공적인 제2언어 습득이 교섭된 입력이 없을 때에도 발생할 수 있다는 사실을 수용하는 것이 필요하다(예를 들면, 독학에서).

담화이론은, 앞서 말한 두 이론처럼, 제2언어 습득을 책임지는 학습자 전략들의 성향들을 설명하지 않는다. Hatch가 **진행과정**에 대해 말할 때, 그녀는 외부 진행과정 — 대면상호작용에서 관찰될 수 있는 것들 — 내부 진행과정이 아닌, 학습자들이 어떻게 학습자가 언어를 수행하는지 관찰함으로써 오직 추론될 수 있는 것들을 의미한다. Hatch는 학습자(그리고 원어민)가 어떻게 담화를 만드는지, 또는 담화가 변경되고 내재화되는 것을 통하여 어떻게 데이터를 이용할 수 있도록 하는지를 통제하는 인지적 진행과정을 보지는 않는다. 외부 진행과정과 내부 진행과정 사이 관계에 대한 자세한 설명서는 없다. 공평하게 말하면, 그래도 Hatch가 제2언어 습득의 인지적인 면을 묵살할 의도가 아니라는 것에 주목되어야 한다.

> 사회적 상호 작용이 학습자에게 학습하기 위한 '최상의' 데이터를 주는 동안에, 두뇌는 그 입력의 어울리고 적절한 모델을 차례로 수행해야 한다(1983a: 186).

그러나 담화 이론은 이 모델이 구성하고 있는 것과 관련되어 있지 않다.

4. 조정 모델

Krahsen의 조정 모델은 제2언어 습득 연구에서 상당한 명성을 누렸다. 그것이 현존하는 이론 중에서 가장 포괄적이라는 데는 근거가 있다. 그러나 내가 나중에 보여주려고 할 때 그 이론은, 특히 언어 학습자 변이의 논의에서, 여러 가지 측면으로 심각하게 결점이 있다.

조정 모델은 5개의 중요 가설들로 구성된다. 또한, 제2언어 습득에 영향을 주고 중심 가설들에 관련된 수많은 다른 요인들을 언급한다. 각각의 가설들은 아래에서 간략하게 요약된다. 제2언어 습득의 다른 원인이 되는 변이들에 관한 Krahsen의 견해가 또한 고찰된다. 모든 조정 모델의 전체적인 설명은 Krashen(1981a; 1982), 그리고 Krashen과 Terrell(1983)에서 구할 수 있다.

다섯 가지 가설

1. 습득 학습 가설

'습득-학습' 구분은 이미 9장에서 고찰되었다. 그 구분은 Krashen의 이론의 중심에 있다. 그것은 새로운 제2언어 지식을 내재화시키는 진행과정과, 이 지식을 저장하고, 또한 실제 언어수행에서 이용하는 것에 적용할 수 있다. '습득'은 그 초점이 의미에 중심을 두는 자연스러운 의사소통에 참여하는 결과로써 무의식적으로 일어난다. '학습'은 언어의 형식적인 특성에 대한 의식적인 공부의 결과로써 일어난다. '습득된' 지식은 두뇌의 좌뇌(대부분의 사용자들)에 위치하고 있는 언어영역에 저장되고, 그것은 자동적 처리를 위하여 이용할 수 있다. '학습된' 지식은 사실상 메타언어학이다. 그것은 또한 좌뇌에 저장되지만, 반드시 언어 영역에만 저장되는 것은 아니다. 그것은 통제적 처리에만 이용할 수 있다. 이와 같이, '습득'되고 '학습된' 지식은 분리하여 저장된다. 언어수행에서 '습득된' 지식은 발화의 이해와 모든 발화를 시작하기 위한 중요한 근원의 역할을 한다. '학습된' 지식은 오직 조정에 의해서만 이용할 수 있다(아래의 가설 (3) 참조).

2. 자연 순서 가설

자연 순서 가설은 학습자들이 형식적인 문법적 특징들의 습득에서 거의 변함없는 순서를 따를지도 모른다고 명시하는 제2언어 습득 연구 문헌에서 왔다(3장 참조). 그 가설은 문법 구조들이 예상되는 순서 안에서 '습득된'다고 단언한다. 이와 같이 학습자가 자연스러운 의사소통 과업들에 참여할 때, 그는 기준 순서를 분명히 보여줄 것이다. 그러나 그가 메타언어학 사용을 요구하거나 또는 허용하는 과업에 참여할 때, 다른 순서가 나타날 것이다.

3. 조정 가설

조정은 학습자들이 그들 언어의 행위를 교정하기 위하여 사용하는 장치이다. 그것은 '습득된' 지식으로부터 생성된 발화를 따라 행하고 수정함으로써 '학습된' 지식을 사용한다. 이것은 발화가 일어나기 전 또는 후에 발생할 수 있다(표 10.2 참조). 어떠한 경우에도 그것의 사용은 선택적이다. Krashen은 조정을 하는 것은, 심지어 성인들이 관련된 곳에서조차도 언어수행에서 극도로 제한된 기능을 가진다고 주장한다. 그는 그것의 사용을 위한 세 가지 상황들을 제시한다. (1) 충분한 시간이 있어야 한다. (2) 의미가 아니라 형태에 초점을 두어야 한다. 그리고 (3) 사용자는 그 규칙을 알고 있어야 한다(더 전체적인 논의를 위하여 9장 참조). Krashen은 편집이 '습득된' 능력을 사용함으로써 발생할 수 있다고 인식한다. 그는 이것을 '느낌'에 의한 편집이라고 언급한다. 그러나 제2언어수행의 이런 양상은 발달되지 않는다. 예를 들면, 그림 10.2는 '느낌'에 의한 편집이 어떻게 발생하는지를 보여주지 않는다.

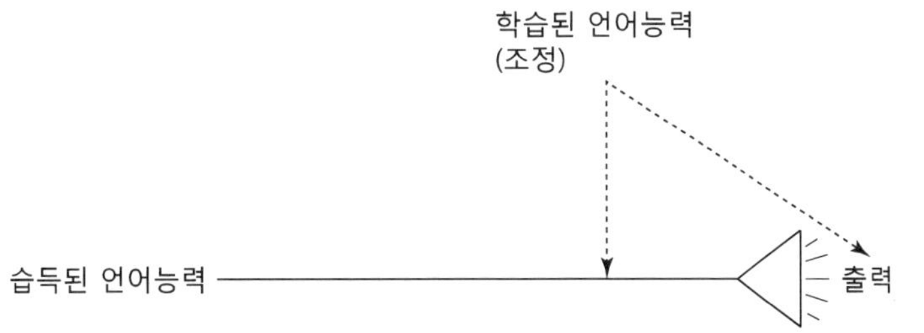

그림 10.2 성인의 제2언어 수행 모델(Krasben과 Terrell 1983: 30)

4. 입력 가설

이것은 이미 6장에서 충분히 논의되었다. 그것은 '습득'이 학습자가 현재의 언어수행 수준을 약간 능가하여 입력을 이해 결과로써 발생하는 것을 말한다(즉, the i+1 level). 학습자가 이해할 수 있는 입력은 자동적으로 알맞은 수준으로 될 것이다.

5. **정의적 여과 가설**

이것은 정서적인 요인들이 제2언어 습득과 어떻게 관련되는지를 다루며 문화 변용 모델의 분야를 다룬다. Krashen은 Dulay와 Burt(1977)에 의해서 제의된 정의적 여과의 개념을 포함한다. 여과는 학습자가 얼마나 많은 입력과 접촉하는지 그리고 학습자가 얼마나 많은 입력을 수용하여 전환되는지 통제한다. 이것은 그것의 강점을 결정하는 요인들이 학습자의 동기부여, 자신감, 또는 불안의 상태와 관련되어 있기 때문에 '정서적'이다. 높은 동기 부여와 자신감, 그리고 낮은 불안감을 가진 학습자들은 낮은 여과를 가지고 있으며, 그래서 많은 입력을 얻어서 들여보낸다. 낮은 동기부여, 자신감 부족, 그리고 높은 불안감을 가진 학습자는 높은 여과를 가지며 입력을 거의 받아들이지 않고 하물며 들여보내는 것을 허락하지도 않는다. 정의적 여과는 발달의 진도에 영향을 주지만, 그 경로에 영향을 미치지는 않는다.

조정 모델에서 고려되는 원인이 되는 변이들

Krashen은 또한 다른 많은 요소들에 대해 논의하고 있으며, 각각의 요인은 제2언어 습득 문헌에서 두드러지게 중요하다.

1. 적성

   Krashen은 적성이 오직 '학습'과 관련이 있다고 주장한다. 즉, 학습자의 적성은 조정의 활동을 위하여 적당한 환경을 제공하는 문법 테스트에서 얼마나 잘 수행하는가를 예상하는 것이다. 반대로 태도는 습득과 관련이 있다(위의 가설 (5) 참조).

2. 모국어의 역할

   Krashen은 모국어가 제2언어 습득과 충돌한다는 의견을 거부한다. 오히려 그는 모국어의 사용을 언어수행 전략으로 본다. 학습자는 제2언어에서 규칙이 부족할 때 자신의 모국어에 의지를 한다. 그는 모국어를 사용하면서 발화를 모방하고('습득된' 제2언어 지식 대신에) 그리고 나서 제2언어의 어휘 항목들을 대용하며 조정의 도움으로 결과물을 약간 수정한다.

3. 상투어와 모형어(7장의 일상어 표현에 관한 부분 참조)

   Krashen은 일상어 표현이(상투어와 모형어를 구성하는) '습득'에 기여한다는 견해를 거부한다. 그에 따르면, 일상적 표현들은 오직 학습자가 '그의 능력보다 더 나은 결과를 낳을 수 있도록' 도움을 줌으로써 언어수행 역할을 한다고 말한다. 그것들은 망가져 있지 않으며 그리고 그들의 분리된 부분들은 학습자의 창조적인 규칙 체계에 포함된다. 오히려 '습득'은 상투어와 모형어를 따라간다. 즉, 일상적 표현에 포함된 구조적인 지식은 따로따로 발달한다.

4. 개인차

   Krashen은 '습득'은 자연스러운 경로를 따른다고 주장한다(가설 (2)). 이와 같이 습득 진행과정 그 자체에서 개별적인 변화는 없다. 그러나 입력을 받아들이는 양의 결과로, 그리고 정의 여과 능력의 결과에 따라 습득의 진도와 습득의 범위에서는 변화가 있다. 또한 '학습된' 지식에 관한 학습자의 의존도에 의해 야기되는 언어수행에서의 변화가 있다. Krashen은 조정 사용자의 세 가지 유형을 명시한다. (1) 과다 사용자 (2) 과소 사용자 (3) 선택적 사용자(즉, 그것이 적합할 때 의식하는 지식을 적용하는 사람들)

5. 연령

   연령은 여러 방면에서 제2언어 습득에 영향을 준다. 이것은 획득되는 많은 양의 포괄적인 입력에 영향을 미친다. 어린 학습자들은 나이 든 학습자보다 더 많은 것을 얻을지도 모른다. 연령은 또한 '학습'에 영향을 미친다. 나이 든 학습자들은 언어의 형태를 공부하고 조정에서 '학습된' 지식을 사용하는데 훨씬 더 적합하다. 결국 연령은 학습자의 정서적인 상태에 영향을 준다. 사춘기가 지난 후에 정의적 여과는 세력이 증가할 가능성이 있다.

평가

아마도 제2언어 연구에서 언어수행의 결과로써, 조정 모델은 또한 많은 비평을 불러일으켰다. 나는 자세한 고찰을 위해서 세 가지 중심 쟁점들을 선택할 것이다. 이것들은 '습득-학습' 구분, 조정, 그리고 Krashesn의 변이의 처리이다. 네 번째 쟁점은 — Krashen의 입력 역할의 개념화 — 이미 검토했고(6장 참조), 그러므로 여기서는 다루지 않을 것이다.

습득-학습 구분 '습득-학습' 구분은 '신학적인' 것으로 불리고, 그런 점에서 그것은 특정한 목표를 공식화하기 위해서 세심히 만들어졌다. 다시 말하면 성공적인 제2언어 습득은 '습득'의 결과이다(James 1980). McLaughlin(1978b)은 조정 모델이 신뢰할 수 없는 것이라 주장하며, 왜냐하면 '습득-학습' 구분이 '무의식'과 '의식' 진행과정에 의해서 정의되고, 그것은 검토에 대해 개방적이지 않기 때문이다. 그러면 첫 번째 비평은 방법론적인 것이다. '습득-학습' 가설은 허용되지 않으며, 왜냐하면 그것은 실험적인 조사에서 검증될 수 없기 때문이다.

추후의 반대는 '습득'과 '학습'이 완전히 분리되어 있고, '습득된' 지식은 '학습된' 지식으로 변할 수 없다는 Krashen의 주장과 관련된 것이다. Krashen은 이것을 비상호작용적 입장이라고 언급하고, 9장에서 자세히 고찰되었다. McLaughlin(1978b), Rivers(1980), Stevick(1980), Sharwood-Smith (1981), 그리고 Gregg(1984)은 '학습된' 지식이 연습을 통해서 자동화될 때 그것은 자연스러운 대화에서 사용할 수 있게 '습득된' 즉 이용할 수 있게 된다는 주장을 근거로 하는 이 입장에 모두 이의를 제기해왔다.

'습득-학습' 구분이 타당하든 아니든 그것에 개의치 않고, Krashen이 '습득'이나 '학습'에 대해 원인이 되는 인지적인 진행과정을 명백히 설명하지 않았다는 이유로 비난받을 수도 있다. Larsen-Freeman(1983b)은 Krashen이 학습자가 입력을 가지고 무엇을 하는지 설명하지 않았다고 보고 있다. 만일 '습득－학습' 분리가 어떤 영향력을 가지고 있다면, 그것은 각 지식의 원인이 되는 진행과정들이 어떤 면에서 서로 다른지에 관해 명시하는 것이 반드시 필요하다. Krashen은 이런 작업을 하지 않는다. 이와 같이 포괄적임에도 불구하고 조정 모델은 여전히 '블랙박스' 이론이다.

조정 Krashen의 조정을 설명하기 위해서는 몇 가지 어려운 점들이 있다. 이것들 중 하나는 다시 방법론적인 것이다. 조정을 위한 유일한 증거는 명확한 규칙들을 적용하려고 노력하는 언어 사용자 자신의 설명에 있다(Cohen과 Robbins 1976). 그러나 McLaughlin(1978b)과 Rivers(1080)는 둘 다 '규칙'의 적용(조정과 같은)과 '느낌'(발화를 판단하고 수정하기 위하여 '습득된' 지식의 암시적 사용)을 자기 성찰적으로 구분하는 것에 대한 어려운 점을 지적한다. '느낌'(또는 소문자 'm' 조정)에 의한 교정은 조정(대문자 'M' 조정)을 포함한다. 두 가지 조정들은 Morrison과 Low(1983)이 '비판력'이라고 언급하는 것에 대한 측면들이라고 볼 수 있다. 이것은 우리가 창조했던 것에 대해 비평적인 인식을 가능하게 하고 그러므로 우리가 그것을 통제하는 것을 허용한다. 우리는 의식적인 규칙을 사용하지 않고 최초의 출력에서의 수정이 어떻게 영향을 받았는지 분명히 나타내지 않고 우리의 발화의 형태를 처리할 수 있다. 이것은 우리가 문자로 된 매개체의 관례를 따를 때 쓰기에서 항상 나타나며, 그것은 또한 말하기에서도 발생한다.

Morrison과 Low는 조정에 대해 많은 다른 비평들을 제시하고 있다. 그들은 조정이 발화들의 수용에 대한 설명을 하지 않았다고 지적한다(즉, Krashen에 의해 설명된 것으로, 그것은 오직 발화만을 언급한다).

그들은 또한 조정이 통사론에 제한되고 있지만, 사실 학습자들이나 사용자들은 그들의 발음, 어휘, 그리고 아마도 모든 것 중에 가장 중요하다고 여기는, 그들의 담화를 교정하기 위한 능력을 가지고 있다고 주장한다. Krashen은 학습자와 그의 대화자 둘 다를 포함하는 협동적인 활동으로서의 조정에 대한 어떠한 고려도 하지 않고 있다. 이러한 목록을 위하여, 비록 전자는 언어수행을 나타내고 후자는 규칙 내재화를 언급했지만, 나는 Krashen이 조정과 '학습'을 융합하려고 한다는 사실에 관심을 가질 것이다. 위에서 언급했듯이, '학습'이 일어나는 방법에 대한 자세한 논의는 없다.

변이 조정 모델은 제2언어 습득의 '이중 능력' 이론이다. 즉, 그것은 변이적인 언어수행에 반영되는 학습자의 제2언어 지식은 두 개의 분리된 능력들에 관해서 가장 잘 나타나고, Krashen이 '습득'과 '학습'이라고 이름을 붙인다. 대안적인 입장은 학습자의 변이적인 언어수행이 스타일 연속체의 반영으로 보이는 변이적인 언어 능력 모델을 만들기 위한 것이다(다음 부분 참조). 어떤 모델 — 조정 모델 또는 변이 능력 모델 — 이 제2언어 습득에 알려진 사실에 가장 적합한가?

우리가 접할 수 있는 그 증거는 학습자들이 의미에 초점을 맞춘다는 증거가 있을 때조차도 형식적으로 다른 발화들을 생산한다는 것을 나타낸다. 4장은 몇 초 내에 학습자가 각각 동일한 의사소통 기능을 수행함으로써 생산되는 Ellis(1984b)의 두 가지 발화를 고찰하였다.

No look my card.(낱말 빙고 게임을 하는 동안 또 다른 학생에게 내리는 지시)
Don't look at my card.

이와 같은 데이터는 제2언어 습득연구 문헌에서 공통적이며(1987a, Hatch의 사례 연구 참조), 심지어 Krashen이 '습득된' 지식이라고 주장하는 것조차도 동질적이 아니라는 것을 입증한다. 그러나 동질성 또는 '습득된' 지식에 대한 주장들이 근거가 없는 것으로 볼 때, 이중 능력 설명을 주장한다는 것이 거의 이치에 맞지 않는다. 의미와 형태에 초점을 맞춰 얻은 이 같은 언어수행은, 원어민 화자가 언어능력을 발휘하는 것과 같은 많은 동일한 방법으로, 의미를 깨닫기 위한 대용 규칙들을 포함하는 단순하지만 변이적인 언어능력의 측면으로서 가장 잘 다루어진다.

요약하면, 조정 모델의 포괄성에도 불구하고, 그것은 '습득-학습' 구분의 타당성, 조정의 작용, 그리고 언어-학습자 언어에서 변이에 대한 설명에 관하여 심각한 이론상의 문제들을 제기한다. 또한 입력 가설은 습득이 의미 교섭 없이 발생한다는 사실에 대해 설명하지 못하며, 또는 출력이 또한 중요한 역할을 한다는 것을 인정하는 것도 설명하지 못한다.

5. 변이 능력 모델

변이 능력의 측면에서 제2언어 학습자의 지식을 관찰한 사례는 이미 4장에서 제기되었다. 여기서 나는 Ellis(1984b)에 의해서 제시된 변이 능력 이론을 요약할 것이다. 이것은 Tarone(1982; 1983), Widdowson(1979; 1984), 그리고 Bialystock(1982)에 대한 연구를 이용하여 부연 설명한다.

그 모델은 두 가지 구분을 기본으로 한다. 하나는 언어 사용의 진행과정을 언급하고, 다른 것은 발화에 대한 것이다. 그 이론은 또한 언어 사용의 체계 내에 제2언어 습득에 대한 설명을 제안한다. 다시 말해서 언어가 학습되는 방법은 언어가 사용되는 방법의 반영이라고 주장한다.

언어 사용의 **결과물**은 완전히 계획되지 않은 것에서 완전히 계획된 것으로 분류된 담화 형태의 연속체를 구성한다. 계획된-계획되지 않은 연속체는 이미 4장에서 논의되었다. 간략히 요약하면, 계획되지 않은 담화는 사전숙고나 준비가 부족한 담화이다. 이것은 자연스러운 의사소통이며, 예를 들면, 매일 매일의 의사소통이나 작문에서의 브레인스토밍이다. 계획된 담화는 표현에 앞서서 생각을 해내는 담화이다. 이것은 의식적인 생각과 내용과 설명을 해결하는 기회를 필요로 한다. 예를 들면 준비된 강의와 신중한 쓰기가 있다.

언어 사용의 **진행과정**은 언어학적 지식(또는 **규칙들**)과 이 지식의 사용을 만드는 능력(**절차**)에 관하여 이해하는 것이다. Widdowson(1984)은 **언어능력**으로서의 규칙에 대한 지식과 **역량**으로서의 담화를 구성하기 위한 규칙들을 사용하는 것에 포함된 절차의 지식을 언급한다. Widdoson은 언어학적 능력의 좁은 개념이 정확한 사용뿐만 아니라 적합한 사용도 폭넓게 포함되어 있다고 지적한다(즉, 의사소통 능력). 그러나 그는 언어능력의 이러한 폭넓은 견해조차도 계속적인 수정을 위하여 언어에 내재하는 잠재력을 활용함으로써 의미를 창출하기 위한 언어 사용자의 능력에 대해 설명하지 못한다…(Widdowson 1984: 8). 그가 **역량**이라는 용어를 추가한 것이 바로 이러한 이유 때문이다. 언어 사용자는 맥락에서 규칙들의 잠재적인 의미들을 깨닫기 위해 절차를 가진다. 다시 말해서, 언어 사용자는 상황적 그리고 언어학적인 맥락 둘 다의 관계 속에서 그것들을 활용함으로써 그의 언어학적 지식의 규칙들이 작용하게 한다. 그는 담화에서 발화들을 창출하기 위하여 문장의 추상적인 지식을 최고로 발휘한다.

이것은 그 산출이(즉, 담화의 다른 종류) 아래 중의 하나 또는 둘 다의 결과인 언어 사용 진행과정의 이러한 견해를 따른다.

1. 변이 능력, 즉 사용자는 동일한 규칙 체계를 가진다.
2. 담화에서 지식을 최고로 발휘하기 위하여 절차들의 변이 적용.

제2언어 습득의 변이 능력 모델은 (1)과 (2)가 둘 다 발생한다고 주장하고 있다.

학습자 규칙 체계의 변이는 자동적인/비자동적인 그리고 분석적인/비분석적인 구분 사이에서 Bialystok(1982)의 이중 구분에 관하여 기술된다(9장 참조). 첫 번째 구분은 학습자가 제2언어에서 가지고 있는 상대 접근과 관련된다. 쉽고 빠르게 복구될 수 있는 지식은 자동이다. 검색하기 위해서 시간과 노력이 걸리는 지식은 비자동적이다. 두 번째 구분은 학습자가 '지식의 구조와 지식의 다른 측면과의 관계를 분명하게 만드는 행위로 이루어지는 정신적인 표현'을 보유하고 있는 정도와 관련된다(앞서 언급한 글에서, 220). Bialystok는 분석되지 않은 지식은 우리가 대부분 알고 있으며, 우리가 보통 우리의 지식이 구조화된 방법에 대해 알아차리지 못하는 일반적인 형태라고 지적한다. 자동적인/비자동적인 그리고 분석된/분석되지 않은 구분들은 둘 다 양분된 것이라기보다 오히려 연속체들을 나타낸다. 자동적인 그리고 분석된 지식의 정도들이 있다.

지식을 현실화하기 위한 절차들은 두 가지 형태가 있으며, Ellis(1984a)가 첫 번째와 두 번째 진행과정들과 관련이 있다.[7] 각 세트의 진행과정들은 외향적이고 내재적인 표현들을 가지고 있으며, 각각 담화와 인식적인 진행과정들을 언급한다. 1차 진행과정들은 계획되지 않은 담화를 시작할 때 역할을 한다. 그것들은 상대적으로

7. 자발적인 대면 의사소통과 관련된 스타일에 원인이 있다는 것을 제외하고는, '1차' 그리고 '2차 진행과정'이라는 용어는 계획되지 않은 담화의 우선을 나타내는데 선택된다. '1차 진행과정'이 '2차 진행과정'보다 더 중요하다고 제시할 생각은 없다.

분석되지 않은 그리고 자동적인 지식을 끌어낸다. 2차 진행과정들은 계획된 담화에서 작동하기 시작하고 분석된 연속체의 끝으로 지식을 끌어낸다. 1차 진행과정의 예는 **의미 단순화**이다(즉, 발화의 행위로부터 나온 요소들의 생략). 두 번째 진행과정의 예는 **조정**이다(즉, 언어수행의 교정). 담화와 인지 진행과정들의 의미에 대한 예로서 의미적인 간소화는 다음과 같이 설명될 수 있다.

담화 진행과정:

의사소통적으로 불필요하거나 비언어적 장치(예를 들면, 무언극)에 의해 인식될 수 있는 의미 요소들을 생략함으로써 메시지의 의미론적인 구조를 단순화한다.

인지 진행과정:

(a) 메시지의 근본적인 개념의 구조를 구성한다.
(b) 이 구조를 대화 상대와 함께 공유된 준거 기준과 비교해라.
(c) 불필요한 요소들과 어휘적인 항목이 가능하지 않은 요소들을 제거해라.

첫 번째와 두 번째 진행과정들은 담화에서 제2언어 학습자들이 어떻게 그들의 언어학적 지식을 현실화시키는지에 대해 설명한다. 그것들은 다른 형태의 지식 및 다른 절차들이 다른 담화 형태의 구성에 포함된다고 가정함으로써 언어-학습자 언어의 변이에 대해 설명한다. 그것들은 또한 습득을 설명한다. 그 방법을 설명하기 위해서는 Widdowson이 규칙과 절차들에 관해 주장했던 것들을 되돌아볼 필요가 있다.

Widdowson은 절차들을 사용하면서, 언어 학습자들은 기존의 언어학적 지식을 이용할 뿐 만 아니라 그는 또한, 잠재적으로 적어도, 새로운 언어학적 규칙들을 창조한다고 주장한다. Widdowson(1979) 다음과 같이 기술하고 있다.

> 우리는 이치에 맞도록 하기 위하여 우리의 규칙들의 지식을 이용한다. 우리는 단순히 이전부터 존재하는 규칙들의 지식에 반하여 담화를 측정하는 것이 아니라, 담화를 창조하고 보통 그렇게 함으로써 새로운 규칙들을 성립시킨다. 모든 언어 능력은 이런 의미에서 변천하는 것이다.

다시 말해서, 언어 습득은 이치에 맞도록 하기 위한 우리의 역량의 결과이다. 새로운 규칙들은 우리가 공유된 준거 기준을 창조하기 위하여 언어학적 그리고 상황적인 맥락에 관한 기존의 지식을 사용할 수 있도록 노력할 때 창조된다. 언어 사용의 이론은 언어 습득이론의 모체이다.

Ellis(1984a)는 한 발 더 앞서 나아가서 제2언어 습득은 학습자가 담화에 참여하기를 요청하는 절차들이 그것들 자체가 발달적이기 때문에 그것이 이루어지는 연속을 따른다고 제시한다. 즉, 제2언어 습득에서 그것들의 중요성은 다른 발달 단계들과 동시에 일어난다는 것이다. 그러므로 예를 들면, 초기의 제2언어 습득은 의미 단순화의 과다 사용으로 특징이 나타나는데, 왜냐하면 이것은 제2언어 지식을 거의 필요로 하지 않는 절차이기 때문이다. 하나의 발화 행동과 또 다른 발화 행동 그리고 각각의 발화 행동과 그것의 상황적인 맥락 사이의 관계를 분명하게 함으로써 (Widdowson 1984: 67ff 참조), 공유된 지식과 비언어적 장치들에 대한 의존을 줄이기 위하여 사용되는 것들과 같은, 나중의 절차들은, 나중의 제2언어 습득의 특징이다. 기존의 지식은 2차 진행과정을 통해서만 사용할 수 있으며(왜냐하면 분석된 형태로만 존재하기 때문에), 결국 1차 진행과정들에 의하여 접근될 수 있고 그래서 계획된 담화뿐만 아니라 계획되지 않은 담화에서도 사용될 수 있다. 요약하자면, 변이 능력 모델은 다음을 제시한다.

1. 규칙들이 어떻게 자동화되고 어떻게 분석되는지에 따라서 변이 중간언어 규칙들을 포함하는 단일 지식 저장소가 있다.
2. 학습자는 1차와 2차 담화 그리고 인지 진행과정들로 이루어져 있는 언어 사용을 위한 역량을 가지고 있다.
3. 제2언어수행은 분석되지 않은 제2언어 규칙들을 이용하는 1차 진행과정이 계획되지 않은 담화에서 사용되든지, 또는 분석된 제2언어 규칙들을 이용하는 2차 진행과정들이 계획된 담화에 사용되는지의 결과에 따라 변이적이다.
4. 발달은 아래의 결과로써 발생한다.
   (a) 다양한 형태의 담화에 참여함으로써 새로운 제2언어 규칙들의 습득(즉, 새로운 규칙은 절차적인 지식의 적용에서 비롯된다.)
   (b) 비자동적이고 분석되지 않은 형태든 또는 분석된 형태든 모두 처음에 존재하는 제2언어의 활성화이며 그래서 그것들은 계획되지 않은 담화에서 사용될 수 있다.

그림 10.3은 이러한 제안들을 보여주고 있다.

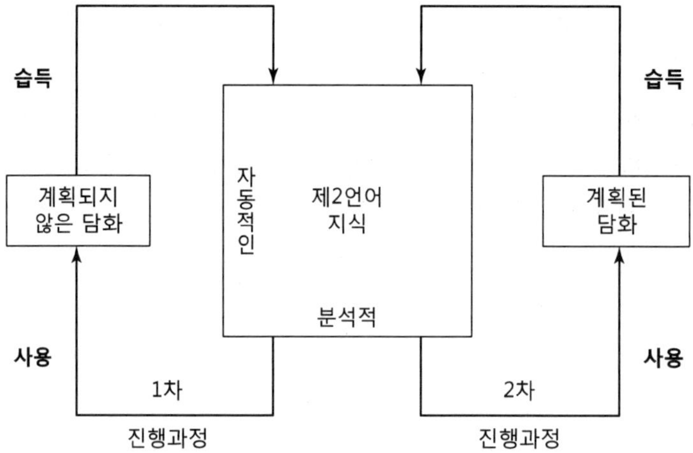

그림 10.3 제2언어 습득의 변이 능력 모델

평가

제2언어 습득의 변이 능력 모델은 (1) 언어-학습자 언어의 변이 (2) 제2언어 습득에 원인이 되는 외면적이고 내재적인 진행과정들을 설명하려고 시도한다. 그것은 언어 사용 이론과 제2언어 습득이론의 같은 체제 내에 포함한다. 바로 지금 현재 상태 그대로 그 모델은 두 가지 방향으로 발달할 필요가 있다. 첫째는 사용과 습득에 원인이 되는 1차 및 2차 진행과정들에 대한 더 자세한 분석을 제공하는 것이다. 둘째는 입력의 역할을 전체적인 체제에 포함하는 것이 필요하다. 학습자들은 홀로 담화를 구성할 수 없으며(적어도 대면 상호작용에서는 아니다), 그래서 입력이 어떻게 교섭되는지가 고려되어야만 한다. 제2언어 습득은 학습자와 대화자 모두를 포함하는 담화 구성 진행과정에서 일어나는 언어 정보 교환의 결과이다.

6. 보편 가설

보편 가설에 대한 적절한 요약은 8장에서 볼 수 있다. 그래서 여기서는 개요를 말하지 않을 것이다. 그러나 몇 가지 평가 주해들이 첨가될 것이다.

평가

보편 가설은 목표 언어와 학습자의 모국어의 언어학적 속성들이 발발 진행과정에 어떻게 영향을 미치는지에 대해 흥미 있는 설명을 제공한다. 그것은 더 일반적인 인지적인 용어들보다 오히려 독립적인 언어 기능이라는 면에서 제2언어 습득을 설명하기 위한 시도로 여겨진다. 이것의 한 가지 강점은 제2언어 습득연구들이 Chomsky의 전통을 따르는 현재의 언어학적 연구와 보조를 맞춘다는 것이다. 그것은 또한 학습자의 전략들을 근거로 한 곤란한 설명들을 모면한다.

제2언어 습득이론을 위한 보편 가설의 가치는 두 가지가 있다. (1) 그것은 "제공된 언어에서 사용되는 언어학적 장치들은 언어학적 시퀀스를 결정하는… 중대한 변이(들)이다"라는 Wode(1980b: 137/7)의 주장에 신빙성을 더해줌으로써 목표 언어 그 자체의 본질에 대한 주의를 집중시킨다. (2) 그것은 제2언어 습득에서 중요한 요인으로서 변이에 대한 예리하고 확고한 재고를 제공한다.

보편 가설의 중대한 문제점 중의 하나는 유표 언어구성체들을 정의하는데 어려움이 있다는 것이다. 다양한 기준들이 그것을 설명하기 위해 사용되고 있다 — 핵심 문법 대 주변 문법, 복잡성과 명백함. 게다가, 그것은 유표가 단지 언어학적 구성체로서 보이는지 또는 심리 언어학적 타당성을 가지고 있는지 분명하지 않다.

심지어 언어학적 유표가 제2언어 습득의 중요한 결정 요소일지라도(그리고 이것은, 유표이론에 관하여 설명된 많은 사실들이 또한 입력 안에서 다른 구조들의 발생 빈도와 같은 다른 요인들 의해 설명될 수 있다는 것이 가능하므로 아직 증명되지 않고 있다), 그것이 저절로 제2언어 습득의 복잡성을 설명할 것 같아 보이지 않는다. 더구나 보편 가설은 언어학적 지식이 동질적이라는 가정 하에 작용하므로 변이를 무시한다.

7 신경 기능적 이론

앞에서 논의한 모든 모델들이 언어학적 또는 **심리 언어학적** 용어로서 제2언어 습득을 설명하려고 했던 반면, 이 부분에서 고찰된 이론은 **신경 언어학적** 연구에 관해 설명을 해본다. 따라서 다른 형태의 설명이 된다. Lamendella(1979: 5/6)는 다음과 같이 신경 기능적인 접근 영역을 정의한다.

> 언어에 관한 신경 기능적 관점은 언어의 발달과 사용에 원인이 되는 체계를 처리하는 신경 언어학적 정보의 특징을 기술하려고 시도한다.

이어지는 제2언어 습득의 신경 기능적 이론에 대한 설명은 주로 Lamendella의 연구에서 나온다(1977; 1979; Selinker와 Lamendella 1978b).

제2언어 습득의 신경 기능적인 견해의 기본적인 전제는 즉 언어 기능과 신경 해부학 사이에 연결이 있다는 것이다. 그러나 그것은 Hatch(1983a: 213)가 "뇌 속에 언어를 위한 단일 '블랙박스'가 없다"고 말한 것처럼 그것을 알아보는 것이 중요하다. 뇌 속의 영역들이 언어 기능과 연관되어 있는지 정확하게 확인하기는 불가능하다. 그러므로 그것은 "어떤 조건하에 다른 것들보다 어떤 영역들에 대해 더 많이 상대적인 기여를 하는지"에 대해 말하는 것이 더 낫다(Seliger 1982: 309). 성인의 두뇌는 신경 조직의 특정 영역들이 손상되는 경우에(알츠하이머처럼), 그러한 영역들과 연결된 그 기능들이 완전하게 상실될 필요가 없지만, 다른 영역들로 전이될 필요가 있다는 결과를 가지고, 신생아 두뇌의 가소성을 결코 완전히 상실하지 않는다.

제2언어 습득의 신경기능적인 설명은 두뇌의 두 영역에 대한 기여도를 고찰해왔다. (1) 우(좌와는 대조적으로)뇌 (2) 임상적인 연구들이 언어의 이해와 발화에 밀접하게 연관되어 있는 것으로 알려진 좌뇌의 영역들(특히 Wernicke의 영역과 Broca의 영역들로 알려진 것들). 신경기능적인 설명은 또한 제2언어 습득의 특정한 측면들에 초점을 맞추는 경향이 있다. 즉 (1) 연령 차이 (2) 일상어 표현 (3) 화석화 (4) 제2언어 습득교실에서 모형어 연습이다. 신경 메커니즘의 성숙도와 제2언어 습득 사이의 관계는 이미 고찰되었고(5장 참조), 그래서 여기서 다시 다루지는 않을 것이다. 다른 문제들은 연구가 집중되어 온 뇌의 두 영역들에 대한 논의로 아래에서 간략하게 고찰한다.

우뇌 기능

우뇌의 기능은 일반적으로 좌뇌에서 발생하는 순차적이고 또는 분석적인 처리와는 대조적으로 전체적인 처리와 관련이 있다. 그러므로 당연히 우뇌는 일상어 표현의 저장과 처리를 전담한다고 주장되고 있다(예를 들면, Obler 1981; Krashen 1981a). 일상어 표현을 구성하는 상투어와 모델어는 전체와 그리고 통상적으로 말하는 우뇌의 '형태주의' 지각에 속하는 것으로 분석되지 않는다. 그것은 또한 제2언어 진행과정에 우뇌 개입은 후일에 제2언어 습득의 더 진보된 단계들이라기보다는 초기에 더 분명한, 능숙하지 않은 단계들일 것이라고 제시되었다. 이 가설은 제2언어 습득의 초기 단계가 일상어 표현의 과다 사용에 의해 더 특징으로 나타나는 것처럼 우뇌와 일상어 표현 사이를 연결하는 것으로 호환된다. 그러나 Genesee(1982)는 이 가설을 검토하면서 모순되는 증거를 발견했다. 그가 조사한 13개의 연구들 중에 3개가 긍정적인 증거를 제시했고, 6개가 좌뇌 개입의 비슷한 모형을 발견됐으며, 그리고 4개가 그 단계 가설에 반대되었다. Genesee는 단계 가설은 불충분한 지지를 받았다고 결론 내렸다. 그는 우뇌 개입과 관련되어 있는 또 다른 가설에 대해 많은 지지를 받았으며, 다시 말하면 그것은 형식적인 언어 습득이라기보다는 대부분은 비형식적인 언어 습득과 관련이 있다. 이 가설은 일상어 표현과 연결된 우뇌와 호환되고, 그것은 자연스런 언어 사용이 공통인 환경에서 더 현저해지는 것으로 고찰된다. 그러므로 우뇌와 함께 일상어 표현의 습득과 사용을 연결시키기 위한 상당한 증거가 있다.

우뇌는 또한 제2언어 습득교실에서 모형어 연습에 개입될 수도 있다. Seliger (1982)는 우뇌가 좌뇌의 기능에서 나중에 다시 조사될 수 있는 모형어를 다루기 위한 초기 단계의 메커니즘으로 행동할 수도 있다고 제의한다. 모형어 연습과 최소대립쌍 연습들은 성인 학습자에서 우뇌의 능력을 사용할 수 있고, 그래서 Seliger가 '1차 가설'이라고 부르는 것에 기여한다. 만일 좌뇌에 의한 차후의 분석이 발생하지 않으면, 학습자는 자발적이고 창조적인 담화의 구성에서 배운 언어 형태들을 사용할 수 없을 것이다. 이것은 형식적인 언어 연습이 자연스러운 언어 사용을 즉시 촉진하기 위하여 나타나지 않는 이유에 대해 흥미로운 언어학적인 설명을 제공한다(9장 참조).

좌뇌 기능

좌뇌가 관련된 곳에서 특정한 언어 기능들의 위치에 관하여 명료성이 거의 없다. 일반적으로 좌뇌는 통사적이고 의미적 진행과정과 말하기와 쓰기에 관련된 조정의 작용들을 수반하는 창조적인 언어 사용과 연관되어 있다. 그러나 이러한 각기 다른 기능들이 국한될 수 있는 범위는 분명하지 않다(이 문제의 상세한 검토를 위하여 Hatch 1983a 참조). Walsh와 Diller(1981)은 두 가지 넓은 형태의 기능을 구별한다. (1) 하위 기능과 (2) 상위 기능. Wernicke의 영역과 Broca의 영역과 연관되어 있는 전자는 기초적인 문법적 처리를 수반하고, 대뇌 피질의 다른 영역과 연관되어 있는 후자는 의미적 처리와 언어 인지를 수반한다. Walsh와 Diller는 하위 처리가 조숙의 기능인 반면에, 상위 처리는 후기에 발달하는 신경회로에 의존한다. 이와 같이 어린 학습자들은 주로 하위 처리에 의존하는 반면, 나이 든 학습자들은 상위 처리를 이용한다. 또한 언어 처리의 각기 다른 기준들이(예를 들면, 발음 대 통사론) 각기 다른 신경 메커니즘과 연결되어 있다는 제안들이 있다. 언어의 각기 다른 측면들이 각기 다른 시간에 화석화한다는 사실이(예를 들면, 원어민 같은 통사론을 가지고 있지만 비원어민 발음을 가진 학습자들은 드물지 않게 나타난다) 이것에 대한 증거이다. Seliger(1978)는 차등을 두는 화석화 가설을 지지해 주는 신경언어학적 증거에 근거한 재미있는 논쟁을 전개시킨다. 일반적으로 비록 국한된 기능들에 대한 주장들이지만 신중하게 다룰 필요가 있다.

이런 다양한 관찰들은 결과적으로 제2언어 습득의 이론이 되지는 않는다. 그러나 Lamendella는 제2언어 습득의의 신경 기능적 이론을 만들어 내려고 시도했다. 이것은 아래에서 기술한다.

Lamendella의 신경 기능적 이론

Lamendella는 언어 습득에 대한 두 가지 기본적인 유형을 구분한다. 즉 (1) 1차 언어 습득과 (2) 2차 언어 습득이다. (1)은 2세부터 5세까지 어린아이의 한 가지 이상의 언어 습득에서 발견된다. (2)는 (a) 외국어 학습(즉, 5세 이후에 제2언어의 형식적인 교실수업 학습)과 그리고 (b) 제2언어 습득(즉, 5세 이후에 제2언어의 자연스런 습득)으로 세분화된다.

이러한 두 가지 유형의 언어 습득과 연결된 것은 각기 다른 신경기능적인 체계이며, 각각은 기능 위계로 구성되어 있다. 각 체계는 정보 처리에서 각기 다른 전반적인 역할을 하고 있다. Lamendella는 두 가지 체계를 언어기능에 대한 특별히 중요한 것으로써 정확히 기술한다:

1. 의사소통 계층: 이것은 언어와 그리고 대인관계에 관련된 의사소통의 다른 형태들에 대한 책임이 있다.
2. 인지 계층: 이것은 언어 사용의 일부분인 다양한 인지 정보 처리 활동을 조정한다.

1차 언어 습득과 또한 2차 언어 습득은(즉, (2b)) 의사소통 위계의 사용에 의해 표시되고, 반면에 외국어 습득, 즉 (2a)는 인지 위계의 사용에 의해 표시된다. 모형어 연습은 인지 계층과 관련되는 것 같으며 그런 이유로 이러한 방법으로 학습된 자료는 의사소통 계층에서 도출된 언어 행동에서는 유용하지 않다. Lamendella는 다음과 같이 인용한다:

> …의사소통 계층의 중요 기능은 구조가 인지 위계에 의해 유도되었던 자동화된 서브루틴을 호출하는 역량을 가진 것 같지는 않다.(1979: 17)

따라서 그 이론은 자연스런 제2언어 습득과 지도된 제2언어 습득에서 전형적으로 발견된 그러한 습득과 언어사용에 대한 각기 다른 신경언어학적인 근거를 받아들인다. 의사소통 위계와 인지 계층 사이의 구분은 조정 모형에서 '습득'과 '학습' 사이의 심리언어학적인 구분과 유사한 것으로 보인다.

각 신경기능적인 체계는 상위 순서에서 하위 순서로 정렬된 각기 다른 단계로 구성되어 있으며 각각은 각기 다른 신경 조직과 관련되어 있다(Lamendella가 구체적으로 명시하지 않은). 각기 다른 단계들은 상호 연결될 수 있지만, 그것들은 또한 고립될 수도 있다. 예를 들면, 이와 같이 Lamendella는, 언어 이해나 또는 언어 표현에 원인이 되는 다른 회로를 사용하지 않고, 누군가가 말했던 것을 반복하기 위하여 '회로 복사'라고 부르는 것을 사용하는 것이 가능하다(예를 들면, 타이피스트는 내용에 신경 쓰지 않고 편지를 타이프 칠 수 있다). 게다가, 상위 단계 체계의 도움으로 습득된 제2언어 형태들은 하위 단계의 의사소통 계층에서 자동적인 서브루틴으로서 저장될 수 있다. 언어 수행에서, 하위 단계 서브루틴은 같은 위계 내에 있는 상위 단계를 호출하지 않고 이용될 수 있다.

Lamendella는 언어 학습자가 직면하는 과업을 요약한다:

> 처음에 새로운 정보 구조를 습득하기 위한 요구에 부딪혔을 때... 학습자는 이러한 학습에 가장 적합한 기능상의 계층을 확인해야 하며, 그 다음 학습 진행과정을 시작하는 계층 내에서 적절한 단계와 하위체계를 설정해야 한다. (1979: 15)

다시 말하자면, Lamendella는 제2언어 습득이 (1) 신경기능적인 체계가 사용되고, (2) 선택된 신경기능적인 체계 내의 수준이 사용되는 의사소통 또는 인지에 관하여 신경기능적으로 설명될 수 있다고 주장한다.

결론: 몽타주에 대하여

제2언어 습득이론이 몽타주를 제공하기 위하여 제2언어 습득의 어떤 측면을 다루어야만 하는가? 이 질문에 대답하기 위하여, 나는 1장에서 개략적으로 설명했던 체계로 다시 돌아갈 것이다. 이것은 이전 부분에서 논의된 최초 여섯 가지의 이론들을 요약하기 위한 근거로서 제공될 것이다(신경 기능적 관점은 제2언어 습득의 다른 종류의 설명이기 때문에 제외된다). 그 다음 나는 많은 가설의 형태로 제2언어 습득에서 핵심 문제로 간주한 것을 보여주기 위하여 그 체계를 사용할 것이다. 이것들은 여섯 가지의 이론들에서 발견되는 많은 구성체들과 또한 이전의 장에서 고찰된 제2언어 습득의 양상들의 다른 측면에 관해 다룰 것이다. 이 핵심 문제들에 대한 진술은 제2언어 습득에 수반된 주된 변이들을 요약하기 위한 시도이다.

제고된 제2언어 습득을 조사하기 위한 체계

1장에서 수많은 제2언어 습득의 구성요소들이 고려되었다. 이것들은 (1) 상황적인 요인들 (2) 언어학적 입력 (3) 학습자 차이 (4) 학습자 진행과정 (5) 언어학적 출력이었다. 아래에 있는 그림 10.4는 이러한 구성 요소들 사이에 있는 상호관계를 보여준다. 상황적인 요인들은 입력(예를 들면, 교실 환경에서 입력은 자연스런 환경에서의 그것과는 다를 것이다)과 또한 학습자 진행과정들의 사용(예를 들면, 의사소통 전략들)에 영향을 미친다. 동기부여와 성격과 같은 변이들에 대한 학습자 차이들은 입력의 질과 양을 결정하도록 도와주고 또한 학습자 전략들의 작용에 영향을 미친다(예를 들면, 메타언어학적 전략의 사용). 입력은 (1) 목표 언어 체계의 고유한 특성, 그리고 (2) 외국인 말씨와 교사 말씨에서 발견되는 공식적이며 상호작용적으로 조정된 특징들을 구성한다. 입력은 학습자 전략들이 작용하는 데이터를 구성하지만, 또한 입력은 그 자체가 부분적으로 학습자의 의사소통 전략의 사용에 의해 결정된다. 이와 같이 입력과 학습자 진행과정 사이의 관계는 상호 작용하는 것이다. 학습

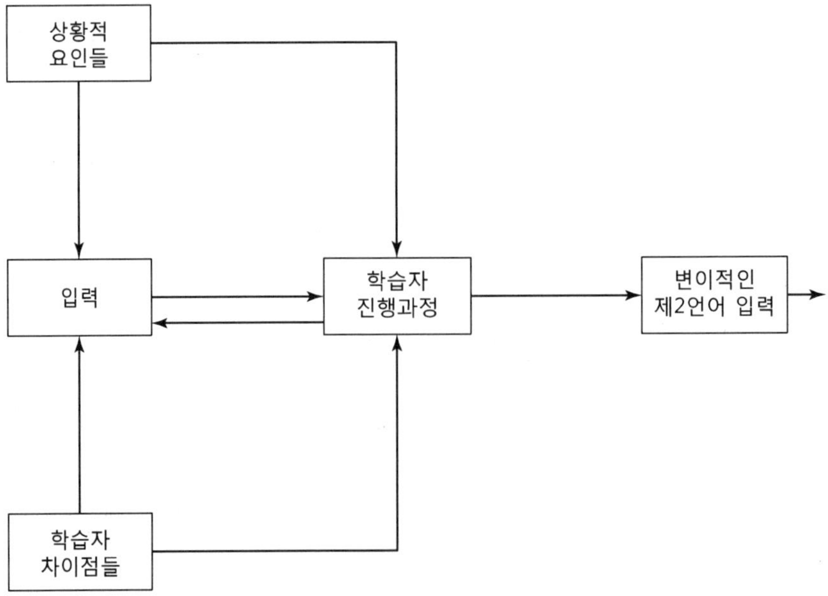

그림 10.4 제2언어 습득의 구성요소를 조사하기 위한 체계

표 10.2 여섯 가지 제2언어 습득 이론의 영역 대한 요약

SLA 이론	상황적 요인들	입력		학습자 차이점	학습자 전략들			변이적인 제2언어 출력
		(1) 목표 언어 특징	(2) 조정된 입력 특징들		(1) 학습	(2) 발화	(3) 의사소통	
문화변용 이론/토착화 이론	자연적인 SLA만을 고려. 이 범위 내에서 다른 환경 식별			이것들은 사회 및 심리적 거리에 영향을 주는 사회 심리적 변이성으로 취급됨	학습자는 초기에는 내적 규범에 동화되고 후에 외적 규범에 순응한다.			
순응이론	자연적인 SLA만을 고려. 이 범위 내에서 다른 환경 식별	목표 언어는 변화하는 목표를 NS의 상향분산으로 설명		이것들은 민족 내집단과 L2 외집단에 대한 학습자의 인식에 영향을 주는 사회 심리적 변이로 취급됨				학습자는 수렴 또는 분산에 따라 민족 담화 표지의 사용에 의존하는 L2의 변이적인 사용을 만든다.
담화이론	자연적인 SLA만을 고려. NS와 NNS 간의 일대일 대화에 초점		입력 특징들이 의미 교섭에서 형식적이고 상호 작용적으로 조정됨	학습자들은 자신들이 사용하는 의사소통 전략 면에서 다르다.				학습자들은 (1) 일상어 표현 (2) 종적 구조 (3) 창조적인 규칙들을 사용한다.
조정 모형	교실과 자연적 SLA 모두를 고려		이해 기능한 입력은 'i+1'로 구성	학습자들은 (1) 여과의 장점을 결정하는 사회-정의적 변이들과 (2) 조정의 수준면에서 다르다	'습득'에 대한 하나의 메커니즘, '학습'에 대한 또 다른 하나의 메커니즘	발화 전략으로써의 조정 기능		변이성은 조정 적용의 결과물임
변이 능력 모델	교실과 자연적 SLA 모두를 고려		입력은 담화 계획의 수준면에서 다르다	학습자들은 계획된 또는 계획되지 않은 담화의 언어 수행에서 다르다	계획된 그리고 계획되지 않은 담화에 참여하기 위한 두 가지 진행과정들은 L2 지식의 내재화도 통제한다.			변이성은 1차 또는 2차 진행과정 또는 혼합의 사용에 대한 결과물이다.
유표성 이론	SLA를 획일적 현상으로 취급	'중심'(무표의) 혹은 '주변적인'(유표성의 정도)로 간주되는 목표 언어의 특징			학습자는 관심을 위해 더 복잡하기 전에 주의를 위하여 덜 복잡한 자료를 선택한다고 가정			

자의 전략들은(학습, 발화 및 의사소통 전략들로 구성되는) 변이적인 제2언어 출력을 발화한다. 이것은 결국 입력의 부분이다. 이와 같이 그 체계는 순환적이다. 표 10.2는 제2언어 습득의 여섯 가지 이론들의 주요 전제들을 요약하고 있다. 그것은, 비록 종합해서 그것들이 그렇게 할지라도, 어떤 이론들도 그 체계의 모든 장소를 다루지 못한다는 것을 보여준다.

물론, 하나의 이론은 그 소멸성에 의해 유효하지는 않다. 마찬가지로 만일 더 중요하지 않으면, 이론이 묻혀 있는 전제들이 변함없고(즉, 알려진 사실들과 일치하고) 내재적으로 변함이 없는지(즉 모순되지 않는다)이다. 여섯 가지 이론들의 평가는 어떤 경우에는 그 전제들의 타당성에 반박을 하기 위한 이유들이 있다는 것을 보여주고 있다.

나는 이제 제2언어 습득의 이론이 고려될 필요가 있는 근본적인 문제의 고찰로 되돌아간다. 이것들은 가설의 연속체로 설명된다.

제2언어 습득에 대한 11가지 가설들

가설들은 그림 10.4에서 확인된 제2언어 습득의 구성요소들에 상응하는 부분들로 체계화된다. 게다가 두 개의 일반적인 가설들이 있다. 각각의 가설은 필요한 곳에 관련된 장에 대한 상호 참조와 함께 간략하게 논의될 것이다.

일반적 사실

가설 1 제2언어 습득은 자연스러운 발달 **연속**을 따른다. 그러나 발달하기 위한 작은 변화들이 있을 것이고 발달 **순서**에서는 최소의 변이 그리고 발달 **진도**와 성취된 숙달 **수준**에서는 좀 더 큰 변이가 있을 것이다.

이 연속은 제2언어 습득을 특징짓는 발달의 일반적인 단계, 그리고 특정한 문법적 특징들의 발달 순서와 관련이 있다. 이 구분은 증거와 함께 3장에서 고찰된다. 제2언어 습득의 진도와 성공의 변이들은 5장에서 검토된다.

가설 2 발달의 어느 한 단계에서 학습자들의 중간언어는 **변이 규칙**의 체계를 구성한다.

가설 (1)이 종적 변이와 관련이 있는 반면에, 이 가설은 횡적 변이를 인정한다. 두 변이들은, 횡적 변이가 종적 변이의 반영이라는 점에서 밀접하게 관련되어 있다. 이 관계는 4장에서 검토된다.

상황

가설 3 상황적 요인들은 제2언어 습득의 진도, 그리고 또한 성취된 숙달 수준에 대한 간접적인 결정요소들이다. 그러나 그것들은 발달의 경로에 영향을 주지는 않고 발달의 순서에 오직 미약하고 일시적인 방식으로 영향을 미친다.

그것은 교실과 자연적 제2언어 습득이 같은 발달경로를 따를 것이라는 이 가설로부터 그런 결론이 나온다(9장 참조). 그것은 또한 특정한 환경에서의 차이가(예를 들면, 형식적 절차의 수준이라는 점에서) 발달경로에 영향을 주지 않을 것이라는 결론이 나온다. 이것은 언어 학습자 변이에서 상황적 요인들에 의해 중요한 역할을 하게 된다는 것을 반박하는 것으로 보인다. 그러나 제2언어 습득의 연속과 순서의 개념들이 초기에 다루어졌던 학습자의 토착어 스타일에 적용된다는 사실을 기억해야만 할 것이다(4장 참조). 상황적 요소들은 일상어 스타일에서 드러나는 발달경로에 영향을 미치지 못한다.

가설 4 상황적 요인들은 언어학습자 언어에서 기본적인 변이의 원인들이다.

상황적 요인들은(즉, 누가 누구에게, 언제, 무엇에 관해 그리고 어디를 설명하고 있는지) 그것들이 모국어 화자의 모국어 사용을 지배하는 것과 같은 방법으로 중간언어에 대한 학습자의 변이적인 사용을 지배한다. 이 가설은 4장에서 고찰된다.

입력

가설 5 입력은 발달 연속, 발달 순서, 그리고 발달 진도에 대한 결정요인으로서(그러나 유일한 결정요인이 아닌) 학습자와 다른 화자의 기능들 사이에서 쌍방의 담화에서 의미 교섭의 결과로써 상호 반응적으로(그러나 반드시 형식적이 아닌) 조정된다.

이 가설은 제2언어 습득에서 조정된 입력에 대해 구조적인 역할을 할당하는 담화이론에서 나온다. 그러나 이것은 조정된 입력이 단독으로 제2언어 습득을 설명할 수 없다는 사실을 인정하고 있다. 6장에서 입력의 역할에 대해 고찰된다.

학습자 차이

가설 6 정의적인 학습자의 차이들은(예를 들면, 동기 및 개성과 관련된 차이점들) 제2언어 습득의 진도와 성취된 숙달의 수준을 결정한다. 그러나 발달의 연속이나 순서를 결정하는 것은 아니다.

개별인 학습자 차이에 대한 기여는 6장에서 고찰된다.

가설 7 학습자의 모국어는 발달 순서에(주된 방식으로는 아니지만) 영향을 주지만 발달의 연속에는 영향을 미치지 않는다.

모국어의 역할에 대한 행동주의자의 해석은 지속적인 증명을 하지 못한 반면에, 전이에 대해 더 인지적인 설명은 모국어가 제2언어 습득에서 여전히 중요한 요소라는 사실을 보여준다(2장 참조). 그러나 발달의 연속이 모국에 의해서 영향받는지는 의심스럽다. 각각 다른 학습자들의 발달 순서에 따른 특정한 문법적인 특징들의 출현은 그들의 모국어에서 흔적을 찾아 볼 수 있고, 아마도 모국어에서 같은 특징들에 대해 유표성의 정도의 결과로써 볼 수도 있을 것이다(8장 참조).

학습자 진행 진행과정

가설 8 중간언어 발달은 담화를 구성하기 위한 학습자의 절차적 지식의 사용에 대한 결과물로 일어난다.

중간언어의 사용과 창조적인 진행과정에서 절차상 지식의 중심 역할은(또는 역량) 본 장에서 논의되었다(변이 능력 모델에 대한 설명 참조). 학습자의 절차상 지식의 본질은 7장에서 기술되었다. 이곳에서 세 종류의 학습자 전략들을 확인했다. 다음에 나오는 가설 아홉 개 중 세 개의 필연적인 결과들은 이 분류에 기반을 두고 있다.

결과 1: 가설 검증, 가설 형성 그리고 가설 자동화의 진행과정은 학습자가 입력 데이터를 작동하는 방법 및 발달의 연속과 순서를 결정하는 방법에 대해 설명한다.

결과 2: 언어수행 전략들은(의미 단순화 같은) 각각 다른 맥락의 사용에서 학습자의 중간언어 체계의 변이적인 사용에 대해 설명한다.

결과 3: 의사소통 전략들은 학습자가 이해할 수 있는 입력을 얻으며, 또한 언어학습자 언어 수행의 변이에 기여하도록 가능하게 한다.

가설 9 중간언어 발달은 학습자의 보편 문법의 결과로써 발생하고, 그것은 어떤 규칙들을 다른 규칙들보다 더 배우기 쉽게 만든다.

이 가설은 독립적인 언어학적 능력에 관한 학습자의 '블랙박스'를 설명하려고 시도한다는 점에서 가설 (8)에 대한 대안으로 볼 수 있다. 그러나 가설 (8)과 (9)는 서로 양립할 수 있다. 제2언어 습득의 어떤 특징들이 언어학적 진행과정의 결과이고 '습득'을 반영하고, 다른 특징들은 좀 더 일반적인 인지 요인들의 결과이며 '발달'을 반영한다는 것이 가능하다. 보편 가설에 대한 이 증거는 8장에서 고찰되었다.

언어 출력

가설 10 언어학습자 언어는 (1) 일상어 표현, (2) 참조적으로 구성된 발화들로 구성된다.

이 가설은 언어 출력에서 기본적인 차이를 인정한다. 그것을 위한 증거는 7장에서 논의 된다. 일상어 표현은 중간언어 발달에서 어떤 역할을 할지도 모른다 — 가설 검증 등의 진행 진행과정들에서 가설 (9)의 결과 (1)에 의해 설명된 가능성은 그것들이 입력에서 작용하는 것과 같은 방법으로 일상어에 작용할 수 있다.

가설 11 언어학습자 언어는 변이적이고, 역동적이지만 또한 체계적이다.

언어 출력의 이러한 특성들은 — 이전의 가설들에 대한 기본적인 증거를 구성하는 — 3장과 4에서 검토되었다.

모든 제2언어 습득 연구자들이 11개의 모든 가설들에 동의하지는 않는 것 같으며, 그리고 그들이 오히려 다른 방법들로 어떤 것을 표현하길 바라는 것은 당연한 일이며, 또는 다른 주안점을 그것들의 결과라고 생각하는 것은 당연하다. 그러나 그것들은 제2언어 습득 조사를 안내했으며 그리고 제2언어 습득의 어떤 몽타주에서 고려될 필요가 있는 기본적 문제들을 반영한다.

더 읽을거리

K. Bailey, M. Long, 그리고 S. Peck(Newbury House, 1983)에 의해 편집된 *Second Language Acquisition Studies*에서 D. Larsen-Freeman에 의한 'Second language acquisition: getting the whole picture'는, 제2언어 습득 연구에서 세우고 있는 이론의 본질에 대한 몇 가지 재미있는 논평과 함께 많은 제2언어 습득 이론들의 개관을 제공한다.

Schumann의 문화변용 모델은 *The Pidginization Hypothesis*에서 최고의 대접을 받는다. J. Schumann에 의한 *A Model for Second Language Acquisition*(Newbury House, 1978). R. Andersen에 의해 편집된 *Pidginization and Creolization a Language Acquisition*에 대한 R. Andersen의 소개는 혼합 혼성어화와 탈혼성어화 그리고 제2언어 습득 사이에서의 유추에 관하여 재검토한다.

제2언어 습득에 응용함으로써 문화변용 모델에 대한 전말은 H. Giles와 J. Byrne에 의한 'An intergroup approach to second language acquisition'에서 발견될 수 있다(*Journal of Multilingual and Multicultural Development 3/1*).

E. Ochs와 B. Schieffelin에 의해 편집된 *Developmental Pragmatics*에서 E. Hatch, A. Peck, 그리고 J. Wagner-Gough에 의한 'A look at process in child second language acquisition'은 담화 이론의 주요한 특징들을 논의한다.

조정 모델에 대한 무수한 진술들이 있다. 상세한 설명을 원하는 독자들을 위하여, S. Krashen의 *Second Language Acquisition and Second Language Learning* (Pergamon, 1981)을 추천한다. 또한 많은 평론들이 있다. K. Gregg에 의한 'Krashen's Monitor Model and Occam's razor'(*Applied Linguistics 5/2*)가 가장 최근의 것이다.

변이 능력 모델을 위하여 R. Ellis에 의한 *Classroom Second Language Development*를 보아라(Pergamon, 1984)(7장).

L. Selinker와 J. Lamendella에 의한 'Two perspectives on fossilization in interlanguage'(*Interlanguage Studies Bulletin 3*)가 아마도 Lamendella의 신경 기능적 이론에 대한 가장 좋은 설명일 것이다.

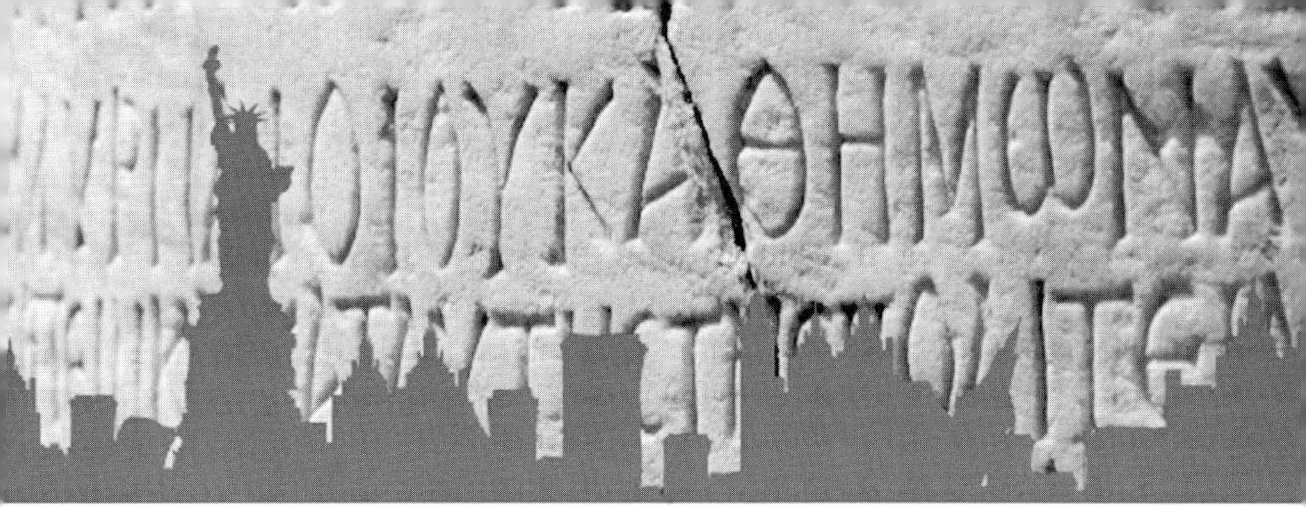

결론

본 장의 목적은 무엇이 성취되었고 아직 이루어지지 않은 것이 무엇인지 평가하기 위하여 제2언어 습득 연구를 한 발 뒤로 물러서서 살펴보기 위한 것이다. 이 시도에 대해 나는 다른 장들보다 주관적인 견해를 제시할 것이다.

제2언어 습득의 연구는 겨우 15년이 넘었다. 1970년 전에는 제2언어 습득에 대한 경험적 연구가 많지 않았다. 1967년 이전에, Corder가 그의 중대한 논문인 'The significance of learners' errors'를 출판하였을 때, 그 논문에는 또한 이론적인 조사도 있었다. 2장에서 논의되었듯이, 제2언어 습득은 보편적 학습 이론으로부터 추론할 수 있다고 가정하였다. 1970년도에 제2언어 습득의 경험적 연구가 증가했다. 이 경험적 연구는 횡적 연구(예를 들면, 형태소 연구)와 종적 연구(Cazen 등 1975)이다. 같은 시기에 경험적 연구에 의해 자극을 받은 것과 자극이 되는 제2언어 습득에 대한 이론화가 번성하였다. 현재 제2언어 습득의 발표에 관해서는 연구자들의 논쟁들이 계속될 것이며, 이 분야는 잘 알려진 관심들의 분야 — 혼성언어학, 입력/소통, 학습자 전략, 교실 제2언어 습득, 보편 문법 등으로 세분화되었다.

제2언어 습득의 관심에 대해 놀랄 만한 증가는 많은 문제들을 유발한다. 관심이 증가하는 것은 무엇의 자극을 받은 것인가? 우리가 실제로 제2언어 습득에 대해 알아낸 것은 얼마큼인가? 무엇이 두드러진 문제점들인가? 나는 이러한 각각의 문제들을 간략하게 살펴본 후 과거에 제2언어 습득 연구에 동기를 부여하고 미래에도 그렇게 계속 될 것 같은 일련의 문제들을 가지고 결론을 지을 것이다.

제2언어 습득 연구를 자극하는 요인들

제2언어 습득의 관심이 급등한 것을 이해하기 위해서는, 무엇이 그것에 동기를 부여 했는지 그리고 무엇이 연구를 가능하게 했는지를 구별하는 것이 유용하다.

주요 동기는 의심할 필요도 없이 언어학에서 패러다임의 대전환을 불러일으켰고 Chomsky의 문법이론의 분야와 관련되었다. 모국어 학습에 대한 행동주의자들의 설명이 신빙성을 잃었고(3장 참조), 관심의 초점이 학습자의 외적 요인들부터 학습자의 내적 요인들로 변경되었다. 어린아이가 학습 진행과정에 활발히 기여하는 자로 간주되었다. 이 패러다임의 전환은 제2언어 학습의 지배적인 이론(즉, 대조분석 가설)에 도전하는 이론적인 추진력을 제공하였다. 그 지배적인 이론이 환경적 요소들을 강조하고, 제2언어를 습득하는 동안 무엇이 발생하는지에 대한 실질적 연구들이 없었을 때, 그와 같은 연구가 진행되기 전에 선천적이고 정신적 요인들을 강조하는 이론을 취했다는 것이 아마도 난해한 아이러니이다. 물론 그 이유는 대립되는 이론들의 상충되는 요구를 경험적으로 실험하려는 바람이 있었다.

제2언어 습득 연구들은 상당히 많은 방법론과 모국어 습득 연구 이론을 보유하고 있는 발단에서 시작되었다. 형태소 연구의 방법론은 Brown(1973) 그리고 de Villiers와 de Villiers(1973)에 의해 개발된 모국어 습득에 대한 분석적 기술의 직접적인 차용이었다. 그 사례 연구들은 또한 모국어 연구자들에 의해 사용된 기술들을 채택하였다. 제2언어 습득의 조사의 이론적인 초점은 모국어 습득연구의 방향이 변함에 따라 변경되었다. 예를 들면, 입력/상호작용에 대한 재 관심은 직접 어머니 말씨의 연구에서 찾아볼 수 있다. 그것은 놀라운 일이 아니며, 그러므로 제2언어 습득 연구에서 변치 않는 논쟁들 중 하나가 제2언어=모국어 가설이었다. 제2언어 습득 연구자들은 항상 모국어 습득을 언급하는 것에 대해 홀가분하게(만일 의무가 아니라면) 느끼지만, 이러한 관심이 모국어 연구자에 의해 종종 가치가 없다는 것이 흥미롭다. 제2언어 습득은 방법론과 이론적으로 모국어 습득 연구를 지속적으로 사용하지만, 반대로 모국어 연구자들은 제2언어 습득을 사용하지 않는다.

만일 모국어 습득 연구가 제2언어 습득 연구의 많은 도구들을 제공했다면, 언어 교육 전문가가 그것들에 지원을 해주었다. 미국은 보건 교육 후생성에서 자금을 지속적으로 사용할 수 있게 해주고 있다. 캐나다에서는 제2언어 습득의 많은 연구를 제공하고 있는 이중 언어 교육연구가 정부에 의해 대단하게 지원받고 있다. 두 나라의 경우 소수민족집단 어린아이들의 교육과 언어 학습이 교육계획을 계획하고 수행하는 중요한 문제라는 인식에 대한 정부의 관심이 연구 과제들을 완수할 수 있도록 재정적 도움을 가능하게 이끌었다.

그러므로 이러한 연구의 대부분이 북미에서 발생했다는 것이 우연한 일이 아니다. 최근에서야 대부분의 정부지원으로 유럽에서도 계획 — 성인 이민자들의 제2언어 습득에 관한 유럽 과학 재단 프로젝트 — 이 시작되었다.

언어교육 전문가를 위한 제2언어 습득 연구의 잠재적인 중요성은 자금이 가능하게 보장해주는 것뿐만 아니라, 연구가 '응용된' 관점을 가지도록 해주었다. 언어 교사들은 제2언어 습득 연구가 수업시간에 언어학습이 더욱 효과적이게 만드는 것을 어떻게 도와 줄 수 있는지 알고 싶어 한다. 이것 때문에 연구 보고서가 보통 보편적인 본질에 대한 많은 제안들이 교사가 무엇을 그리고 어떻게 가르쳐야 하는지에 관하여 이루어진 '결과'에 전념한 간략한 부문으로 결론짓는 것이 관례적이었다.

그러나 많은 이전의 연구는, 비형식적인 학습이 어떻게 발생하는지를 발견하기 위하여 느낀 욕구에 의해 동기부여 되었던, 자연적인(또는 혼합된) 제2언어 습득을 조사했다. 좀 더 최근에는 교실 제2언어 습득의 직접적인 연구에 관하여 주력하고 있다.

모든 제2언어 습득의 연구가 방향이 '응용된' 것은 아니다. 또한 많은 '순수한' 연구도 있었다. 지식의 분야가 증가함에 따라, 연구의 의문점과 가설들이 교실수업과 관련이 있든지 또는 없든지 상관없이 발생되었고 조사되었다. 내 개인적인 소견으로 비록 아직도 수업에 중심 쟁점을 두는 많은 연구자들이 있지만, 순수 제2언어 습득 연구가 시간이 지날수록 더 보편화될 것이다. 물론, 왜 제2언어 습득 연구가 인간 조사의 다른 영역들에 영향을 미치도록 도와주지 않아야 할 어떤 이유도 없다. Lightbown(1984)는 어떻게 언어학적, 사회심리학적, 사회언어학적, 신경언어학적, 그리고 심리학적 분야가 제2언어 습득 연구에 도움을 주는지 보여준다. 이 공헌은 쌍방의 노력이 될 수 있다.

제2언어 습득 이해

내가 언급하고 싶은 두 번째 질문은 '얼마나 우리가 제2언어 습득에 대해 알고 있는가?' 이다. 이 질문은 이 전체의 책을 이끌어 주었고, 이 전의 장들은 이 질문에 대한 답을 제공하려는 시도를 했다. 나는 요약을 하지는 않을 것이다(이것은 이미 10장에서 끝냈다). 대신에 나는 제2언어 습득을 기술하고 설명하기 위한 우리의 능력에 관하여 일반적인 표현들로 우리의 제2언어 습득의 이해를 간략하게 다루고 싶다.

지금 우리는 제2언어 습득이 무엇으로 이루어져 있는지에 대하여 아주 많은 것을 알고 있다. 특별한 제2언어 학습자들이 잘 정의된 발달의 연속을 타당하게 따르고 있으며, 특정한 형태소가 습득된 순서조차도 학습자의 모국어 또는 환경적인 배경의 결과로써 오직 작은 수정들을 거친다고 제안하는 많은 증거들이 있다. 부정어나 의문문 같은 과도기 구문에 대한 조사는 또한 분명한 발달 경로가 있다는 것을 보여준다. 학습자들이 이러한 구조들을 습득하는 데 있어서 만들어지는 임시적인 규칙들이 심지어 습득 유형을 지배할지도 모른다. 더욱이 우리는 제2언어 학습자들이 교실 안팎으로 받는 입력의 본질에 대해 아주 많이 알고 있다. 이러한 기술적인 연구들은 학습자들이 제2언어의 지식을 어떻게 조립하는지에 대한 그림을 만들어냈다. Lightbown(1984)는 아래와 같이 결론을 내린다.

> 우리는 지금 자질구레한 것들을 포함하고 있는 많은 기술적인 연구들과, 연구자의 이목을 집중시켰기 때문에 체계성을 보여주는 것 같거나 또는 제2언어 습득에 대하여 가졌던 어떤 직관력을 확인시켜 주었던 분석을 위하여 선택된 학습자 언어의 잡다한 것을 가지고 있다. 사실, 그와 같은 연구들은 학습자의 중간언어 발달에서 여러 가지 모형어의 규칙성이 있다는 것을 확인시켜 주었다.

다시 말해서, 제2언어 습득의 기술적인 연구들이 그 분야를 지배해 왔다.

그러나 발달 진행과정이 얼마나 '보편적'인지는 어떤 의견 차이의 문제를 남긴다. Lightbown은 또 다른 반증을 보여주는 보편적 모형어의 존재를 나타내 주는 기술적인 연구를 지적하기 시작했다. 모국어의 영향, 입력의 차이 그리고 심지어 목표언어 공동체에서의 학습자의 사회적 지위에 대한 영향력이 다른 습득 진행과정에 어떤 영향이 있음을 보여준다. 이것은 기술적인 연구를 설명하는 방법에 대해 중요한 질문을 끌어낸다. 보편적 모형어에 대한 주장들에 얼마나 많은 비중을 두어야 하는가? 연구자들마다 각각 다른 대답을 한다는 것이 놀라운 일은 아니다. 다시 말해서, Krashen과 같은 부류의 사람들은 증명된 자연스런 순서를 택하고 있으며, 반면에 다른 한편으로 Lightbown과 같은 부류의 사람들은 규칙성의 존재를 인식하는 반면에, 보편성에 대하여 회의적인 상태로 남아 있다. 3장에서 나는 발달의 기본 틀을 특정화하는 자연적인 **연속**이 있다고 제안한 반면에, 명확한 특징의 발달 **순서**에 차이점이 있을 것이라고 제시했다. 아마도 제2언어 습득 연구가 해결하려고 노력하는 많은 변이들이 주어진 반사실적인 증거와 서로 다른 설명이 반드시 있어야 할 것이다. 그러나 이 차이점들을 조화시키는 몇 가지 방법이 일치될 수 있을 때까지, 제2언어 습득에서 발생하는 지식이 증가함에도 불구하고, 우리는 보편화할 수 있고 신뢰할 수 있는 기술을 아직은 만들어낼 수 없다는 것을 인정해야만 한다.

제2언어 습득을 **설명**하고자 할 때, 연구자들 사이에서 더 많은 차이점들이 일어난다. 예를 들면, 부정어가 나머지 발화의 외부에 있는 부정문의 발화에 대한 대안적인 설명을 고려해보자:

No speak Portuguese.
No finish book.
No like beer.

이런 규칙성은 연구자로부터 상당한 관심을 받고, 많은 설명들이 제시되어 왔다.

1. **전이 전략**

   스페인어와 포르투갈을 쓰는 학습자들은 그들의 모국어에서 동사 앞에 부정을 취할 수 있다(또한 주격 대명사 생략을 허용한다). 그러므로 그와 같은 학습자들이 외적 부정을 보여주는 발화를 할 때, 그들은 단순히 모국어의 부정적인 모형어를 이용할 수도 있다.

2. **발화 전략**

   두 번째 가능성은 그와 같은 발화들이 모든 제2언어 발화에서 분명한 단순화의 일반적 진행과정의 결과물이다. 만일 학습자가 영어에서의 부정이 아래 경우와 같이 내부적이라는 '지식'으로 믿고 있다면:

   I no speak Portuguese, etc.

   확연히 외적 부정의 발생은 대명사 탈락 규칙(즉, 대명사는 문장에서부터 생략될 수 있다는 것을 설명하는 발화 규칙)의 결과로 설명될 수 있다. 이런 발화는 물론 긍정적인 그리고 부정적인의 발화에서 둘 다 분명해질 것이다.

3. **습득 전략**

   또한 'no X'의 발화는 뇌의 자연스러운 언어 처리 진행과정의 메커니즘이라는 것이 가능하다. 이 관점에서 외적 부정은 제한적인 단순화의 결과가 아니고, 학습자가 모든 언어에서 부정을 어떻게 다루고 있는지를 통제하는 습득 전략에 대한 것이다. 예를 들면, Wode(1984)는 'neg X'의 구조가 자연스러운 언어에서 이용할 수 있는 구조적인 선택사항들에 관한 보편적인 제약 조건에 대한 주장이 아니라고 지적했다. 이 설명의 확대는 'no X'가 내적 부정과 비교할 때 '무표된' 구조라고 주장하는 것이다(Felix 1984).

4. **상호작용적 전략**

   거기에 또 다른 가능성은 'no X'가 상호작용적 전략의 결과라는 것이다. 즉, 그것은 학습자가 이전의 담화에서 나온 개념 단위를 차용한 다음 그 앞에 부정어를 붙인다.

A: Do you like beer?

B: No like beer.

학습자는 그가 만들어낸 종적 구조를 외우고 난 후 그 자신만의 부정 발화들을 시작하는데 그것을 사용할 수도 있다.

나의 목적은 하나의 설명이 또 다른 것보다 더 낫다고 논쟁하고자 하는 것이 아니다. 나는 오히려, 나는 제2언어 습득 연구의 일반적의 주제의 예로서, 'neg X'의 모형어를 사용하길 바라며, 다시 말하자면, 제2언어 습득에 대해 일반적으로 인정된 기술적인 특징이 매우 다양한 방법들로 설명될 수 있다. 그 같은 현상이 제2언어 습득의 반대 이론들을 정당화하기 위해 사용될 수 있다.

이것은 마치 제2언어 습득에 대한 우리의 이해가 증가하면서 대립되는 설명들 중에서 택하기 위해 유리한 입장에 있을 것 같다. 예를 들면, 이미 우리는 위의 (1)을 거부하는 충분한 증거들을 가지고 있다. 그러나 최종의 분명한 설명에 도달할 수 있다고는 확신하지는 못한다. 제2언어 습득을 설명하기 위해서, 입력 데이터를 처리하는 데 원인이 되는 내적 메커니즘을 증명하는 것이 필요하다. 그 가능한 증거는 항상 간접적일 것이다(즉, 학습자의 출력이나 내적 관찰을 비교하는 발화들). 그러므로 항상 다양한 설명들에 대한 여지가 있을 것이다.

우리가 제2언어 습득을 이해하는 것을 차례로 생각해 볼 때, 나는 경고를 하려고 했다. 풍부한 기술적인 증거들이 있지만, 이것이 우리에게 말해 주는 만장일치는 없다. 그것은 많은 시간이 걸리고 부적절한 설명들을 없애기 위해 천천히 연구할 것이다. 또한 하나의 단순한 현상이 한 가지 원인 이상의 결과라는 것이 가능하다.

제2언어 습득 연구의 문제점들

네 가지 중요한 쟁점들이 여기서 고찰될 것이다. (1) 형태구문론의 중요성, (2) 형태뿐만 아니라 기능을 고려하는 것에 대한 실패, (3) 중간언어를 기술하기 위한 단편적인 접근, 그리고 (4) 방법론이다. 각각의 쟁점은 어떻게든 문제가 있다.

1장에서 분명하게 다루어진 바와 같이 제2언어 학습자언어의 연구는 대부분 학습자들이 문법지식을 어떻게 발달시키는지를 조사하는 것으로 시작되었다. 이 책은 이런 생각을 반영하였다. 언어에서 문법의 중요성은 제2언어 습득 연구에서도 반복된다. 제2언어 습득은 제2언어 문법을 습득 하는 것을 의미했다. 중간언어의 음운론(즉, Dickeson 1975; Tarone 1978)의 몇 가지 연구들이 있었지만, 어휘나(검토를 위해 Meara 1980 참조) 실용적 발달(비록 Wolfson과 Judd(1983)의 최근 기사들에서 보이지만)에 대한 것은 어느 것도 거의 없다. 그러므로 우리의 제2언어 습득 이해는 매우 균형이 맞지 않는다. 더욱이 문법으로 주어진 우선 사항이 학습자의 접근과 일치하는 것 같지 않다. 비형식적인 학습자들은 적어도 문법적 규칙을 습득하는 것보다는 의사소통하는 것에 더욱 관심을 둔다. 이것을 위하여, 그들의 초점은 어휘자료들과 실용적인 기능을 발달시키는 데에 있다. 제2언어 습득 연구는 언어의 다른 면들에 더욱 관심을 가짐으로써 현재의 불균형을 바로잡아야 할 필요가 있다.

문법과 상관없는 제2언어 습득 조사 범위를 넓히는데 또 다른 이유가 있다. 하나의 언어 수준에 대한 습득은 다른 수준들에 대해 완전 독립된 형태로 진행되는 것 같지는 않다. Hatch(1983a)는 제2언어 학습자들의 동사 뒤 관계사절(즉, 주절에 있는 주어들보다는 오히려 목적어를 변경하는 것들)에 대한 학습자의 선호도가 담화 수준에서 설명될 수 있다고 제안한다. 일반적으로 말하자면, 이야기책에서 그것은 신원확인을 필요로 하는 주인공의 행동에 영향을 받는 참가자들이나 사람이다. 주인공은 처음의 등식형의 문장으로 한정되는 것 같다. Long과 Sato(1084)는 제2언어 습득에서 언어적 레벨의 상호의존에 대한 다른 예를 제공했으며, 예를 들면 베트남 학습자들에 의한 영어 과거시제 굴절의 지연된 습득이 모국어로부터 음절구조 전이의 결과일 수도 있다. 그들은 아래와 같이 결론을 내린다.

> 한 단계의 분석보다 더 많은 것을, 동시에 또는 연속적으로, 포함시키기 위하여 중간언어의 범위를 넓히는 것이, 지금까지는 발달의 별개이며 관계없는 단계들을 통합하도록 도와준 것은 확실하다. 게다가, 결정적으로, 다층 분석은 일반적으로 단일 언어단계 내의 현상과 중간언어 발달에 대한 더 많은 잠재적이고 설명적인 힘을 가지고 있다.

제2언어 습득 연구가 형태통사론에 몰두했을 뿐만 아니라, 좁게는 형식적인 측면에도 관심이 있었다. 문법적 형태에 의해 알게 된 기능들이 크게 무시되었다. 그러나 언어기능의 언급 없이 특정한 형태의 습득만을 이야기하는 것은 의미가 없다. 학습자는 그러한 기능들과, 목표 언어에서 주어지는 기능들만을 표현하기 위하여 그것을 사용할 수 있을 때까지 형태를 습득했다고 말할 수는 없다. 그것은 필요로 하는 것이 형태→기능 분석연구(즉, 특별한 형태에 의해 실현되는 기능들에 대한 연구들)과 기능→형태 분석 연구(즉, 특정기능들이 다른 형태에 의해 어떻게 실현되는지에 대한 연구들) 둘 다라고 본다. 이러한 분석연구들은, 형태-기능의 관계가 변화무쌍하고 시간이 흐르면서 달라짐으로써 학습자 변이에 대한 설명을 해야만 할 것이다(4장 참조).

비록 제2언어 습득의 좁은 통사 형태론적인 범위가 만연해 있을지라도, 여전히 또 다른 하나의 문제가 있다. 지금까지 전체로서의 문법적 체계에 관한 것보다는 오히려 전체 문법 체계의 고립된 특징들에 대한 기술에 관심이 집중되어 왔다. 예를 들면, 종적 연구가 대명사, 부정문, 의문문과 관계사절과 같은 특별한 하위체계의 분리된 발달을 나타내고 있는 반면에, 형태소 연구는 문법적 특징들의 이상한 조합을 검토해왔다. 그러나 학습자는 따로따로 각각의 문법적 분야를 발달시키지 않는다. 오히려 그들은 전 영역의 특징들에 관해 동시에 발달시킨다. 이것은 어떤 구체적인 특징의 습득이 왜 아주 서서히 일어나는지, 학습자의 관심이 왜 나누어지는지에 대한 한 가지 이유이다. 습득의 진행과정을 이해하기 위하여, 학습자의 발달하는 문법의 전체적인 그림을 얻는 것이 중요하다. 예를 들면, 부정문의 발달이 관계사절과 어떤 식으로 연관 있는지 알 필요가 있다(Shcumann, 1980 참조). 이것은 제2언어 습득 연구자들에게 상당한 기술적인 부담을 제기하지만, 만일 우리가 중간언어의 형태통사론 단계에 대해 우리의 이해를 증가시키려고 한다면, 전체의 그림을 볼 필요가 있다.

마지막으로, 방법론적인 문제들이 있다. 한 축은 데이터가 수집되는 방법과 관계가 있다. 또 다른 축은 제2언어 습득 연구가 따라야만 하는 전체적인 방향에 관심이 있다.

제2언어 습득 연구에서 다시 발생하는 쟁점은 각기 다른 데이터 유형의 타당성이다(예를 들면, Naiman 1974; Adams 1978; Burt와 Dulay 1980; 그리고 Wode 등 1979 참조). 중요한 점은 각기 다른 과업이 각기 다른 종류의 언어수행을 이끌어낸다 — 문법성 판단력 과업, 요소 별 테스트, 통합적 실험, 모방 과업, 그림으로 기술하는 과업, 그리고 자유로운 의사소통이 언어 사용의 다양한 모형어를 보여주는 것 같다. 따라서 그림을 사용하여 이끌어낸 담화를 이용하는 연구는(예를 들면, 형태소 연구들) 얻어진 언어자료가 자연스러운 발화를 구성한다고 주장할 수 없다. 더욱이, 각기 다른 데이터 모음 도구들은 조사되는 학습자의 개인 특징들에 따라 다른 영향을 가질 수도 있다. 예를 들면, 같은 절차는 성인들과 어린아이들에서 각기 다른 점들을 빼낼 수 있다. 그러므로 명확한 데이터 유형을 바탕으로 한 연구의 결과를 일반화하는 데에 더욱 큰 관심을 가질 필요가 있다. 제2언어 습득은 획일적 진행과정이 아니며 우리는 자연적 습득 순서에 대해 말하지 않는 것으로 더 좋은 충고가 될 것이지만, 특별한 유형의 언어 사용의 맥락에서 규칙적인 발달의 모형어에 대해 말하는 것이 더 좋을 것이다. 한 예로 한 학습자에게 중요한 것이 다른 사람에게는 아닐 수 있기 때문에, 언어 사용의 한 유형이 어떤 유형보다 더 중요하다고 가정하는 것은 조심해야 한다. 대부분의 학습자들에게 일상어 스타일이 기본적일 수도 있지만, 신중한 스타일을 발달시키는데 좀 더 관심을 보이는 몇 사람들이 항상 있을 것이다. 데이터 수집과 연관된 방법론적 문제들을 해결하기 위하여, 학습자의 중간언어 체계의 변이적인 특성을 받아들일 필요가 있다. 이런 방식으로 언어 학습과 언어 사용의 통합된 이론을 향하여 연구하는 것이 가능해질 것이다. 제2언어 습득 연구가 따라야만 하는 전체적 방향에 대해서는 의견 일치가 되지 않는다. 다른 한편으로 자연 과학과 같은 조사 방법을 받아들이는 것과 마찬가지로 제2언어 습득을 살펴보는 연구자들도 있다. 다른 한편으로 과학보다는 문학과 더 유사한 아주 복잡한 주제라고 여기는 사람들이 있다. 전자는 '과학적인' 접근을 고집하는 것 같다. 즉, 그들은 특정한 가설을 확인하고, 보통 많은 양의 절차의 도움으로, 체계적인 방법으로 실험을 시작한다. 진행과정은 증명된 가설들의 꾸준한 축적으로서 관찰된다. 후자는 데이터 후 이론의 접근법에 더 기울어져 있다. 그것들은 제2언어 학습자언어의 기존의 경험적 연구나 또는 선택된 일부의 질적인 분석에 근거한 창조적인 추측에서 시작한다. 접근방법에서 이러한 대조는 정상적이다. 진보에 대해 유리하고 타당한 방법으로서 '과학적인' 접근법을 예상하는 경향에 위험이 잠복해 있다. Lightbown(1984)이 주장한 바와 같이, 가설-검증과 가설-생성 연구가 있으며, 나는 연구를 위해 이 두 가지를 시도해야 한다고 말을 덧붙인다.

몇 가지 핵심 질문들

Hatch(1978b)는 열 가지 질문들로 자신의 제2언어 습득 연구에 대한 비평을 시작했다. 나는 일련의 질문들로 결론을 내린다. 이 질문들은 새로운 것들이 아니다. 이 책의 주된 목적은 질문될 필요가 있는 문제들을 명확하게 하고 그것들에 대한 몇 가지 대답들을 제시하는 것이었다. 그 예상은 즉 제2언어 습득 연구가 이 질문들을 계속 조사한다는 것이다.

1. 학습자들이 자연스러운 대화에 참여할 수 있도록 필요한 문법적 지식을 습득하는 방법들에 규칙성이 있다고 가정한다면, 어떻게 이 규칙성들을 가장 잘 기술할 수 있는가? 특히 형태-기능 관계를 어떻게 설명할 수 있으며, 그리고 '전체적인 그림'을 어떻게 제공할 수 있는가?
2. (1)에서 언급된 규칙성이 자발적인 대화로 이끌지 않는 과업을 수행하는 데 필요한 다른 종류의 문법적 지식들과 어떻게 관련되어 있는가?
3. (1)에서 언급된 규칙성에 어떤 제약들이 있는가? 학습자의 모국어, 습득 배경, 그리고 아마도 개별인 학습자 차이들이 관찰된 규칙성의 모형어에 어느 정도로 그리고 어떤 방법으로 영향을 미치는가?
4. 규칙성이 다른 언어체계에서 어느 정도로 관찰되는가? 어휘와 실용적 지식에 대해 자연스런 발달의 연속이 있는가?
5. (1)에서 관찰된 규칙성이 다른 학습자 언어(예를 들면, 모국어 습득과 혼성어)에서 존재하여 발견되는 규칙성들과 어느 정도 같은가 또는 다른가?
6. (1)에서 언급된 규칙성이 어떻게 설명될 수 있는가? 대립하는 설명들 사이에서 원칙에 입각한 선택이 어떻게 이루어질 수 있는가?
7. 몇몇의 학습자들이 다른 학습자들보다 왜 더 빨리 배우고 더 오랫동안 학습을 수행하는가? 환경적 요인들을 조작함으로써 학습의 진도에 영향을 주는 것이 가능한가?
8. 제2언어 습득 연구의 스타일이 즉 교수법상의 쟁점들과 최대한 관련되어 어떻게 발달될 수 있는가? '순수한' 제2언어 습득 연구의 결과를 '응용'하는 것이 어느 정도로 가능한가?

용어 해설

- acculturation(문화 변용)

문화 변용은 새로운 문화를 적응시키기 위한 진행과정이다. 이것은 의사소통의 체계뿐만 아니라 새로운 문화의 생각, 믿음 그리고 감정들 체계의 이해를 발달시키는 것을 의미한다. 문화 변용은 제2언어 습득을 이해하기 위한 개념으로 매우 중요하다. 왜냐하면 성공적인 언어 학습은 학습자들이 문화변용에 성공할 때라고 가설을 세웠기 때문이다.

- accuracy order(정확성 순위)

학습자들은 발달의 각각 다른 단계에서 정확성의 수준에 변화를 주면서 3인칭 단수 -s나 관사 a나 the 같은 제2언어 형태소를 발화한다. 정확성 순위는 그들의 정확성 수준에 따라서 수많은 형태소들의 등급을 매기면서 얻을 수 있다. 몇몇 제2언어 습득 연구가들은(예를 들면, Dulay와 Burt) 정확성 순위가 습득 순서에 일치한다는 가설을 세웠다.

- acquisition(습득)

습득은 규칙과 상용 어구를 내재화하고 그들의 제2언어의 의사소통으로 사용하는 넓은 의미로 정의될 수 있다. 이런 의미에서 '습득'이라는 용어는 '학습'이라는 용어와 유의어이다. 그러나 Krashen(1981)은 이 용어들을 각각 다른 의미로 사용한다. Krashen은 '습득'은 자연언어 사용의 결과로써 규칙 내면화의 자연스런 진행과정을 구성하는 것이라고 하고 반면에 학습은 정규 수업에 의해 의식적인 제2언어 지식의 발달로 이루어진다.

- acquisition device(습득 장치)

언어 습득에 관한 생득주의 이론은 환경적인 요인들을 고려하지 않고 언어 학습자의 타고난 능력의 중요성을 강조한다. 각각의 학습자는 습득의 진행과정을 통제하는 '습득 장치'를 가지고 있는 것으로 여긴다. 이 장치는 어떤 언어의 문법에서도 취할 수 있는 가능한 형태에 대한 정보를 포함한다(보편가설 참조).

- approximative system(근사 체계)

Nemser(1981)에 의해 사용된 용어로 학습자가 목표 언어를 사용하려고 노력할 때 사용하는 일탈 언어 체계를 가리킨다. 학습자는 완전한 목표 언어 숙달 도중에 수많은 '근사체계'를 경험한다. 이 용어는 '중간언어'와 '전이 언어능력'과 거의 동일한 의미를 가지고 있다.

- aptitude(적성)

적성은 학습자가 제2언어를 배울 때 가지는 특별한 능력을 가리킨다. 이것은 지식으로 간주되면서 일반적인 능력에서부터 고등교육의 숙달까지 분리된다는 가설을 세운다.

- attitudes(태도)

학습자들은 목표 언어문화, 자신의 모국어 문화의 요인들이라든지, 교실 학습의 경우에서는 교사와 학습자에게 주어진 학습 과제의 요인들에 관한 일련의 믿음을 갖게 된다. 이러한 믿음들은 '태도'라 일컫는다. 이것들은 여러 가지 면에서 학습에 영향을 준다(동기부여 참조).

- avoidance(회피)

회피는 모국어 화자의 발화와 비교하여 학습자의 발화에서 목표 언어의 특정 구조들이 잘 표현되지 않을 때 발생한다고 말한다. 학습자들은 그들이 어렵다고 생각하는 구조들은 피하는 경향이 있다. 이러한 어려움의 원인 중 하나는 목표 언어와 모국어 구조들 사이의 동일성 결여에서 비롯하기도 한다. 이런 경우, 회피는 언어 전이의 한 반영이다.

- backsliding(회귀 현상)

제2언어 학습자들은 어떤 경우 올바른 목표 언어 형태들을 보여주는 경향이 있으나, 다른 경우들에서는 일탈한 형태들을 보여준다. 이런 일이 일어났을 때 '회귀 현상'이라고 한다. 회귀 현상은 초기 발달 단계에 속하는 규칙의 사용에 발생한다. 이것은 예를 들면서 학습자들이 어려운 주제를 설명해야 하는 때 또는 긴장 상태에서 압박감을 느낄 때 나타날 수 있다.(Selinker 1972 참조)

- behaviorist learning theory(행동주의자 학습 이론)

행동주의자의 학습 이론은 학습의 일반적인 이론이다(즉, 이것은 언어 학습뿐만 아니라 모든 종류의 학습에 적용한다). 이 이론은 학습을 습관 형성으로 본다. 습관은 학습자가 특별한 반응을 요구하는 특별한 자극에 직면하였을 때, 역으로 다시 반응은 보상들에 의해 보강되었을 때 발생한다. 행동주의자의 학습이론은 내적 심리 요인들에 반대하는 환경적인 요인들을 강조한다.

- careful style(신중 스타일)

언어 사용자들이 그들이 발화하는 언어의 형태에 면밀히 주의를 기울일 수 있을 때, 그들은 '신중한 스타일'을 요구한다(Tarone 1983). 이것은 일상어 스타일과 대조된다. 신중한 스타일은 단어 짝 읽기나 문법 테스트 등과 같은 형태 언어 과제에서 현저하게 나타난다.

• channel capacity(채널 역량)

채널 역량은 발화를 수행하기 위한 언어 학습자들의 능력을 가리키는 말이다. 이해와 발화의 양편에서 언어수행은 언어 규칙을 단순히 알고 있다는 것 이상을 뜻한다. 이 역량은 또한 기억으로부터 규칙을 되찾아서 그것을 쉽고 자연스럽게 사용할 수 있는 능력을 포함한다. 발달의 초기 단계에 있는 학습자들은 기존의 지식이나 경험이 없는 편이어서 그 학습자들은 한정적인 채널 역량을 가지고 있는 것이 된다.

• cognitive organizer(인지 조직 기능)

Dulay & Burt(1977)에 의해 사용된 용어로 학습자의 내재적 처리 체계 중에서 입력을 체계로서 조직하는데 그 역할을 맡은 부분을 가리킨다. 그러므로 이 내재적 조직 기능은 학습자가 통과하는 각 변천 단계에 책임을 맡는다. 이 인지 조직 기능은 잠재의식적으로 작용하게 된다.

• communication strategies(의사소통 전략)

이것은 제2언어 지식을 사용하기 위한 전략을 말한다. 학습자들이 필수적인 언어 지식이 결여되어 있는 상태에서 의사 소통상의 의미 문제에 직면했을 때 사용하는 전략이다. 예를 들면, 학습자들이 제2언어의 단어를 알고 있지 못한 상태에서 어떤 대상 목적들을 가리켜야 할 때 적용하게 된다. 전형적인 의사소통 전략은 바꾸어 말하기와 무언으로 꾸며내기이다. 의사소통 전략은 '학습 전략'이나 '발화 전략'과는 대조된다.

• competence(언어 능력)

학습자들이 제2언어를 습득할 때, 학습자들은 조직화된 체계로서 규칙들을 내재화한다. 이것이 학습자들의 '언어능력'을 구성한다. 발화를 이해하고 산출하기 위한 이 체계의 실제적 사용은 실천으로 여겨진다. 연구가들 그리고 연어학자들은 언어 능력의 그 본질에 일치하지 않는다. Chomsky와 같은 사람들은 완전한 언어학적인 개념에서 언어 능력을 보고, Hymes와 같은 다른 사람들은 의사소통 능력, 즉 '의사소통 언어 능력'은 언어 지식과 이 규칙이 어떻게 의사소통 의미에 사용되는 지식 양쪽 모두에 의해 이루어진다. 또 다른 차이점은 언어 능력이 동일한 것, 즉 규칙의 유일한 집합으로 다루어지든지 변이적인 것 즉 각각 다른 상황에서 다르게 그려내는 대안적인 집합체로 다루어진다.

• comprehensible input(이해 가능 입력)

'입력'이란 학습자에게 노출된 언어를 가리킨다. 이것은 이해 가능할 수 있거나(즉, 학습자가 이해할 수 있는 입력) 또는 이해 불가능할 수도(즉, 학습자가 이해할 수 없는 입력) 있다. 모국어 화자가 제2언어 학습자에게 말을 할 때 모국어 화자는 학습자가 보다 더 이해하기 쉽게 발화를 자주 조정하게 된다(외국인 말씨 참조). 이해 가능 입력으로의 접근은 언어 습득을 위한 필수 조건이 될 수 있다.

- comprehensible output(이해 가능 출력)

'출력'은 학습자에 의해 산출되는 언어이다. 이것은 이해 가능한 경우일 수도 있고 이해 불가능의 경우일 수도 있다. 학습자가 그의 내재화된 규칙 체계를 재구성하기 위한 노력을 강화함으로써 학습자의 이해 가능을 위한 노력은 언어 습득의 한 부분을 맡는다.

- context(맥락)

한 발화의 '내용'은 각각 다른 두 가지 사실을 의미할 수 있다. (1) 발화가 생기는 상황을 가리키며, 이것을 상황적 맥락이라 한다. (2) 언어학적 환경, 즉 주위의 언어를 가리킬 수 있으며, 이것을 언어적 맥락이라 한다. 내용의 두 가지 종류의 양식은 언어 형태 선택에 영향을 주고 따라서 출력에도 효력을 갖게 된다.

- Contrastive Analysis Hypothesis(대조 분석 가설)

대조 분석 가설에 따르면, 제2언어 오류들은 학습자의 모국어와 제2언어 사이에 차이에서 오는 결과라고 한다. 이 가설의 강력한 형태는 이러한 차이점은 발생하는 모든 오류들을 예측하는데 사용할 수 있다는 주장을 한다. 이 가설의 약한 형태에서는 이러한 차이점은 실제로 발생하는 자체의 오류 중 소수를 확인하는데만 사용할 수 있다는 주장을 한다.

- contrastive pragmatics(대조 화용론)

두 개 언어의 대조 분석은 그 두 언어의 문법적인 체계에 관해서 수행된다. 그러나 이와 같은 분석은 이 두 언어에서 언어 사용에 있어서 얼마나 다른가에 대한 사항에서도 이루어질 수 있다. 예를 들면, 사과와 같은 언어기능을 두 언어가 어떻게 다루고 있는가이다. 이런 종류의 분석을 대조 화용론이라 부른다.

- creative construction(창조적 구성)

Dulay 등(1982: 276)은 창조적 구성은 학습자들이 문장을 이해하고 생성하기 위해 구성하는 규칙에 따라 그들이 듣는 언어를 점차 조직화하는 잠재의식적인 진행과정으로 정의한다.

- critical period hypothesis(결정적 시기 가설)

결정적 시기 가설은 언어 습득이 자연스럽고 노력 없이 발생할 수 있는 시기가 있으며, 이런 특정 연령 이후에는 두뇌는 더 이상 언어 입력을 이런 방식으로 진행할 수 없다는 것을 말한다. 연구가들은 결정적 시기가 끝나게 될 때가 서로 다르다.

• development(발달)

'발달'이라는 용어는 종종 습득 또는 학습이라는 용어와 동의어로 사용된다. 그러나 Chomsky는 발달과 습득을 구분한다. 전자는 언어 처리 능력에 영향을 받는 실시간 학습을 가리키며, 반면에 후자는 학습자의 습득 장치에 전적으로 의존하는 순수한 학습을 말한다. 그러므로 발달은 일반 인지 능력과 습득 장치 양편 모두를 반영한다.

• diffusion model(확산 모델)

확산 모델은 Gatbonton(1979)가 만든 용어로서 학습자들이 내재적인 규칙을 발달시키고 변화시키는 방식과, 점점 더 정확하게 형태를 어떻게 사용해서 구분하는지를 설명한다.

• error analysis(오류분석)

오류분석은 연구가들과 교사들 양편에 의해서 사용된 절차이다. 이것은 학습자 언어의 샘플을 모으고, 그 샘플에서 오류를 확인하고, 이 오류를 기술하고, 가설을 세운 원인에 따라 분류하고, 그 오류들의 중대함을 평가하는 것을 포함한다.

• feedback(피드백)

이것은 학습자가 의소소통을 하기 위한 시도에 대한 반응이다. 피드백은 명확하게 하기 위한 요청으로 수정, 승인 같은 기능 그리고 'Mmm' 같은 반응표시 신호를 포함할 수 있다. 피드백은 목표 언어의 규칙 체계를 형성한 가설을 테스트하기 위해 학습자를 돕기 위한 중요한 역할을 한다고 제안되었다.

• field dependence/independence(장 의존/ 장 독립 현상)

언어 학습자들은 그들이 정보를 인지하고, 개념화하고, 체계화하고, 다시 상기하는데 어느 정도 차이가 있다. '장 의존 현상'은 전체적으로 즉 학습자들이 장을 전체로서 보는 것으로 작용하고, 반면에 '장 독립 현상'은 분석적으로 즉 학습자들이 이 성분의 단편에 의하여 장을 인지하는 것으로 작용한다. 이 구분은 학습자들이 제2언어를 얼마나 습득했는지 이해하기 위해서 매우 중요한듯하다.

• filter(여과)

학습자들은 그들에게 노출되는 입력의 전부에 필연적으로 주의를 기울이지 않는다. 오히려 그들은 어떤 자질에만 주의를 기울이며, 나머지는 여과시킨다. Dulay 등(1982)은 여과의 사용은 학습자의 동기, 태도 및 정서와 같은 감정요인에 의존한다고 제안한다.

• foreigner talk(외국인 말씨)

모국어 화자들이 학습자들에게 말할 때 그들은 이해를 용이하게 하기 위해서 그들의 정상적인 말씨를 조정한다. 이러한 조정은 언어 형태와 언어 기능 양편에 모두 관련되며, 이것을 '외국인 말씨'라 한다. 외국인 말씨는 학습자가 알기 쉽게 입력을 할 수 있도록 확실하게 함으로써 습득을 도울 수 있다.

• formal instruction(정규 교육)

정규 교육은 학습을 돕기 위해서 목표 언어 규칙의 본질에 관한 학습자들의 의식을 일으키도록 하는 시도가 교실에서 발생하는 것이다. 정규 교육은 연역적으로(즉 학습자들에게 규칙을 가르칠 수 있다) 또는 귀납적으로(즉 학습자들은 특별한 규칙의 지식을 발달시키기 위해 사용된 언어 임무를 수행한다) 할 수 있다.

• formulaic speech(일상어 표현)

일상어 표현은 분석할 수 없는 총체로서 그리고 특정한 경우에 사용하는 것들로 학습되는 표현들을 구성한다.(Lyons 1968: 177)(또한 상투어와 모형어 참조)

• fossilization(화석화 현상)

Selinker(1972)는 대부분의 제2언어 학습자들이 목표 언어 능력 도달에 실패한다고 언급했다. 즉, 그들은 그들의 내재된 규칙체계가 목표 언어의 내재된 규칙체계와 다른 규칙을 포함할 때 학습을 멈춘다. 이것은 '화석화 현상'으로 여겨진다.

• frequency(빈도)

학습자가 접하게 되는 언어는 다양한 빈도로 발생하는 일정한 범위의 언어 형태를 포함한다. 마찬가지로 학습자의 출력은 다양한 빈도로 사용되는 일정한 범위의 언어 형태를 포함한다. 빈도의 개념은 입력 빈도가 출력 빈도와 일치하는 것을 보여주는 증거가 있기 때문에 중요하다.

• hypothesis formation(가설 형성)

제2언어를 습득하는 동안에 학습자는 목표 언어의 규칙의 본질에 가설을 형성하고 그러고 나서 그 규칙을 시험해본다는 것이다. 이런 의미에서 한 가설은 제2언어 의사소통에 사용되는 내재화한 규칙이기도 하다.

• hypothesis testing(가설 검증)

일단 학습자가 목표 언어 규칙에 관해 가설을 형성하면, 학습자는 그 가설을 확인하기 위해서 또는 거부하기 위해서 다양한 방식으로 검증을 할 수 있다. 거부는 새로운 가설이 오래된 가설을 대신하기 위해 형성되면서 규칙체계의 수정을 이끈다. 가설 검증은 의식적으로 또는 잠재적으로 발생할 수 있다.

- implicational analysis/scaling(암시 분석/ 암시 측정 척도)
  암시 측정 척도는 제2언어수행상의 변차를 표시하기 위해서 제2언어 습득 연구자들(예를 들면, Dittmar 1980)에 의해 사용되는 기법이다. 학습자 언어에서 한 언어 형태의 나타남은 만일 하나 또는 그 이상의 형태가 나타날 때 발생한다는 관념에서 사용되는 개념이다. 그러므로 한 형태는 또 다른 형태를 내포한다.

- implicational universals(함축적 보편성)
  언어 보편성은 모든 또는 수많은 세계 언어들에서 발생하는 특성이다(유형적 보편성을 참조). 함축적 보편성은 한 언어에 나타나는 특성을 또 다른 언어에 나타나는 특성에 연결시킨다. 따라서 만일 주어진 언어에 특성 x가 나타나면 특성 y, z, … n 들이 또한 나타날 수 있다는 것을 가정할 수 있다.

- inferencing(추론)
  추론은 학습자가 입력을 수행하기 위해 가설을 형성하는 수단이다. 이것은 목표 언어에 관한 가설을 형성하는데 있어 입력에 특별한 특성들을 수행하거나 또는 입력을 판단하기 위해 상황의 맥락을 사용하기 위해서 필요로 하는 것이다.

- input(입력)
  입력은 학습자에게 노출되는 언어를 구성한다. 이것은 말하기 또는 쓰기가 될 수 있다. 입력은 학습자가 목표 언어의 규칙을 결정하기 위해 사용해야만 하는 데이터로 역할을 한다.

- interaction analysis(상호 작용 분석)
  상호 작용 분석은 교실 의사소통을 조사하기 위해서 사용되는 연구 절차이다. 여기에는 교사들과 학생들이 언어를 사용하는 각각 다른 방법들을 기록하고 분석하기 위해 범주 체계의 사용이 개입된다.

- interactionist learning theory(상호 작용주의자 학습이론)
  상호 작용주의자 학습이론은 언어 발달에 있어서 그 언어 환경과 학습자의 내부적 메커니즘의 결합의 기여를 강조한다. 학습은 학습자의 심적 능력과 언어 입력 사이의 상호 작용의 결과이다.

- interface position(상호작용적 입장)

습득된 지식과 학습된 지식의 구별을 강조하는 제2언어 이론들은 습득과 학습은 완전히 분리되었다거나 또는 그 각각의 지식 유형이 서로 흘러들어간다라는 둘 중 하나를 유지할 수 있어서, 습득된 지식은 학습된 지식이 될 수 있으며 또한 그 역도 성립한다. 후자가 상호작용적 입장으로 간주된다.

- interference(간섭 현상)

행동주의자 학습이론에 따르면 구 습관이 새 학습 습관 형성에 간섭을 하게 된다. 그러므로 제2언어 습득에서 학습자의 모국어 모델이 제2언어 모델의 학습에 간섭을 하게 된다. 이것을 간섭 현상이라 한다.

- interlanguage(중간언어)

중간언어는 Selinker(1972)에 의해서 처음 사용된 용어로서 학습자의 모국어와 목표 언어의 양쪽과는 독립된 제2언어의 체계적인 지식을 가리킨다. 이 용어는 각각 다르게 사용되었지만 서로 관련된 의미로 사용된다. (1) 습득을 특징짓는 일련의 연결 체계를 가리키며, (2) 발달의 단일 단계에서 관찰되는 체계(즉, 중간언어)를 가리키며, (3) 특정 모국어와 목표 언어의 결합(예를 들면, 불어가 모국어이고 영어가 목표 언어이거나 독일어가 모국어이고 영어가 목표 언어인 경우) 상태를 가리킨다.

- latent language structure(잠재 언어 구조)

Lenneberg(1976)에 의해서 사용된 용어로 언어 학습을 하는 어린아이의 천부적 능력을 가리킨다. 이것은 언어 습득 장치에 밀접하게 관계한다.

- learning(학습)

학습은 제2언어로 의사소통을 하는데 사용하는 규칙과 일상어의 내재화로서 넓게 정의된다. 이런 의미에서 학습은 습득과 동의어이다. 그러나 Krashen(1981)은 정규공부를 통해서 의식적이고 언어 이외의 지식 발달의 진행과정을 가리키는데 학습 이란 용어를 사용한다(습득 참조).

- learning strategies(학습전략)

학습 전략은 학습자들이 어떻게 새로운 제2언어 규칙을 축적시키고, 이미 존재하는 규칙들을 어떻게 자동화하는지 설명한다. 이 전략은 가설 형성과 가설 시험에 대한 일반적인 처리에 개입되는 전략을 포함한다. 이것은 의식적일 수도 있고 잠재의식적일 수도 있다. 학습 전략은 의사소통 전략과 발화 전략 양편과는 대조되며, 학습자들이 어떻게 규칙체계를 습득하는지 보다는 어떻게 그들이 규칙체계를 사용하는가를 설명한다.

• markedness(유표)

Chomskyan school에서 일하고 있는 언어학자들에 의하면 언어 규칙은 핵심 문법 즉 보편 규칙의 일부분이거나 주변 문법 즉 특정 언어의 특수성에 일부분일 수도 있다고 제안한다. 핵심 규칙은 무표적인 것으로 습득이 쉽게 이루어진다. 주변 규칙은 유표적인 것으로 학습하기가 어렵다.

• mentalism(심리주의)

언어 학습의 심리주의자 이론들은 학습자의 언어 습득을 위한 생득적 심리 능력을 강조하고 언어학적 환경의 공헌을 최소로 평가한다(습득 장치 참조).

• monitoring(조정)

언어 학습자들과 모국어 화자들은 모두 다 그들이 방금 말한 가운데 생긴 어떤 오류를 교정하려고 한다. 이것을 조정이라 한다. 학습자는 어휘, 문법, 음성 또는 담화를 조정 할 수 있다. Krashen(1981)은 조정(대문자 M으로 시작하는)이라는 용어를 사용하는데, 그 경우는 학습자가 습득된 지식의 수단에 의해 생성된 발화를 개선하기 위해서 학습한 지식을 사용하는 양식을 가리키는 것이다.

• motherese(어머니 말씨)

어머니들이 그들의 어린아이들에게 말을 할 때 전형적으로 그 말씨를 단순화하여 의사소통을 격려하려고 노력한다. 이런 종류의 말씨에 대한 형식상 그리고 상호작용상 특징을 가리켜 어머니 말씨라고 한다. 이와 같은 특징이 어린아이들이 언어를 배우는데 도움을 주게 된다.

• motivation(동기부여)

언어 학습에서 동기부여는 학습자의 전반적인 목표 또는 오리엔테이션이란 말로 정의한다. Gardner와 Lambert(1982)는 도구적 동기와 통합적 동기로 구분하고, 전자는 학습자의 목표는 실용적일 때 예를 들면 직업을 구하거나 시험에 합격하기 위할 때 나타나고, 후자는 학습자가 제2언어 집단의 문화 속에서 통합되기를 바랄 때 나타난다. 또 다른 종류의 동기 부여는 과업 동기로서 학습자가 다른 학습 과업들을 하면서 느끼는 관심을 말한다.

• nativism(mentalism 참조)

생독주의(심리주의 참조)

- negotiation of meaning(의미 교섭)

학습자들이 모국어 화자들이나 다른 학습자들과 상호 작용을 할 때 학습자들은 종종 의사소통에 상당한 어려움을 경험한다. 이것은 상호간의 이해를 확실하게 하기 위하여 담화의 상대자들에 의한 상당한 상호 작용적인 노력을 유도한다. 이 작업을 '의미 교섭'이라 한다. 이것은 수많은 방법으로 제2언어 습득에 공헌을 한다.

- non-interface position(비상호작용적 입장)

습득된 지식과 학습된 지식의 구분을 강조하는 제2언어 습득 이론들은(습득과 학습을 참조) 습득과 학습 지식들은 완전히 분리되었다거나 지식의 한 종류는 다른 지식으로 전환될 수 있다는 둘 중 하나를 유지할 수 있다. 전자는 비상호작용적 입장을 가리킨다.

- obligatory occasions(필수 유인)

언어 맥락이 특정한 형태소 사용을 필요로 할 때 필수 유인을 구성한다고 한다. 예를 들면, 'There are two ______ playing in the garden'이란 문장에서 복수 형태소의 사용을 요구한다. 개별적인 형태소의 정확성 수준을 설정하는 첫 번째 단계는 데이터 속의 형태소를 위해 모든 필수 유인을 확인시키는데 있다(정확성 순위 참조).

- operating principles(작동 원리)

Slobin(1973)은 어린아이들이 모국어를 습득하는데 사용하는 다양한 전략들을 기술하기 위하여 작동 원리라는 용어를 창시했다. 예로는 '단어 끝을 집중하기'와 '예외 피하기'가 있다. 비슷한 전략들이 제2언어 습득에 사용된다.

- order of development(발달 순서)

이 책에서 발달의 '순서'와 '결과'를 구분했다. 발달의 순서라는 용어는 제2언어 습득에서 습득되는 특별한 문법적 특성들의 순서를 가리킨다. 이것들은 학습자의 모국어 배경과 학습 맥락과 같은 요인들에 따라 다양하다.

- over-generalization(과잉일반화)

모국어와 제2언어 습득에 있어 양편 모두의 언어 학습자들은 'comed'와 같은 오류를 만들어 내는 것을 관찰했다. 이와 같은 오류는 목표 언어에 있는 규칙들이 포함하고 있지 않는 항목들까지 일반적인 규칙으로 확대한 것으로 설명될 수 있다. 이 진행과정을 과잉일반화라고 한다.

- patterns(모형어)

  모형어는 일상어 표현의 한 유형이다. 이것들은 한 개 또는 그 이상의 빈 칸, 예를 들면, 'Can I have a ______?'을 가지고 있는 유형으로 분석되지는 않는다(일상어 표현과 상투어 참조).

- primary levels of language(언어의 1차 수준)

  Neufeld(1978)는 언어의 1차와 2차 수준을 구분한다. 1차 수준은 상당히 많은 기능적 어휘와 발음 및 문법규칙의 기본적인 통제력을 포함한다. Neufeld는 모든 학습자들은 이러한 1차 수준을 습득할 수 있는 선천적인 능력을 가지고 있다고 제안한다.

- proactive inhibition(순향 억제)

  순향억제는 선행 학습을 방해하거나 또는 새로운 학습 습관을 억제하는 방식이다. 제2언어 학습자들은 모국어 형태와 다른 목표 언어 형태를 습득하면서 어려움을 경험하면서 가설을 세우게 된다(간섭현상 참조).

- production strategies(발화 전략)

  발화 전략은 의사소통에서 언어학적 지식을 사용하기 위한 것을 가리킨다. 이 발화 전략은 어떤 의사소통 문제를 함축하지 않는, 그리고 주로 무의식적으로 작용하는 의사소통 전략과는 다르다.

- proficiency(숙달)

  숙달은 목표 언어에 대한 학습자의 지식으로 이루어진다. 이것은 언어능력과 동의어로 여겨지기도 한다. 숙달은 언어 능력 또는 의사소통 능력으로 볼 수 있다. 제2언어 숙달은 모국어 화자의 숙달과 관련해서 측정되는 것이 보통이다.

- projection device(투사 장치)

  Zobl(1984)은 습득 장치의 한 구성요소로 투사 장치를 제안하고 있다. 이것은 학습자가 앞서 습득한 규칙과 관련되는 어떤 규칙을 습득할 수 있도록 할 수 있는 하나의 기폭제로서 작용한다(암시적 보편성 참조).

- psychological distance(심리적 거리)

  심리적 거리는 Schumann(1978a)에 의해서 사용된 용어로서 목표 언어와 그 지역에 관한 학습자의 전면적인 심리학적 집합을 가리킨다. 이것은 언어 충격과 동기 부여 같은 다양한 요인들에 의해서 결정된다.

- rate of acquisition(습득 진도)
  습득 진도는 학습자가 제2언어 숙달을 증진시키는 진도를 말한다. 이것은 습득 경로와 대조적이다.

- recreation continuum(재창조 연속체)
  중간언어는 하나의 연속체 즉 일련의 단계로 여겨진다. 이 같은 연속체를 위한 가능한 하나의 출발점은 모국어 습득의 초기단계에서 발생하는 기본적인 단순 문법이다(Corder, 1981: 150). 이 재창조 연속체는 이 단순한 문법이 점차적으로 복잡해지면서 이루어진다.

- restructuring continuum(재구조화 연속체)
  중간언어는 하나의 연속체, 즉 일련의 단계로 여겨진다. 하나의 가능한 출발점은 학습자의 모국어이다. 재구조화 연속체는 점차적으로 모국어에 기초한 규칙을 제2언어 규칙으로 대체해가면서 이루어진다.

- route of development(발달경로)
  제2언어 학습자들은 목표 언어 규칙을 습득하는 진행과정에서 수많은 변화 단계를 거치게 된다. 이것을 발달경로라 한다. 이 책에서는 '경로'가 보편적이든 또는 변이적이든 간에 중립적으로 표현한다(발달 순서와 발달 연속 참조).

- routines(상투어)
  상투어는 일상적인 표현의 한 유형이다. 상투어는 분석되지 않고 전체로서 학습되는 단위이다. 일반적인 상투어로는 'I don't know'가 있다(일상어 표현과 모형어 참조).

- scripts(대본)
  대본 또한 일상적인 말의 한 유형으로 간주된다. 이것은 다소 일정하게 고정된, 예측할 수 있는 발화의 연속체를 암기하는 것이다. 한 예로써 인사치레가 있다.

- secondary levels of language(언어의 2차 수준)
  Neufeld(1978)는 언어의 1차 수준과 2차 수준을 구분한다. 2차 수준은 복잡한 문법 구조와 각각 다른 언어 문체를 다룰 수 있는 능력을 포함한다. 모든 제2언어 학습자들이 언어의 2차 수준에 정통하도록 성공하는 것은 아니다.

- semantic simplification(의미 단순화)
  의미 단순화는 학습자들이 모국어 화자의 발화에서 발생할 수 있는 명제적 요소를 생략하면서 발화를 단순화시킬 때 일어난다. 예를 들면, 학습자가 'He is hitting me'를 표현하고자 할 때, 학습자는 'Hitting'이라고 단순화시켜 말할 수 있다.

• sequence of development(발달의 연속)
이 책에서는 발달의 '순서'와 발달의 '연속'을 구분하고 있다. '발달 연속'이라는 용어는 보편성을 유지하는 제2언어의 습득의 전체적인 윤곽을 나타내기 위해 사용되고, 따라서 모국어의 배경이나 또는 다른 요인들이 가변성을 주지는 않는다.

• simplification(단순화)
단순화는 학습자가 학습의 부담을 편하게 하기 위해 모색하는 방편으로 또는 어떤 발달의 단계를 형성하기 위해 시도하는 가설의 수를 조정함으로써 제2언어의 사용을 편하게 하기 위해 또는 발화에 있어서 문법적 요소 및 명제적 요소를 제외시키면서 제2언어의 사용을 편하게 하기 위해 모색하는 방편을 가리킨다.

• social distance(사회적 거리)
'사회적 거리'는 Schumann(1978a)에 의해서 사용된 용어로 목표 언어 집단에 상대하여 학습자의 위치를 가리키는 것이다. 이것은 학습자의 사회 집단과 목표 언어 집단 사의의 관계하는 다양한 요인들에 의해 결정된다.

• success of acquisition(습득의 성공)
습득의 성공은 학습자가 최종적으로 성취하는 숙달의 정도와 관계가 있다(화석화 참조).

• target language(목표 언어)
목표 언어는 학습자가 학습하고자 시도하는 언어이다. 이것은 모국어 화자의 문법으로 이루어진다.

• teacher talk(교사 말씨)
교사가 언어 교실의 학습자들에게 말하는 말씨는 다른 종류의 교실에서 학습자들에게 말하는 말씨와 다르다. 언어 교실의 교사들은 의사소통을 촉진시키기 위해 언어 형태와 언어 기능 양쪽 모두를 조정한다. 이 조정을 '교사 말씨'라고 한다(외국인 말씨 참조).

• transfer(전이)
전이는 제2언어 학습에서 모국어의 지식을 사용하는 진행과정이다. 목표 언어 양식과 동일한 모국어 양식이 전이될 때, 전이는 긍정적일 수 있으나, 목표 언어 양식과 다른 모국어 양식이 전이될 때는 부정적일 수 있다. 후자의 경우 모국어에서 유도된 오류가 발생한다.

- transitional competence(전이 능력)
  Corder(1967)에 의해서 사용된 용어로 제2언어 습득에 있어서 학습자들이 발달시키는 중간 규칙 체계를 가리킨다(근사 체계와 중간언어 참조).

- transitional construction(전이 구조)
  Dulay 등(1982: 281)은 학습자가 아직도 언어의 문법을 학습하고 있으면서 사용하는 중간언어 형태를 전이 구조로 정의한다. 예를 들면서, 학습자들이 영어의 부정에 대한 규칙을 숙달하기 전에, 'no+verb' 같은 중간 규칙을 작동시킨다.

- typological universals(유형적 보편성)
  유형적 보편성은 자연 언어의 전형적인 실례에 의해 모든 또는 대부분의 언어에 흔히 있는 특징들을 확인하기 위하여 인식된다. 유형적 보편성은 모든 언어에서 발생한다는 절대적인 것과 많은 수의 언어에서 발생한다는 경향에 따라 이루어질 수 있다

- universal grammar(보편 문법)
  Cook(1985)은 '보편 문법'을 '인간이 타고난 속성'으로 정의하면서 Chomsky적 입장을 요약한다. 보편 문법은 특별한 규칙의 집합체에 적용되는 것이 아니라 모든 언어에 적용되는 보편적 원리의 집합으로 이루어진다(습득 장치 참조).

- universal hypothesis(보편 가설)
  보편 가설은 언어 습득은 자연 언어가 만들어지는 방식으로 좌우된다는 것을 말한다. 다시 말해서, 일정한 보편 언어 속성은 특정 언어가 습득되는 규칙의 순서에 영향을 준다. 보편 가설에 따르면, 습득을 결정하는 것은 일반적인 인지적 요소라기보다는 언어적인 것이다.

- variability(변이)
  언어 학습자들을 포함한 언어 사용자들이 만드는 그들의 언어 지식의 사용은 서로 다르다. 이러한 변이는 대강 비체계적인 것일 수도 있고 맥락에 따라 예상할 수 있게 사용되는 이형으로써 두 개나 그 이상의 언어 형태의 기능을 하는 체계적인 것일 수도 있다.

- variable rules(변이 규칙)
  변이가 체계적일 때 각각 다른 내용에서 발생하는 대체 형태와 같은 것을 가리키는 변이

규칙의 수단을 통해서 변이가 기술될 수 있다.

- vernacular style(일상어 스타일)

언어 사용자들이 의사소통을 어떻게 할지보다는 무엇을 의사소통할지에 신중할 때 또는 사용자가 자연스럽게 수행할 때, 언어 사용자는 그의 일상적 스타일에 의존하게 된다. 일상어 스타일은 매일의 일상 회화에서 분명하다.

- vertical structures(종적 구조)

종적 구조는 이전의 담화로부터 개념 단위를 차용해서 거기다가 학습자 자신의 자원을 덧붙여서 이루어지는 학습자의 발화이다. 예를 들면, 'No come here' 같은 학습자의 발화는 선행 발화 'come here'에다 'no'를 덧붙여서 구성될 수 있다.

참고문헌

Adams, M. 1978. 'Methodology for examining second language acquisition' in Hatch (ed.) 1978a.

Adjemian, C. 1976. 'On the nature of interlanguage systems.' *Language Learning* 26: 297–320.

Allwright, R. 1975. 'Problems in the study of the language teacher's treatment of learner error' in M. Burt and H. Dulay (eds.). *On TESOL 1975*. Washington D.C.: TESOL.

Allwright, R. 1980. 'Turns, topics and tasks: patterns of participation in language learning and teaching' in Larsen-Freeman (ed.) 1980.

Allwright, R. 1983. 'Classroom-centred research on language teaching and learning: a brief historical overview.' *TESOL Quarterly* 17: 191–204.

Andersen, R. 1980. 'The role of creolization in Schumann's Pidginization Hypothesis for second language acquisition' in Scarcella and Krashen (eds.) 1980.

Andersen, R. (ed.). 1981. *New Dimensions in Second Language Acquisition Research*. Rowley, Mass.: Newbury House.

Andersen, R. (ed.). 1983a. *Pidginization and Creolization as Language Acquisition*. Rowley, Mass.: Newbury House.

Andersen, R. 1983b. 'Introduction: A language acquisition interpretation of pidginization and creolization' in Andersen (ed.) 1983a.

d'Anglejan, A. 1978. 'Language learning in and out of classrooms' in Richards (ed.) 1978.

d'Anglejan, A. and **G. Tucker.** 1975. 'The acquisition of complex English structures by adult learners.' **Language Learning** 25/2.

Arthur, B., R. Weiner, M. Culver, J. L. Young, and **D. Thomas.** 1980. 'The register of impersonal discourse to foreigners: verbal adjustments to foreign accent' in Larsen-Freeman (ed.) 1980.

Asher, J. 1977. *Learning Another Language Through Actions: The Complete Teacher's Guidebook*. Los Gatos, CA: Sky Oak Productions.

Bailey, K. 1980. 'An introspective analysis of an individual's language learning experience' in Scarcella and Krashen (eds.) 1980.

Bailey, K. 1983. 'Competitiveness and anxiety in adult second language learning: looking *at* and *through* the diary studies' in Seliger and Long (eds.) 1983.

Bailey, K., M. Long, and **S. Peck** (eds.). 1983. *Second Language Acquisition Research*. Rowley, Mass.: Newbury House.

Bailey, N., C. Madden, and **S. Krashen.** 1974. 'Is there a "natural sequence" in adult second language learning?' *Language Learning* 24: 235–44.

Barnes, D. 1976. *From Communication to Curriculum*. Harmondsworth: Penguin.

Barnes, S., M. Gutfreund, S. Satterly, and **G. Wells.** 1983. 'Characteristics of adult speech which predict children's language development.' *Journal of Child Language* 10/1: 65–84.

Beebe, L. 1980. 'Sociolinguistic variation and style shifting in second language acquisition'. *Language Learning* 30/1: 433–47.

Bertkau, J. 1974. 'Comprehension and production of relative clauses in adult second language and child first language acquisition.' *Language Learning* 24: 279–86.

Bialystok, E. 1979. 'An analytical view of second language competence: a model and some evidence.' *The Modern Language Journal* LXIII: 257–62.

Bialystok, E. 1981. 'Some evidence for the integrity and interaction of two knowledge sources' in Andersen (ed.) 1981.

Bialystok, E. 1982. 'On the relationship between knowing and using forms.' *Applied Linguistics* III: 181–206.

Bialystok, E. 1983a. 'Inferencing: testing the "hypothesis-testing" hypothesis' in Seliger and Long (eds.) 1983.

Bialystok, E. 1983b. 'Some factors in the selection and implementation of communication strategies' in Faerch and Kasper (eds.) 1983a.

Bialystok, E. 1984. 'Strategies in interlanguage learning and performance' in Davies and Criper (eds.) 1984.

Bialystok, E. and **M. Fröhlich.** 1977. 'Aspects of second language learning in classroom setting.' *Working Papers on Bilingualism* 13: 2–26.

Bickerton, D. 1975. *Dynamics of a Creole System.* Cambridge: Cambridge University Press.

Blank, M., S. Rose and **L. Berlin.** 1978. *The Language of Learning: The Preschool Years.* New York: Grune and Stratton.

Bloomfield, L. 1933. *Language.* New York: Holt.

Blum-Kulka, S. and **E. Levenston.** 1978. 'Universals of lexical simplification.' *Language Learning* 28: 399–415. Also in Faerch and Kasper (eds.) 1983a.

Brière, E. 1978. 'Variables affecting native Mexican children's learning Spanish as a second language.' *Language Learning* 28: 159–74.

Bright, J. and **G. McGregor.** 1970. *Teaching English as a Second Language: Theory and Techniques for the Secondary Stage.* London: Longman.

Brooks, N. 1960. *Language and Language Learning.* New York: Harcourt Brace and World.

Brown, H. 1980a. *Principles of Language Learning and Teaching.* Englewood Cliffs, N.J.: Prentice-Hall.

Brown, H. 1980b. 'The optimal distance model of second language acquisition.' *TESOL Quarterly* 14: 157–64.

Brown, H. 1981. 'Affective factors in second language learning' in J. Alatis, H. Altman, and P. Alatis (eds.). *The Second Language Classroom: Directions for the 1980s.* New York: Oxford University Press.

Brown, R. 1973. *A First Language: The Early Stages.* Cambridge, Mass.: Harvard University Press.

Brown, R. 1977. 'Introduction' in Snow and Ferguson (eds.) 1977.

Brumfit, C. J. 1979. 'Accuracy and fluency as polarities in foreign language teaching materials and methodology.' *Bulletin CILA* 29: 89–99.

Brumfit, C. J. 1984. 'Theoretical implications of interlanguage studies for language teaching' in Davies and Criper (eds.) 1984.

van Buren, P. 1974. 'Contrastive analysis' in J. Allen and S. Corder (eds.). *The Edinburgh Course in Applied Linguistics Vol. 3: Techniques in Applied Linguistics.* London: Oxford University Press.

Burmeister, H. and **D. Ufert.** 1980. 'Strategy switching' in Felix (ed.) 1980a.

Burstall, C. 1975. 'Factors affecting foreign-language learning: a consideration of some relevant research findings.' *Language Teaching and Linguistics Abstracts* 8: 5–125.

Burt, M. and **H. Dulay.** 1980. 'On acquisition orders' in Felix (ed.) 1980a.

Burt M., H. Dulay, and **E. Hernandez.** 1973. *Bilingual Syntax Measure.* New York: Harcourt Brace Jovanovich.

Burton, D. 1981. 'Analysing spoken discourse' in Coulthard and Montgomery (eds.) 1981.

Butterworth, B. 1980. 'Introduction: A brief review of methods of studying language production' in B. Butterworth (ed.). *Language Production*, Vol. 1. New York: Academic Press.

Butterworth, G. and **E. Hatch.** 1978. 'A Spanish-speaking adolescent's acquisition of English syntax' in Hatch (ed.) 1978a.

Canale, M. and **M. Swain.** 1980. 'Theoretical bases of communicative approaches to second language teaching and testing.' *Applied Linguistics* I: 1–47.

Carroll, J. 1967. 'Foreign language proficiency levels attained by language majors near graduation from college.' *Foreign Language Annals* 1: 131–51.

Carroll, J. and **S. Sapon.** 1959. *Modern Language Aptitude Test (MLAT).* New York: Psychological Corporation.

Carton, A. 1971. 'Inferencing: a process in using and learning language' in Pimsleur and Quinn (eds.) 1971.

Cattell, R. 1970. *Handbook for the 16 Personality Factor Questionnaire.* Champaign, Ill.: Institute for Personality and Ability Testing.

Cazden, C. 1972. *Child Language and Education*. New York, Holt Rinehart & Winston.

Cazden, C., H. Cancino, E. Rosansky, and J. Schumann. 1975. *Second Language Acquisition Sequences in Children, Adolescents and Adults*. Final Report, US Department of Health, Education, and Welfare.

Chastain, K. 1969. 'The audiolingual habit theory versus cognitive code-learning theory: some theoretical considerations.' *International Review of Applied Linguistics* VII: 97–106.

Chastain, K. 1975. 'Affective and ability factors in second language acquisition.' *Language Learning* 25: 153–61.

Chaudron, C. 1983a. 'Foreigner-talk in the classroom—an aid to learning?' in Seliger and Long (eds.) 1983.

Chaudron, C. 1983b. 'Research on metalinguistic judgements: a review of theory, methods and results.' *Language Learning* 33: 343–78.

Cherry, L. 1979. 'A sociolinguistic approach to language development and its implications for education' in O. Garnica and M. King (eds.). *Language, Children, and Society*. Oxford: Pergamon.

Chihara, T. and **J. Oller.** 1978. 'Attitudes and attained proficiency in EFL: a sociolinguistic study of adult Japanese speakers.' *Language Learning* 28: 55–68.

Chomsky, C. 1969. *The Acquisition of Syntax in Children from Five to Ten*. Cambridge, Mass.: MIT Press.

Chomsky, N. 1957. *Syntactic Structures*. The Hague: Mouton.

Chomsky, N. 1959. Review of *Verbal Behaviour* by B. F. Skinner. *Language* 35: 26–58.

Chomsky, N. 1965. *Aspects of the Theory of Syntax*. Cambridge, Mass.: MIT Press.

Chomsky, N. 1966. *Topics in the Theory of Generative Grammar*. The Hague: Mouton.

Chomsky, N. 1980. 'On cognitive structures and their development: a reply to Piaget' in M. Piatelli-Palmarini (ed.). *Language and Learning*. London: Routledge and Kegan Paul.

Chomsky, N. 1981. 'Principles and parameters in syntactic theory' in Hornstein and Lightfoot (eds.) 1981.

Cicourel, A., K. Jennings, S. Jennings, K. Leiter, R. Mackay, H. Mehan, and **D. Roth.** 1974. *Language Use and School Performance*. New York: Academic Press.

Clark, R. 1974. 'Performing without competence.' *Journal of Child Language* 1: 1–10.

Clark, H. and **E. Clark.** 1977. *Psychology and Language: An Introduction to Psycholinguistics*. New York: Harcourt Brace Jovanovich.

Cohen, A. and **M. Robbins.** 1976. 'Toward assessing interlanguage performance: the relationship between selected errors, learners' characteristics and learners' explanations.' *Language Learning* 26: 45–66.

Comrie, B. 1981. *Language Universals and Linguistic Typology*. Oxford: Basil Blackwell.

Comrie, B. and **E. Keenan.** 1978. 'Noun phrase accessibility revisited.' *Language* 55: 649–64.

Cook, V. 1971. 'The analogy between first and second language learning' in R. Lugton (ed.). *Toward a Cognitive Approach to Second Language Acquisition*. Philadelphia, Penn.: Center for Curriculum Development.

Cook, V. 1973. 'The comparison of language development in native children and foreign adults.' *International Review of Applied Linguistics* XI: 13–28.

Cook, V. 1975. 'Strategies in the comprehension of relative clauses.' *Language and Speech* 18: 204–12.

Cook, V. 1977. 'Cognitive processes in second language learning.' *International Review of Applied Linguistics* XV: 1–20.

Cook, V. 1978. 'Second-language learning: a psycholinguistic perspective.' *Language Teaching and Linguistics: Abstracts* 2: 73–89.

Cook, V. 1985. 'Universal Grammar and second language learning.' *Applied Linguistics* 6/1: 2–18.

Corder, S. 1967. 'The significance of learners' errors.' *International Review of Applied Linguistics* V: 161–9.

Corder, S. 1971. 'Idiosyncratic dialects and error analysis.' *International Review of Applied Linguistics* IX: 149–59.

Corder, S. 1974. 'Error analysis' in J. Allen and S. Corder (eds.). *The Edinburgh Course in Applied Linguistics*, Vol. 3. Oxford: Oxford University Press.

Corder, S. 1976. 'The study of interlanguage' in *Proceedings of the Fourth International Congress in Applied Linguistics*. Munich: Hochschulverlag. Also in Corder 1981.

Corder, S. 1978a. 'Language-learner language' in Richards (ed.) 1978.

Corder, S. 1978b. 'Language distance and the magnitude of the learning task.' *Studies in Second Language Acquisition* 2/1. Also in Corder 1981a.

Corder, S. 1978c. 'Strategies of communication.' *AFinLa* 23. Also in Corder 1981.

Corder, S. 1980. 'Second language acquisition research and the teaching of grammar.' Plenary address at 1980 Annual BAAL Conference. Also in *BAAL Newsletter 10.*

Corder, S. 1981a. *Error Analysis and Interlanguage*. Oxford: Oxford University Press.

Corder, S. 1981b. 'Formal simplicity and functional simplification in second language acquisition' in Andersen (ed.) 1981.

Coulthard, M. and **M. Montgomery.** 1981. *Studies in Discourse Analysis*. London: Routledge and Kegan Paul.

Cross, T. 1977. 'Mothers' speech adjustments: the contribution of selected child listener variables' in Snow and Ferguson (eds.) 1977.

Cross, T. 1978. 'Mothers' speech and its association with rate of linguistic development in young children' in Waterson and Snow (eds.) 1978.

Crystal, D. 1976. *Child Language Learning and Linguistics: An Overview for the Teaching and Therapeutic Professions*. London: Edward Arnold.

Cummins, J. 1979. 'Cognitive/academic language proficiency, linguistic interdependence, the optimal age question and some other matters.' *Working Papers on Bilingualism* 19: 197–205.

Dahl, O. 1979. 'Typology of sentence negation.' *Linguistics* 17: 79–106.

Davies, A., C. Criper, and **A.P.R. Howatt,** (eds.). 1984. *Interlanguage: Proceedings of the Seminar in Honour of Pit Corder*. Edinburgh: Edinburgh University Press.

Decamp, D. 1971. 'Implicational scales and sociolinguistic linearity.' *Linguistics* 13: 30–43.

Dickerson, L. 1975. 'Interlanguage as a system of variable rules.' *TESOL Quarterly* 9: 401–7.

Diller, K. (ed.). 1981. *Universals in Language Learning Aptitude*. Rowley, Mass.: Newbury House.

Dittmar, N. 1976. *Sociolinguistics*. London: Edward Arnold.

Dittmar, N. 1980. 'Ordering adult learners according to language abilities' in Felix (ed.) 1980a.

Dulay, H. and **M. Burt.** 1973. 'Should we teach children syntax?' *Language Learning* 23: 245–58.

Dulay, H. and **M. Burt.** 1974a. 'You can't learn without goofing' in Richards (ed.) 1974.

Dulay, H. and **M. Burt.** 1974b. 'Natural sequences in child second language acquisition.' *Language Learning* 24: 37–53.

Dulay, H. and **M. Burt.** 1975. 'Creative construction in second language learning' in M. Burt and H. Dulay (eds.). *New Directions in Second Language Learning, Teaching and Bilingual Education*. Washington D.C.: TESOL.

Dulay, H. and **M. Burt.** 1977. 'Remarks on creativity in language acquisition' in M. Burt, H. Dulay, and M. Finocchiaro (eds.). *Viewpoints on English as a Second Language*. New York: Regents.

Dulay, H., M. Burt, and **S. Krashen.** 1982. *Language Two*. New York: Oxford University Press.

Eckman, F. 1977. 'Markedness and the Contrastive Analysis Hypothesis.' *Language Learning* 27: 315–30.

Eisenstein, M., N. Bailey, and **C. Madden.** 1982. 'It takes two: contrasting tasks and contrasting structures.' *TESOL Quarterly* 16/3.

Ekstrand, L. 1975. 'Age and length of residence as variables related to the adjustment of migrant children with special reference to second language learning.' Paper presented at AILA, Stuttgart. Also in Krashen, Scarcella, and Long (eds.) 1982.

Ekstrand, L. 1977. 'Social and individual frame factors in second language learning: comparative aspects' in T. Skutnabb-Kangas (ed.). *Papers from the First Nordic Conference on Bilingualism*. Helsingsfors Universitat.

Ellis, R. 1980. 'Classroom interaction and its relation to second language learning.' *RELC Journal* 11/2: 29–48.

Ellis, R. 1982a. 'The origins of interlanguage.' *Applied Linguistics* III: 207–23.

Ellis, R. 1982b. 'Discourse Processes in Classroom Second Language Development.' PhD thesis, University of London.

Ellis, R. 1983. 'Teacher–pupil interaction in second language development.' Paper presented at the Tenth University of Michigan Conference on Applied Linguistics, Ann Arbor.

Ellis, R. 1984a. *Classroom Second Language Development*. Oxford: Pergamon.

Ellis, R. 1984b. 'Sources of Variability in Interlanguage.' Paper presented at the Interlanguage Seminar in Honour of Pit Corder, Edinburgh.

Ellis, R. 1984c. 'Formulaic speech in early classroom second language development' in J. Handscombe, R. Orem and B. Taylor (eds.), *On TESOL '83: The Question of Control*. Washington, D.C.: TESOL.

Ellis, R. 1984d. 'Communication strategies and the evaluation of communicative performance.' *ELT Journal* 38/1: 39–44.

Ellis, R. 1984e. 'Can syntax be taught? A study of the effects of formal instruction on the acquisition of WH questions by children.' *Applied Linguistics* 5/2: 138–55.

Ellis, R. and **G. Wells.** 1980. 'Enabling factors in adult–child discourse.' *First Language* 1: 46–82.

Ervin, S. 1964. 'Imitation and structural change in children's language' in E. Lenneberg (ed.). *New Directions in the Study of Language*. Cambridge, Mass.: MIT Press.

Ervin-Tripp, S. 1974. 'Is second language learning like the first?' *TESOL Quarterly* 8: 111–27.

Eysenck, H. 1964. *Manual for the Eysenck Personality Elementary*. London: London University Press.

Faerch, C. 1984. 'Strategies of production and reception' in Davies and Criper (eds.) 1984.

Faerch, C. and **G. Kasper.** 1980. 'Processes in foreign language learning and communication.' *Interlanguage Studies Bulletin* 5: 47–118. Also in Faerch and Kasper (eds.) 1983a.

Faerch, C. and **Kasper, G.** (eds.). 1983a. *Strategies in Interlanguage Communication*. London: Longman.

Faerch, C. and **Kasper, G.** 1983b. 'Procedural knowledge as a component of foreign language learners' communicative competence' in H. Boete and W. Herrlitz (eds.) *Kommunikation im (Sprach-)Unterricht*. Utrecht.

Faerch, C. and **G. Kasper.** 1983c. 'On identifying communication strategies' in Faerch and Kasper (eds.) 1983a.

Faerch, C. and **G. Kasper.** 1984. 'Two ways of defining communication strategies.' *Language Learning* 34/1.

Fanselow, J. 1977. 'Beyond Rashoman—conceptualising and describing the teaching act.' *TESOL Quarterly* 11: 17–39.

Fathman, A. 1975. 'The relationship between age and second language productive ability.' *Language Learning* 25: 245–53. Also in Krashen, Scarcella, and Long (eds.) 1982.

Fathman, A. 1976. 'Variables affecting the successful learning of English as a second language.' *TESOL Quarterly* 10: 433–41.

Fathman, A. 1978. 'ESL and EFL learning: similar or dissimilar?' in C. Blatchford and J. Schachter (eds.). *On TESOL '78: EFL Policies, Programs, Practices*. Washington D.C.: TESOL.

Felix, S. 1978. 'Some differences between first and second language acquisition' in Waterson and Snow (eds.) 1978.

Felix, S. (ed.) 1980a. *Second Language Development*. Tübingen: Gunther Narr.

Felix, S. 1980b. 'Interference, interlanguage and related issues' in Felix (ed.) 1980a.

Felix, S. 1981. 'The effect of formal instruction on second language acquisition.' *Language Learning* 31: 87–112.

Felix, S. 1984. 'Two problems of language acquisition: the relevance of grammatical studies in the theory of interlanguage' in Davies and Criper (eds.) 1984.

Ferguson, C. 1977. 'Baby talk as a simplified register' in Snow and Ferguson (eds.) 1977.

Ferguson, C. and **C. Debose.** 1977. 'Simplified registers, broken languages and pidginization' in A. Valdman (ed.). *Pidgin and Creole.* Indiana University Press.

Ferrier, L. 1978. 'Some observations of error in context' in Waterson and Snow (eds.) 1978.

Fillmore, C. 1968. 'The case for case' in E. Bach and R. Harms (eds.). *Universals of Linguistic Theory.* New York: Holt Rinehart and Winston.

Fillmore, W. 1976. 'The Second Time Around: Cognitive and Social Strategies in Second Language Acquisition.' PhD thesis, Stanford University.

Fillmore, W. 1979. 'Individual differences in second language acquisition' in C. Fillmore, D. Kempler, and W. Wang (eds.) *Individual Differences in Language Ability and Language Behavior.* New York: Academic Press.

Fillmore, W. 1980. 'Cultural perspectives on second language learning.' *TESL Reporter* 14: 23–31.

Fillmore, W. 1982. 'Instructional language as linguistic input: second language learning in classrooms' in L. Wilkinson (ed.). *Communicating in the Classroom.* New York: Academic Press.

Fisiak, J. (ed.). 1981. *Contrastive Linguistics and the Language Teacher.* Oxford: Pergamon.

Fitzgerald, M. 1978. 'Factors influencing ELT policies in England with particular reference to children from Pakistan, India and Bangladesh.' *ELT Journal* 33/1: 13–21.

Flanders, N. 1970. *Analyzing Teacher Behavior.* Reading, Mass.: Addison-Wesley.

Flick, W. 1980. 'Error types in adult English as a second language' in B. Ketterman, and R. St. Clair (eds.). *New Approaches to Language Acquisition.* Heidelberg: Julius Groos.

Freed, B. 1980. 'Talking to foreigners versus talking to children: similarities and differences' in Scarcella and Krashen (eds.) 1980.

French, F. 1949. *Common Errors in English.* London: Oxford University Press.

Fries, C. 1952. *The Structure of English: An Introduction to the Construction of English Sentences.* New York: Harcourt Brace.

Furrow, D., K. Nelson, and **H. Benedict.** 1979. 'Mothers' speech to children and syntactic relationships.' *Journal of Child Language* 6: 423–42.

Gaies, S. 1977. 'The nature of linguistic input in formal second language learning: linguistic and communicative strategies' in H. Brown, C. Yorio and R. Crymes (eds.). *On TESOL '77.* Washington D.C.: TESOL.

Gaies, S. 1979. 'Linguistic input in first and second language learning' in F. Eckman and A. Hastings (eds.). *Studies in First and Second Language Acquisition.* Rowley, Mass.: Newbury House.

Gaies, S. 1983. 'The investigation of language classroom processes.' *TESOL Quarterly* 17: 205–18.

Gardner, R. 1979. 'Social psychological aspects of second language acquisition' in H. Giles and R. St. Clair (eds.). *Language and Social Psychology.* Oxford: Basil Blackwell.

Gardner, R. 1980. 'On the validity of affective variables in second language acquisition: conceptual, contextual and statistical considerations.' *Language Learning* 30: 255–70.

Gardner, R. and **W. Lambert.** 1972. *Attitudes and Motivation in Second Language Learning.* Rowley, Mass.: Newbury House.

Gardner, R., P. Smythe, and **R. Clement.** 1979. 'Intensive second language study in a bicultural milieu: an investigation of attitudes, motivation and language proficiency.' *Language Learning* 29/2.

Gass, S. 1979. 'Language transfer and universal grammatical relations.' *Language Learning* 29: 327–44.

Gass, S. 1980. 'An investigation of syntactic transfer in adult second language learners' in Scarcella and Krashen (eds.) 1980.

Gass, S. 1982. 'From theory to practice' in W. Rutherford and M. Hines (eds.). *On TESOL '81.* Washington D.C.: TESOL.

Gass, S. 1984. 'The empirical basis for the universal hypothesis in interlanguage studies' in Davies and Criper (eds.) 1984.

Gass, S. and **J. Ard.** 1980. 'L2 data: their relevance for language universals.' *TESOL Quarterly* 16: 443–52.

Gass, S. and **J. Ard.** 1984. 'Second language acquisition and the ontology of language universals' in W. Rutherford (ed.). *Second Language Acquisition and Language Universals.* Amsterdam: John Benjamins.

Gass, S. and **L. Selinker** (eds.). 1983. *Language Transfer in Language Learning.* Rowley, Mass.: Newbury House.

Gatbonton, E. 1978. 'Patterned phonetic variability in second language speech: a gradual diffusion model.' *Canadian Modern Language Review* 34: 335–47.

Genesee, F. 1976. 'The role of intelligence in second language learning.' *Language Learning* 26: 267–80.

Genesee, F. 1982. 'Experimental neuropsychological research on second language processing.' *TESOL Quarterly* 16: 315–24.

George, H. 1972. *Common Errors in Language Learning: Insights from English.* Rowley, Mass.: Newbury House.

Giles, H. 1979. 'Ethnicity markers in speech' in K. Scherer and H. Giles (eds.). *Social Markers in Speech.* Cambridge: Cambridge University Press.

Giles, H., R. Bourhis, and **D. Taylor.** 1977. 'Toward a theory of language in ethnic group relations' in H. Giles (ed.). *Language Ethnicity and Intergroup Relations.* New York: Academic Press.

Giles, H. and **J. Byrne.** 1982. 'An intergroup approach to second language acquisition.' *Journal of Multilingual and Multicultural Development 3: 17–40.*

Gillis, M. and **R. Weber.** 1976. 'The emergence of sentence modalities in the English of Japanese-speaking children.' *Language Learning* 26: 77–94.

Gleason, J. and **S. Weintraub.** 1978. 'Input language and the acquisition of communicative competence' in K. Nelson (ed.). *Children's Language,* Vol. 1. New York: Gardner's Press.

Gleitman, L., E. Newport and **H. Gleitman.** 1984. 'The current status of the motherese hypothesis.' *Journal of Child Language* 11: 43–79.

Grauberg, W. 1971. 'An error analysis in the German of first-year university students' in Perren and Trim (eds.) 1971.

Greenberg, J. 1966. *Universals of Language* (2nd edition). Cambridge, Mass.: MIT Press.

Gregg, K. 1984. 'Krashen's Monitor and Occam's razor.' *Applied Linguistics* 5: 79–100.

Gremmo, M., H. Holec, and **P. Riley.** 1978. 'Taking the initiative: some pedagogical applications of discourse analysis.' *Mélanges Pedagogiques,* University of Nancy: CRAPEL.

Guiora, A., B. Beit-Hallahmi, R. Brannon, and **C. Dull.** 1972a. 'The effects of experimentally induced changes in ego status on pronunciation ability in a second language: an exploratory study.' *Comprehensive Psychiatry* 13: 421–8.

Guiora, A., R. Brannon, and **C. Dull.** 1972b. 'Empathy and second language learning.' *Language Learning* 22: 111–30.

Haastrup, K. and **R. Phillipson.** 1983. 'Achievement strategies in learner/native speaker interaction' in Faerch and Kasper (eds.) 1983a.

Hakuta, K. 1974. 'A preliminary report of the development of grammatical morphemes in a Japanese girl learning English as a second language.' *Working Papers on Bilingualism* 3: 18–43.

Hakuta, K. 1981. 'Some common goals for second and first language acquisition research' in Andersen (ed.) 1983a.

Hale, T. and **E. Budar.** 1970. 'Are TESOL classes the only answer?' *Modern Language Journal* 54: 487–92.

Halliday, M. 1973. *Explorations in the Functions of Language.* London: Edward Arnold.

Halliday, M. 1975. *Learning How to Mean.* London: Edward Arnold.

Halliday, M. 1978. *Language as a Social Semiotic.* London: Edward Arnold.

Hamayan, E. and **G. Tucker.** 1980. 'Language input in the bilingual classroom and its relationship to second language achievement.' *TESOL Quarterly* 14: 453–68.

Hammarberg, B. 1979. 'On Intralingual, Interlingual and Developmental Solutions in Interlanguage.' Paper presented at the Fifth Scandinavian Conference of Linguistics, Frostvallen.

Hansen, J. and **C. Stansfield.** 1981. 'The relationship of field dependent–independent cognitive styles to foreign language achievement.' *Language Learning* 31: 349–67.

Harder, P. 1980. 'Discourse as self-expression—on the reduced personality of the second language learner.' *Applied Linguistics* I/3: 262–70.

Hatch, E. 1974. 'Second language learning—universals.' *Working Papers on Bilingualism* 3: 1–18.

Hatch, E. (ed.). 1978a. *Second Language Acquisition.* Rowley, Mass.: Newbury House.

Hatch, E. 1978b. 'Acquisition of syntax in a second language' in Richards (ed.) 1978.

Hatch, E. 1978c. 'Discourse analysis and second language acquisition' in Hatch (ed.) 1978a.

Hatch, E. 1978d. 'Discourse analysis, speech acts and second language acquisition' in Ritchie (ed.) 1978.

Hatch, E. 1980. 'Second language acquisition—avoiding the question' in Felix (ed.) 1980a.

Hatch, E. 1983a. *Psycholinguistics: a Second Language Perspective.* Rowley, Mass.: Newbury House.

Hatch, E. 1983b. 'Simplified input and second language acquisition' in Andersen (ed.) 1983a.

Hatch, E. and **H. Farhady.** 1982. *Research Design and Statistics for Applied Linguistics.* Rowley, Mass.: Newbury House.

Hatch, E., S. Peck and **J. Wagner-Gough.** 1979. 'A look at process in child second language acquisition' in E. Ochs and B. Schieffelin (eds.). *Developmental Pragmatics.* New York: Academic Press.

Hatch, E., R. Shapira, and **J. Gough.** 1978. '"Foreigner-talk" discourse.' *ITL: Review of Applied Linguistics* 39–40: 39–59.

Hatch, E. and **J. Wagner-Gough.** 1975. 'Explaining sequence and variation in second language acquisition' in H. Brown (ed.). *Papers in Second Language Acquisition.* Ann Arbor, Michigan: Language Learning.

Hawkey, R. 1982. 'An Investigation of Inter-Relationships Between Cognitive/Affective and Social Factors and Language Learning.' PhD thesis, University of London.

Hellwig, L. 1983. 'A Prefabricated Pattern as a Communication Strategy.' Paper given at BAAL Annual Conference, Leicester.

Henzl, V. 1979. 'Foreigner talk in the classroom.' *International Review of Applied Linguistics* XVII: 159–65.

Hornstein, N. and **D. Lightfoot** (eds.). 1981. *Explanation in Linguistics: The Logical Problem of Language Acquisition.* London: Longman.

Hosenfeld, C. 1976. 'Learning about language: discovering our students' strategies.' *Foreign Language Annals* 9: 117–29.

Huang, J. and **F. Hatch.** 1978. 'A Chinese child's acquisition of English' in Hatch 1978a.

Huebner, T. 1979. 'Order-of-acquisition vs. dynamic paradigm: a comparison of method in interlanguage research.' *TESOL Quarterly* 13: 21–8.

Huebner, T. 1981. 'Creative construction and the case of the misguided pattern' in J. Fisher, M. Clarke, and J. Schachter (eds.). *On TESOL '80: Building Bridges.* Washington D.C.: TESOL.

Hughes, A. 1983. 'Second language learning and communicative language teaching' in K. Johnson and D. Porter (eds.). *Perspectives in Communicative Teaching.* New York: Academic Press.

Hyams, N. 1983. 'The pro-drop parameter in child grammars' in D. Flickinger (ed.). *Proceedings of WCCFL II.* Stanford, CA.: Stanford Linguistics Association.

Hyltenstam, K. 1982. 'Language, Typology, Language Universals, Markedness and Second Language Acquisition.' Paper presented at the Second European–North American Workshop of Second Language Acquisition Research, Göhrde, Germany.

Hymes, D. 1971. *On Communicative Competence.* Philadelphia, PA.: University of Pennsylvania Press.

Ioup, G. 1983. 'Acquiring complex sentences in ESL' in Bailey *et al.* 1983.

Itoh, H. and **E. Hatch.** 1978. 'Second language acquisition: a case study' in Hatch (ed.) 1978a.

Jackson, H. 1981. 'Contrastive analysis as a predictor of errors, with reference to Punjabi learners of English' in Fisiak (ed.) 1981.

Jackson, K. and **R. Whitnam.** 1971. *Evaluation of the Predictive Power of Contrastive Analyses of Japanese and English.* Final Report; Contract No. CEC-0-70-5046 (-823), US Office of Health, Education and Welfare.

Jakobovits, L. 1970. *Foreign Language Learning: a Psycholinguistic Analysis of the Issue.* Rowley, Mass.: Newbury House.

James, C. 1980. *Contrastive Analysis.* London: Longman.

James, C. 1981. 'The transfer of communicative competence' in Fisiak (ed.) 1981.

James, J. 1980. 'Learner variation: the monitor model and language learning.' *Interlanguage Studies Bulletin* 2: 99–111.

Johnson, K. 1982. *Communicative Syllabus Design.* Oxford: Pergamon.

Kasper, G. 1979. 'Communication strategies: modality reduction.' *Interlanguage Studies Bulletin* 4: 266–81.

Keenan, E. 1974. 'Conversational competence in children.' *Journal of Child Language* 1: 163–83.

Kellerman, E. 1979. 'Transfer and non-transfer: where are we now?' *Studies in Second Language Acquisition* 2: 37–57.

Kellerman, E. 1984. 'The empirical evidence for the influence of the L1 in interlanguage' in Davies and Criper (eds.) 1984.

Kleinmann, H. 1978. 'The strategy of avoidance in adult second language acquisition' in Ritchie (ed.) 1978.

Klima, E., and **V. Bellugi.** 1966. 'Syntactic regularities in the speech of children' in J. Lyons and R. Wales (eds.). *Psycholinguistic Papers.* Edinburgh: Edinburgh University Press.

Krashen, S. 1976. 'Formal and informal linguistic environments in language acquisition and language learning.' *TESOL Quarterly* 10: 157–68.

Krashen, S. 1977. 'Some issues relating to the monitor model' in H. Brown, C. Yorio, and R. Crymes (eds.). *On TESOL '77.* Washington, D.C.: TESOL.

Krashen, S. 1981a. *Second Language Acquisition and Second Language Learning.* Oxford: Pergamon.

Krashen, S. 1981b. 'Effective second language acquisition: insights from research' in J. Alatis, H. Altman and P. Alatis (eds.). *The Second Language Classroom: Directions for the 1980s.* New York: Oxford University Press.

Krashen, S. 1982. *Principles and Practice in Second Language Acquisition.* Oxford: Pergamon.

Krashen, S., J. Butler, R. Birnbaum, and **J. Robertson.** 1978. 'Two studies in language acquisition and language learning.' *ITL: Review of Applied Linguistics* 39–40: 73–92.

Krashen, S., C. Jones, S. Zelinski, and **C. Usprich.** 1978. 'How important is instruction?' *ELT Journal* XXXII: 257–61.

Krashen, S., M. Long, and **R. Scarcella.** 1979. 'Age, rate and eventual attainment in second language acquisition.' *TESOL Quarterly* 13: 573–82.

Krashen, S. and **P. Pon.** 1975. 'An error analysis of an advanced ESL learner: the importance of the Monitor.' *Working Papers on Bilingualism* 7: 125–9.

Krashen, S. and **R. Scarcella.** 1978. 'On routines and patterns in language acquisition and performance.' *Language Learning* 28: 283–300.

Krashen, S., R. Scarcella, and **M. Long** (eds.). 1982. *Child–Adult Differences in Second Language Acquisition.* Rowley, Mass.: Newbury House.

Krashen, S. and **H. Seliger.** 1975. 'The essential characteristics of formal instruction.' *TESOL Quarterly* 9: 173–83.

Krashen, S. and **H. Seliger.** 1976. 'The role of formal and informal linguistic environments in adult second language learning.' *International Journal of Psycholinguistics* 3: 15–21.

Krashen, S., H. Seliger, and **D. Hartnett.** 1974. 'Two studies in adult second language learning.' *Kritikon Litterarum* 3: 220–8.

Krashen, S. and **T. Terrell.** 1983. *The Natural Approach: Language Acquisition in the Classroom*. Oxford: Pergamon.

Labov, W. 1970. 'The study of language in its social context.' *Studium Generale* 23: 30–87.

Labov, W. 1972. *Sociolinguistic Patterns*. Oxford: Basil Blackwell.

Lado, R. 1957. *Linguistics Across Cultures: Applied Linguistics for Language Teachers*. Ann Arbor, Michigan: University of Michigan.

Lado, R. 1964. *Language Teaching: A Scientific Approach*. New York: McGraw Hill.

Lamendella, J. 1977. 'General principles of neurofunctional organization and their manifestations in primary and non-primary acquisition.' *Language Learning* 27: 155–96.

Lamendella, J. 1979. 'The neurofunctional basis of pattern practice.' *TESOL Quarterly* 13: 5–19.

Larsen-Freeman, D. 1978. 'Evidence of the need for a second language acquisition index of development' in Ritchie (ed.) 1978.

Larsen-Freeman, D. (ed.). 1980. *Discourse Analysis in Second Language Research*. Rowley, Mass.: Newbury House.

Larsen-Freeman, D. 1983a. 'The importance of input in second language acquisition' in Andersen (ed.) 1983a.

Larsen-Freeman, D. 1983b. 'Second language acquisition: getting the whole picture' in Bailey *et al.* (eds.) 1983.

Lee, W. 1968. 'Thoughts on contrastive linguistics in the context of language teaching' in J. Alatis (ed.). *Contrastive Linguistics and its Pedagogical Implications*. Washington, D.C.: Georgetown University.

Lenneberg, E. 1967. *Biological Foundations of Language*. New York: Wiley and Sons.

Liceras, J. 1983. 'The Role of Intake in the Determination of Learners' Competence.' Paper presented at the Tenth University of Michigan Conference on Applied Linguistics.

Lightbown, P. 1983. 'Exploring relationships between developmental and instructional sequences in L2 acquisition' in Seliger and Long (eds.) 1983.

Lightbown, P. 1984. 'The relationship between theory and method in second language acquisition research' in Davies and Criper (eds.) 1984.

Lightbown, P., N. Spada, and **R. Wallace.** 1980. 'Some effects of instruction on child and adolescent ESL learners' in Scarcella and Krashen (eds.) 1980.

Littlewood, W. 1979. 'Communicative performance in language developmental contexts.' *International Review of Applied Linguistics* XVII: 123–38.

Littlewood, W. 1981. 'Language variation and second language acquisition.' *Applied Linguistics* II/1: 150–8.

Lococo, V. 1976. 'A comparison of three methods for the collection of L2 data: free composition, translation and picture description.' *Working Papers on Bilingualism* 8: 59–86.

Long, M. 1977. 'Teacher feedback on learner error: mapping cognitions' in H. Brown, C. Yorio, and R. Crymes (eds.). *On TESOL '77*. Washington D.C.: TESOL.

Long, M. 1980. 'Inside the "black box": methodological issues in classroom research on language learning.' *Language Learning* 30: 1–42. Also in Seliger and Long (eds.) 1983.

Long, M. 1981a. 'Input, Interaction and Second Language Acquisition.' Paper presented at the New York Academy of Sciences Conference on Native and Foreign Language Acquisition.

Long, M. 1981b. 'Questions in foreigner talk discourse.' *Language Learning* 31: 135–57.

Long, M. 1983a. 'Native speaker/non-native speaker conversation and the negotiation of comprehensible input.' *Applied Linguistics* 4/2: 126–41.

Long, M. 1983b. 'Native speaker/non-native speaker conversation in the second language classroom' in M. Clarke and J. Handscombe (eds.). *On TESOL '82: Pacific Perspectives on Language Learning and Teaching. Washington D.C.: TESOL.*

Long, M. 1983c. 'Input and Second Language Acquisition Theory.' Paper presented at the Tenth University of Michigan Conference on Applied Linguistics.

Long, M. 1983d. 'Does second language instruction makes a difference? A review of the research.' *TESOL Quarterly* 17: 359–82.

Long, M. and **C. Sato.** 1983. 'Classroom foreigner talk discourse: forms and functions of teachers' questions' in Seliger and Long (eds.) 1983.

Long, M. and **C. Sato.** 1984. 'Methodological issues in interlanguage studies: an interactionist perspective' in Davies and Criper (eds.) 1984.

Lott, D. 1983. 'Analysing and counteracting interference errors.' *ELT Journal* 37/3: 256–61.

Lukmani, Y. 1972. 'Motivation to learn and language proficiency.' *Language Learning* 22: 261–73.

Lyons, J. 1968. *Introduction to Theoretical Linguistics.* Cambridge: Cambridge University Press.

McDonough, S. 1978. 'The foreign language learning process: introspection and generalisation' in Pickett 1978.

McDonough, S. 1981. *Psychology in Foreign Language Teaching.* London: Allen and Unwin.

McLaughlin, B. 1978a. *Second Language Acquisition in Childhood.* New York: Lawrence Erlbaum.

McLaughlin, B. 1978b. 'The Monitor Model: some methodological considerations.' *Language Learning* 28: 309–32.

MacNamara, J. 1972. 'The cognitive basis of language learning in infants.' *Psychological Review* 19: 1–13.

MacNamara, J. 1973. 'Nurseries, streets and classrooms: some comparisons and deductions.' *Modern Language Journal* 57: 250–4.

McNeill, D. 1966. 'Developmental psycholinguistics' in F. Smith and G. Miller (eds.). *The Genesis of Language: a Psycholinguistic Approach.* Cambridge, Mass.: MIT Press.

McNeill, D. 1970. *The Acquisition of Language.* New York: Harper Row.

McTear, M. 1975. 'Structure and categories of foreign language teaching sequences' in R. Allwright (ed.). *Working Papers: Language Teaching Classroom Research.* University of Essex, Department of Language and Linguistics.

Makino, T. 1979. 'English morpheme acquisition order of Japanese secondary school students.' Abstract of PhD Dissertation, *TESOL Quarterly* 13: 428.

Martin, G. 1980. 'English language acquisition: the effects of living with an American family.' *TESOL Quarterly* 14: 388–90.

Marton, W. 1981. 'Contrastive analysis in the classroom' in Fisiak (ed.) 1981.

Mason, C. 1971. 'The relevance of intensive training in English as a foreign language for university students.' *Language Learning* 21: 197–204.

Meara, P. 1980. 'Vocabulary acquisition: a neglected aspect of language learning.' *Language Teaching and Linguistics: Abstracts* 13: 221–46.

Meisel, J. 1980. 'Linguistic simplification' in Felix (ed.) 1980a.

Meisel, J. 1983. 'Strategies of second language acquisition: more than one kind of simplification' in Andersen (ed.) 1983a.

Milon, J. 1974. 'The development of negation in English by a second language learner.' *TESOL Quarterly* 8: 137–43.

Morrison, D. and **G. Low.** 1983. 'Monitoring and the second language learner' in J. Richards and R. Schmidt (eds.). *Language and Communication.* London: Longman.

Moskowitz, G. 1971. 'Interaction analysis—a new modern language for supervisors.' *Foreign Language Annals* 5: 211–21.

Mowrer, O. 1960. *Learning Theory and Symbolic Processes.* New York: John Wiley and Sons.

Mukattash, L. 1977. 'Problematic areas in English syntax for Jordanian students.' University of Amman, Jordan.

Naiman, N. 1974. 'The use of elicited imitation in second language acquisition research.' *Working Papers on Bilingualism* 2: 137.

Naiman, N., M. Frohlich, H. Stern, and **A. Todesco.** 1978. *The Good Language Learner. Research in Education No. 7.* Toronto: Ontario Institute for Studies in Education.

Naro, A. 1983. 'Comments on "Simplified Input and Second Language Acquisition"' in Andersen (ed.) 1983a.

Nemser, W. 1971. 'Approximative systems of foreign language learners.' *International Review of Applied Linguistics* IX: 115–23.

Neufeld, G. 1978. 'A theoretical perspective on the nature of linguistic aptitude.' *International Review of Applied Linguistics* XVI: 15–26.

Newport, E., H. Gleitman, and **L. Gleitman.** 1977. '"Mother, I'd rather do it myself": some effects and non-effects of maternal speech styles' in Snow and Ferguson (eds.) 1977.

Obler, L. 1981. 'Right hemisphere participation in second language acquisition' in Diller (ed.) 1981.

Ochs, E. 1979. 'Planned and unplanned discourse' in T. Givón (ed.). *Syntax and Semantics Vol. 12: Discourse and Semantics.* New York: Academic Press.

Oller, J. 1980. 'Communicative competence: can it be tested?' in Scarcella and Krashen (eds.) 1980.

Oller, J. and **K. Perkins.** 1978. 'A further comment on language proficiency as a source of variance in certain affective measures.' *Language Learning* 28: 417–23.

Oyama, S. 1976. 'A sensitive period in the acquisition of a non-native phonological system.' *Journal of Psycholinguistic Research* 5: 261–85. Also in Krashen, Scarcella, and Long (eds.) 1982.

Palmer, A. 1978. 'Measures of Achievement, Communication, Incorporation and Integration for Two Classes of Formal ESL Learners.' Paper presented at Fifth International Conference of Applied Linguistics, Montreal, Canada.

Paribakht, T. 1982. 'The Relationship Between the Use of Communication Strategies and Aspects of Target Language Proficiency: A Study of Persian ESL Students.' PhD thesis, University of Toronto.

Peck, S. 1978. 'Child–child discourse in second language acquisition' in Hatch (ed.) 1978a.

Peck, S. 1980. 'Language play in child second language acquisition' in Larsen-Freeman (ed.) 1980.

Penfield, W. and **L. Roberts.** 1959. *Speech and Brain Mechanisms.* New York: Atheneum Press.

Perkins, K. and **D. Larsen-Freeman.** 1975. 'The effect of formal language instruction on the order of morpheme acquisition.' *Language Learning* 25: 237–43.

Perren, G. and **J. Trim** (eds.). 1971. *Applications of Linguistics.* Cambridge: Cambridge University Press.

Pica, T. 1983. 'Adult acquisition of English as a second language under different conditions of exposure.' *Language Learning* 33: 465–97.

Pickett, G. 1978. *The Foreign Language Learning Process.* London: The British Council.

Pimsleur, P. 1966. *Pimsleur Language Aptitude Battery (PLAB).* New York: Harcourt Brace Jovanovich.

Pimsleur, P. and **T. Quinn** (eds.). 1971. *The Psychology of Second Language Learning.* Cambridge: Cambridge University Press.

Piranian, D. 1979. 'Communication Strategies of Foreign Language Learners: A Pilot Study.' Unpublished manuscript, Department of Slavic Linguistics, University of Washington.

Popper, K. 1976. *Unended Quest.* London: Fontana Collins.

Porter, R. 1977. 'A cross-sectional study of morpheme acquisition in first language learners.' *Language Learning* 27: 47–62.

Prator, C. 1967. 'Hierarchy of Difficulty.' Unpublished classroom lecture, University of California, Los Angeles. Cited in H. Brown 1980a.

Ravem, R. 1968. 'Language acquisition in a second language environment.' *International Review of Applied Linguistics* VI: 175–85.

Ravem, R. 1974. 'The development of WH-questions in first and second language learners' in Richards (ed.) 1974a.

Reynolds, P. 1971. *A Primer in Theory Construction.* Indianapolis: Bobbs-Merrill.

Richards, J. (ed.). 1974a. *Error Analysis.* London: Longman.

Richards, J. 1974b. 'A non-contrastive approach to error analysis' in Richards (ed.) 1974a.

Richards, J. (ed.). 1978. *Understanding Second and Foreign Language Learning.* Rowley, Mass.: Newbury House.

Richards, J. and **G. Kennedy.** 1977. 'Interlanguage: a review and a preview.' *RELC Journal* 8/1.

Riley, P. 1977. 'Discourse networks in classroom interaction: some problems in communicative language teaching.' *Mélanges Pedagogiques.* University of Nancy: CRAPEL.

Riley, P. 1981. 'Towards a contrastive pragmalinguistics' in Fisiak (ed.) 1981.

Ritchie, W. (ed.). 1978. *Second Language Acquisition Research.* New York: Academic Press.

Rivers, W. 1971. 'Linguistic and psychological factors in speech perception and their implications for teaching materials' in Pimsleur and Quinn (eds.) 1971.

Rivers, W. 1980. 'Foreign language acquisition: where the real problems lie.' *Applied Linguistics* I/1: 48–59.

Rivers, W. and **M. Temperley.** 1978. *A Practical Guide to the Teaching of English.* New York: Oxford University Press.

Robinett, B. and **J. Schachter** (eds.). 1983. *Second Language Learning.* University of Michigan.

Rosansky, E. 1975. 'The critical period for the acquisition of language: some cognitive developmental considerations.' *Working Papers on Bilingualism* 6: 92–102.

Rosansky, E. 1976. 'Methods and morphemes in second language acquisition research.' *Language Learning* 26: 409–25.

Rossier, R. 1976. 'Extroversion–Introversion as a Significant Variable in the Learning of Oral English as a Second Language.' PhD dissertation, University of Southern California.

Rubin, J. 1975. 'What the "Good Language Learner" can teach us.' *TESOL Quarterly* 9/1.

Rutherford, W. 1982. 'Markedness in second language acquisition.' *Language Learning* 32: 85–107.

Sachs, J. 1977. 'The adaptive significance of linguistic input to prelinguistic infants' in Snow and Ferguson (eds.) 1977.

Sajavaara, K. 1981a. 'The Nature of First Language Transfer: English as L2 in a Foreign Language Setting.' Paper presented at the first European–North American Workshop in Second Language Acquisition Research, Lake Arrowhead, California.

Sajavaara, K. 1981b. 'Contrastive linguistics past and present and a communicative approach' in Fisiak (ed.) 1981.

Sanders, C. 1981. 'Recent developments in contrastive analysis and their relevance to teachers' in Fisiak (ed.) 1981.

Savignon, S. 1976. 'On the other side of the desk: a look at teacher attitudes and motivation in second language learning.' *Canadian Modern Language Review* 76, 32.

Scarcella, R. and **C. Higa.** 1981. 'Input, negotiation and age differences in second language acquisition.' *Language Learning* 31: 409–37.

Scarcella, R. and **S. Krashen** (eds.). 1980. *Research in Second Language Acquisition.* Rowley, Mass.: Newbury House.

Schachter, J. 1974. 'An error in error analysis.' *Language Learning* 24: 205–14.

Schachter, J. and **E. Kimmell.** 1983. 'An Experiment with Input.' Paper given at the Seventeenth Annual TESOL Convention, Toronto.

Schachter, J. and **W. Rutherford,** 1979. 'Discourse function and language transfer.' *Working Papers on Bilingualism* 19: 3–12.

Scherer, A. and **M. Wertheimer.** 1964. *A Psycholinguistic Experiment in Foreign Language Teaching.* New York: McGraw Hill.

Schmidt, M. 1980. 'Coordinate structures and language universals in interlanguage.' *Language Learning* 30: 397–416.

Schmidt, R. 1977. 'Sociolinguistic variation and language transfer in phonology.' *Working Papers on Bilingualism* 12: 79–95.

Schneider, W. and **R. Shriffen.** 1977. 'Controlled and automatic human information processing: in detection, search and attention.' *Psychological Review* 84: 1–66.

Schouten, M. 1979. 'The missing data in second language learning research.' *Interlanguage Studies Bulletin* 4: 3–14.

Schumann, F. 1980. 'Diary of a language learner. A further analysis' in Scarcella and Krashen (eds.) 1980.

Schumann, F. and **J. Schumann.** 1977. 'Diary of a language learner: an introspective study of second language learning' in H. Brown, C. Yorio, and R. Crymes (eds.) *On TESOL '77*. Washington D.C.: TESOL.

Schumann, J. 1976. 'Second language acquisition research: getting a more global look at the learner' in H. Brown (ed.). *Papers in Second Language Acquisition. Language Learning* Special Issue 4.

Schumann, J. 1978a. *The Pidginization Process: A Model for Second Language Acquisition.* Rowley, Mass.: Newbury House.

Schumann, J. 1978b. 'Second language acquisition: the pidginization hypothesis' in Hatch (ed.) 1978a.

Schumann, J. 1978c. 'The acculturation model for second language acquisition' in R. Gingras (ed.). *Second Language Acquisition and Foreign Language Teaching*. Arlington, VA.: Center for Applied Linguistics.

Schumann, J. 1979. 'The acquisition of English negation by speakers of Spanish: a review of the literature' in Andersen, R. (ed.). *The Acquisition and Use of Spanish and English as First and Second Languages*. Washington. D.C.: TESOL.

Schumann, J. 1980. 'The acquisition of English relative clauses by second language learners' in Scarcella and Krashen (eds.) 1980.

Schwartz, J. 1980. 'The negotiation for meaning: repair in conversations between second language learners of English' in Larsen-Freeman (ed.) 1980.

Scollon, R. 1976. *Conversations with a One Year Old*. Honolulu: University of Hawaii.

Seliger, H. 1977. 'Does practice make perfect? A study of interaction patterns and L2 competence.' *Language Learning* 27: 263–75. Also in Seliger and Long (eds.) 1983.

Seliger, H. 1978. 'Implications of a multiple critical periods hypothesis for second language learning' in Ritchie (ed.) 1978.

Seliger, H. 1979. 'On the nature and function of language rules in language teaching.' *TESOL Quarterly* 13: 359–69.

Seliger, H. 1980. 'Utterance planning and correction behaviour: its function in the grammar construction process for second language learners' in H. Dechert, and M. Raupach (eds.). *Temporal Variables of Speech: Studies in Honor of Frieda Goldman-Eisler*. The Hague: Mouton.

Seliger, H. 1982. 'On the possible role of the right hemisphere in second language acquisition.' *TESOL Quarterly* 16: 307–14.

Seliger, H. and **M. Long** (eds.). 1983. *Classroom Oriented Research in Second Language Acquisition*. Rowley, Mass.: Newbury House.

Selinker, L. 1972. 'Interlanguage.' *International Review of Applied Linguistics* X: 209–30.

Selinker, L. and **J. Lamendella.** 1978a. 'Fossilization in interlanguage' in C. Blatchford and J. Schachter (eds.). *On TESOL '78: EFL Policies, Programs, Practices*. Washington D.C.: TESOL.

Selinker, L. and **J. Lamendella.** 1978b. 'Two perspectives on fossilization in interlanguage learning.' *Interlanguage Studies Bulletin* 3: 143–91.

Shapira, R. 1978. 'The non-learning of English: case study of an adult' in Hatch (ed.) 1978a.

Sharwood-Smith, M. 1981. 'Consciousness-raising and the second language learner.' *Applied Linguistics* II: 159–69.

Sinclair, J. and **D. Brazil.** 1982. *Teacher Talk.* Oxford: Oxford University Press.

Sinclair, J. and **M. Coulthard.** 1975. *Towards an Analysis of Discourse.* Oxford: Oxford University Press.

Skinner, B. 1957. *Verbal Behavior.* New York: Appleton Century Crofts.

Slobin, D. 1973. 'Cognitive prerequisites for the development of grammar' in C. Ferguson and D. Slobin (eds.). *Studies of Child Language Development.* New York: Holt Rinehart and Winston.

Smith, D. 1972. 'Some implications for the social status of pidgin languages' in D. Smith and R. Shuy (eds.). *Sociolinguistics in Cross-Cultural Analysis.* Washington D.C.: Georgetown University Press.

Smith, P. (Jr.). 1970. *A Comparison of the Cognitive and Audiolingual Approaches to Foreign Language Instruction: the Pennsylvania Foreign Language Project.* Philadelphia, PA.: Center for Curriculum Development.

Snow, C. 1976. 'The language of the mother–child relationship' in S. Rogers (ed.). *They Don't Speak Our Language.* London: Edward Arnold.

Snow, C. and **C. Ferguson** (eds.). 1977. *Talking to Children.* Cambridge: Cambridge University Press.

Snow, C. and **M. Hoefnagel-Höhle.** 1978. 'Age differences in second language acquisition' in Hatch (ed.) 1978a.

Snow, C. and **M. Hoefnagel-Höhle.** 1982. 'School-age second language learners' access to simplified linguistic input.' *Language Learning* 32: 411–30.

Sridhar, S. 1981. 'Contrastive analysis, error analysis and interlanguage' in Fisiak (ed.) 1981.

Stern, H. 1983. *Fundamental Concepts of Language Teaching.* Oxford: Oxford University Press.

Stevick, E. 1980. *Teaching Languages: A Way and Ways.* Rowley, Mass.: Newbury House.

Stockwell, R. and **J. Bowen.** 1965. *The Sounds of English and Spanish.* Chicago: Chicago University Press.

Stockwell, R., J. Bowen and **J. Martin.** 1965. *The Grammatical Structures of English and Spanish.* Chicago: Chicago University Press.

Strong, M. 1983. 'Social styles and second language acquisition of Spanish-speaking kindergartners.' *TESOL Quarterly* 17: 241–58.

Swain, M. 1983. 'Understanding Input Through Output.' Paper presented at the Tenth University of Michigan Conference on Applied Linguistics.

Swain, M. and **B. Burnaby.** 1976. 'Personality characteristics and second language learning in young children: a pilot study.' *Working Papers on Bilingualism* 11: 76–90.

Tarone, E. 1977. 'Conscious communication strategies in interlanguage: a progress report' in H. Brown, C. Yorio, and R. Crymes (eds.). *On TESOL '77.* Washington D.C.: TESOL.

Tarone, E. 1978. 'The phonology of interlanguage' in Richards (ed.) 1978.

Tarone, E. 1980. 'Communication strategies, foreigner talk and repair in interlanguage.' *Language Learning* 30: 417–31.

Tarone, E. 1981. 'Some thoughts on the notion of communicative strategy.' *TESOL Quarterly* 15: 285–95.

Tarone, E. 1982. 'Systematicity and attention in interlanguage.' *Language Learning* 32: 69–82.

Tarone, E. 1983. 'On the variability of interlanguage systems.' *Applied Linguistics* 4/2: 143–63.

Tarone, E., A. Cohen, and **G. Dumas.** 1976. 'A closer look at some interlanguage terminology: a framework for communication strategies.' *Working Papers on Bilingualism* 9: 76–90.

Taylor, B. 1975. 'Adult language learning strategies and their pedagogical implications.' *TESOL Quarterly* 9: 391–9.

Terrell, T., E. Gomez, and **J. Mariscal.** 1980. 'Can acquisition take place in the language classroom?' in Scarcella and Krashen (eds.) 1980.

Tran-Chi-Chau. 1975. 'Error analysis, contrastive analysis and students' perception: a study of difficulty in second language learning.' *International Review of Applied Linguistics* XIII: 119–43.

Tucker, G., E. Hamayan, and **F. Genesee.** 1976. 'Affective, cognitive and social factors in second language acquisition.' *Canadian Modern Language Review* 23: 214–26.

Turner, D. 1978. 'The Effect of Instruction on Second Language Learning and Second Language Acquisition.' Paper presented at the Twelfth Annual TESOL Convention, Mexico City.

Upshur, J. 1968. 'Four experiments on the relation between foreign language teaching and learning.' *Language Learning* 18: 111–24.

Varadi, T. 1973. 'Strategies of Target Language Learner Communication: Message Adjustment.' Paper presented at the Sixth Conference of the Romanian–English Linguistic Project in Timisoara.

Varonis, E. and **S. Gass.** 1983. 'Target Language Input from Non-native Speakers.' Paper given at TESOL Seventeenth Annual Convention, Toronto.

de Villiers, J. and **P. de Villiers.** 1973. 'A cross-sectional study of the acquisition of grammatical morphemes in child speech.' *Journal of Psycholinguistic Research* 2: 267–78.

Vygotsky, L. 1962. *Thought and Language.* Cambridge, Mass.: MIT Press.

Wagner-Gough, J. 1975. 'Comparative Studies in Second Language Learning.' MA thesis, UCLA, California. Also in Hatch (ed.) 1978a.

Walsh, T. and **K. Diller** (eds.). 1981. 'Neurolinguistic considerations on the optimum age for second language learning' in Diller (ed.) 1981.

Wardhaugh, R. 1970. 'The contrastive analysis hypothesis.' *TESOL Quarterly* 4: 123–30.

Waterson, N. and **C. Snow** (eds.). 1978. *The Development of Communication.* New York: John Wiley and Sons.

Watson, J. 1924. *Behaviourism.* New York: Norton.

Wells, G. 1981. 'Becoming a communicator' in G. Wells. *Learning Through Interaction.* Cambridge: Cambridge University Press.

Wells, G., M. Montgomery, and **M. McLure.** 1979. 'The development of discourse: a report on work in progress.' *Journal of Pragmatics* 3: 337–80.

Wesche, W. and **D. Ready.** 1983. 'Foreigner-Talk Discourse in the University Classroom.' Paper presented at the Tenth University of Michigan Conference on Applied Linguistics.

White, L. 1981. 'The responsibility of grammatical theory to acquisitional data' in Hornstein and Lightfoot (eds.) 1981.

White, L. 1984. 'Markedness and Parameter Setting: Some Implications for a Theory of Adult Second Language Acquisition.' Mimeograph, McGill University.

Widdowson, H. 1975a. 'EST in theory and practice.' *English for Academic Study.* ETIC Occasional Paper. London: The British Council.

Widdowson, H. 1975b. 'The significance of simplification.' *Studies in Second Language Acquisition* 1/1.

Widdowson, H. 1979. 'Rules and procedures in discourse analysis' in T. Myers (ed.). *The Development of Conversation and Discourse.* Edinburgh: Edinburgh University Press.

Widdowson, H. 1984. *Learning Purpose and Language Use.* Oxford: Oxford University Press.

Witkin, H., P. Oltman, E. Raskin, and **S. Karp.** 1971. *A Manual for the Embedded Figures Test.* Palo Alto, California: Consulting Psychologists Press.

Wode, H. 1976. 'Developmental sequences in naturalistic L2 acquisition.' *Working Papers on Bilingualism* 11: 1–13.

Wode, H. 1978. 'The L1 vs. L2 acquisition of English interrogation.' *Working Papers on Bilingualism* 15: 37–57.

Wode, H. 1980a. *Learning a Second Language 1: An Integrated View of Language Acquisition.* Tübingen: Gunter Narr.

Wode, H. 1980b. 'Operating principles and "universals" in L1, L2 and FLT' in D. Nehls (ed.). *Studies in Language Acquisition.* Heidelberg: Julius Groos.

Wode, H. 1984. 'Some theoretical implications of L2 acquisition research and the grammar of interlanguages' in Davies and Criper (eds.) 1984.

Wode, H., J. Bahns, and **W. Frank.** 1979. 'Developmental sequence: an alternative approach to morpheme order.' *Linguistische Berichte* 64: 55–104.

Wolfson, N. and **E. Judd.** 1983. *Sociolinguistics and Second Language Acquisition.* Rowley, Mass.: Newbury House.

Zobl, H. 1983a. 'Contact-induced language change, learner language and the potentials of a modified contrastive analysis' in Bailey, Long, and Peck (eds.) 1983.

Zobl, H. 1983b. 'Grammars in Search of Input and Intake.' Paper presented at the Tenth University of Michigan Conference on Applied Linguistics.

Zobl. H. 1983c. 'Markedness and the projection problem.' *Language Learning* 33: 293–313.

Zobl, H. 1984. 'Cross-language generalisations and the contrastive dimension of the interlanguage hypothesis' in Davies and Criper (eds.) 1984.

찾아보기

ㄴ

ㄷ

ㅁ

ㅂ

ㅈ

제2언어 습득의 이해

지은이 로드 엘리스
옮긴이 이종복·박현우
펴낸이 박문규
펴낸곳 경문사
펴낸날 2014년 3월 5일 1판 1쇄
등 록 1979년 11월 9일 제313-1979-23호
주 소 121-818, 서울특별시 마포구 와우산로 174
전 화 (02)332-2004 팩스 (02)336-5193
이메일 kyungmoon@kyungmoon.com

값 23,000원

ISBN 978-89-6105-737-0